SPARSA COLLECTA

PART ONE

SUPPLEMENTS TO
NOVUM TESTAMENTUM

VOLUME XXIX

LEIDEN
E. J. BRILL
1973

SPARSA COLLECTA

THE COLLECTED ESSAYS OF
W. C. VAN UNNIK

PART ONE

EVANGELIA · PAULINA · ACTA

LEIDEN
E. J. BRILL
1973

ISBN 90 04 03660 1

PRINTED IN THE NETHERLANDS

Uxori Carissimae
SOPHIAE
nomine dignae

CONTENTS

EVANGELIA

PAULINA

ACTA

PREFACE

It is sometimes said that in the history of scholarship the present generation is one that produces articles in scholarly journals and books with "collected essays", but not wide surveys and big handbooks.

I do not feel inclined at the moment to examine this rather general statement, but I am bound to confess that I belong to this generation. There is no need now for self-analysis or an investigation into the causes of why it all went as it did. It is, however, a fact that it has been my great privilege and my fate to publish most of the results of my scholarly endeavours in the form of articles which appeared in a variety of places, scattered over various countries, and often hard to find. It was a "privilege", because many of these papers have for me the flavour of friendship, but also a "fate", because according to a wise man, publication in a journal often means a decent burial.

Of late various friends have graciously expressed the wish to have these dispersed articles made more easily accessible. Thanks to the house of E. J. Brill it has now proved possible to publish a collection of all these "sparsa". I am very grateful in particular to Dr B. A. van Proosdij and Mr T. A. Edridge for their ever-ready cooperation in this project. My colleagues and friends, Dr A. F. J. Klijn (Groningen) and Dr J. W. Doeve (Utrecht) have put me greatly in their debt by undertaking the onerous task of the editorial work; this is yet another token of friendship that would by itself most certainly entitle them to my lasting gratitude.

After due consideration it was decided to leave the articles unchanged, except for the correction of typographical errors. They mark steps on the roads I took through the fascinating world of early Christianity; it seemed wise to leave the footprints as they are, but readers are prayed to keep in mind the date of the original publication. Rereading these papers lead me to the conclusion that revision would have meant supplementing the material, but not change of opinion.

Let me finally express the hope that this collection may bring home to the readers and let them share with me the joy of discovery that was felt by the author in writing these small contributions to the understanding of that overwhelming theme of the New Testament and the Early Church: the love of God in Christ Jesus.

Bilthoven, Summer 1971 W. C. VAN UNNIK

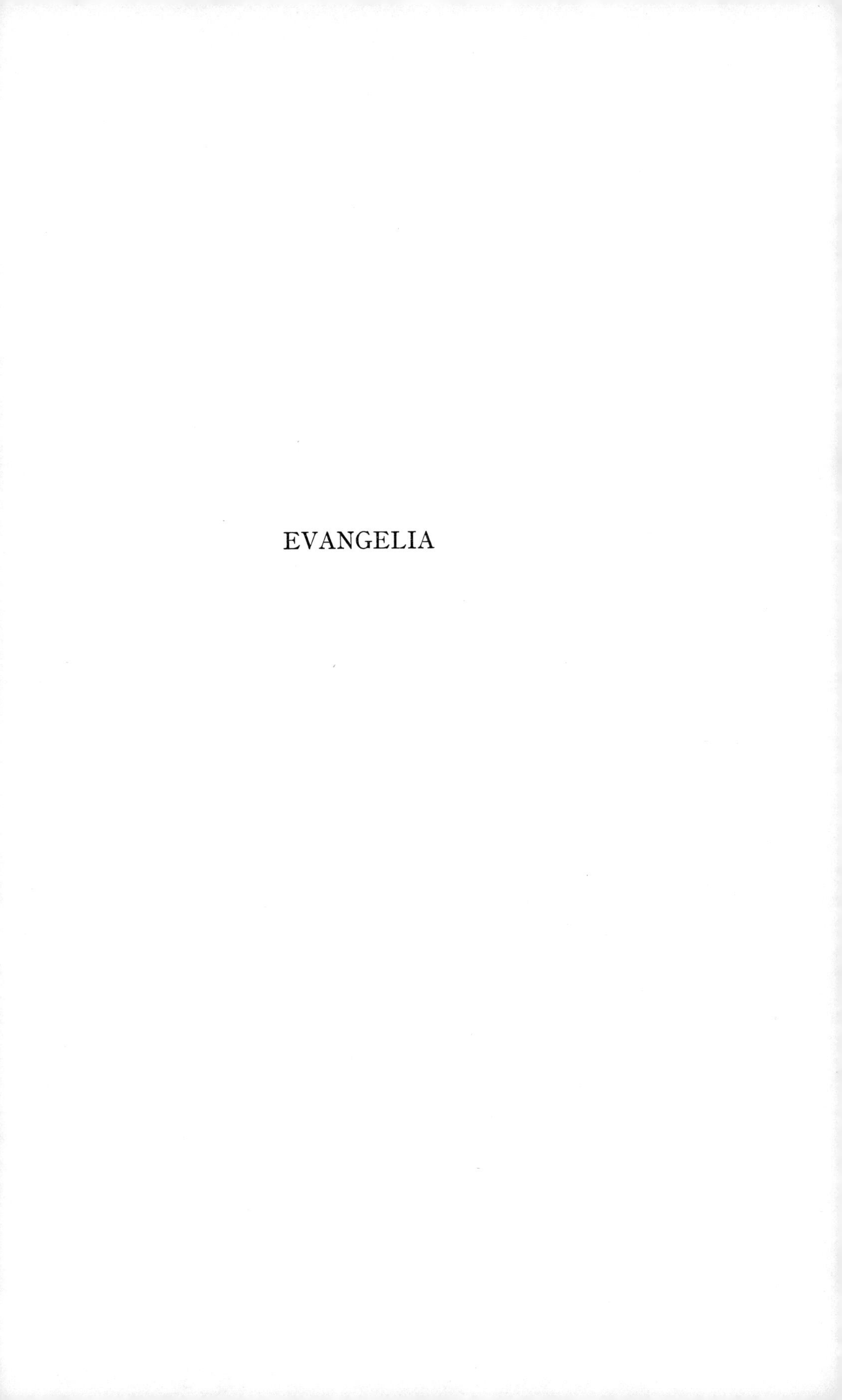

EVANGELIA

JESU VERHÖHNUNG VOR DEM SYNEDRIUM*[1] (MC XIV 65 PAR.)

Mt xxvi 67 Τότε ἐνέπτυσαν εἰς τὸ πρόσωπον αὐτοῦ καὶ ἐκολάφισαν αὐτόν, οἱ δὲ ἐρράπισαν λέγοντες· προφήτευσον ἡμῖν, Χριστέ, τίς ἐστιν ὁ παίσας σε;	Mc xiv 65 Καὶ ἤρξαντό τινες ἐμπτύειν αὐτῷ καὶ περικαλύπτειν αὐτοῦ τὸ πρόσωπον καὶ κολαφίζειν αὐτὸν καὶ λέγειν αὐτῷ· προφήτευσον, καὶ οἱ ὑπηρέται ῥαπίσμασιν αὐτὸν ἔλαβον.	Lc xxii 63 Καὶ οἱ ἄνδρες οἱ συνέχοντες αὐτὸν ἐνέπαιζον αὐτῷ δέροντες 64 καὶ περικαλύψαντες αὐτὸν ἐπηρώτων λέγοντες· προφήτευσον, τίς ἐστιν, ὁ παίσας σε; 65 καὶ ἕτερα πολλὰ βλασφημοῦντες ἔλεγον εἰς αὐτόν.

Die obige Szene der Leidensgeschichte ist bisher in den Kommentaren behandelt worden, ohne daß unseres Erachtens eine Exegese gefunden ist, die das zugrundeliegende Geschehen wirklich erklärt. Im Gegensatz zu der anderen Verhöhnungsperikope (Mc xv 16-21; Mt xxvii 27-31), welcher verschiedene Abhandlungen gewidmet sind (vgl. E. Klostermann, *Markus*,[2] Tübingen 1926, Exkurs zu Mc xv 15) ist unsere Stelle fast unbeachtet geblieben. Nur Rudberg (*ZNW* 24 [1925], S. 307 ff.) suchte eine Erklärung zu geben unter Hinweis auf Diod. Bibl. XXIV (XXV) 2, wo eine Verspottung eines Sklaven Eunus beschrieben ist, der zur Zeit eines Aufstandes verhaftet worden war und nun wegen seiner angeblichen Königswürde verhöhnt wird — Rudbergs Meinung nach „hatte sich in der Antike bzw. im Hellenismus eine Sitte entwickelt, die übermütigen Sklaven und einfachen Menschen, welche hohe Ansprüche stellten, zu verhöhnen; man scherzt mit ihren Hoffnungen, ihrer Wahrsagung und ihrem künftigen Königtum" (a.a.O., S. 309).

Dies aber erklärt nicht die Schwierigkeit, die unseres Erachtens in diesem Passus steckt. Denn nach Rudberg liegt der Akzent auf dem Spott, den man mit Jesus treibt, und ist das übrige Nebensache. Aber davon ist im Text nicht die Rede. In allen drei Evangelien, wieweit sie auch sonst voneinander abweichen, wird Jesus geschlagen und mit diesem Schlagen (κολαφίζειν—δείρειν) ist verbunden die Bitte: προφήτευσον. Die Bedeutung dieses Wortes könnte sein:

* Erschienen in *Zeitschrift für die Neutestamentliche Wissenschaft*, 1930, S. 310, 311.

[1] Herzlich danke ich den Professoren Dr. W. E. J. Kuiper (Amsterdam), Dr. J. H. Thiel und Dr. J. de Zwaan (Leiden) für einige freundliche Hinweise.

„prophezeie noch mehr über dein künftiges Königtum oder über den Tempel" — aber dagegen läßt sich geltend machen: a) das vorhergehende περικαλύπτειν (bei Mc [1] und Lc) und b) die Fortsetzung der Bitte bei Mt und Lc: τίς ἐστιν ὁ παίσας σε; (auch Mc hat dies mit wenigen Varianten, aber wahrscheinlich ist das zurückzuführen auf Assimiliationsversuche der Abschreiber, vgl. B. H. Streeter, *The Four Gospels*, London 1927, p. 325 ff.). Die Sache dreht sich also um die Verbindung zwischen περικαλύπτειν einerseits und der Bitte προφήτευσον κτλ. andererseits. Den Weg, der uns unseres Erachtens zur Erklärung führt, hat weiland Prof. Dr. K. Kuiper (Amsterdam) gezeigt, aber seine Abhandlung blieb bisher unbeachtet. In einem Vortrage, abgehalten in der Kgl. Akademie der Wissenschaften zu Amsterdam, *„Opmerkingen naar aanleiding van de door Pollux IX 113 onder den term* μυΐνδα *geregistreerde kinderspelen"*,[2] hat er diese Stelle auch mit Mc xiv 65 par. in Zusammenhang gesetzt (vgl. S. 51).

Pollux schreibt Onom. IX 113 (ed. I. Bekker, Berolini 1846) — μυΐνδα — μύσας οὗ ἄν τις προσάψηται ἢ ἐάν τις προσδείξῃ μαντευόμενος λέγει, ἔστ' ἂν τύχῃ, indem er IX 129 sagt: τὸ δὲ κολλαβίζειν ἐστὶν ὅταν ὁ μὲν πλατείαις ταῖς χερσὶ τὰς ὄψεις ἐπιλάβῃ τὰς ἑαυτοῦ, ὁ δὲ παίσας ἐπερωτᾷ ποτέρᾳ τετύπτηκε. Im ersten Fall haben wir also gewöhnliches Blindekuhspiel ohne das Schlagen aber mit dem Prophezeien (μαντευόμενος), im zweiten Fall ist es das Schlagen ohne das Prophezeien, aber mit der Frage, welche der beiden Hände geschlagen habe. Die Spiele im Altertum liefen wohl wie bei uns in mannigfachen Abstufungen umher,[3] und es ist bekannt, daß unsere Kenntnis dieses Themas sehr lückenhaft ist. So könnte es sein, daß es einen κολλαβισμός gegeben hat, indem man jemanden mit verbundenen Augen raten ließ (keine andere Bedeutung hat unseres Erachtens προφητεύειν[4] und μαντεύεσθαι hier), wer geschlagen habe.

---

[1] Das Auslassen von περικαλύπτειν]D it^{var} syr.^{s} M] ist erfolgt, nachdem man die Stelle nicht mehr begriff.

[2] In: *Verslagen en Mededeelingen van de Kon. Akad. van Wetenschappen te Amsterdam*, Afd. Letterkunde, Reeks IV, deel 11 (1911), blz 39-53 — vgl. K. Kuiper *Atheensch jongensleven* [2], Haarlem 1922, S. 50.

[3] Vgl. z.B. Theogn. s. v. μυΐνδα (bei Bekker, *Anecd. Graeca* p. 1353), der das Spiel ganz anders mitteilt als bei Pollux zu finden ist.

[4] προφήτης kommt auch außer LXX und NT vor, z. B. Pind. N 1, 60, Bacch. 9, 28, Herod. 8, 36, Pl. Phaedr. 262 D — προφητεύω Pind. fr. 159, Herod. 7, 111, Plato Phaedr. 24 4D.

Fragen wir uns, wo der Gang der Erzählung obiger Deutung am besten entspricht, so geschieht dies bei Lc: die Leute, die Jesus verhafteten, müssen die Zeit mit ihm verbringen, ehe er vor das Synedrium geführt werden kann. Sie gebrauchen ihn nun als Spielball (ἐνέπαιζον) in dem sie ihn schlagen und mit ihm Blindekuh spielen, natürlich nach Soldatenart vergröbert. Damit glauben wir die obenstehende Schwierigkeit in rechter Weise beseitigt zu haben. Es ist eine Hypothese, aber eine, die wohl Beachtung verdient.

REMARKS ON THE PURPOSE OF LUKE'S HISTORICAL WRITING (LUKE I 1-4)*

When, some forty years ago, the writer Arnold J. Toynbee who has since become so celebrated, compiled a selection of texts from the works of ancient writers in order to acquaint his readers with the ideas of the Greeks on History,[1] he also counted the introduction to Luke's gospel (i 1-4) sufficiently worthy to be included in this collection. Thus, the author of the third gospel there joins the ranks of such Greek historians as Herodotus, Thucydides, Polybius, Dionysius of Halicarnassus and many others of equal fame. The question whether this was justified, cannot be repressed; does the work of Luke as intended by the writer really belong side by side with the works of those who, by their own wish and according to the judgment of others, must be numbered amongst the true writers of history?

In one sense, we could be surprised to see Luke placed in tnis company. Not so much because the way in which he renders his account is distinguished from the others by a regrettable brevity,[2] but because it has in the course of time become a generally-known item of New Testament scholarship that the gospels were not designed to represent a work of history or biography but the foundation of Christian preaching.[3] All the gospels—and the third is not regarded as an exception to the rule—present, in character and composition, an entirely individual literary type; their purpose was to stimulate the belief in Jesus as the Chirst and to promote that belief (Joh. xx 31).

---

* First appeared as "Opmerkingen over het doel van Lucas' Geschiedwerk (Luc. i 4)" in *Nederlands Theologisch Tijdschrift* ix, 6, 1955, blz. 323-331.

[1] A. J. Toynbee, *Greek historical thought*; first published in the "Library of Greek thought" in London, shortly before the first world war; issued as a "Mentor-book" in New York, 1952.

[2] This is very noticeable if one compares it with the extensive prefaces of other historians.

[3] From the many quotations which could be used as corroborative evidence for this, let it suffice to mention: P. Feine-J. Behm, *Einleitung in das Neue Testament*, Heidelberg 1950, p. 13; G. Sevenster, "De oud-christelijke literatuur", in: J. H. Waszink - W. C. van Unnik - Ch. de Beus, *Het oudste Christendom en de antieke cultuur*, Haarlem, vol. II, p. 40.

On the other hand, however, there are a number of facts present which, especially with reference to the third gospel, make it impossible to stick to this first opinion. Precisely because of this prologue, Luke differentiates himself from the other gospels in a striking manner.

The explanatory material collated by Cadbury and Klostermann [1] clearly reveals that this neatly styled opening bears an unmistakeably hellenistic character in composition and the choice of words.[2] By means of the dedication to Theophilus[3] (repeated in Acts i 1) the writer would have it known that he is conforming to the prevailing literary customs of his time and that he had a genuine book to offer; not a somewhat odd collection of pious stories. Moreover, it should not be overlooked that Luke added to his gospel a "second book" (Acts i 1) and that this unique phenomenon amongst New Testament writings displays what could well be termed a "church-historical character" so that it can be understood that Dibelius spoke of him as „der erste christliche Historiker"[4].

In what light is the matter now to be considered? In my opinion the danger could exist that this issue could be avoided by giving a different treatment to the gospel and the Acts—and as a matter of fact in most modern commentaries the explanation of both books is left to different writers. Yet this division cannot, with a

---

[1] H. J. Cadbury, "Commentary on the preface of Luke", in: F. J. Foakes Jackson - K. Lake, *The Beginnings of Christianity*, London 1922, vol. ii, p. 489-510; E. Klostermann, *Das Lukasevangelium*[2], Tübingen 1929, p. 1-2.

[2] K. H. Rengstorff, *Das Evangelium nach Lukas*[6], Göttingen 1952, p. 13.

[3] This person who is otherwise unknown to us is addressed as κράτιστε. Correctly, it has been pointed out that the same epithet (see Cadbury, loc. cit., p. 505-507 for meaning) is also employed by Josephus in *Con. Ap.* I, 1 with respect to his "patron", Epaphroditus. But on account of this parallel, it is quite interesting to take into additional consideration the closer definition which Josephus gives in *Ant.*, pr. 2: "... it being a large subject and a difficult thing to translate our history into a foreign language with which we are not accustomed. However, some persons were there who desired to know our history and so exhorted me to go on with it, and above all the rest, Epaphroditus, a man who is a lover of all kinds of learning, but is principally delighted with the knowledge of history, and this on account of his having been himself concerned in great affairs, and many turns of fortune, and having shown a wonderful vigour of an excellent nature and an immovable virtuous resolution in them all. I yielded to this man's persuasions, who always excites such as have abilities in what is useful and acceptable ... I have thereupon stirred up myself, and went on with my work more cheerfully" (the Greek text is that of S. A. Naber in the Bibliotheca Teubneriana.)

[4] M. Dibelius, *Aufsätze zur Apostelgeschichte*, Göttingen 1951, p. 108-119 (essay written in 1948).

view to Acts i 1, be reasonably maintained. From similar cases such as, for example, Josephus in his *Contra Apionem* II, 1 it is evident that "the former book" does not mean to say "a book that I formerly wrote" but "the first part of a connected work". Even when the totally different problems which the divergent material of the two books presents are taken into account—in spite of exceptions[1]—the gospel and the Acts will in the future have to be increasingly viewed from one angle so that the "historical part" will be integrated when appraising the whole.

This question of the relationship between the gospel and the Acts and vice versa, has been answered by various German scholars —I am thinking of Bultmann, Käsemann and Conzelmann[2]—in such a way that the addition of the Acts may be regarded as a sign of great spiritual change in young Christendom. As Käsemann puts it, one would scarcely be writing a history of the church when the end is daily expected. In Acts, the eschatological tension has been broken and a prolonged term of time is anticipated; the Christ-event has become the "initium christianismi" and, in Acts, one is looking back on the ideal image of the church during her earliest beginnings. The question whether this is the right way of assessing Acts must be omitted in this paper; this solution was mentioned solely to make it apparent that an important problem does exist in this connection. A problem the solution of which, were it to be found, would be of far-reaching implication.[3]

Against a background of this nature, it is essential to bring to the fore one particular question that arises out of the many posed by the short preface: namely, the matter of the writer's intentions. Luke states it clearly when he writes the words: ἵνα ἐπιγνῷς περὶ ὧν κατηχήθης λόγων τὴν ἀσφάλειαν; whereby the emphasis falls on

[1] As in H. J. Cadbury, *The making of Luke-Acts*, London 1927; R. Morgenthaler, *Die lukanische Geschichtsschreibung als Zeugnis*, Zürich 1948; H. Conzelmann, *Die Mitte der Zeit*, Tübingen 1954.

[2] R. Bultmann, *Theologie des Neuen Testaments* 1953, p. 462-463; E. Käsemann, "Das Problem des historischen Jesus", in: *Zeitschrift für Theologie und Kirche*, LI (1954), p. 136-138; H. Conzelmann, *a.a.O.*

[3] The precise definition of many words used by Luke still remains controversial as is evident from the commentaries (except those named on p. 7, note 1 see specifically: M. J. Lagrange, *Évangile selon Saint Luc*[3], Paris 1927; J. M. Creed, *The Gospel according to St. Luke*, London 1930, and: F. Vogel, "Zu Luk. I, 4" in: *Neue Kirchliche Zeitschrift* XLIV (1933), p. 203-205, particularly as to the meaning of κατηχήθης).

ἀσφάλειαν [1]. In a further analysis it will not be unrewarding to compare this section of the preface against the background of ancient historiography where Luke, also in his gospel, points out the historical connection (ii 1; iii 15). A specific comparison with certain passages from Luke's (younger) contemporary, Josephus, affords the opportunity of sharpening the perspective of this proposition. Within the compass of this article, we must be restricted to this section in treating the subject. A comprehensive study of the work of Luke in relation to the historiography of antiquity remains a desideratum still, or perhaps particularly so after the cursory attention given to it in Dibelius' paper, "Die Reden der Apostelgeschichte und die antike Geschichtsschreibung". [2]

After Josephus had completed his "Bellum Judaicum": "not for those who seek enjoyment, but for those that love the truth", [3] he wrote his "Antiquities" because he believed that the ancient history of the Jews could well attract the interest of educated Romans and Greeks. He constructed the first great work in seven books because there were so many conflicting reports current at the time and because, either to flatter the Romans or as a result of hatred against the Jews, so many falsehoods had been circulated. Josephus, as an eyewitness, wants to relate a precise history (B.J. I prooemium). In the preface to the "Antiquities" Josephus gives the following and for our purpose, important testimony: "Those who undertake to write histories do not, I perceive, take that trouble on one and the same account, but for many reasons, and those such as are very different from another: for some of them apply themselves to this part of learning to show their skill in composition, and that they may therein acquire a reputation for speaking finely: others of them there are, who write histories in order to gratify those whose deeds they describe, and on that account have spared no pains, but rather gone beyond

---

1 Here it may be remarked that the article by K. L. Schmidt, in: G. Kittel, *Theologisches Wörterbuch zum N.T.*, Stuttgart 1933, Bd. I, p. 503, s.v. is very brief and wholly inadequate.

2 M. Dibelius, *a.a.O.*, p. 120-162 (a publication of the Heidelberg Academy of 1944, published in 1948).

3 B. J. I pr. 12, para. 30 τοῖς γε τὴν ἀλήθειαν ἀγαπῶσιν, ἀλλὰ μὴ πρὸς ἡδονὴν ἀφορῶσιν cf. also B. J. VII 11, 5. para. 455 περὶ τῆς ἀληθείας δ' οὐκ ἂν ὀκνήσαιμι θαρρῶν λέγειν ὅτι μόνης ταύτης παρὰ πᾶσαν τὴν ἀναγραφὴν ἐστοχασάμην.

their own abilities in the performance; but others there are, who, of necessity and by force, undertook this task, because they wished to put in plain writing the facts which they had witnessed; nay, there are not a few who are induced to save important facts from oblivion, and to publish them for the benefit of the general public (εἰσὶ δ'οἵτινες ἐβιάσθησαν ὑπ' αὐτῆς τῆς τῶν πραγμάτων ἀνάγκης, οἷς πραττομένοις παρέτυχον, ταῦτα γραφῇ δηλούσῃ περιλαβεῖν· πολλοὺς δὲ καὶ χρησίμων μέγεθος πραγμάτων ἐν ἀγνοίᾳ κειμένων προύτρεψε τὴν περὶ αὐτῶν ἱστορίαν εἰς κοινὴν ὠφέλειαν ἐξενεγκεῖν). Subsequently he explains that it is not only important to be familiar with the Laws of the Jews (quoting the translation of the LXX at the instigation of Ptolemaeus II), but also their later history for: "They, indeed, contain the history of 5000 years; in which time happened many strange accidents, many chances of war, and great actions of the commanders, and mutations of the form of our government. Upon the whole, a man that will peruse this history, may principally learn from it, that all events succeeded well, even to an incredible degree, and the reward of felicity is proposed from God; but then it is to those that follow his will, and do not venture to break his excellent laws ', whilst those who transgress are overwhelmed by calamity; moreover, Moses had most plainly communicated the divine nature of God.

When the motives of Josephus here enumerated are compared with those of other historians of antiquity, [1] it appears that these statements of Josephus may be considered as representative for the ideas current in his time. At that time rhetoric was at its peak and there are, for example, in Lucianus' work "How history should be written", comical illustrations of the treatment of historical subjects as pure exercises in oratory, where the exact description of events and circumstances meets with frequent violation. [2] Panegyrics on persons or cities also, on occasion,

[1] From the extensive literature available on this subject (see also Dibelius, *a.a.O.*) let us but mention: F. Halbfas, *Theorie und Praxis in der Geschichtsschreibung bei Dionys von Halikarnass*, diss. Münster 1910; P. Scheller, *De hellenistica historiae conscribendae arte*, diss. Leipzig 1911; P. S. Everts, *De Tacitea historiae conscribendae ratione*, diss. Utrecht 1926.

[2] Military battles in the East, for example, were often described by means of material borrowed from the Greek environment. In schools, historical material was used as a "practical exercise" in oratory; see the indignation of Josephus, *Con. Ap.* I 10 φαῦλοι δέ τινες ἄνθρωποι διαβάλλειν μου τὴν ἱστορίαν ἐπικεχειρήκασιν, ὥσπερ ἐν σχολῇ μειρακίων γύμνασμα προκεῖσθαι νομίζοντες κατηγορίας παραδόξου καὶ διαβολῆς. We are not referring to speeches

brought up all kinds of historical matters whereby the truth came under great pressure from the desire to glorify the subject. Josephus, as he himself writes so explicitly, is concerned with the truth and the wish to be of benefit. For ancient writers, history was not simply a "nuntia vetustatis" (Cicero, *De Or.* II 9, 36). The desire was there to please the reader with an agreeable narrative, the incorporation of geographical details and curious incidents; even if this was not considered the most important aspect, yet did the authors intend to convey real notions. [1] Above all, however, the historians wanted to disseminate "benefit": Polybius I 35, 9 καλλίστην παιδείαν . . . . . . πρὸς ἀληθινὸν βίον τὴν ἐκ τῆς πραγματικῆς ἱστορίας περιγινομένην ἐμπειρίαν; Diodorus Sic. I 1,4 πρὸς ἁπάσας τὰς τοῦ βίονυ περιστάσεις χρησιμωτάτην . . . εἶναι τὴν ταύτης (τῆς ἱστορίας) ἀνάληψιν. Serious lessons were to be drawn from history, for some especially in the political or strategic field, for others in the field of education or the religious life. [2] Admonitions or eulogies were woven in at the appropriate places; intervention on the part of a supernatural agency through portents or wonders is mentioned repeatedly; and some writers considered it necessary to arouse θάμβος and πάθος in their readers (although Josephus, to judge by an apology in the B.J. I prooemium 4, finds this contradictory to the laws of history). In this fashion, the history of a certain person or people had to be related as significant or worth while; and the true historian did not fail to point out that his subject was important.

After Josephus had written his major works, the attacks against the Jews had not ceased. Josephus thereupon wrote his "Contra Apionem" where he again wrote to defend the antiquity of his nation and the correctness of his history, once more stating the methodical foundations of his writing. Attacking the reliability of Greek historical literature, he argues that there are no official documents extant from the most ancient times so that many of their writers present totally divergent accounts, whereas for Josephus, τῆς μὲν γὰρ ἀληθοῦς ἐστι τεκμήριον ἱστορίας, εἰ περὶ τῶν αὐτῶν ἅπαντες ταὐτὰ καὶ λέγοιεν καὶ γράφοιεν (I 26); moreover,

which were incorporated into the narrative by the historians, for this was absolutely accepted; cf. Dibelius, referred to on p. 9, n. 2 and, e.g. the working method of Josephus in his treatment of a number of Old Testament events.

[1] Cf. Scheller, *loc. cit.*, p. 72-73 and Everts, *loc. cit.*, p. 12, note 2 for passages to corroborate this.

[2] Scheller, *loc. cit.*, p. 73-78.

they were more inclined towards beautiful form than the truth. [1] He, Josephus, on the contrary, stresses the diligent care with which the ancient documents have been preserved among his own people and their corresponding nature. As far as his "Bellum" is concerned, he has dared to send a copy to those who were very well acquainted with the facts, namely, Vespasian, Titus and Archelaus, who ἅπαντες ἐμαρτύρησαν ὅτι τῆς ἀληθείας προύστην ἐπιμελῶς (I 52). [2] In the following passage (I 53-57) he places strong emphasis upon this very fact that his report offers a *true* story. For he could have followed the rule: δεῖ τὸν ἄλλοις παράδοσιν πράξεων ἀληθινῶν ὑπισχνούμενον αὐτὸν ἐπίστασθαι ταύτας πρότερον ἀκριβῶς, ἢ παρηκολουθηκότα τοῖς γεγονόσιν ἢ παρὰ τῶν εἰδότων πυνθανόμενον [3] because he was πολλῶν μὲν αὐτουργὸς πράξεων, πλείστων δ' αὐτόπτης γενόμενος, ὅλως δὲ τῶν λεχθέντων ἢ πραχθέντων οὐδ' ὁτιοῦν ἀγνοήσας (I 53-55). In other words, his knowledge and his scientific method of working bear testimony to the truth of his reports which are misjudged by his opponents but are confirmed through the testimony of men in high places.[4] The appeal to these μάρτυρες is indispensible to the declaration.

In spite of the fact that Plummer at the time spoke of "superficial similarities between this preface and Jos. Con. Apion. i" and dismissed the matter with the remark: "The resemblance hardly amounts to remarkable coincidence, and such similarities are common in literature", [5] I believe that the comparison is significant, not to point out a certain "dependence" but because the extensive statements of Josephus elucidate the succinct formulation of Luke's preface. Through the actual comparison, the possibilities that were open to Luke and the position he selected, become clear.

---

[1] Cf. Josephus *Con. Ap.* I 24 οἱ γὰρ ἐπὶ τὸ γράφειν ὁρμήσαντες οὐ περὶ τὴν ἀλήθειαν ἐσπούδασαν, καίτοι τοῦτο πρόχειρόν ἐστιν ἀεὶ τὸ ἐπάγγελμα, λόγων δὲ δύναμιν ἐπεδίεκνυτο.

[2] Cf. I 50 τοσοῦτον μοι περιῆν θράσος τῆς ἀληθείας, ὥστε πρώτους πάντων τοὺς αὐτοκράτορας τοῦ πολέμου γενομένους Οὐεσπασιανὸν καὶ Τίτον ἠξίωσα λαβεῖν μάρτυρας.

[3] This was according to the rule laid down by Thucydides I 22, 5; for the influence of this Greek historian on Josephus see: H. Drüner, *Untersuchungen über Josephus,* diss. Marburg 1896, p. 1-34 and E. Stein, *De woordkeuze in het Bellum Judaicum van Flavius Josephus,* diss. Leiden 1937, p. 12-14, 58-68; cf. also the ironic comment of Lucianus, *Ver. Hist.* I 4 γράφω τοίνυν περὶ ὧν μήτε εἶδον μήτε ἔπαθον μήτε παρ' ἄλλων ἐπυθόμην.

[4] Cf. also Josephus *Vita* 65, para. 336-339, 359-367, where, in para. 365-366 several letters of Agrippa are reported.

[5] A. Plummer, *St. Luke*[5], Edinburgh 1922, p. 5.

By ancient criteria there was no objection to calling a two-part work by Luke, a history. Furthermore, it was not his intention to gain himself a reputation for eloquence or to deliver a laudatory tribute on people but to make the ἀσφάλεια known. His work was not to serve the purpose of imparting benefit in a pleasing manner, to give examples or a lesson for life with or without a religious tendency. Luke wanted to bring to light the ἀσφάλεια τῶν λόγων and be of service to those λόγοι (there is room for hesitation here as to where the emphasis lies; it could be "chat" but is still related to the λόγος v. 2 preaching, cf. Acts x 36 onwards). [1] This ἀσφάλεια points towards the ἀλήθεια, which is stressed by Josephus. It is typical that the means by which the "truth" is supported by Josephus are also found here: a) it rests upon the αὐτόπται (in which ἀπ' ἀρχῆς is used for good purpose [2]; and would the addition of ὑπηρέται τοῦ λόγου not have a special significance for the "preachers"?); [3] b) many others have already done the same and the work of Luke is not in competition with them but, on the contrary, in agreement with them; [4] c) he himself investigated meticulously in accordance with the rule of Thucydides (cf. p. 12, note 3); d) Luke too, has his "witnesses" for it is remarkable how important a part this word plays in Acts. [5]

One fact is, however, noteworthy; Luke does not make use of the word ἀλήθεια, but instead prefers ἀσφάλεια. This gives a different character to his preface. The "truth" had already been expounded by his predecessors (v. 1-2) but he was concerned with the "infallibility" of the facts. In this connection a phrase in Xenophon,

---

[1] On this section as a summing-up of apostolic preaching, see C. H. Dodd, *The apostolic preaching and its developments*, London 1936.

[2] Cf. Acts i 21-22, x, 36-41; there is nothing in the story that goes beyond αὐτόπται (cf. Cadbury, *Commentary*, p. 498-500) and leaves room to the imagination.

[3] Cf. Acts vi 4; it would seem that the "eyewitnesses" put themselves at the service of the λόγος as inferiors (on ὑπηρέτης see: W. Bauer, *Griechisch. deutsches Wörterbuch zu den Schriften des N.T.*[4], Berlin 1952, s.v.).

[4] It is evident that κἀμοὶ in v. 1 excludes criticism of his precursors and that Luke places himself on the same level with them.—This aspect of "agreement" is, in my opinion, insufficiently taken into account in studying the synoptic question. It can, as appears after a comparison with similar passages in Josephus, quite reasonably be reconciliated with differences in the matter of detail.

[5] See i 8, 22 etc.: this particular aspect of "eyewitness" does not, of course, explain the use of the word throughout the whole of Acts; the word has many more shades of meaning, but this aspect should be kept in mind.

Mem. IV 6, 15 [1] has been quoted. That passage speaks of the working method of Socrates: ὁπότε δὲ αὐτός τι τῷ λόγῳ διεξίοι, διὰ τῶν μάλιστα ὁμολογουμένων ἐπορεύετο, νομίζων ταύτην τὴν ἀσφάλειαν εἶναι λόγου and mentions that Homer called Odysseus an ἀσφαλής ῥήτωρ ὡς ἱκανὸν αὐτὸν ὄντα διὰ τῶν δοκούντων τοῖς ἀνθρώποις ἄγειν τοὺς λόγους. Thus it is a feature of the ἀσφάλεια that it gives certainty to that which is generally accepted and recognised. In Josephus, [2] the word usually just means "security", but in *Ant.* XVIII 9, 3, 329 a shifting can be observed; no-one shall be guilty of deceit when he has proffered the right hand just as no-one shall harbour any more distrust against him whom he suspects of malignant intentions εἰ τοιᾶσδε ἀσφαλείας δόσις γενοίτο; here lies the very "cornerstone" of security [3] that puts to rest his fearful and uncertain apprehensions. Also in Acts xxi, 34, xxii 30 and xxv 26 where τὸ ἀσφαλές is used, the word counterbalances and compensates for all kinds of conflicting statements and doubts as that which alone is completely dependable. Cadbury and Klostermann have quoted parallels from some papyri,[4] which demonstrate clearly that the word conveys the antithesis to unreliable gossip, rumour and doubt. This is very much to the point. Luke does not only want to preach, describe the development of Christendom or write a vindication of the Christians (generally, his aims are sought in this direction, especially with respect to Acts); he wants to remove doubt about the exactitude of τῶν πεπληροφορημένων, Christ's work of salvation and bring to Theophilus and his other readers, *the complete certainty*.

In this connection the thesis which Mulder has brought forward

[1] See, e.g., Lagrange and the dictionaries of Liddell-Scott and Bauer.

[2] See H. J. Thackeray, *A Lexicon to Josephus*, Paris, s.v.

[3] In legal terminology it occurs as "pledge, security", see Liddell-Scott, *Greek-English Lexicon*[9], Oxford 1940, vol. i, s.v.

[4] Cadbury, *loc. cit.*, p. 509, Klostermann, *a.a.O.*, p. 3. In view of the fact that the latter commentator only alludes to some parallel words but does not refer to the context and other exponents do not list them, the texts may be quoted in full because they are important with respect to the process of thought governing the text. P. Giss. I 27: the writer has ascertained indirectly, through the slave of Mr. Apollonius, who had come from Memphis εὐαγγελίζοντι τὰ τῆς νείκης αὐτοῦ καὶ προκοπῆς. οὗ ἕνεκα ἐπιτηδὲς πρός σε ἔπεμψα ἵνα τὸ ἀσφαλὲς ἐπιγνῶ καὶ στεφανοφορίαν ἄξω καὶ τοῖς θεοῖς τὰς ὀφειλομένας σπονδὰς ἀποδῶ. P. Amh. 131 ἕως ἀν ἐπιγνῶ τὸ ἀσφαλὲς τοῦ πράγματος περὶ οὗ κατέπλευσα ἐπιμενῶ, ἐλπίζω δὲ θεῶν θελόντων ἐκ τῶν λαλουμένων διαφεύξεσθαι (nb. this contrast) — P. Amh. 132 answers a son who is uncertain how much he should pay the workmen ἐπίγνωθι οὖν τὸ ἀσφαλὲς τί Πολεῖς διδοῖ τοῖς αὐτοῦ καὶ σὺ δός. These papyri are all dated during the first half of the second century.

with great emphasis, [1] merits some attentive observation. He believes that Theophilus has been a man of a so-called God-fearing disposition who wavered on the brink between heathenism, Judaism and now Christianity. However that may be, the preface Luke presents gives unmistakeable directions as to where the reader is to look in order to comprehend the nature and design on his work. It would be advantageous if, before determining the individual character of the third gospel as well as that of Acts, more consideration were to be given to this aspect than has, until now, been the case.

---

[1] H. Mulder, "Theophilus de 'Godvrezende' ", in *Arcana Revelata*, Kampen 1951, p. 77-88 (although, in contradiction to him, I think that Luke i, 4 does not have the strict meaning of "church teaching" but the more general sense of "understanding").

L'USAGE DE ΣΩΖΕΙΝ «SAUVER» ET DES DÉRIVÉS DANS LES ÉVANGILES SYNOPTIQUES*

Il est dans les usages de commencer un exposé par une «captatio benevolentiae»; je m'en rends très bien compte que, dans mon cas à moi, c'est à une indulgence plus qu'ordinaire que je dois faire appel. L'usage du mot grec, dans le titre de ma conférence et dans la suite même de mon exposé, trouvera, j'en suis sûr, grâce à vos yeux. C'est un vocable extrêmement difficile à rendre dans nos langues. Toute traduction risque de conduire soit à une dissociation d'un ensemble d'idées voisines et très connexes dans la pensée grecque (tantôt les versions parlent de «sauver», tantôt de «conserver la vie ou le bonheur», tantôt encore de rendre heureux, de faire bénéficier du bonheur, etc., etc.) soit à des associations d'idées, qui n'ont pas de lien entre elles dans l'usage original et qui vont même jusqu'à le défigurer (par exemple «bienheureux»: σῳζόμενος et μακάριος). Voilà pourquoi nous préférons nous servir du terme grec. Mais ce n'est pas le seul motif qui nous a guidé dans ce choix. Nous nous sommes fixé comme but d'examiner si ce terme, qui a joué un rôle très important dans la prédication apostolique, n'a pas été chargé, par suite de son insertion dans le grand courant de la tradition synoptique, de certaines connotations nouvelles et d'en faire le relevé éventuel. La question que nous nous posons est donc la suivante: quel usage les synoptiques ont-ils fait de ce même terme et de quelle manière les différentes questions qui touchent au problème synoptique s'y trouvent-elles réfléchies?

Après avoir justifié de la sorte l'usage, dans notre titre, du mot grec σῴζω, *sauver*, tâchons de circonscrire le mieux possible le sujet de notre travail:

1. Nous voulons examiner l'usage du terme lui-même dans la tradition synoptique. C'est à dessein que nous évitons de parler par exemple de la «conception du salut» d'après les synoptiques, à la manière dont ce thème a été jadis envisagé par A. Titius dans *Die neutestamentliche Lehre von der Seligkeit* (Bd. I) ou par J. B.

---

* Paru dans *Formation des évangiles synoptiques*, ed. J. Coppens, Bruges — Desclée de Brouwer, 1957, p. 178-194.

Le texte néerlandais a été traduit par M. le professeur Heuschen. L'auteur en remercie vivement son collègue.

Colon, dans une série d'articles portant précisément ce titre.[1] Leurs études étaient plus larges et elles n'avaient pas le même centre d'intérêt que la nòtre, puisque nous entendons traiter le thème central d'abord et avant tout sous l'angle de ses relations avec la question synoptique. La question qui les intéressait, eux, était la suivante: quel est, d'après les synoptiques, la fin ultime de l'homme, où peut-il trouver son bonheur? Nous nous contenterons de circonscrire le contenu d'un seul terme bien précis, σῴζω, et de le suivre dans son évolution sémantique éventuelle.

2. C'est uniquement dans la perspective de ce terme que nous toucherons au problème synoptique. Notre intention n'est donc pas avant tout de fixer le contenu du terme en lui-même: ce qui nous intéresse, c'est ce que son usage nous révèle concernant les rapports entre les auteurs de nos évangiles. C'est précisément ce qui différencie notre travail de l'article « Salvation », écrit par G. Vos pour le *Dictionary of Christ and the Gospels* (II, 1908): l'auteur en question, il importe de le relever, traite sur un seul et même plan de la doctrine du quatrième évangile et de celle de nos synoptiques; il n'hésite pas non plus à grouper tout son exposé sous la rubrique « salvation », alors qu'en fait la forme verbale est bien plus souvent utilisée que celle du substantif. Wagner, dans sa monographie bien connue: « *Ueber σῴζειν und seine Derivate im N. T.*[2] », s'intéresse, lui aussi, avant tout à la signification et au contenu (positif ou négatif, eschatologique ou non) de la notion; il ne s'est guère demandé si les différents écrits du N. T. ne les ont pas influencés et ne leur ont pas donné des connotations nouvelles: pour lui ce problème n'existe pas (p. 231). En attendant la parution de l'article du *Theologisches Wörterbuch* de Kittel, la présente étude, pour autant que nous avons pu nous en rendre compte, comble donc une lacune.

3. Les termes σῴζω et σωτηρία jouent un rôle très important dans la prédication apostolique. Qu'il nous suffise de rappeler l'un ou l'autre texte marquant. D'après l'épitre aux Romains (i 16) l'évangile, dont Paul ne rougit point, est une force pour le salut (εἰς σωτηρίαν): cette σωτηρία marque donc le but vers lequel est orienté tout le travail apostolique de Paul. Quand dans la 1 Cor. i 18, il présente « la parole de la croix » comme le résumé de ce même

---

[1] *Revue des sciences religieuses*, III, p. 472-507 et X, p. 1-39; 189-217; 370-415.

[2] *Z.N.W.*, 1905, VI, p. 205-235.

évangile, il affirme que pour ceux qui se perdent cette parole est folie, mais « pour nous, qui sommes sauvés (ἡμῖν σῳζομένοις) une force de Dieu ». Pierre présente les chrétiens comme des gens « que la puissance de Dieu garde par la foi εἰς σωτηρίαν ἑτοίμην ἀποκαλυφθῆναι ἐν καιρῷ ἐσχάτῳ (i 5) et appelle le τέλος τῆς πίστεως la σωτηρία ψυχῶν (i 9). Qu'il nous suffise de citer parmi les discours du livre des Actes le verset 12 du ch. iv qui contient, à lui seul, tout un programme: « et la σωτηρία n'est en aucun autre; car il n'y a pas sous le ciel un autre nom qui ait été donné aux hommes, par lequel nous devions être sauvés (ἐν ᾧ δεῖ σωθῆναι ἡμᾶς) ». Le thème central de Jean: « Dieu a tellement aimé le monde qu'il a donné son Fils unique, afin que quiconque croit en lui ne périsse point (μὴ ἀπόληται), mais ait la vie éternelle » (iii 16) est illustré et motivé, de façon négative et positive, par les déclarations du verset subséquent: « car Dieu n'a pas envoyé son Fils dans le monde pour juger le monde, ἀλλ' ἵνα σωθῇ ὁ κόσμος δι' αὐτοῦ (iii 17) ». Ces citations, empruntées à des groupes d'écrits néotestamentaires assez variés, prouvent abondamment que la notion, que nous envisageons d'étudier de plus près, constitue un des éléments les plus importants de l'ancienne prédication chrétienne. Comme on a coutume, de nos jours, de considérer les évangiles comme une première stratification de la prédication apostolique, il importe d'examiner avec soin si l'on y recourt à notre thème avec la même fréquence et si, par conséquent, les synoptiques lui attribuent un röle tout aussi important.

Voici donc les questions précises auxquelles nous tâcherons de fournir une réponse, en examinant la documentation mise à notre disposition par nos évangiles synoptiques: *a*) quelles sont les notions avec lesquelles notre terme et ses dérivés se trouvent associés? *b*) dans quelles couches de la tradition les rencontre-t-on? *c*) est-ce que l'usage traditionnel va en s'intensifiant? *d*) y a-t-il des évangélistes qui font preuve de certaines préférences? Voilà, à notre sens, le meilleur moyen pour contrôler les deux points, sur lesquels il importe de concentrer son attention dans toute étude du problème synoptique: l'évolution de la matière traditionnelle, d'un côté, son utilisation et sa stratification dans les évangiles, de l'autre. Nous tenons à souligner tout particulièrement ce dernier point, car l'étude du problème synoptique a conduit très souvent à des hypothèses de dépendance mutuelle tellement compliquées et elle a été amenée si souvent à juger de façon plus ou moins subjective la tradition, que la figure de l'évangéliste a disparu derrière une masse anonyme d'intermédiaires. Et pourtant, — le prologue de Luc le prouve abondamment (i-4) —, il n'est pas permis de perdre de vue la personnalité des auteurs de nos évangiles.

Commençons l'étude de notre documentation par l'examen des passages communs aux trois synoptiques:

1. Mt ix 20 sq.; Mc v 25 sq.; Lc viii 43 sq.: l'épisode de la femme affligée d'un flux de sang: le texte de Marc est le plus long et le plus détaillé. Il rappelle que la femme, après avoir épuisé tous les autres moyens de guérison, toucha par derrière le manteau de Jésus en se disant: ἐὰν ἅψωμαι κἂν τῶν ἱματίων αὐτοῦ, σωθήσομαι. La guérison est immédiate (ἴαται). A la question de Jésus: « *qui a touché mes vêtements:* », elle se présente toute tremblante. Et Jésus de lui déclarer: θύγατερ, ἡ πίστις σου σέσωκέν σε· ὕπαγε εἰς εἰρήνην, καὶ ἴσθι ὑγιὴς ἀπὸ τῆς μάστιγός σου. Matthieu mentionne que la femme a touché Jésus et cite, lui aussi, sa réflexion, mais il ne parle pas de l'échange de vue qui a suivi: d'après lui Jésus se retourne et déclare: θάρσει, θύγατερ, ἡ πίστις σου σέσωκέν σε. Καὶ ἐσώθη, dit le texte, à partir du même moment. Ce n'est donc plus le contact mais la parole de Jésus qui joue le role décisif (cf. toutefois *infra*, sub. 16). Luc omet la réflexion de la femme, mais insinue au v. 47 les motifs qui l'ont poussée à agir de la sorte (il insère ἰάθη). Chez lui aussi la scène se termine par la parole de Jésus: θύγατερ, ἡ πίστις σου σέσωκέν σε· πορεύου εἰς εἰρήνην.

Il ressort d'une comparaison de ces trois textes: *a*) que leur forme actuelle révèle le travail rédactionnel de chacun des trois synoptiques: Marc ajoute une glose explicative, Matthieu omet l'échange de vue qui a suivi la guérison et introduit le θάρσει caractéristique, Luc se révèle e. a. par son παραχρῆμα habituel. Mais la formule essentielle est identique chez tous et son caractère sémitique ressort clairement de l'usage d'εἰς εἰρήνην; *b*) que σῴζω désigne ici une guérison corporelle, — ce qui correspond à l'usage grec du terme —, mais que la femme ne bénéficie de cette guérison que par sa πίστις, par sa foi en Jésus. — Nous reviendrons plus loin sur la formule elle-même. Ce qui frappe aussi c'est qu'à la différence de Matthieu et de Marc, Luc ne mentionne pas le dernier ἐσώθη (Mt ix 22) ni la formule correspondante de Marc (v 34); il n'ignore pourtant pas ce glissement de sens (de σῴζω vers ὑγιαίνω), puisque lui-même, ailleurs, y recourt (cf. Act. iv).

2. Mt. xvi 25; Mc viii 35; Lc ix 24: le logion bien connu du Christ à ses disciples, dont la version de Marc est la suivante: ὃς γὰρ ἐὰν θέλῃ τὴν ψυχὴν αὐτοῦ σῶσαι, ἀπολέσει αὐτήν· ὃς δ'ἂν ἀπολέσει τὴν ψυχὴν αὐτοῦ ἕνεκεν ἐμοῦ καὶ τοῦ εὐαγγελίου, σώσει αὐτήν.

Les formules de Matthieu et de Luc sont pratiquement identiques; ils omettent, toutefois, l'ajoute typiquement marcienne τοῦ εὐαγγελίου (cf. x 29) et Matthieu remplace même le dernier σώσει par εὑρήσει, ce qui détruit le parallélisme dans les expressions. Il est possible que Matthieu ait voulu insister sur le caractère surprenant de ce qui échoit à celui qui sacrifie sa vie. Il faut rapprocher de ce logion Mt x 39: ὁ εὑρὼν τὴν ψυχὴν αὐτοῦ ἀπολέσει αὐτήν, καὶ ὁ ἀπολέσας τὴν ψυχὴν αὐτοῦ ἕνεκεν ἐμοῦ εὑρήσει αὐτήν qui provient peut-être de Q. Luc rapporte cette même péricope, mais dans un contexte différent, où il est question du jour du Fils de l'homme (xvii 33): sa formule, — que précède un renvoi à l'histoire de Lot —, est la suivante: « ὃς ἐὰν ζητήσῃ τήν ψυχὴν αὐτοῦ περιποιήσασθαι, ἀπολέσει αὐτὴν, καὶ ὃς ἂν ἀπολέσει, ζῳογονήσει αὐτήν »: on découvre la main de l'auteur dans sa façon de s'exprimer (cf. aussi Jean xii 25, où les formules sont typiquement johanniques). Ce qui frappe dans ces différentes formules, c'est qu'elles restent toutes fidèles au verbe ἀπολλύναι (qui est d'ailleurs un très bon sémitisme: *'bd hnpš.*, τὴν ψυχὴν = soi-même: on trouve des exemples dans Strack-Billerbeck, I, p. 588), mais pas à celui qui lui est opposé. La formule étrange de Mt x 39: « εὑρίσκειν τὴν ψυχὴν » doit signifier « se procurer » (cf. Bauer, *Wörterbuch*[4], s. v.), et c'est aussi dans ce sens que Luc interprète la locution. Il s'agit manifestement d'une parole du Christ qui a été partout en usage, mais que l'on a traduite de manières différentes. C'est le ζῳογονήσει de Luc qui, à notre sens, nous met sur la piste de la formule primitive; à l'exemple de Wellhausen et de Burkitt nous pensons que c'est l'araméen *ḥyh* qui sert de substratum à σῴζω, dans les emplois envisagés ici. Si cette supposition s'avère exacte, il nous est permis de conclure *a*) que σῴζω est un verbe qui dérive de la couche grecque de la tradition orale; *b*) qu'il signifie ici « assurer la continuation de la vie »; *c*) que par suite de la double antithèse il a reçu, dans le présent contexte, une profondeur, dont la formule johannique εἰς ζωὴν αἰώνιον φυλάξει αὐτήν révèle les véritables dimensions; *d*) que dans une phase déterminée de la tradition, et même déjà avant Marc, ce verbe a été mis en rapport étroit avec la personne même de Jésus. Il ne semble pas que les termes mêmes de la formule de Luc xvii 33 appartiennent à la couche primitive de la tradition (cf. les corrections apportées aux expressions parallèles), mais cela ne signifie point que Jésus n'a pas pu exprimer cette pensée de manière implicite; pour celui qui ne veut pas envisager cette hypothèse, le deuxième ἀπολέσει reste suspendu en l'air; cela n'a pas de sens, car l'idée d'un suicide est impensable dans un milieu juif (cf. *Tamid*, 32 a, où il faut interpréter « mourir » dans un sens impropre).

3. Mt xix 25; Mc x 26; Lc xviii 26: à la suite de sa rencontre avec le jeune homme riche, Jésus proclame que les riches auront difficile à entrer dans le Royaume (la formule de Marc est d'allure plus générale). C'est cette assertion du Seigneur qui provoque la question des disciples (Luc: des auditeurs): τίς δύναται σωθῆναι; les termes sont les mêmes chez les trois synoptiques. On estime communément, et à bon droit d'ailleurs, que σωθῆναι équivaut ici à « entrer dans le royaume ». Mais la question posée par les disciples est en elle-même quelque peu surprenante si, comme on le fait d'habitude, on l'interprète dans un sens général. S'il n'y avait pas le verset 25, le verset 26 fournirait une suite excellente de la « Steigerung » du verset 24, mais on ne peut appliquer cette interprétation à la tradition conservée par Matthieu et par Luc, puisqu'elle omet précisément la phrase d'allure générale (Mc x 24). Τίς, à notre sens, ne peut être interprété que par: « quel est le riche, pour qui, ce qui est impossible auprès de Dieu, serait possible . . . » La réflexion de Pierre qui suit, s'adapte parfaitement à cette exégèse. Éclairé, d'ailleurs, par l'image qui précède, σωθῆναι, cette fois, fait allusion à la difficulté que l'on éprouve à entrer dans le royaume: la possession des biens de ce monde dresse devant lui un obstacle. A la lumière de l'histoire antérieure du jeune homme riche, la notion de la βασιλεία doit être interprétée de manière juive: il s'agit du thème de l'observation des commandements, avec motivation eschatologique (le trésor dans le ciel); ce royaume est lié à la personne de Jésus (me suivre). Le point de départ de tout le développement se trouve dans la question concernant « la vie éternelle » (Mc x 17 sq.). Σωθῆναι a donc ici le sens d'« avoir en héritage la vie éternelle ».

4. Mt xxvii 39 sq.; Mc xv 29 sq.; Lc xxiii 35 sq.: les injures adressées au crucifié. Au dire de Marc, les passants aussi bien que les chefs du peuple raillaient entre eux Jésus: c'est l'emploi

de σῴζειν qui provoque le rapprochement ironique. Dans les deux cas le verbe en question est associé avec l'activité messianique de Jésus. En Marc xv 30 la formule est positive: σῶσον σεαυτόν; au verset 31 les adversaires déclarent: ἄλλους ἔσωσεν, ἑαυτὸν οὐ δύναται σῶσαι: ils croiraient en lui si Jésus, descendant de sa croix, faisait ce miracle. Matthieu suit, semble-t-il, ce texte de Marc, mais souligne à deux reprises (xxvii 40 et 43) que les moqueries veulent atteindre le Christ dans sa qualité de Fils de Dieu; il ajoute aussi la citation du Psaume xxii 9 (Sap ii 13) ce qui lui permet d'expliquer σῴζω dans le sens de ῥυσάσθω, « libérer, délivrer ». Luc, de son côté, donne une tournure positive à la moquerie des prêtres (σωσάτω ἑαυτόν) et ne leur fait pas demander à Jésus un geste impossible; il appelle Jésus, comme dans la scène de la transfiguration (ix 35), l'ἐκλεκτός; il ajoute, — nous reviendrons plus loin à ce texte —, des insultes lancées par des soldats romains et rapporte aussi l'injure adressée au Christ par un des malfaiteurs crucifiés avec lui: σῶσον σεαυτὸν καὶ ἡμᾶς. La brève notice de Marc: « ceux même qui étaient crucifiés avec lui l'insultaient » nous avait, sans doute, préparés à cette précision, mais la suite du texte de Luc, — où l'on voit le Christ s'adresser à un crucifié repenti —, prouve que, quelle que soit l'interprétation exacte à donner aux paroles du verset 43, le meurtrier en question sera l'objet d'un σῴζειν: car ce crucifié n'est pas un maudit, puisque le paradis s'ouvre pour lui: il ne s'agit pas d'un σῴζειν s'accomplissant ici sur terre mais au ciel.

Il existe une relation étroite entre ce passage et la péricope suivante, qui contient la parole bien connue du Christ en croix: « mon Dieu, mon Dieu, pourquoi m'avez-vous abandonné? ». Luc, comme on l'admet communément, omet cette parole parce que très vite elle a paru choquante; il fait participer des soldats à la première scène d'insultes, soulignant de la sorte davantage le caractère universel des moqueries. D'après Marc xv 35 quelques-uns des adversaires du Christ interprètent l'« Éloï » du Ps. xxii 1 comme un appel à Élie, le « *Nothelfer* » eschatologique (Billerbeck, IV, *Exkurs*): εἰ ἔρχεται Ἠλείας καθελεῖν αὐτόν. Matthieu, d'accord ici avec tout son contexte antérieur, remplace καθελεῖν par σώσων: il est possible aussi que καθελεῖν comportait à ses yeux une nuance trop négative (cf. xv 46; Lc i 52; xii 18). Étant donné le jeu de mots, il est vraisemblable que l'on puisse attribuer ce passage à la communauté primitive. Vincent Taylor n'a pas non plus d'objections à soulever contre l'authenticité de cette première scène d'injures.

Que signifie σῴζω dans le présent contexte? Manifestement, il faut le comprendre comme une délivrance d'un danger mortel. Comme substratum sémitique, on peut songer à *nṣr, plṭ, mlṭ* qui, tous les trois, se trouvent utilisés comme autant de termes synonymes par le Ps. xxii. Mais dans cette hypothèse on ne peut guère expliquer le « ἄλλους ἔσωσεν », qui vise manifestement les guérisons du Christ: or, les verbes en question ne s'appliquent guère à des cas de guérison (il faudrait plutôt songer à un verbe comme *ḥyh*). Il n'est donc pas impossible que l'on se trouve ici en présence d'un cas où la communauté hellénique a exercé son influence sur la tradition; il est possible aussi que le verset 31 doive être considéré comme un doublet. — La communauté chrétienne s'est posée, semble-t-il, la question pourquoi le Libérateur ne s'était pas délivré lui-même (cf. Mt xxvi 53). Luc, on l'aura remarqué, ne parle pas de cette impossibilité pour le Christ de se libérer.

Les textes analysés jusqu'à présent ont révélé que σῴζω apparait dans certaines couches de la tradition, mais ne figure pas dans d'autres, alors même que les trois témoins du texte exposent une matière commune. Le même phénomène se reproduit dans une série de péricopes communes à deux seulement de nos synoptiques.

5. Mc iii 4; Lc vi 9: la guérison de l'homme à la main desséchée: les pharisiens observent attentivement Jésus pour voir s'il va guérir (θεραπεύειν) un jour de sabbat; c'est dans ce contexte de controverse au sujet du repos sabbatique que Jésus pose la question ἔξεστιν τοῖς σάββασιν ἀγαθὸν ποῖησαι ἢ κακοποιῆσαι, ψυχὴν σῶσαι ἢ ἀποκτεῖναι (*Luc* ἀπολέσαι). Comme ses adversaires se taisent, Jésus ordonne au malade d'étendre la main, ἀπεκατεστάθη (Mt, ὑγιής). Matthieu xii 9-13 n'a pas le logion en question, mais il l'a remplacé par une parole du Christ sur la brebis qui tombe dans une fosse un jour de sabbat: il s'agit, semble-t-il, d'un développement secondaire, introduit peut-être dans le texte parce que le logion primitif (Mc iii 4) était considéré comme dépassant quelque peu la situation: on aurait pu y répondre: « mais vous auriez pu attendre un jour ». En soi la réponse à la question de Jésus est claire et facile; la double expression de l'antithèse souligne l'importance de l'enjeu. Opposé à « ôter la vie », σῶσαι signifie donc

ici: « *maintenir le sujet en vie* » (cf. 1 Sam ii 6). Luc enlève un peu de sa force à l'expression et l'adapte mieux à la situation en parlant de « laisser s'éteindre la vie ». — La valeur de cette réplique du Christ dans l'application est basée sur une « conclusio a maiori ad minorem ». C'est une garantie de son authenticité. Jésus met d'ailleurs cette acceptation de σῶσαι en pratique.

6. Mc v 23; Mt ix 18; Lc viii 50: l'histoire de la guérison de la fille de Jaïre et celle de la guérison de l'hémorroïsse. Marc rapporte que le père incite Jésus à venir imposer les mains à sa fille qui est très malade (ἐσχάτως ἔχει), ἵνα σωθῇ καὶ ζήσῃ. Matthieu ne conserve que le dernier de ces verbes et lit: ἐπίθες τὴν χεῖρά σου καὶ ζήσεται. Le texte de Marc présenterait, selon Black (*Aramaic Approach*, 2e éd., p. 53, n. 1; cf. le commentaire de V. Taylor, *ad loc.*) un cas typique de « conflatio », car les deux verbes dériveraient de l'araméen *ḥyh*; il ne faut cependant pas perdre de vue que dans la perspective de Matthieu la jeune fille vient de mourir. Luc nous fait savoir, en un grec plus châtié, que la petite était mourante (ἀπέθνησκεν), mais il n'a pas conservé les paroles qui nous intéressent. Chez Luc ce n'est pas le père qui incite Jésus à venir imposer les mains à sa fille, ἵνα σωθῇ καὶ ζήσῃ: c'est Jésus qui, ayant entendu que l'on venait annoncer au père la mort de sa fille, lui dit, en guise de consolation: μὴ φοβοῦ· μόνον πίστευσον καὶ σωθήσεται. Ce dernier membre du verset manque dans le passage correspondant de Marc (v 36), qui porte: μὴ φοβοῦ· μόνον πίστευε. Après la modification apportée par Matthieu au début, cette partie du verset était devenue superflue.

Quant à l'usage de σῴζω, il est clair que dans le texte de Marc le terme signifie « guérir, sauver le malade de sa situation désespérée »; Luc l'utilise en antithèse avec l'idée de « mort », dans le sens de « rendre à la vie » ou « faire revivre »: la forme passive du verbe aussi bien que le contexte antérieur attirent l'attention sur le geste du Christ. Dans l'un et l'autre cas, on a l'impression de se trouver en présence de formules de deuxième main. Ce sont les évangélistes eux-mêmes, semble-t-il, qui ont donné à chacun de ces récits son accent propre. Tous ceux-ci, faut-il le rappeler, se trouvent en relation étroite avec l'œuvre du Christ et avec la foi.

7. Mc x 52; Lc xviii 42: la guérison de Bartimée, l'aveugle qui, malgré les remontrances, continue à crier: « fils de David, ayez pitié de moi ». Marc et Luc attribuent la guérison à une

parole du Christ: ἡ πίστις σου σέσωκέν σε. Chez Matthieu (qui parle de deux aveugles) cette formule est absente et le miracle s'opère par attouchement. Cela est d'autant plus étonnant que Matthieu a conservé une formule analogue dans l'histoire de l'hémorroïsse. Le récit de Matthieu trouve un parallèle en Mt ix 27-31 (ce parallèle manque dans les deux autres synoptiques) et il y est question aussi de deux personnages et d'attouchement. Est-ce que Matthieu aurait harmonisé les deux récits? Ou est-ce qu'il estime une nouvelle fois que σέσωκεν ne se trouverait pas très bien en place, parce qu'il ne s'agit pas d'une délivrance d'un danger mortel? La délivrance consiste en une « guérison »; c'est l'influence de la πίστις qui est décisive.

8. Mc xiii 13; Mt xxiv 13; Lc xxi 19: la péricope fait partie de l'apocalypse synoptique: après avoir mentionné les persécutions et les haines qu'auront à subir les disciples à cause du nom du Seigneur, après le début de l'époque qui précède la fin des temps, Marc termine son exposé par la phrase suivante: ὁ δὲ ὑπομείνας εἰς τέλος, οὗτος σωθήσεται. La formule de Matthieu est identique; on la retrouve d'ailleurs encore en Mt x 22 (le discours de mission), où elle apparaît comme un élément secondaire du discours, puisqu'elle n'y a point de parallèle dans les autres synoptiques. Luc, lui, présente une traduction étrange de cette formule commune à Marc et à Matthieu: « ἐν τῇ ὑπομονῇ ὑμῶν κτήσεσθε τὰς ψυχὰς ὑμῶν ». Dans un des passages examinés antérieurement, — nous entendons parler de Lc xvii 32 —, nous avons déjà attiré l'attention sur une autre version surprenante de Luc. La question ne semble guère intéresser les commentateurs; ils se demandent, par contre, si oui ou non l'interprétation eschatologique de notre logion s'impose. Il n'est pas douteux, à notre sens, que dans les cas de Matthieu et de Marc il faille répondre par l'affirmative (cf. τέλος Mc xiii 10 et Mt xxiv 14); l'apocalyptique juive parle, elle aussi, d'une délivranche de la détresse eschatologique (Volz, *Eschatologie*, 2e éd., p. 158). Jésus met l'accent sur la persévérance. La forme passive souligne, nous semble-t-il, comme dans d'autres cas analogues, l'intervention de Dieu. Chose étonnante: Luc qui, d'habitude, se sert de ce verbe avec une véritable prédilection, *cette fois* ne l'emploie guère. Aurait-il connu une autre version, où un verbe araméen significant « acquérir ou posséder la vie » avait été traduit de la sorte? Ou a-t-il peut-être voulu accentuer l'aspect actif de cette ὑπομονή?

9. Mc xiii 20; Mt xxiv 22: après avoir parlé de la détresse extrême dont la Judée sera un jour le théâtre, Jésus déclare, d'après Mc xiii 20, que si le Seigneur n'avait abrégé ces jours, οὐκ ἂν ἐσώθη πᾶσα σάρξ; de fait Dieu a abrégé cette période d'épreuves à cause des élus. Matthieu a conservé le même logion; remarquez, toutefois, la construction passive, qui met en relief l'activité de Dieu. Le thème est eschatologique: les calamités seront telles que personne n'échappera à la catastrophe. Luc ne possède pas de texte parallèle; il se contente d'un seul logion, consacré à la destruction de Jérusalem et par conséquent au grand thème qu'il développe dans tout ce passage (xxi 20 sq.); il lui était donc impossible d'utiliser le logion de Marc. Σῴζειν n'est donc pas lié, dans sa conception, à la destruction de la ville sainte des Juifs.

10. Mc vi 56; Mt xiv 36: Marc termine son tableau récapitulatif de l'activité thaumaturgique du Christ (la péricope fait partie d'un passage sans parallèle en Luc: Mc vi 45 sq.), par les paroles suivantes: « et tous ceux qui pouvaient le toucher, ἐσώζοντο (cf. Mt διεσώθησαν) ». Σῴζειν signifie donc ici « guérir »: cf. θεραπεύειν, ἰᾶσθαι, utilisés dans un aperçu analogue de l'activité de Jésus (Mc iii 10 et par.).

11. Mt viii 25; Mc iv 38; Lc viii 24: l'épisode de la tempête apaisée que Matthieu, d'un côté, et Marc et Luc, de l'autre, insèrent dans des contextes différents. D'après Matthieu les disciples s'écrient: κύριε, σῶσον, ἀπολλύμεθα. Jésus y voit un signe de leur peu de foi. Marc et Luc omettent l'un et l'autre ce σῶσον; chez le premier on trouve la formule suivante: διδάσκαλε, οὐ μέλοι σοι ὅτι ἀπολλύμεθα; Luc, par contre, porte: « ἐπιστάτα, ἐπιστάτα, ἀπολλύμεθα ». Ces formules révèlent incontestablement des éléments rédactionnels secondaires: même le σῶσον de Matthieu en fait partie. La signification est typiquement grecque: « sauver ».

On peut rapprocher de cet épisode un autre passage de Matthieu (xiv 30), où il nous décrit la marche de Pierre sur les eaux. C'est un de ces passages que Matthieu consacre à Pierre et qui lui appartiennent en propre. Marc et Jean rapportent la marche de Jésus sur la mer, mais ils ne parlent pas de Pierre. Le passage en question fait partie de la section omise par Luc. Au moment où il s'enfonce, Pierre s'écrie: « κύριε, σῶσόν με »; Jésus le sauve, mais stigmatise en même temps son manque de foi. Les deux épisodes se passent en mer; peut-être faut-il voir un parallèle en Actes xxvii — le récit du naufrage de Paul —, où le salut est assuré par un acte de foi en la parole de Dieu; serait-ce un indice qu'il faudrait considérer la mer comme une force opposée à Dieu? Dans tous ces passages Jésus est décrit comme le « Sauveur », qui intervient au moment même où tout espoir humain s'effondre et disparaît.

12. Lc viii 36: une guérison au pays des Géraséniens: on trouve cet épisode dans les trois synoptiques, mais le contexte de Matthieu diffère de celui des autres; Matthieu ne parle pas directement du sort des pauvres démoniaques, délivrés par Jésus: il se contente de parler en termes vagues « de ce qui était arrivé aux possédés ». Marc nous rapporte πῶς ἐγένετο τῷ δαιμονιζομένῳ καὶ περὶ τῶν χοίρων (v 16): il s'intéresse donc même au sort des pourceaux! Chez Luc tout l'intérêt se trouve concentré sur l'homme: πῶς ἐσώθη ὁ δαιμονισθείς (le verbe se trouve, lui aussi, à un temps différent): ἐσώθη, cela saute aux yeux, trahit la rédaction de Luc: c'est à la délivrance des mains des ennemis de Dieu, les démons, qu'il se rapporte.

13. Lc viii 12: le passage fait partie de l'explication de la parabole du semeur, que l'on rencontre chez les trois synoptiques et que des arguments d'ordre linguistique font considérer comme une ajoute postérieure (cf. J. Jeremias, *Gleichnisse*, 2e éd., p. 60): Luc termine l'explication de la première partie de la parabole (ceux qui sont le long du chemin: la semence mangée par les oiseaux du ciel) par la finale suivante: ἵνα μὴ πιστεύσαντες σωθῶσιν. Il s'agit ici du salut éternel, que la foi nous assure.

14. Lc vii 3: l'épisode du centurion de Capharnaüm (source Q): la question adressée à Jésus est formulée comme suit: ὅπως ἐλθὼν διασώσῃ τὸν δοῦλον. La question manque dans Matthieu (viii 5 sq.), mais celui-ci rapporte toutefois l'assurance donnée par Jésus: ἐλθὼν θεραπεύσω αὐτόν. Διασώσῃ est donc interprété ici dans le sens de guérir (cf. ὑγιαίνοντα, Mt ἰᾶσθαι). Mais c'est la foi inébranlable de ce païen en la personne de Jésus qui constitue la pointe du récit. Et c'est cela aussi qui donne à ce récit cette couleur spécifique, qui appartient en propre aux narrations de Luc.

Avant de passer à un examen plus approfondi de cette matière propre (*Sondergut*) à Luc, il nous reste à étudier un passage particulièrement frappant de l'évangile de Matthieu: Mt i 21 (nous ne tenons pas compte de Mc xvi 17, pour les motifs de critique textuelle que l'on sait). Dans l'histoire de l'enfance de Jésus, d'après Matthieu, Joseph reçoit la mission de donner à l'enfant qui va naître le nom de Jésus. C'est un nom d'un usage assez courant chez les Juifs. Le choix de ce nom est motivé de la sorte: αὐτὸς γὰρ σώσει τὸν λαὸν αὐτοῦ ἀπὸ τῶν ἁμαρτιῶν αὐτῶν. D'après Lc i 31 (cf. ii 21) c'est Marie qui est chargée de cette mission, mais cette fois l'explication du nom n'est pas donnée: Luc la remplace par une annonce de la gloire future de l'enfant, qu'il présente comme le fils du Très-Haut et comme l'héritier de David. Le texte de Matthieu nous met en présence d'un cas vraiment unique. Il provient de quelqu'un pour qui l'Hébreu n'est pas une langue inconnue; il met l'accent sur le caractère religieux et moral de la « libération » messianique, puisqu'il en parle comme d'une délivrance des péchés (l'attente messianique populaire avait un caractère national très prononcé: cf. Billerbeck, I, *ad loc.*). Cette phrase pourrait servir de devise ou d'en-tête à tout l'évangile: elle nous révèle dans quel esprit il importe de le lire. Et cela est d'autant plus étonnant que ni l'usage de σῴζειν ni l'idée d'une délivrance des péchés ne reçoivent, dans l'évangile de Matthieu, un relief particulier (il en va autrement dans Luc). Cette fois σῴζω ne signifie donc point « guérir » ni « faire revivre », mais « libérer, délivrer ».

Ce qui frappe dans l'évangile de l'enfance de Luc, c'est qu'il utilise à six reprises des termes dérivés de σῴζω: 1° dans le Magnificat nous lisons: « mon esprit tressaille de joie ἐπὶ τῷ θεῷ τῷ σωτῆρί μου » (i 47): la formule dérive en ligne droite de l'A. T. (le parallèle le plus proche se lit dans Hab iii 18); Marie l'utilise parce que Dieu a jeté les yeux sur la bassesse de sa servante; 2°, 3° et 4°: dans le cantique de Zacharie il est question (i 69) de « κέρας σωτηρίας » (Ps xviii 3 et 1 Sam ii 10); le verset 71 fournit de plus amples explications: « σωτηρίαν ἐξ ἐχθρῶν ἡμῶν » etc.: il s'agit, comme dans le Ps cvi 10 (et comme dans d'autres passages: cf. Hatch-Redpath, *Concordance to the Septuagint,* s. v.), d'une « libération des mains de l'ennemi », envisagée ici sur le plan national (afin qu'Israël puisse servir son Dieu). Il nous est impossible de traiter ici la question de l'origine du Benedictus, mais il nous semble clair que la première partie de ce cantique provient d'une source juive et qu'elle fut reprise et adoptée plus tard par les chrétiens. Le verset 77 définit en ces termes la tâche du Précurseur: τοῦ δοῦναι γνῶσιν σωτηρίας τῷ λαῷ αὐτοῦ ἐν ἀφέσει ἁμαρτιῶν αὐτῶν: l'idée de la σωτηρία s'y trouve associée à celle d'une délivrance des péchés. 5° Le message que les anges adressent aux bergers parle d'une grande joie παντὶ τῷ λαῷ, « car il vous est né aujourd'hui un σωτήρ, qui est le Christ Seigneur » (ii 11). Ce terme très discuté se trouve utilisé ici dans un sens surprenant pour les synoptiques. Étant donné le contexte, nous préférons l'interpréter à la lumière de l'A. T.: il se rapporte au Messie en tant que libérateur du peuple de Dieu: mais il est malaisé de relever tout ce qu'il pourrait connoter; Luc, qui réemploie le terme, à deux reprises, dans le livre des Actes (v 31 et xiii 23), y semble voir un résumé de toute l'œuvre du Christ. 6° Siméon, dans son cantique, déclare qu'il est prêt à mourir en paix, parce que ses yeux ont vu τό σωτήριόν σου, le Christ tel qu'il lui apparaît en la personne de l'enfant. Le terme dérive de l'eschatologie juive ancienne (Ps et Is); il est utilisé avec sa nuance universalisante: le salut est présenté comme une lumière pour le « désenténèbrement » des païens et comme la gloire d'Israël (c'est bien la façon de parler de l'A. T.). L'idée en question est plus que l'expression de la seule pensée de Siméon: elle appartient à l'un des thèmes préférés du troisième évangile (cf. Act xiii 47; xxviii 28).

Cela ressort aussi, — à notre avis —, du fait que dans iii 6, Luc ne termine pas la citation d'Isaïe xl 3-5, — commune à tous les synoptiques —, par la mention des chemins aplanis (allusion au travail du précurseur), mais par la suite du texte prophétique: καὶ ὄψεται πᾶσα σὰρξ τὸ σωτήριον τοῦ Θεοῦ. Cette dernière partie de la citation provient de la Septante: on ne la trouve ni dans le T. M. ni dans les D. S. I[a]. Cette tradition s'est donc formée sous l'influence de quelqu'un qui connaissait le grec. Luc y attache une grande importance. — Dans ces passages de l'introduction à l'évangile de Luc, l'arrière-plan de σῴζειν et de ses dérivés est fourni, dans chacun des cas, par l'une ou l'autre forme de la racine *yšʿ* mais il est vraisemblable que la Septante ait exercé son influence.

Au point de vue de son contenu et au point de vue de sa forme, l'évangile de l'enfance forme une section à part dans l'oeuvre de Luc; cela est plus vrai encore au point de vue du thème, qui constitue l'objet de la présente étude. — Il nous reste à étudier quelques textes qui appartiennent à la matière propre de Luc, mais qui utilisent σῴζειν et ses dérivés dans un sens qui se rapproche de ceux que nous avons établis antérieurement.

1. Lc vii 50: dans la maison du pharisien Simon, Jésus déclare à la pécheresse: ἡ πίστις σου σέσωκέν σε, πορεύου εἰς εἰρήνην. Il lui adresse cette parole après lui avoir remis ses péchés, à la stupé-

faction de l'auditoire, qui n'ignorait point que la femme était une pécheresse notoire. Nous voici derechef en présence d'une formule que nous avons déjà rencontrée antérieurement (cf. p. 181). On s'en était servi auparavant dans un contexte de guérisons (cf. Lc viii 50; xviii 42); le même usage se retrouve dans Lc xvii 19, où il est question d'une guérison de lépreux: la parole est adressée au seul Samaritain, revenu pour rendre gloire à Dieu. C'est donc à quatre reprises que l'on rencontre cette formule dans Luc: elle prend chez lui l'allure d'un refrain; Matthieu s'en sert une fois et Marc l'emploie à deux reprises. On se trouve donc, semble-t-il, en présence d'un élément caractéristique du style de Luc; le livre des Actes nous fournit, d'ailleurs, une série d'exemples analogues. On aurait tort, pensons-nous, de considérer le verset vii 50 comme une ajoute, car c'est précisément en ce verset que le récit trouve son dénouement. σῴζειν ne signifie donc pas seulement ici « guérir », mais « vivre à l'époque du salut », « recevoir la seule vraie récompense » (au lieu de vivre sous la malédiction: cf. εἰς εἰρήνην ap. W. S. van Leeuwen, *Eirene in het N. T.*, p. 180-181). Le caractère durable de l'état nouveau est marqué par le parfait; il ne s'agit donc pas d'une intervention salutaire transitoire.

2. Lors du voyage à Jérusalem, quelqu'un, d'après Luc xiii 23, demanda à Jésus: εἰ ὀλίγοι οἱ σωζόμενοι. La réponse de Jésus s'adresse à un groupe important; il coupe court à la question par un appel adressé à tous les présents, les incitant à s'efforcer d'entrer par la porte étroite. Tout le contexte, qui rappelle spécialement les paroles de Mt vii 13 sq., donne à la formule une saveur eschatologique très prononcée. L'expression οἱ σωζόμενοι rappelle Paul (1 Cor 1 18: cf. d'autres références dans Nestle, *in margine*), mais aussi Actes ii 47, où le participe est employé de même substantivement. S'agit-il d'une formule postérieure de Luc, d'une espèce d'introduction rédactionnelle, servant à ordonner les logia qui vont suivre? On fait d'habitude appel au IV Esdras, viii, 11 sq.: « et il me répondit: le Très-Haut a créé ce monde pour beaucoup d'êtres, mais celui qui doit venir pour un nombre restreint ... Beaucoup sont créés, mais un petit nombre sera sauvé ». D'après l'Apocalypse de Baruch, le nombre des élus est un nombre strictement limité (cf. Volz, *Eschatologie*, 2e éd., p. 352). — La question soulevée par un des compagnons de Jésus était donc agitée dans les milieux juifs, même si les témoignages

cités sont postérieurs à l'époque chrétienne. La réponse est orientée vers le peuple juif et vers l'appel qui lui est adressé. Is xxxvii 32 ne parle pas seulement du « reste » (*š'ryt*) mais aussi d'une *plyṭh* et ce terme est rendu dans la Septante par οἱ σωζόμενοι. Il n'y a pas d'inconvénient, nous semble-t-il, à considérer cette expression comme un terme technique, en usage dans certains milieux. Si la question avait été destinée à obtenir des précisions sur le sort d'Israël dans ses rapports avec la communauté chrétienne, Luc aurait choisi un autre terme. La réponse de Jésus révèle qu'il est difficile d'entrer dans le royaume; elle évite toute spéculation sur le nombre des élus (cf. Lc xiii 1 sq.; Act i 6). La formule, à cause surtout de sa saveur eschatologique, semble provenir du cercle des intimes de Jésus, auquel Paul peut l'avoir emprunté.

3. Lc xix 9-10: dans cette histoire de Zachée, nous avons affaire à un homme qui est riche et en même temps ἁμαρτωλός: à ce double titre l'accès au royaume lui semble interdit. Jésus lui apprend qu'il faut qu'il loge dans sa maison et Zachée le reçoit avec joie. Ce geste, à lui seul, révèle le changement qui s'est opéré dans l'âme de cet homme. Jésus lui dit: σήμερον σωτηρία τῷ οἴκῳ τούτῳ ἐγένετο, parce que celui-ci est aussi un fils d'Abraham, exclu du royaume par les Juifs, mais intégré à l'Israël de Dieu par la parole du Maître. Il est donc question, dans le cas présent, d'une délivrance des forces du mal ou du péché et elle est l' œuvre de Jésus: ἦλθεν γὰρ ὁ υἱὸς τοῦ ἀνθρώπου ζητῆσαι καὶ σῶσαι τὸ ἀπολωλός. La formule rappelle la description de l' œuvre messianique dans Ez xxxiv 16, mais elle ajoute le σῶσαι bien typique, qui sert à renforcer l'idée de « chercher ». L'arrière-plan est palestinien. La formule, qui rappelle quelque peu Mc iii 4 sq. (cf. l'antithèse et le sens particulier de σωτηρία) provient peut-être de Luc: la σωτηρία est cette fois totalement liée à la personne de Jésus.

Cette facon de présenter l'activité du Christ est intimement liée à celle de deux autres passages, contre lesquels on soulève toutefois des cbjections, du point de vue de la critique textuelle: Mt xviii 11: « ἦλθεν γὰρ ὁ υἱὸς τοῦ ἀνθρώπου σῶσαι τὸ ἀπολωλός » (cf. l'app. critique), leçon abandonnée par la plupart des exégètes, mais retenue par Jülicher dans ses *Gleichnisreden*, et Lc ix 56, où Jésus, après avoir repris ses disciples, qui avaient voulu attirer la foudre sur un village samaritain, déclare, d'après un certain nombre de manuscrits: ὁ γὰρ υἱὸς τοῦ ἀνθρώπου οὐκ ἦλθεν ψύχας ἀνθρώπων ἀπόλεσαι, ἀλλὰ σῶσαι. Zahn veut maintenir cette lecon, parce qu'on la trouve déjà chez Marcion. Il est impossible de voir dans nos deux passages des tentatives d'harmonisation d'après Luc xix 10, car il s'agit de formules différentes. La difficulté, dans les deux cas, consiste dans le fait que l'on peut très bien expliquer une insertion, mais non pas une omission. En Luc ix 56 on ne voit pas très bien le rôle de la particule de liaison γάρ; on se serait plutôt attendu à λέγων ou à une formule analogue; en Mt xviii 11 la phrase en question interrompt la connexion entre les versets 10 et 12: c'est la similitude de la brebis perdue (dont la pointe diffère de celle de la parabole de Luc xv) qui a occasionné l'insertion du verset. N'oublions pas non plus que les deux logia en question expriment la quintessence du message évangélique: ils n'ajoutent rien, mais ne retranchent rien non plus, à ce qui, ailleurs, est critiquement certain.

Que conclure de cet examen? Les évangélistes, nous l'avons constaté, ont fait preuve d'une certaine liberté dans leur usage de σῴζω et de ses dérivés; ils s'en sont servis volontiers pour donner au récit certaines touches personnelles. Il est frappant que dans la plupart des cas ils ont utilisé une forme verbale; Luc, par contre, ne se sert que de substantifs. La σωτηρία ne fait pas l'objet d'un exposé doctrinal, mais on la voit à l' œuvre, on assiste à sa réalisation. Le terme en question ne figure point parmi les titres que l'on donne à Jésus ou qu'il se donne lui-même. Il n'a donc été, semble-t-il, introduit dans le vocabulaire de la prédication que sur le tard. On le rencontre dans les différentes couches de la tradition, dans Marc, dans Matthieu, surtout dans Luc, mais pas dans Q. Luc se sert de ce terme avec une fréquence accrue et frappante. Cela saute aux yeux dans la matière qu'il possède en commun avec les autres synoptiques; cela est bien plus évident encore dans la matière qu'il possède en propre. La σωτηρία se trouve donc au centre de l'évangile de Luc, elle constitue l'idée dominante de sa prédication. Les Actes, eux aussi, restent fidèles à cette ligne de pensée.

Les passages qui parlent de σῴζω, — et c'est là un autre fait frappant —, ne se réfèrent que très rarement à des textes de l'A. T., alors qu'on aurait pu y trouver, — la Septante en fournit la preuve—, de nombreuses citations ou allusions, relevées d'ailleurs par les épîtres. Luc, seul, ne se conforme point à cette règle de conduite, comme il ressort surtout de son évangile de l'enfance. Serait-ce un indice que dans les passages qui exploitent les parallèles de l'A. T. on se trouverait en présence d'une documentation originale, mais provenant d'une source spéciale?

Σῴζειν, — encore un fait qui frappe —, se rencontre très souvent, — car on ne peut nier qu'il y ait des exceptions —, dans des récits de guérison. Dans ces cas bien précis c'est la racine sémitique *ḥyh,* qui signifie aussi bien « vivre » que « guérir », qui semble lui servir de substratum. Le contexte évoque toujours la présence de forces hostiles et opposées à Dieu (des choses, des réalités qui rendent impur: songez au flux de sang, à la mort, au péché; dans le cas du centurion de Capharnaüm il s'agit d'un païen). Il y a toujours aussi référence au Royaume. La guérison, opérée par le Christ ou plus tard en son nom (cf. Actes), se trouve intimement liée au rétablissement des rapports entre cet homme et Dieu, et met donc fin à la rupture antérieure de leurs relations. L'homme de la sorte, accède à l' εἰρήνη.

Dans d'autres passages encore, où « chercher » lui sert de parallèle, σῴζω revêt une nuance eschatologique, mais il n'y est pas utilisé comme terme technique. On l'emploie moins fréquemment que des termes tels que « royaume », « entrer », « hériter ». Parfois ce sont les racines *mlṭ, plṭ,* et une seule fois dans le texte original la racine *yšᶜ*, qui lui servent de substratum. Σῴζω n'indique pas directement un état, mais l'action qui le produit. Toute cette gamme de significations se retrouve chez Luc, parce que la Septante a utilisé le seul verbe σῴζειν pour les exprimer toutes. C'est dans ces mots grecs « sauver » et « sauveur », — qui, dans la langue des LXX, se sont enrichis de certaines connotations religieuses —, que la communauté chrétienne a cru trouver l'expression la plus adéquate de son expérience de la personne du Christ et de son œuvre. Les termes, certes, apparaissent comme incrustés dans la couche grecque de la tradition, mais ils impliquent toujours une référence à la personne même de Jésus, à la foi au Seigneur, à une de ses actions. Il n'y a qu'un seul cas, — et cette exception illustre à sa manière la nature de l'œuvre du Christ —, où les mêmes termes se rapportent à un contexte typiquement juif et national. Jésus apporte au monde la vie nouvelle: c'est σῶσαι, non pas ἀποκτεῖναι, qui forme le résumé de son activité. Luc se sert de ce terme et de ces dérivés avec une fréquence surprenante; mais on ne peut pas dire que dans cet usage il se laisse guider par d'autres principes que ceux dont s'inspire la conduite de Marc. Il est vrai, néanmoins, que σῴζω joue un rôle plus important dans son vocabulaire, puisque σῴζω, chez lui, recouvre toute une série de racines hébraïques, à sens divers. Et cette remarque n'est point sans importance pour le livre des Actes où σῴζω et ses dérivés forment un des thèmes centraux.

Si notre enquête nous a forcé de suivre tous les méandres, dans lesquels s'est, de fait, engagé le courant des études synoptiques, elle nous a également mis en contact constant avec la personne de Celui, pour qui σῶσαι fut l'œuvre de sa vie. Quelle différence, même dans la forme grecque, entre la structure de cette œuvre de salut et celle que nous laissent entrevoir cette parole du gnostique Héraclion (cf. Origenes, *In Joh.*, xiii 38, 248 θέλημα πατρὸς εἶναι γνῶναι ἀνθρώπους τὸν πατέρα καὶ σωθῆναι) ou cette exclamation des mystères d'Attis: θαρρεῖτε, μύσται, τοῦ θεοῦ σεσῳσμένου, ἔσται γὰρ ὑμῖν ἐκ πόνων σωτηρία (cf. Firmicus Mat., *De errore prof. rel.*, 22). Par leur manière d'utiliser ces termes grecs, les évangélistes nous ont révélé les caractères propres, typiques de la mission de Jésus. C'est dans la rémission des péchés, qui rétablit la communion avec Dieu, que consiste la γνῶσις σωτηρίας.

THE PURPOSE OF ST. JOHN'S GOSPEL*

The subject of this evening's lecture will be familiar to everyone of you. One of the first questions asked in reading and explaining the Bible is always: what was the author aiming at? And the particular features of the Fourth Gospel as distinct from the Synoptics are so marked that the question cannot be suppressed: what led this writer—whoever he was—to draw this picture of our Lord so different from the others?

Perhaps everyone in this illustrious audience knows the answer, because no commentary on St. John and no Introduction to the New Testament is published without paying due attention to this point. I can enter into your feelings, if you said after reading the title in the program: "This theme has been discussed for so many generations that we are at a dead-lock." You are right; this subject is well-worn. Of course there are still some greater or smaller differences left, but that is mainly due to differences in the background of the gospel as seen by various scholars.

It is therefore not without some hesitation—to put it mildly—that I have chosen the subject. While I was preparing this lecture I seemed to hear the voice of a British subject: "If somebody is going to speak, it is undoubtedly to shed new light on the subject; why else does he speak?" This heart-searching question could not easily be silenced by observing that the man who said it, Thomas Carlyle, [1] is long dead. In coming to this place of learning and this congress people have not gathered to hear a number of truisms, the repetition of text-book sentences, even if with the new look, or "old favorites". Does the characteristic of a university-town in New Testament times not hold good in our days: "Now all the Athenians and the strangers sojourning there spent their time in nothing else but either to tell or to hear some new thing" ?[2] But in tackling such an old subject and in trying

---

* Appeared in *Studia Evangelica,* Berlin, Akademie-Verlag, 1959, p. 382-411.

[1] This saying is quoted in Dutch translation by I. van Dijk, "Vota Academica", in: *Verzamelde Werken,* Groningen n.d., Deel II, p. 70 f., without exact reference.

[2] Acts xvii 21. —According to E. Norden, *Agnostos Theos,* Leipzig 1913,

to give some new light the speaker runs the risk of the verdict: "the new things he said were not true and the true things were not new". Who will dispute that this rule can often be applied to what is written on the N. T.? However, this is largely a subjective opinion and therefore: let me take the risk and try to bring forward something that is new without bowling too wide of the wicket.

About 50 years ago the outstanding historian of the ancient church Adolf Harnack said that the origin of St. John's Gospel was the greatest riddle of the primitive church[1] and other scholars of repute expressed the same opinion if with many variations during the decades that followed.[2] Extremely great is the variety of opinion, as may be seen from Howard's masterly survey in its latest revision by Barrett. [3] The attention has shifted from the person of the evangelist to the contents of the book. Gnostic forms of expression, Hellenistic influences, Palestinian background—each of these keywords signify important streams of interpretation. Great contributions, far beyond my praise, have been made in the last thirty years. Is it too bold to prophesy that in the coming years the big question will be: was John a disciple of the Qumran-Community? [4] A few months ago my colleague Quispel brought forward a number of interesting observations which again hinted in the direction of Jewish heterodoxy. [5] These burning issues I cannot discuss at the present moment; that would take us something more than three quarters of an hour. The scope of this lecture can be far more restricted, because John—so I call the author

p. 333 "vielleicht das 'Gebildetste', was überhaupt im N. T. steht"; E. Haenchen, *Die Apostelgeschichte,* Göttingen 1956, p. 460, makes some restrictions.

[1] A. von Harnack, *Lehrbuch der Dogmengeschichte*[5], Tübingen 1931, Bd. I, p. 308 (this fifth edition is identical with the fourth).

[2] E. G. K. Bornhäuser, *Das Johannesevangelium eine Missionsschrift für Israel,* Gütersloh 1928, p. 15; E. Gaugler, "Das Christuszeugnis des Johannesevangeliums", in: *Jesus Christus im Zeugnis der Heiligen Schrift und der Kirche,* München 1936, p. 34 f.; E. Stauffer, *Die Theologie des Neuen Testaments,* Nachdruck Genf 1945, p. 24.

[3] W. F. Howard and C. K. Barrett, *The Fourth Gospel in recent criticism and interpretation*[4], London 1955.

[4] Cf. F. M. Braum, „L'arrière-fond judaïque du quatrième évangile et la Communauté de l'Alliance", *Revue Biblique* 62 (1955), pp. 5-44 (other litterature is mentioned by J. A. T. Robinson, "The Baptism of John and the Qumran Community", *Harvard Theological Review* 50, 1957, pp. 190, nt. 27, - 191).

[5] G. Quispel, "Het Johannesevangelie en de Gnosis", *Nederlands Theologisch Tijdschrift* 11 (1957), pp. 173-203.

without prejudice for simplicity's sake—has himself clearly and unequivocally given an answer which however calls for some comments.

At the outset one more word of apology. If in the course of our discussion not many names of "fathers in learning" are mentioned it is not for lack of respect. On the contrary, I feel deeply indebted to many scholars of past and present generations, of various schools and churches. But after reading a good many books, big and small, essays, articles, papers etc. one is inclined to repeat the words of the Epistle to the Hebrews (xi 32): "and what shall I more say? for the time will fail me if I tell of Gideon, Barak, Samson, Jephtha", ... Bultmann, Dodd, Barrett and all the others. And not possessing the gift of prophecy I had to prepare this lecture without knowing the results of fresh research that are brought before you in these days. However, with the time at our disposal strict concentration will be required—which is by the way a good procedure in dealing with an author who has practised it himself.

In well-known words at the end of the Gospel John has clearly expressed the principle which led him in his writing. It will not be out of place to quote them here, because they will be the pivot of our discussion: "Many other signs therefore did Jesus in the presence of his disciples which are not written in this book; but these are written that ye may believe that Jesus is the Christ, the Son of God, and that believing ye may have life in his name" (xx 30-31).

There are no reasons to assume that these verses refer only to parts of the preceding gospel as we have it now. In view of the strong linguistic unity it seems impossible to me to divide this book in various sources and layers [1].

John wrote this at the conclusion of his Gospel. There is a marked difference here from Luke who starts by declaring in some beautiful phrases what he wants to offer to his most excellent Theophilus (Luke i 1-4). John does it otherwise: he does not outline his plan before the start, but he is like a guide in an unknown

---

[1] Because John xx 31 speaks about "signs" one could think that this text is specially related to a "Semeia-Quelle" (R. Bultmann). See *contra* this division of the Gospel: E. Ruckstuhl, *Die literarische Einheit des Johannes-evangeliums*, Freiburg (Schweiz) 1951 and B. Noack, *Zur johanneischen Tradition*, København 1954. — Ch. 21 can of course be excluded.

mountain area. That man takes us along all sorts of small, winding paths with some beautiful views to the summit where we have to our great surprise a grand and splendid panorama. Now we look back and see the path we came; we see the partial vistas we had as a marvellous whole and surveying the complete landscape we appreciate the details in their fulness: that is why we made the hard and difficult climb. The goal at the end dictated the way from its very beginning, but it was not seen from the outset. This is the technique of this evangelist who records the word of Jesus: "What I do thou knowest not now, but thou shalt understand hereafter" (xiii 7, cf. ii 22; xii 16).

It has always been recognized that John informs his readers that he knows far more about the life and works of Jesus than he tells them in his gospel, but that he deemed this selection sufficient for his purpose. That purpose is twofold; but the latter part flows from the former: it has to do with a certain belief about Jesus and this belief will give to those who accept it life eternal. This belief about Jesus who comes from Nazareth in Galilee, who is a man with father, mother, brothers and friends is formulated in a double manner viz. that Jesus is a) the Christ, b) the Son of God. This point of identification is the principle statement; without it the second part is impossible.

The unsuspecting student may think that such a clear statement would be the guiding principle of all thinking, speaking and writing on the Fourth Gospel. But on consulting the commentaries and handbooks he will find that he has been deceived. Many times the expositors start with the beginning in ch. i, are fascinated by the word *Logos* and say John wants to show that Jesus is the incarnate Word, whatever may be the disputed origin and contents of this term. But this is something different from the wording of xx 31. In reading the latest theology of the New Testament, that of Bultmann, one finds the discussion of the terms "Christ" and "Son of God" somewhere in a corner, [1] but they do not function as the steering ideas. The same holds good for Howard's "Christianity according to St. John" which gives a good many fine insights, but where the final word of John himself does not offer the pattern for the reproduction of John's theology.

In surveying the situation as reflected in various books we

[1] R. Bultmann, *Theologie des Neuen Testaments*, Tübingen 1953, p. 383; the chapter on the theology of John as a whole has 90 pages, pp. 349-439.

get roughly speaking the following different answers to our question: what was the purpose of John?

1) John wrote for non-christians "who are concerned about eternal life and the way to it and may be ready to follow the Christian way if this is presented to them in terms that are intelligibly related to their previous, religious interests and experiences". [1]

2) John wrote for Christians to give them a deeper understanding of their faith: the "spiritual gospel" over against the "carnal" one, as was said in the well-known words of Clement of Alexandria.[2] It is a book of the Christian community which has to express itself in the terms of its new surroundings (Feine and Behm, Michaelis [3]) with some attacks against the disciples of John the Baptist, Jews and Gnostics. Or as Barrett said, it wants to build up the church in the crisis of early eschatology and gnosticism[4] or to show that the historic Jesus is the Christ of the Church and that the Church's interests at the time (sacraments, mission) were already found with the Lord (Cullmann [5]).

3) John wrote to ward off the blows of the Jews who threw fierce slanders at the Christian Messiah; a forerunner of Justin Martyr in his Dialogue with Trypho; he did not give an historical account, but showed that the Christian Lord was God's Son and revealed His glory (Wrede, Jülicher, Heitmüller [6]). It often reflects discussions with Jews of the Diaspora [7].

There are of course various combinations, but these are the main positions. The defenders of these diverging points of view derive their arguments from the features the Fourth Gospel displays, largely in contrast with the Synoptics. But we must be

---

[1] C. H. Dodd, *The Interpretation of the Fourth Gospel*, Cambridge 1953, p. 9.

[2] Clemens Alexandrinus, *Hypotyposes*, ap. Eusebius, *Hist. Eccl.* VI 14, 7.

[3] P. Feine and J. Behm, *Einleitung in das Neue Testament*[9], Heidelberg 1950, p. 116 ff.; W. Michaelis, *Einleitung in das Neue Testament*[2], Bern 1954, p. 117 ff.

[4] C. K. Barrett, *The Gospel according to St. John*, London 1955, p. 114 ff.

[5] O. Cullmann, *The Early Church*, ed. by A. J. B. Higgins, London 1956, p. 186.

[6] W. Wrede, "Charakter und Tendenz des Johannesevangeliums", in: *Vorträge und Studien*, Tübingen 1907, p. 178 ff.; A. Jülicher and E. Fascher, *Einleitung in das Neue Testament*, Tübingen 1931, p. 418; W. Heitmüller, *Die Schriften des Neuen Testaments neu übersetzt und für die Gegenwart erklärt*[3], Göttingen 1920, p. 16.

[7] R. H. Strachan, *The Fourth Gospel*[3], London 1946, p. 50.

allowed to ask whether their definition of the purpose squares with the outspoken opinion of the author himself. Besides that we observe that they are in fact mutually exclusive, so that we must try to make a decision of our own.

It is interesting to notice that this verse xx 31 has often been the victim of maltreatment. When John says that "Jesus is the Christ, the Son of God" it is immediately followed in scholarly books by the remark that this term "Christ" does not need to be taken seriously. It is of course quite clear that John does not use this word as a proper name (except in two cases i 17; xvii 3 which have some peculiarities of their own), that he is aware of some connection with the Jewish Messiah, but that this Christian Messiah is absolutely different from his somewhat vague or highly nationalistic namesake in Judaism; he is not an apocalyptic figure and is the Saviour of the world (iv 42). [1] One would think that this Christhood of Jesus was the "idée-mère", but that is a mistaken idea. Dodd devoted only a few pages of his great book to this term; this discussion amounts to practically nothing: Jesus is not the Messiah of the Jews. [2] Fortunately there is a proviso: Dodd was only comparing Rabbinic Judaism. In a different context we meet the same thing in Cullmann's Christology: he does not even quote our text and in his exposition of the term "Christ" this Gospel which has this word on its banner is virtually ignored [3]. One gets the impression in reading the commentaries that this term "the Christ" has turned up like a bad penny.[4] So it often disappears from the scene without much ado and the statement that Jesus is the "Son of God" is the only one that remains; then one is not hindered by difficult questions about the relation between the Messiah and the Son of God: "Son of

---

[1] E. Gaugler, l.c., p. 37; G. Sevenster, *De Christologie van het Nieuwe Testament*, Amsterdam 1946, p. 220.

[2] C. H. Dodd, l.c., pp. 87-93.

[3] O. Cullmann. *Die Christologie des Neuen Testaments*, Tübingen 1957, p. 111 ff.

[4] See the commentaries, e.g. Heitmüller, l.c., p. 180: „Der Inhalt dieses Glaubens: Jesus der Sohn Gottes (im johanneischen Sinn)". — It is highly significant to observe the shifting of ideas in a popular book of my predecessor who always gives an excellent summary of current opinion; A. M. Brouwer, *De vier Evangelisten*, Zutphen 1931, p. 198, wrote: "It was the writer's purpose to make clear that Christ is the incarnate Word, the only-one and as a man . . . the Son of God" (my translation and spacing); he repeats this on p. 201 and 208; the predicative "Christ" has become the subject!

God" can be interpreted as a typically Hellenistic term or it can be maintained that it is not the "divine man" of Hellenism nor a metaphorical name of the king, but the real exclusive Son. When, on the other hand, according to Bultmann it was John's aim to say: the revealer reveals that He is the revealer, [1] it seems to me that this is a rather grave misrepresentation of our text.

I must confess that I am not quite happy with this result. Are we to assume that John in formulating his purpose was consciously or unconsciously misleading his readers? Somewhat in the way of the writers of detective-stories, who try to lead their readers on the wrong track. In that kind of literature one can find all sorts of false clues throughout the book which lead the interested readers to wrong conclusions and that is just good fun, but on the last pages the writer is absolutely serious and tells the truth. I do not wish to suggest that John wrote such a kind of fiction, but I do not want him to be taken less serious than a fiction-writer either. It seems wise to take the words of John as they stand and to listen to see if they have not something more than a trivial final word to say.

The main verb in the sentence expressing the purpose is "to believe". That is not astonishing, because it explains why it is so often said, almost after every word or deed of Jesus, that people did or did not believe. [2] In the final episode when the Gospel reaches its summit in the adoration of Thomas before his Lord and God, this word returns several times: Thomas will not believe, unless . . . ; Jesus says to him: "be not faithless, but believing", and ends with that wonderful beatitude: "because thou hast seen me, thou hast believed; blessed are they that have not seen and yet have believed" (xx 24-29, immediately preceding the final verses). In almost every scene the evangelist pictures he brings out this element. That belief in Jesus gives life eternal is also a recurrent theme of the Evangelist. His declaration in vs. 31 therefore is a perfect expression of the task he set himself.

But what did he want his readers to believe? "That Jesus is the Christ, the Son of God." This latter affirmation is amply illustrated by the Gospel and though there are some slight differences about its exact meaning, it is not disputed. The unity of

[1] R. Bultmann, *Theologie*, p. 413.

[2] See for the frequency of the verb πιστεύω in John the Concordances; πίστις is missing, as is well-known. The act of believing is of prime importance.

the Father and the Son, the Son's revelation of the Father to the world are the recurring themes. But it cannot be said that the former designation "Christ" is so evident a description of the contents of the Gospel. Therefore we can leave aside what is generally accepted; it will be good to concentrate our attention on that word that seems to give some trouble in this connection: the Christ. It may be that the right understanding of it puts the whole picture in a different perspective.

"Christ" is the former of the two predicates and that should prevent us from eliminating or weakening it. Is it not striking that John begins by declaring this? That he does not confine himself to the word "Son of God", that he does not choose a word so current in the Hellenistic world and known to him like *Soter*-Saviour (iv 42)? There is no reason whatever to assume with E. F. Scott that the word "Son of God" was superseding the name "Christ" [1] or that by this word the idea of "Christ" has been translated into the vocabulary that was more familiar to the Hellenistic world. Before making a decision on that point it will be wise to get a clear idea of that word "Christ".

The translation of the Greek words ὅτι Ἰησοῦς ἐστιν ὁ Χριστός by: "that Jesus is the Christ" cannot, I must confess, be called satisfactory though it is found in practically all modern translations. Because we are so familiar with the term "Christ", we often overlook the fact that John stresses in such a remarkable way the identity between the man Jesus with the title "the Christ". We are so accustomed to use the loan-word "Christ" as another name for Jesus that we have almost lost sight of the fact that it is n o t a proper name, but a title. It is such a standing term in Christian theology that we forget that there it has practically lost its meaning or is filled with Christian contents. But did the same hold good for John and his first readers? Was this a technical term or was *Christos* conceived in its etymological meaning: "the anointed one"?

Now it is clear that for John this title was not an hieroglyph, but had preserved its full weight: t h e A n o i n t e d O n e. That is quite obvious, because he twice (i 42; iv 25) uses the Hebrew

[1] E. F. Scott, *The Fourth Gospel, its Purpose and Theology* [2], Edinburgh 1908, p. 4, cf. p. 182 ff., quoted with approval by G. H. C. Macgregor, *The Gospel of John*, London 1928, p. 367.

term "Messiah"—which has not become a loan-word in early Christian literature like "amen"—and adds immediately, lest the listeners might use a meaningless word, the exact translation in Greek. [1] It is somewhat strange to see that all modern versions of the N. T. give this reading of the verses: "we have found the Messiah (which is being interpreted Christ)". But that can hardly be called a translation! Three verses before i 41 the same formula is found in connection with the Jewish word "rabbi" and there we find "which is to say being interpreted 'Master' " (i 38). Who would retain here the Greek word διδάσκαλε? Nobody of course. But why then is not the same rule applied to vs. 41: "Messiah that is translated the Anointed One"; that is the only exact rendering of the Greek text. If one wants to keep the relation, suggested by the Greek, with the name of our Lord "Christ", there is no other way than that of giving a double translation: Messiah, Christ, Anointed One. "Christ" was not simply an alternative for "Jesus" nor was it meaningless; it has kept its full etymological force.

As a translation of "Messiah" of which John was conscious, it brings us into the Jewish sphere. For, to be sure, only there this title "the Anointed One" could be understood and only there it mattered. To the Greeks it was quite unintelligible. [2] It is well-known from second-century texts that in order to make some sense out of the term used by the Christians they interpreted it with the word χρηστός = useful, which had at that time the same pronunciation. [3] Neither Philo nor Josephus uses it. [4] Karl Ludwig Schmidt was right in maintaining that this title is absolutely

---

[1] It is curious to see, that he retained "amen", even reduplicated. — The title "Messiah" is not retained for holiness' sake; for it is translated and made understood.

[2] It does not occur anywhere in Greek religious thought. Interesting in this connection is the remark of Justin Martyr, *Apology* 49, 5: "For the Jews having the prophecies, and being always in expectation of the Christ to come, did not recognise Him; and not only so, but even treated Him shamefully. But the Gentiles, who had never heard anything about Christ, until the apostles set out from Jerusalem and preached concerning Him, and gave them the prophecies, were filled with joy and faith, and cast away their idols, and dedicated themselves to the Unbegotten God through Christ", being Justin's application of Is. lxv 1-3.

[3] See e.g. Justin Martyr, *Apology* 4, 1-5; Tertullian, *Apologia* 3, 5; *Apocryphon Johannis* 30, ed. W. Till, pp. 101-103.

[4] The title is not found in Leisegang's Index of Philo; Josephus only uses it in the famous "Testimonia Flaviana" Ant. XVIII 3, 3, § 63 and XX 9, 1, § 200, but these texts are, as is well-known, far from being certain.

isolated and unique in the history of religions. [1] But it would be waste of time to give a circumstantial exposition of the large place this figure of the future Deliverer-King or High Priest held among the Jews, since he is fully dealt with in every book on the Theology of the O.T. or of Judaism. As far as the early Christians are concerned both Vincent Taylor and Cullmann[2] have rightly drawn attention to the fact that this word was meaningless to the Hellenistic churches and that there it prolonged its life as a proper name, that is to say: as a fossil. But that is clearly not the case in the Fourth Gospel; for John it is still full of life and can serve as the intelligible translation of a Hebrew word. This seems to me a strong indication that the gospel has something to do with Jews or Jewish Christians to whom the title "the Anointed One" was important. John does not say why the figure he has in view was so called, either because it was well-known to his readers or because the figure itself, indicated in that way, was familiar. But was it just a "chiffre" or had it some relation to actual unction? Presently we shall return to that important question. At the moment we take up a subject already alluded to before, namely that we should not attach so much weight to this term since there is a gulf between the Jewish and the Christian conception of the Messiah, the former being narrowly nationalistic, the latter a universal figure.

It has often been remarked that John is the only writer in the N. T., who uses the original word "Messiah" and that he speaks in the same connection of Jesus as "the king of the Jews" (i 50). But that is of no importance, says Walter Bauer, [3] because John in that passage heaps on Jesus all the traditional names current in the Christian church of his day and it should not be asked what was their exact meaning; John was not thinking in Jewish categories, because the Church had completely broken away from Judaism. These arguments do not seem sound to me for the following reasons:

1) John highly valued the word "king of the Jews" as an epithet of Jesus, as may be seen from some other texts in his gospel. In the quotation of Ps. cxviii sung at Jesus' triumphal entry into

---

[1] K. L. Schmidt, *Le problème du christianisme primitif*, Paris 1938, p. 43.

[2] V. Taylor, *The Names of Jesus*, London 1953, p. 22 f.; O. Cullmann, l.c., p. 135.

[3] W. Bauer, *Das Johannesevangelium*[3], Tübingen 1933, p. 40.

Jerusalem there are added the words "the king of the Jews" (xii 13). In the passion-narrative all the light falls upon the interview of Jesus with Pilate, where Jesus' kingship is under discussion. All the gospels record the inscription on the cross: "Jesus the king of the Jews", but John is the only one who has the story that the Jewish leaders suggested another wording "he has said...", but that Pilate left it as it stood; to John it clearly was a declaration of facts, admitted even by the Roman governor (xix 19 ff.). The designation "king of the Jews" must have meant something to John and his readers.

2) Even if we were to assume that the Church had completely broken away from the Jewish people by the time John wrote, what sort of people could be interested to know that Jesus was the king of the Jews? Would it not have been highly dangerous after the Jewish insurrection of 70 A. D. to speak of the Christian Lord in such terms? What could Christianity win thereby? One cannot lightly pass by these questions and bluntly declare that the term was meaningless to John.

3) Philip is reported to have said: "we have found him of whom Moses in the Law and the prophets did write" (i 46). Jesus referred his audience to the Scriptures which bear witness of Him (v 39). In many other places the O. T. is alluded to or directly quoted. Would that be pointless? John must have seen a strong relation between the O. T. and the Messiah.

4) I cannot help feeling that a great misapprehension plays a part here. In investigating what the Jews in Jesus' days expected about the Messiah, the Apocrypha, Pseudepigrapha, Targumim and rabbinic writings are consulted. But the Old Testament itself is often overlooked, and it was the "living oracles of God" for all the Jews and not for special groups of sectarians or learned. It is clear from these sources that there was no generally accepted doctrine of the eschatological future. In some circles one hoped for a Messiah, in others it was God Himself who would deliver His people without an intermediary. The kingly Messiah of Ps. Sal. 17 is quite different from that secondrank figure who was expected by the Qumran-community. [1] There was a strictly

[1] M. Black, *Messianic Doctrine in the Qumran Scrolls*, in: K. Aland and F. L. Cross (edd.), Studia Patristica, vol. I, Texte und Untersuchungen Bd. 63, Berlin 1957, pp. 441-459; A. S. van der Woude, *Die messianischen Vorstellungen der Gemeinde von Qumran*, Assen 1957.

national conception, but there were also universal and transcendental tendencies. [1] The king of Ps. lxxii will reign over all the earth and the Servant of the Lord in Deutero-Isaiah is a light for the Gentiles as well (Is. xlix 6 f.), bringing salvation to the ends of the earth although he is essentially connected with Israel. In some cases the Kingdom of God is really a heavenly kingdom Before flatly declaring that the conception found in John about the Anointed One has nothing to do with the Jewish King-Messiah one must ask whether or not He has features of the O. T. as well.

That the work of Jesus the Anointed One was in a very real and living way connected with Jewish expectations may be seen from a passage, the great importance of which is generally overlooked. At the end of ch. xi we are told that the "success" of Jesus leads to the advice of the High Priest "that it is expedient for the people that one man should die". Then follows this word: "Now this he said not of himself, but being high priest that year he prophesied that Jesus should die for the nation; and not for the nation only, but that he might also gather together into one the children of God that are scattered abroad" (xi 51 f., cf. vs. 45ff.). This statement is one of the various personal remarks of the evangelist [2] and has a direct bearing upon our question. Here John does not report what others have said or done, but he himself of his own accord says something about the death of Jesus and this declaration goes far beyond what the high priest is reported to have said. That this addition is made shows the deep interest in this matter on the part of John. "To gather together those who are scattered" is a real messianic work. Many texts in the O. T. and later Jewish literature attest that God or the Messiah will bring back the Jews out of the Diaspora to the Holy Land; that is a constant feature of the time of salvation—an expectation so real to the Jews that even Philo mentions it. [3] In other words: John has seen this expectation fulfilled, since Jesus died, but in origin and contents it was Jewish, messianic.

Another remarkable fact is that John himself declares that the disciples did not understand what happened when Jesus entered

---

[1] M. A. Beek, *Nationale en transcendente motieven in de Joodse Apokalyptiek van de laatste eeuwen voor Christus*, Assen 1941.

[2] See ii 21 f., 24 f.; vii 39; x 6; xi 13; xii 16, 33, 41.

[3] Texts are mentioned in: P. Volz, *Die Eschatologie der jüdischen Gemeinde im neutestamentlichen Zeitalter*², Tübingen 1934, p. 345 f.

Jerusalem riding on a young ass, but that the messianic character of the event was seen afterwards: Jesus entered the holy city as the king promised by Zechariah (xii 16).

But did Jesus not refuse the royal dignity when the Jews wished to hail him as king after the multiplying of the loaves? Exactly, and let it be noticed that this feature is not found in the parallel narratives of the Synoptics, but only in John, showing once more how interested he was in this aspect of Jesus' work. The Galileans see in Jesus who has done this the promised Prophet[1] and they want to crown him, because the multiplication of the loaves is seen as a messianic meal. But why did Jesus escape? It is not explicitly said, but for the readers of the Fourth Gospel the answer is not in doubt: he did not seek the glory of men or "his hour had not yet come" (cf. v 41; vii 6). It does not say that Jesus did not want, according to John, to be the king of the Jews, but that he refused *this* manner of becoming king. The strongly patriotic Jewish expectations as cherished by the Zealots were not accepted.[2] This negative statement does not however imply that there was no relation with the Messiah foretold to Israel.

The result of this discussion can be summed up like this: although the nationalistic Messianism is not shared by John, he stands on the ground of Jewish messianic belief. Later on we shall return to other messianic features in the portrait of Jesus. But what has been said may be sufficient proof that for John the "Anointed King of Israel" was a living title and not just an empty shell.

We now turn to another point: the *wording* of the first part of our text. It is quite simple: "that Jesus is the Χριστός". There does not seem anything peculiar in it, and therefore it is passed over by most commentators. That is presumably the reason why some interesting parallels which may shed some light upon the purpose of John have, as far as I know, never been adduced and if so, they have not had any effect upon the views on the Gospel. They are not culled from some scarcely known corner of Hellenistic religious thought, but from . . . the New Testament itself.

In Acts xvii 2-3 we read: "Paul, as his custom was, went into

---

[1] John vi 14; for the designation as "Prophet", see i 21, 25; iv 19; vii 40, 52; ix 17.

[2] Though the writer is familiar with them, see: W. R. Inge, "John, Gospel of", in: J. Hastings, *Dictionary of Christ and the Gospels*, Edinburgh 1906, vol. I, p. 877 f., the difference is marked.

the synagogue (of Thessalonica) and for three sabbath days reasoned with them (the Jews) from the scriptures opening and alleging that it behoved the Christ to suffer and to rise again from the dead; and that this Jesus whom he said I proclaim unto you, is the Christ" (ὅτι οὗτός ἐστιν ὁ Χριστός, ὁ Ἰησοῦς, ὃν ἐγὼ καταγγέλλω ὑμῖν).

In other words Paul has two topics in his discussion with the Jews: a) the Messiah must suffer and rise again; that is a point of doctrine which remained a standing heading in later Christian Testimonies for the Jews, [1] and b) the Messiah of the O. T. in that particular form, the suffering and rising Messiah, is the historic Jesus of Nazareth; that is a point of history. These two topics are distinct from one another as one can see from the sketch of a pauline sermon in Acts xiii 26 ff. The latter item is again mentioned in Acts xviii 5: in the synagogue of Corinth Paul was testifying that Jesus was the Christ (εἶναι τὸν Χριστὸν Ἰησοῦν). The great preacher Apollos, "mighty in the scriptures" did the same after being better instructed (xviii 28): "he helped them much which had believed through grace, for he powerfully confuted the Jews publicly showing by the scriptures that Jesus was the Christ" (εἶναι τὸν Χριστὸν Ἰησοῦν). It is interesting to see that Acts reports the same immediately after Paul's conversion: "and straightway in the synagogues he proclaimed Jesus that he is the son of God... he confounded the Jews that dwelt at Damascus proving that this is the Christ (ix 20, 22), this last case offering an interesting combination of the very same terms used by John xx 31.

According to this picture of Paul's missionary activity the main topic to be discussed with the Jews in the synagogues where he went to win them for his Lord, was "that Jesus is the Christ". He argues from the Scriptures, *i.e.* texts from the Old Testament to which John v 39 also directed the Jews. That this demonstration was not so harmless in various respects, was not purely academic, but had some consequences, appears from the sequence in Acts xvii, namely vs. 7: there the Jews accuse the Christians before the general public of revolutionary activities against the Roman emperor, because the Christians say that "there is another king, one Jesus". The identification of the Messiah (the Christ) with

---

[1] Cf. J. Rendel Harris, *Testimonies*, Cambridge 1916-1920, part I, p. 19 f., part II, p. 76.

Jesus implies that he is a king. [1] Luke offers this small, but highly interesting piece of information in his usual terse manner; it suggests however some very heated debates and the living connection between Messiahship and kingship.

I for one do not see any reason to doubt the trustworthiness of this Lucan account. One cannot play off the letters of Paul against Acts, because the epistles were destined for Christians. But even if this account were a pure invention of Luke it shows what was the big issue between Jews and Christians. Pure Hellenists needed some other way of approach. "That Jesus is the Christ", this Johannine phrase is a formula which has its roots in the Christian mission among the Jews.

This conclusion is confirmed by some texts from the 2nd century which reflect again Jewish-Christian discussions. In the famous passage of Hegesippus on James, the Lord's brother, it is said that some of the Jews in Jerusalem became believers "that Jesus is the Christ"; the leaders of the Jews want James to persuade the people "not to go astray about Jesus as though he were the Christ". [2] The man who was hailed Messiah by Rabbi Akiba, Bar Kochba, urged the Christians to deny that Jesus is the Christ and to blaspheme; if they would not, he had them put to death. [3]

Most important in this connection is the *Dialogue* of Justin Martyr with the Jew Trypho (middle 2nd cent.). In that discussion between Synagogue and Church Trypho speaks about Christians who keep the Law of Moses and believe in the crucified Jesus, having acknowledged that "He is the Anointed One (Christ) of God" (xlvi 1; xlvii 1). But even more important is an utterance of Trypho himself: he admits that it has been clearly proved by the Scriptures that it behoved the Christ (the Messiah) to suffer and that he will return with glory etc. (the position of Justin), but he proceedes to the next question: "prove now that

[1] Cf. before p. 44 f. for the connexion of these ideas "Christ" and "King" in John; as far as the Jewish conception of the Messiah is concerned, the combination is usual. — The revolutionary aspect lies of course in the fact that *basileus* is both "king" and "emperor", there being no difference as with us. —It is strange to see that this interesting piece of evidence is so overlooked.

[2] Hegesippus, ap. Eusebius, *Hist. Eccl.* II 23, 8-10. — The meaning of 1 John ii 22 cannot be discussed here.

[3] Justin Martyr, *Apol.* 31, 6.

he (οὗτος, viz. Jesus) it is" (xxxix 7; cf. p. 48). Later on the same request is made. Notwithstanding that repeated appeal Justin, as Lukyn Williams rightly put it, "nowhere does do so in so many words. He is content to indicate the similarity of Old Testament predictions of the Messiah to events in Jesus' life". [1] And it was not easy to do that.

From this evidence we gather that the phrase "that Jesus is the Anointed One" belongs to the standard topics that were at stake between Church and Synagogue, the decisive one, and that it was not used by the Christians for apologetic motives, but to win Jews for this Jesus as the Messiah foretold and expected. If this identity of Jesus with the Messiah could be substantiated the Jews would accept Him (that holds good for Justin too who in this case is falsely called an "apologetic" writer). What Justin did not do properly, John had undertaken long before, because that was, as he explicitly states, his aim.

In this way it is also possible to explain a fact that has long puzzled me. Since the evangelist had in view Jews, one does not find in his gospel reactions against pagan practices like idolatry (except in so far they may fall under the very general heading "the world" which comprises everything), while on the other hand mistaken conceptions of the Jews are severely criticized.

The comparison between John and Justin's Dialogue brings to light two more interesting characteristics of this gospel:

1) Justin deals—even if allowance is made for all his repetitions—with a good many aspects of the New Covenant: the Christian attitude towards the Law, Circumcision, Sabbath etc. That is not found in John. The evangelist is not all-comprising, but has only one theme which he develops in recurring variations: Jesus is the Anointed One, the Son of God. He shows a tremendous concentration on this sole issue: *Solus Christus*! It is important to take this into account, because one has often wondered that so many themes which are mentioned in the Synoptics and Paul are not found here. He knows *e.g.* the conception of the Kingdom of God (iii 3), but it has no central place. Why not? Not because such notions were unknown to him or did not interest him, but because he absolutely stuck to his program and made everything subordinate to it.

2) Justin's book consists of a string of quotations from the

[1] A. Lukyn Williams, *Justin Martyr Dialogue with Trypho*, London 1930, p. XXXVI.

O. T., fully exploited by Rendel Harris for his theory of the Testimony-book. But in John—though he has some testimonies—they are few in number, most of them in the passion-narrative. [1] That is the more striking, because he often refers to the O. T. in general and knows about the fulfilment of the Scriptures. [2] But John clearly did not use this method. What has this to say?

It was an enormous task the Christian missionaries undertook: to show not only that the Messiah suffered—which was a change in the Jewish portrait of the Messiah—, but that he was identical with the concrete man Jesus of Nazareth, son of Joseph (i 45) and Mary (ii 1), the rabbi. This was not a new theory about the heavenly messenger, but a historical fact. It should be realized that all that contemporary Judaism has to say about the Messiah in its various circles and books is concerned with a figure of the future, of thoughts, dreams and promises, the ideal, but imaginary deliverer, king or prophet or priest, but that it never was a man of flesh and blood. [3] Now the Christians came with the message that the Messiah had been on earth in the simple form of a Galilean rabbi. That was something unknown and unheard of and we can hardly realize the difficulty. How could this identity by established? The attempt was made by means of the Scripture-texts. But helpful though that proved in some cases, especially for those already convinced; the man who used these testimonies in debate with the unbelievers was met by completely different explanations of the same texts from the side of his opponents [4] and could hear the reproach: "All the words of the prophecy which, Sir, you adduce, are ambiguous and contain nothing decisive in proof of your argument" (*Dial.* li, 1).

---

[1] Cf. Rendel Harris, l.c., part II, p. 70: "we have to mark this paucity of Old Testament references".

[2] "Fulfilment": John xii 38; xiii 18; xv 25; xvii 12; xviii 9, 32; xix 24; xix 36; cf. also the texts where he speaks about the Law, the Scripture: "it is written" etc.

[3] We cannot be sure whether movements as those described e.g. by Josephus, *Ant.* XX 5, 1 and 8, 6 were headed by a man who considered himself the "Messiah". Josephus speaks about "prophets" but may have had his reasons for that. — Barkochba was hailed as the Messiah by R. Akiba, see: E. Schürer, *Geschichte des jüdischen Volkes im Zeitalter Jesu Christi*[3-4], Leipzig 1901, Bd. I, p. 682 ff., but that was an exceptional case and not generally accepted by the Jews. In general one held that the "days of the Messiah" would be in the future.

[4] See e.g. Justin Martyr, *Dial. c. Tryph.* 33, 1 and 85, 1 and the note of Lukyn Williams, l.c., p. 72, nt. 3.

It has been remarked that Jesus' discussions with the Jews are wholly unhistorical. They sound, especially in ch. v and viii, like a law-suit. [1] One of John's favorite words is "witness"; the figure of John the Baptist is completely reduced to that activity.[2] Not Jesus' own declaration is valid (v 31); he must have affirmation from others. In viii 17 he quotes the rule from the O. T. law: "the witness of two men is true" (Deut. xix 15) and this rule can be discovered in several places (ch. i double witness of the disciples; ch. v witness of John the Baptist and the Father).[3] There is another interesting fact. In John's Gospel we find a very remarkable and astonishing use of the double "Amen", for which no explanation is offered. In the Synoptic Gospels "amen" stands in contrast with the Jewish usage at the beginning of a saying of Jesus. [4] With the double "amen"—its place in John is obscured by the translation "verily"—Jesus gives a strong declaration, practically amounting to an oath. Why? Would not such a pronouncement be specially impressive for a Jew?

In the light of the foregoing observation these facts can be fully understood: in the synagogue there was a law-suit with the issue "is Jesus the Messiah or not?". [5] The testimonies of the O. T. were of doubtful interpretation. John used independent witnesses. Justin said after a short digression in reply: "How is there still room for doubt when you can be persuaded by facts (ἔργῳ, li, 2)." That reminds us of the well-known classical contrast between "word" and "deed", where the latter is decisive. But it also brings home to us some sayings of the Fourth Gospel *e. g.* "Believest thou not that I am in the Father, and the Father in me? The words that I say unto you I speak not from myself; but the Father abiding in me doeth his works. Believe me that I am in the Father and the Father in me; or else believe me for the very works' sake" (xiv 10-11).

---

[1] W. Wrede, l.c., p. 209. Wrede gives much relevant material which could not be incorporated in this article; his line of argument is quite different from that followed in this paper. Important though his work is, he has not I would think put things in their proper setting.

[2] Cf. i 19 ff. and iii 26 ff.

[3] One of my pupils, Rev. H. van Vliet (Kerkrade-Chèvremont) has written a thesis on this subject which was published in 1958. —See the concordance s.v. μάρτυς etc.

[4] See J. Jeremias, "Kennzeichen der ipsissima vox Jesu", in: *Synoptische Studien, Festschrift für A. Wikenhauser*, München 1953, pp. 89-93.

[5] Cf. p. 47 ff.

This is the appropriate moment to introduce another favorite word of John which is also important in the text xx 30 f., viz. "signs". The definition of Dodd: "symbols of an unseen reality" [1] sounds too Platonic. The use of the word must be seen in relation with the missionary activity of the early Church [2] and against the background of the O. T. The "signs" which Jesus does have a great influence upon the multitude and work faith in Him (xi 47). They hail Jesus as the king of the Jews because they have heard that he raised Lazarus from the dead, "for they had heard this sign" (xii 18). That this is closely linked up with the messianic work is not only seen here, but is also evident from the people's expectation: "When the Christ shall come, will he do more signs than which this man has done?" (vii 31). From the signs they conclude that he is the Messiah. These signs, Nicodemus confesses, nobody could do "except God be with him" (iii 2, an expression of very special divine assistance). [3] Here John makes us clearly understand that Jesus has done far more than is related in the gospel, but that this is sufficient (cf. also vi 2). People ask for Jesus' authority by which He cleansed the temple in the words: "What signs do you do?" What are these signs? The healing of a blind man, the raising of Lazarus and other miracles. Jesus did not use the word himself, but for Him they are the "works of God" which no man can do. [4] The raising of Lazarus is done at that moment in order that people may believe that the Father has sent Him (xi 42). The man's blindness is not the result of preceding sin, but is so "that the works of God should be made manifest in him" (ix 4). "For the works which the Father has given me to accomplish, the very works that I do, bear witness of me that the Father has sent me" (v 36). They are proof that Jesus is specially commissioned by God to do His work, that He is the Messiah. And the great "It is accomplished" is heard, when He has given his life for the life of the world, as the king of Israel. Just as in the O. T. Moses

---

[1] C. H. Dodd, l.c., p. 444.

[2] The combination "signs and wonders" often occurs in Acts; it is there a confirmation of the preaching of the Gospel, e.g. xiv 3 and Hebr. ii 4; important is also 2 Cor. xii 12.

[3] See my article: "Dominus Vobiscum", the background and meaning of a liturgical formula.

[4] Cf. xv 24; this point has been dealt with by L. Cerfaux, "Les miracles, signes messianiques de Jésus et œuvres de Dieu, selon l'Évangile de S. Jean", in: *L'attente du Messie*, Bruges 1954, pp. 131-138.

must do some signs that he may be believed as the prophet, sent by God, [1] so it is here. Stress is not laid upon the element of wonder in itself, [2] but upon the revelation of Jesus' glory (ii 11). Bultmann says that they do not accredit Jesus because they require faith. [3] That does not seem a right conclusion. To be sure, they require faith, but for John it was important that they were done and that it was impossible to deny that they had been done. They are proofs which can be accepted in a completely earthly manner (vi 27) or rejected altogether or accepted for what they were: the works of God. They authenticate Him, if one accepts "Law and Prophets". Jesus heals a lame man and a blind man; he raises a dead man. Was it not written: "Then the eyes of the blind shall be opened and the ears of the deaf shall be unstopped; then shall the lame man leap as a hart" (Is. xxxv 5-6)? He who has received all things from his Father, has also power to raise the dead (a Jewish name for God is "He who quickens the dead"). [4] He is the one who sets free (Is. lxi 1, cf. John viii 36). As king-Messiah he is the Good Shepherd (ch. x, cf. Ezek. xxxiv). He brings light to those in darkness (xii 46 ff., cf. Is. ix 2; lx 1). Jesus the fountain of living water (ch. iv) gives drink to His people (Is. xliii 20).

These works are proof of Jesus' Messiahship. As such He is recognized by the Samaritan woman, "because He told me everything" (iv 39). That is the prophetic capacity of the Anointed One who knows everything. There is in John a certain distinction between the Prophet and the Messiah (cf. i 21), but it should not be forgotten that the Messiah has also prophetic features. [5] He surpasses Moses in the multiplying of the loaves (ch. vi). Just as the prophets are sent by God, so is He. From the messianic

[1] Exod. iii 12 (God said to Moses): "Certainly I will be with thee; and this shall be the token (σημεῖον) unto thee, that I have sent thee", and the "signs" mentioned in the following passages.

[2] Only once the combination "signs and wonders" is found, iv 48, but this is a word of reproach in the mouth of Jesus against the Jews: "Except ye see signs and wonders, ye will in no wise believe." As compared with the usual combination of the two words, the simple use of "signs" in John is significant.

[3] R. Bultmann, *Theologie*, p. 406 f.

[4] Cf. H. L. Strack and P. Billerbeck, *Kommentar zum N.T. aus Talmud und Midrasch*, München 1922, Bd. I, p. 523 f., 593; —The name "He who quickens the dead" (Rom. iv 17; 2 Cor. i 9) is found in the Jewish Daily Prayer, the "Eighteen Benedictions" 2.

[5] Billerbeck, l.c., Bd. II, p. 479 f. — In the "Gospel according to the Hebrews" fr. 10 (ed. Klostermann, p. 8) it is said about the prophets μετὰ τὸ χρισθῆναι αὐτοὺς ἐν πνεύματι ἁγίῳ.

point of view we must also see *e. g.* the changing of water into wine (ii 1 ff.); that has nothing to do with Dionysus, [1] but signalizes that the purifying water of the Jewish cult has been changed into the wine of the messianic meal. Priestly features of the Messiah are missing altogether. He is the Son of David, whose origin the Jews do not know thinking that He comes from Nazareth and refuting his messianic claim by speaking of Bethlehem, where He was really born (vii 40 ff.).[2]

Not only when men speak about Him as being the Messiah, not only where He is addressed as such, but in every single story He is portrayed as the Promised One with colours from the O. T. palette. But the Kingdom of Him who reigns in heaven is completely heavenly, otherworldly; therefore Jesus' kingdom is not of this world and therefore John did not revel in all sorts of speculations of the future like the apocalyptics. Only after the resurrection the disciples understood it: then they saw His glory. John does not speak about the fact that it behoved the Anointed One to die (first point, mentioned on p. 48). The sufferings of the Messiah were taken for granted when Jesus was the Messiah, for they belonged to the story of Jesus' life. But also the Cross is seen in the light of the glory and power: Jesus is lifted up (iii 14).[3] When Jesus is lifted up from the earth, He draws all men unto himself (xii 32). The expectation is not bound to the earth in any form, but looks to the heavenly kingdom. The scattered children of God, *i. e.* the members of the chosen People (xi 52), are not gathered to the Holy Land, as in Jewish eschatology, but together. Not Garizim nor Jerusalem are the places of adoration, but the Father seeks those who worship Him in spirit and truth (iv 20 ff.). Members of the chosen People are not those who are so by birth, have Abraham as their father, but those who by faith in Jesus have become such and that is a new birth (i 13; ch. iii; viii 33 ff.).

---

[1] See Barrett, *St. John*, p. 157 f.; Dodd, l.c., p. 297 ff.

[2] Dodd, l.c., p. 297 says that John ii 1-11 offers "a particularly striking example of a feature of this gospel which will frequently recur. We may call it the Johannine irony"; cf. also the paper of H. Clavier in *Studia Evangelica*, Berlin 1959, pp. 261-276.

[3] The two meanings of "to be lifted up" in John have often been commented upon, see e.g. W. Bauer, l.c., p. 56 f.; Barrett, l.c., p. 178 f.; in general: O. Cullmann, "Der johanneische Gebrauch doppeldeutiger Ausdrücke als Schlüssel zum Verständnis des 4. Evangeliums", *Theologische Zeitschrift* 4 (1948) pp. 360-372.

The limitations imposed on this paper by the time at our disposal prevent us from entering into a full investigation of Johannine Christology and so we must leave it here. There is only one more point left in our text which calls for some comments. It is said there "that Jesus is the Anointed One, the Son of God". Is this combination possible? Great scholars like Dalman and Bousset have denied that the Messiah in Judaism is called "son of God"; some texts which seem to have the combination like those in IV Ezra being of doubtful value on textual grounds. Others like Cullmann do not think it impossible. [1] This controversy is as a matter of fact irrelevant for the present discussion of John. This evangelist is fully aware that exactly this point is a stumbling-block unto the Jews. What is relevant is that in John v Jesus has done a messianic work (the healing of a cripple man) and He is allowed to do it, because He is the son of the Father. "For this cause therefore the Jews sought the more to kill him, because . . . he called God his own father, making himself equal with God" (v 18). In x 33 ff. we are told that the Jews sought to stone Jesus for blasphemy (according to the Law, Lev. xxiv 16). But Jesus refutes them with the quotation from Ps. lxxxii 6: those to whom the word of God came are sons of God. If the Scripture is eternal, they cannot object to Him, because He is not only the hearer of the word, but the messenger, prophet, Messiah. The special concern of John is precisely that Jesus the Messiah is not an ordinary man, a shadowy figure, not an angel, but the Son of God. If it was possible to prove and to persuade the Jews that Jesus by His works was the Messiah, then the further step could be taken: that He is the son of God. That was not quite impossible on Jewish suppositions. The Christian proof-texts for that contention were Ps. ii 7; 2 Sam. vii 14; cf. Hebr. i 5. [2] And if the Messiah was really the Son of God, then the appeal of this gospel was the more urgent.

---

[1] O. Cullmann, *Christologie*, p. 280 and note 4 with references to Dalman and Bousset.

[2] Cf. p. 48. Acts ix 20, 22; Luke iv 41 the demons went out crying: ὅτι σὺ εἶ ὁ υἱὸς τοῦ θεοῦ, but Jesus rebuked them and did not suffer them to tell ὅτι ᾔδεισαν τὸν *Χριστὸν* αὐτὸν εἶναι. —Interesting are also the data of Origen who says speaking about Dositheus, the Samaritan, in *Contra Celsum* I 57: that he pretended ὅτι αὐτὸς εἴη ὁ προφητευόμενος ὑπὸ Μωυσέως Χριστός (= Deut. xviii 15 the Prophet), and in *C. C.* VII 11 *καὶ* αὐτὸς υἱὸς τοῦ θεοῦ (see the note in Chadwick's translation, Cambridge 1953, p. 325 note 1) where we have the same connection, but in a rival case.

What were the grounds of the certainty that Jesus was the Anointed One? John does not explain the name as Luke twice did for his Hellenistic readers (Gospel iv 18; Acts x 38). John assumes that his readers will understand it (it was not a proper name, but a title full of meaning, cf. p. 42 ff.), because the idea of the Anointed One was familiar to them. It is remarkable that he speaks in ch. 1 without further notice about the Messiah and King of Israel. The indication of Luke shows us the way: He was anointed with the Holy Spirit. This is expressed by John i 39: "John bare witness, saying, I have beheld the Spirit descending as a dove out of heaven (= from God), and it abode upon him." On the Messiah rests according to Is. xi 2 the Spirit of the Lord. [1] Because it stays with Jesus he can do the signs which John did not (x 41); He is the Messiah filled with the Spirit (vii 38 ff.) who can promise the Spirit who leads into the full truth as a Comforter to His disciples. God is Spirit (iv 24) and the Son has the Spirit; and no one can enter into the Kingdom of God in which Jesus is the Messiah, unless born of the Spirit (iii 6). Let it be noticed that the divine power of the Spirit is recognized as something extraordinary in Jesus by the Jews. In dealing with the portrait of Christ in John it is generally overlooked that Jesus is attacked, because He has a demon. This expression means more than: "you are mad", [2] as will be seen from viii 48ff. and x 20f. In the former place the charge is refuted by reference to the work Jesus did in opening the eyes of the blind: He honours the Father and proves in that way that he is a real prophet whose characteristic is that he directs all attention to God. [3] But that such a charge could be formulated points to something "peculiar" in Jesus and I cannot help thinking that it goes back to the true situation in Jesus' life.

John wrote these signs in order that his readers might believe that Jesus was the Anointed One, the Son of God. Facts are used to prove that the man of Galilee was the Messiah promised to the Fathers, in the most intimate connection with the Father whom nobody has ever seen (i 18). The facts he intimates are

---

[1] See the texts referred to by Billerbeck, l.c., Bd. IV 2, p. 1297, Register on Is. 11, 2.

[2] So Barrett, l.c., p. 263.

[3] In Deut. xiii 5 it is a sign of the false prophet to lead the people astray.

followed by declarations of Jesus. John knows of attacks against this claim of his Master, but the central issue is the Messiahship. These facts happened in Palestine. Who else in the Roman world could be interested in the question whether the Messiah had appeared in Jesus of Nazareth than Jews or people very strongly attached to Judaism, the "God-fearers" of the synagogues? The whole background of this gospel is packed with Palestinian stories and conceptions; it smells of the soil of Palestine. [1] And yet there is also much that is strange to Palestine. [2] How can this combination be explained?

We saw that the way in which John formulated his purpose brings us into the sphere of the synagogue where Christians come with their message. This fact is corroborated by some other facts from the same surroundings: a) Jesus is continually called with the Jewish title "rabbi" (more frequently than in the other gospels; Luke avoids it) and a conspicuous place is given to that "teacher of Israel" Nicodemus (ch. iii; vii 50; xix 39); b) Jesus speaks in xv 18ff. about the hatred of the world against his followers and promises the Spirit that will bear witness so that thereby they can witness; there is a chance that they may stumble, *i. e.* loose sight of his Messiahship and then Jesus continues: "They shall put you out of the synagogues: yea the hour cometh that whosoever killeth you shall think that he offereth service to God" (xvi 1 f.). How is it possible that the "hatred of the world" takes the form of "putting out of the synagogue"? In the "Acts of the Martyrs" we read of quite different forms of punishment. The answer must be: because John had close relations with the synagogue; see also ix 22 "for the Jews had agreed that if any man should confess him to be the Christ, he should be put out of the synagogue" (p. 48 ff.) and xii 42; c) Jesus says that he has been teaching openly in the Temple and the synagogues (xviii 20) and this again represents the "world" (see first half of the verse).

This synagogue with which John had relations did not stand in Palestine, but in the Diaspora, because:

---

[1] W. F. Albright, "Recent discoveries in Palestine and the Gospel of St. John", in: *The background of the New Testament and its eschatology, in honour of Charles Harold Dodd*, Cambridge 1956, pp. 153-171, has stressed this quite recently.

[2] This is always brought to the fore by the Hellenistic and Gnostic interpretation, and cannot be dismissed.

a) John explains various usages of the Jews such as their way of purification (ii 6), of burying (xix 40); [1] that can only have been done for people who live outside Palestine;

b) the language of John has not onyl semitic elements—to give a cautious presentation of a much disputed matter—, but also typically Greek expressions, such as δοξάζω = "to honour" and "to have an opinion"; for "world" which is not a direct translation of *'olam*; and on the whole his Greek can be called fairly good;

c) in the interesting eschatological passage xi 52 (see p. 46 f). the "scattered ones" are not only specially mentioned, but a d d e d and this shows the author's concern for them; probably one may see the same group alluded to in x 16 "and other sheep I have which are not of this fold; them also I must bring . . . and they shall become one flock and one fold" (see also p. 55).

If we are justified in situating this Gospel in a diaspora-synagogue, it is striking to see how beautifully it dovetails with the picture of the relations between synagogue and Christian mission in Acts. Besides the theme of the book, words like "witness" and "signs", the charge about the Christ-King[2] one notices the schisms among the Jews (vii 43; ix 16; x 19 with the stories in Acts xiii ff.), the way in which Paul in one place after another fails to win the synagogue, is the victim of the zeal of the Jews, becomes an "aposynagogos". In Acts also we find an explanation of the curious fact that has long puzzled the commentators. John speaks about the Jews as the opponents of Jesus in such a way that it has often given the impression that he had completely broken with the Jewish people. [3] On the other hand it cannot be forgotten that he also mentions cases of Jews who followed Jesus and that he sees Jesus' death as profitable for the Jewish people (xi 52). Specially the Judeans and the rulers of the Jews lay snares for Jesus. Now, in the sketch of a "pauline" sermon given in Acts xiii 16ff. the turning-point falls in vs. 26f. and there it is said that the word of salvation in the promises of God to Israel, fulfilled in Jesus, has come to the diaspora "for they that dwell in Jerusalem and their rulers, because they knew him not nor the voices of the prophets which are read every sabbath, fulfilled them by condemning Jesus" etc. There is a distinction made between the Jews

[1] A list of them is given by Barrett, l.c., p. 102 ff.

[2] See p. 49.

[3] Cf. the material in Bauer, l.c., p. 31.

in Jerusalem and in the diaspora, and that would account for the particular presentation in John.

That synagogue of the diaspora must be sought in the Greek sphere. When Jesus says to the Jews that He will go where they cannot come, their misunderstanding led them to ask: "Whither will this man go that we shall not find Him? will He go unto the Dispersion among the Greeks, and teach the Greeks?" Why this combination: dispersion ... among the Greeks? The Jewish Diaspora was spread over all the world: it would have been possible to speak about the dispersion in general; why is not Babylon, Egypt or Rome mentioned? There is only one explanation possible: because the writer was specially interested in this part of the world, and it is highly probable that we have here a typically Johannine piece of irony: what these Jews thought impossible, has happened, when the Christian missionaries came to that part of the world that was specifically Hellenic. This interest in the dealings of the Greeks is also witnessed in xii 20: "Now there were certain Greeks among those that went up to worship at the feast; these therefore came to Philip ... and asked him, saying: Sir, we would see Jesus." These were Greek pilgrims, Jews or at least very much interested in Judaism; were they relatives of those who read the gospel? This attention for the Greeks points to either Greece or Asia Minor. [1]

Are we allowed to infer from the special attention given to Philip (i 43; vi 5f.; xii 20f.; xiv 8f.) that the readers had close relations with him? It is he who brings the Greeks to Jesus. There is a tradition, handed down by Polycrates of Ephesus (end of 2nd cent.), that the apostle Philip had come to Asia Minor

[1] The Ἕλληνες = Greeks cannot be taken here in the general sense of "pagans" or the Greek-speaking population of the Empire, because it is a special form of the Dispersion which in itself could be anywhere; see H. Windisch, "Ἕλλην", in: G. Kittel, *Theologisches Wörterbuch zum Neuen Testament*, Stuttgart 1935, Bd. II, p. 506: "Gemeint sind aber tatsächlich die Gegenden dieser Hellenen, denn vermutet wird, er wolle die Hellenen ... 'lehren' ". —Cullmann has drawn attention to the special interest of the Fourth Gospel in the Samaritans ("Samaria and the Origins of the Christian Mission", in: *The early Church*, pp. 185-192). This may reflect a general interest of John in mission and in particular his knowledge about facts related in Acts viii. But on the question about the origin of the Gospel it has less bearing than the somewhat peculiar words about the Hellenes. It may be added that inscriptions of Samaritans have been found in Greece (Athens, see Schürer, a.a.O., Bd. III, p. 56) and that the famous Justin who lived for a time in Ephesus was born in Nablous, is well-known.

and was buried in Hierapolis; an inscription of a church dedicated to "the holy apostle and theologian Philip" was discovered in that place long ago by Ramsay.[1] J. B. Lightfoot defended the trustworthiness of this tradition, but it was rejected by scholars like Zahn, Harnack and W. Bauer who decided for another line of tradition, saying that it was Philip the evangelist (Acts vi 8; xxi 7) who came to Hierapolis.[2] The question of these different traditions cannot be settled now, but it is noteworthy that such a connection between the apostle Philip and Asia Minor is mentioned.

However this may be, there is another item which points to Asia Minor. Since Baldensperger it has become commonly agreed that the rôle played by John the Baptist in this gospel stamps him so much as the inferior of Jesus that John must have known people who upheld rival claims for the Baptist. Acts xix 3ff. has a dark piece of information about disciples of this John in Ephesus.

If these considerations are sound, they make us think that the place where John had his disputes with the synagogues was somewhere in Asia Minor and that the old tradition of Irenaeus, saying that the Fourth Gospel originated in Ephesus may be completely right.[3] Led back to this traditional view I may say —to avoid misunderstanding—, that until quite recently I held the view that John was written in Syria and had no inclination to become a defender of the traditional standpoint, but a fresh investigation the successive steps of which have been reproduced on the preceding pages clearly pointed in the direction of Ephesus.

We come to our conclusion: the purpose of the Fourth Gospel was to bring the visitors of a synagogue in

[1] See G. Milligan, "Philip", in: J. Hastings, *Dictionary of Christ and the Gospels*, vol. II, p. 359; the text of Polycrates is *ap.* Eusebius, *Hist. Eccl.* III 31, 2 f.

[2] J. B. Lightfoot, *Saint Paul's Epistles to the Colossians and to Philemon*, London 1897, p. 45 ff.; Th. Zahn, *Forschungen zur Geschichte des neutestamentlichen Kanons und der altkirchlichen Literatur*, VI. Theil, Leipzig 1900, pp. 158-175; A. von Harnack, *Die Mission und Ausbreitung des Christentums in den ersten drei Jahrhunderten* [4], Leipzig 1924, Bd. II, p. 770; W. Bauer, "Nachrichten über die Apostel", in: E. Hennecke, *Neutestamentliche Apokryphen* [2], Tübingen 1924, p. 101 f.

[3] Irenaeus, *Adv. Haer.* II 22, 5 and III 1, 1-4. This traditional view has often been rejected during the last century. It would be out of place to go over the ground again and to pass in review the conflicting arguments, for which see the various Introductions to the N.T.

the Diaspora (Jews and Godfearers) to belief in Jesus as the Messiah of Israel. Thus we have found the "Sitz im Leben" of this puzzling book and it appears not to be so isolated as it has often been thought. It was a missionary book for the Jews (*pace* my friend Riesenfeld). This is the same thesis that was defended 30 years ago by Karl Bornhäuser. [1] His presentation of the case did not prove convincing; not much attention has been paid to it and it was generally rejected. His arguments I cannot accept. But the result, reached along completely different lines, is largely the same. I hope that the line of argument in this paper will stand a critical examination.

John did not write for Christians in the first place, except perhaps in ch. xiii-xvii which show a somewhat different character, nor did he envisage pagan readers. His book was not an apology to defend the Christian church, but a mission-book which sought to win. [2] For this purpose: to make clear that Jesus is the Messiah, he worked over the material he had received.

I am fully aware that the step we have made is only the first step in dealing with the first part of John's purpose. But should not first things be put first? That we have tried to do. Other steps will have to follow in order to explore more fully the implications of this view for the understanding and exegesis of this Gospel. The historical exactness or inexactness of its picture *e. g.* has not been decided; the value of the various parts of John must be fixed in each separate case. It may be that the relation of John to the Synoptics will appear in this light somewhat different from the usual conception. It is tempting to make a commentary from this point of view. But does the evangelist himself not say that far more could be said? I have had to content myself to-night with some brief remarks.

John wished to do one thing. That is the reason why on close

---

[1] K. Bornhäuser, *Das Johannesevangelium, eine Missionsschrift für Israel*, Gütersloh 1928.

[2] P. Winter, ,,Zum Verständnis des Johannesevangeliums", *Vox Theologica* 25 (1955) [also *Theologische Literaturzeitung* 1955, 3], p. 155 in a review of Dodd's Interpretation was quite right in asking: "Soll man es als einen Zufall ansehen, daß die im Vierten Evangelium auf Jesus angewendeten Symbole 'Lamm', 'Weinstock', 'Licht der Völker' (oder 'der Welt') auf Vorbilder zurückgehen, die im A.T. durchweg auf Israel angewandt sind?" and in expecting here the answer: that is purpose. But his inference that the Fourth Gospel was directed against a work of Jewish missionary literature is not borne out by facts and nothing more than an unnecessary guess.

inspection his gospel looks so frayed. It leaves many open questions and does not iron out everything. It is like an album with a number of different carefully selected drawings of the same person in various situations, and John tells about them, about Him. And the wonderful thing in reading this gospel is always the deep impression that its author has combined these often conflicting bits of information into a marvellous unity. It leaves behind that radiant image of Jesus the Messiah, the Son of God in Whom to believe is life eternal.

Jesus, these eyes have never seen
That radiant form of Thine;
The veil of sense hangs dark between
Thy blessed face and mine.

Yet, though I have not seen, and still
Must rest in faith alone,
I love thee, dearest Lord, and will,
Unseen, but not unknown.

THE QUOTATION FROM THE OLD TESTAMENT IN JOHN XII 34*

In John xii 34 an objection is raised by the crowd against a statement of Jesus: δεῖ ὑψωθῆναι τὸν υἱὸν τοῦ ἀνθρώπου, which leads to the question: who is this mysterious "Son of Man". In the present text of John this question is connected with the clear pronouncement of Jesus κἀγὼ ἐὰν ὑψωθῶ ἐκ τῆς γῆς, but the sequence of thought is extremely obscure. Bultmann[1] therefore, transferred this passage to ch. viii and connected it with verse 28: ὅταν ὑψώσητε τὸν υἱὸν τοῦ ἀνθρώπου, τότε γνώσεσθε ὅτι ἐγώ εἰμι. I wonder why it is put here. Bultmann admits that there is a difficulty, because there is no explicit δεῖ ὑψωθῆναι in viii 28, but he tries to evade it by observing: "von der Erhöhung des Menschensohnes hat er ja gesprochen". It seems to me that xii 34 cannot be an answer to viii 28, because in the latter text we have a direct accusation of Jesus flung against the Jews, while the former has to do with a difficulty of a dogmatic kind. What Jesus has said about the necessity (δεῖ, here as often used in connection with God's plan[2]) of the lifting up of the Son of Man, conceived as His passing away[3] conflicts with a saying of the Scriptures about the Messiah. Therefore it seems much more plausible to make a connection with iii 14, as was done by Mcgregor[4] and Noack:[5] οὕτως ὑψωθῆναι δεῖ τὸν υἱὸν τοῦ ἀνθρώπου.

We have here before us a situation similar to vii 27, vii 41-42, vii 52. In all these instances Jesus' origin is not in accordance with the dogmatic picture of the Messiah current in Jewish circles, partly derived from the Scriptures. xii 34 offers another example of a statement by Jesus which hurts against the accepted teaching

---

* Appeared in *Novum Testamentum* III, 1959, pp. 174-179.

[1] R. Bultmann, *Das Evangelium des Johannes*[11], Göttingen 1950, S. 269-270.

[2] Cf. E. Fascher, "Theologische Beobachtungen zu δεῖ", in: *Neutestamentliche Studien für Rudolf Bultmann*, Berlin 1954, S. 242 ff.

[3] W. Bauer, *Das Johannesevangelium*[3], Tübingen 1933, S. 164: "Die Volksmenge versteht die Erhöhung 34 als Entfernung von der Erde, argumentiert von da aus gegen den Messiasanspruch Jesu": on ὑψοῦν, see his note on John iii 14.

[4] G. H. C. Macgregor, *The Gospel of John*, London 1928, p. 77 f., 268.

[5] B. Noack, *Zur johanneischen Tradition*, København 1954, S. 146.

about the Messiah. If the conception of the Fourth Gospel as a missionary book for the synagogues of the Diaspure, as put forward in my paper on "the purpose of St. John's Gospel" [1] is right, these features of debates on points of Jewish messianology are an important confirmation of that view. Stumbling-blocks on the way to accepting Jesus as the Messiah (xx 31) which consisted of (seeming) conflicts with accepted doctrine had to be removed.

At the basis of this text lies the identity of the terms "Christ"-Messiah, and "Son of Man". This is not a special feature of this gospel, but is also found in the Synoptics and certain Jewish groups. [2] The expression Jesus uses with regard to the future of this "Son of Man" being in conflict with their doctrine makes the Jews ask, what is meant by this "Son of Man". Their objection is derived from the "Law": ἡμεῖς ἠκούσαμεν ἐκ τοῦ νόμου ὅτι ὁ Χριστὸς μένει εἰς τὸν αἰῶνα. Only the last three words are marked both by Nestle and Kilpatrick[3] as a direct quotation. But it seems clear from the context that the contrast here lies in the verbs: Jesus speaks of ὑψωθῆναι—going away in one form or another, [4] while the "Law" speaks of remaining. So at least we must keep in mind this permanent μένειν. Another reason for concentrating the attention upon μένειν lies in the fact, that, as is brought to light by the concordance, this verb plays a prominent part in the theology of the Gospel.

This doctrine has, as is clearly indicated, a scriptural basis. But which? All modern commentators agree in pointing out that νόμος here is not the Mosaic Law, but Scripture in general, as sometimes in later Jewish writings, [5] and that John offers two more instances, viz. x 34 and xv 25. Let it, however, be noticed that both these texts give an identifiable quotation and both are taken from the Psalms.

In this case xii 34 it is different according to the commentaries. Bultmann says: "Ob der Evangelist an bestimmte Schriftstellen gedacht hat, ist schwer zu sagen", [6] Bernard: "the reference is

---

1 W. C. van Unnik, "The purpose of St. John's Gospel", in: *Studia Evangelica*, Berlin 1959, p. 382 ff. In the present volume p. 35 ff.

2 W. Bousset, *Die Religion des Judentums im späthellenistischen Zeitalter*[3], Tübingen 1926, S. 228, 259 ff.

3 In their edition: Nestle[23], 1957 and Kilpatrick[2], 1958.

4 See the quotation from W. Bauer p. 64, nt. 3.

5 See e.g. Bauer ad X 34.

6 Bultmann, a.a.O., S. 270, Ak. 2.

somewhat vague". [1] And so do all the others. Is this a case like that former one in vii 39? Usually a number of texts from the O.T. and later Jewish litterature are called to the aid. But do they match the need? Let us see:

Ps. cix (cx) 4: σὺ εἶ ἱερεὺς εἰς τὸν αἰῶνα κατὰ τὴν τάξιν Μελχισεδεκ.

Is. ix 6: μεγάλη ἡ ἀρχὴ αὐτοῦ καὶ τῆς εἰρήνης αὐτοῦ οὐκ ἔστιν ὅριον ἐπὶ τὸν θρόνον Δαυιδ καὶ τὴν βασιλείαν αὐτοῦ κατορθῶσαι αὐτὴν καὶ ἀντιλαβέσθαι αὐτῆς ἐν δικαιοσύνῃ καὶ ἐν κρίματι ἀπὸ τοῦ νῦν καὶ εἰς τὸν αἰῶνα χρόνον.

Ezech. xxxvii 25: καὶ Δαυιδ ὁ δοῦλός μου ἄρχων αὐτῶν ἔσται εἰς τὸν αἰῶνα.

Dan. vii 4 LXX (of the Son of Man) καὶ ἡ ἐξουσία αὐτοῦ ἐξουσία αἰώνιος, ἥτις οὐ μὴ ἀρθῇ, καὶ ἡ βασιλεία αὐτοῦ, ἥτις οὐ μὴ φθαρῇ—Θ: ἡ ἐξουσία αὐτοῦ ἐξουσία αἰώνιος ἥτις οὐ παρελεύσεται καὶ ἡ βασιλεία αὐτοῦ οὐ διαφθαρήσεται.

i Enoch xlix 1: and glory faileth not before him for evermore; lxii 14: and with that Son of Man shall they eat and lie down and rise up for ever and ever.

Ps. Sol. xvii 4: σύ, κύριε, ᾑρετίσω τὸν Δαυιδ βασιλέα ἐπὶ Ἰσραηλ καὶ σὺ ὤμοσας περὶ τοῦ σπέρματος αὐτοῦ εἰς τὸν αἰῶνα τοῦ μὴ ἐκλείπειν ἀπέναντί σου βασίλειον αὐτοῦ (this text is generally quoted, though it is taken from Ps. lxxxviii (lxxxix 4). [2]

Orac. Sybill. iii 49-50: ἥξει δ'ἁγνὸς ἄναξ πάσης γῆς σκῆπτρα κρατήσων/εἰς αἰῶνας ἅπαντας ἐπειγομένοιο χρόνοιο. iii 767 f. (not as in Bauer and Bultmann: 766): καὶ τότε δὴ ἐξεγερεῖ βασιλήιον εἰς αἰῶνας πάντας ἐπ' ἀνθρώπους κτλ.

In reviewing these texts which we printed in full to make the comparison easier than is done by a mere enumeration of the numbers, we find:

(a) that all texts have a messianic content;

(b) that they all speak of an eternal *reign*.

But does this cover the wording and contents of the objection made by the Jews? It may seem somewhat bold to question a venerable exegetical tradition which in its basic idea is to be found already in Grotius and is shared by all modern commentators from whatever school. Nevertheless it is remarkable that the main verb of John xii 34 μένει does not occur in any of these texts. Still

[1] J. H. Bernard, *The Gospel according to St. John*, Edinburgh 1928, ii p. 443.

[2] Cf. H. E. Ryle-M. R. James, *The Psalms of Solomon*, Cambridge 1891, p. 129.

more serious is a shift of words that has silently crept in. Hoskyns uses the following paraphrase of the text: "The opinion of the Jews that according to the Scriptures the dominion of the Messiah would *abide for ever*". [1] But John does not mention a "*dominion* of the Messiah"; speaks of the *person* of the Messiah and this personal aspect dominates the discussion. This makes all the difference. Therefore the texts quoted before are irrelevant, because they deal with the Messiah's reign, but not with the Messiah Himself.

It is curious to notice that even where Bultmann gives a number of passages where μένειν εἰς τὸν αἰῶνα is used, [2] he leaves out the O.T. And yet the evangelist himself points in that direction. It is not only said that the Lord's counsel (Ps. xxxii [xxxiii] 11—Prov. xix 21), His righteousness (Ps. cx [cxi] 3, cxi [cxii] 3, 9), His praise (Ps. cx]cxi] 10), His truth (Ps. cxvi]cxi] 2), His word (Is. xl 18) μένει εἰς τὸν αἰῶνα but also the Lord Himself (Ps. ix 7, ci [cii] 12, cf. Dan. vi 26 (27). It is remarkable that this expression is so frequent in the Psalms, far more than in other parts of the O.T. This is in accordance with our observation about the extended meaning of νόμος in John (see before p. 65). But none of these texts has a messianic ring.

That, however, is the case in one particular text which was left undiscussed so far: Ps. lxxxviii (lxxxix 37 τὸ σπέρμα αὐτοῦ (= David) εἰς τὸν αἰῶνα μένει. This psalm is full of promises for David and his house (vs. 3-5, 20 ff.); repeatedly it is said that God's steadfast love will abide with David and his house εἰς τὸν αἰῶνα (vs. 3, 5, 28-29, 36, 37, 52) in spite even of the transgression of David's descendents. It has been given a messianic interpretation, as may be seen from the famous Psalm of Solomon 17 (see before), the New Testament [3] and rabbinic sources [4]. It was immediately

[1] E. Hoskyns, *The Fourth Gospel*, ed. F. N. Davey, London 1947, p. 427. — C. H. Dodd, *The Interpretation of the Fourth Gospel*, Cambridge 1953. p. 91 speaks also of the "dominion" of the Messiah in this connection— W. F. Howard, "The Gospel of St. John", in: *The Interpreters Bible*, New York-Nashville 1952, viii p. 670: "There is no place in the O.T. where it is said expressly that the Messiah will reign forever upon the earth".

[2] R. Bultmann, a.a.O., Ergänzungsheft, S. 25 on S. 164, Ak. 7 of the commentary.

[3] Vs. 4-5 = Act. ii 30; vs. 11 = Lc. i 51; vs. 21 = Act. xiii 22; vs. 31 = Apoc. i 5, iii 14.

[4] See various places referred to by H. L. Strack-P. Billerbeck, *Kommentar zum Neuen Testament aus Talmud und Midrasch*, München 1928, IV, S. 1308, Register under Psalm lxxxix.

suggested by the text itself, where David is spoken of as being anointed (vs. 21) and where the rejection of the anointed is mentioned (vs. 39, 52). [1] The Greek text uses here χρίω and χριστός This specific text is quoted in Gen. R. (Vayechi) XCVII: "the royal Messiah will be descended from the tribe of Judah ... Judah was the fourth of the tribal ancestors to be born, just as the *daleth* is the fourth letter of the alphabet and is the fourth letter in his name. On the fourth day too the luminaries were created, while of the Messiah it is written, *And his throne* [shall endure] *as the sun before Me*', [2] this being the sequel of our verse Ps. lxxxix 37: καὶ ὁ θρόνος αὐτοῦ ὡς ὁ ἥλιος ἐναντίον μου (cf. also Tanchuma as quoted in Strack-Billerbeck III, p. 395). In later Christian Testimonia-literature this verse served as a witness to Christ the King, as may be seen from Eusebius, *Dem. Ev.* VII 3, 3 ff.

Of course there exists a difference in wording between Ps. lxxxviii (lxxxix): 37 and John xii 34, resp. τὸ σπέρμα αὐτοῦ and ὁ χριστός. But to anyone accustomed to the rabbinic methods of exegesis this difference will not form a grave difficulty, because:

1) in John vii 42 a Jewish doctrine concerning the Messiah is expressed in the words that He is ἐκ τοῦ σπέρματος Δαυιδ, where one is referred to 2 Sam. vii 12 and Ps. lxxxix 4-5. [3] If it was said that the "seed of David" would remain for ever, it did apply a fortiori to the "Son of David" which is a well-known name for the Messiah. [4]

2) the text, quoted before from *Gen.R.* shows that there the identification of "His seed" with the Messiah is understood; the possessive pronom in "His throne" must refer back to the former part of the verse.

3) one may draw an analogy from Gal. iii 16, where Paul deduces from the singular τῷ σπέρματι αὐτοῦ in Gen. xii 7 the conclusion ὅς ἐστιν χριστός along lines familiar in rabbinic exegesis. [5]

[1] Irenaeus, *Epideixis* 75 quotes vs. 39 ff. in proof of the humiliation of Christ during His life on earth.

[2] Translation of H. Freedman, London 1939, ii p. 899.

[3] Cf. in the N.T. Rom. i 3, 2 Tim. ii 8 and Acts xiii 22-23 ἤγειρεν τὸν Δαυιδ αὐτοῖς εἰς βασιλέα, ᾧ καὶ εἶπεν μαρτηρήσας· εὗρον Δαυιδ τὸν τοῦ Ἰεσσαι, ἄνδρα κατὰ τὴν καρδίαν μου, ὅς ποιήσει πάντα τὰ θελήματα μου. τούτου ὁ θεὸς ἀπὸ τοῦ σπέρματος κατ'ἐπαγγελίαν ἤγαγεν τῷ Ἰσραηλ σωτῆρα Ἰησοῦν.

[4] Billerbeck, I, S. 12, 525.

[5] J. Bonsirven, *Exégèse rabbinique et exégèse paulinienne*, Paris 1939, p. 298-299. — In later Hebrew זרע σπέρμα was used of a single person, cf. W. Gesenius-F. Buhl, *Hebräisches und aramäisches Handwörterbuch über das Alte Testament*[17], Leipzig 1921, S. 207-208.

Though an explicit text in which Ps. lxxxviii (lxxxix): 37 is found with the reading "the Anointed One" in stead of "His seed" is not yet found (besides John xii 34), it is quite in line with rabbinic exegesis to interprete τὸ σπέρμα αὐτοῦ by ὁ χριστός. At any rate this text is far more suitable as the source for John xii 34 and could more easily be adopted than any of the others adduced so far. It has the advantage of:

a) being a specific text and not a vague reminiscense;
b) being taken from the Psalms, as x 34, xv 25;
c) speaking about a personality;
d) offering a parallel to the most important part of the text and not only to a somewhat general εἰς τὸν αἰῶνα.

ZUR PAPIAS-NOTIZ ÜBER MARKUS
(Eusebius H. E. III 39, 15)*

Die berühmte und vielbesprochene Notiz des Papias über Markus hat vor kurzem Herr Kollege Stauffer wieder einmal untersucht. In seinem Aufsatz „Der Methurgeman des Petrus" [1] hat er zu zeigen versucht, „daß das Papiasfragment zum Thema Markus allenthalben die rabbinische Terminologie und Formelsprache erkennen lasse und demzufolge eine entschiedene interpretatio semitica fordere" (S. 286); dies im Gegensatz zu Dibelius u.a., die hier den Geist des Hellenismus spürten.

Kronzeuge für seine Interpretation sind dabei die Schlußworte des Papias: ἑνὸς γὰρ ἐποιήσατο πρόνοιαν, τοῦ μηδὲν ὧν ἤκουσεν παραλιπεῖν ἢ ψεύσασθαί τι ἐν αὐτοῖς. Dazu bemerkt Stauffer: „die frappanteste, d.h. die rabbinischste Formel hat Papias sich für den Schluß seines Markusreferates aufgespart" [2]. Die Formel hat s. M. n. eine lange Vorgeschichte, denn er bringt sie zusammen mit dem Verbot Deut iv 2 οὐ προσθήσετε πρὸς τὸ ῥῆμα, ὃ ἐγὼ ἐντέλλομαι ὑμῖν, καὶ οὐκ ἀφελεῖτε ἀπ' αὐτοῦ, cf. xiii 1; daneben führt er eine Anzahl von Texten aus der hellenistisch-jüdischen, rabbinischen und altchristlichen Literatur an „um zu zeigen, wie geläufig die Verbotsformeln des Deuteronomiums im Spätjudentum und (kleinasiatischen!) Frühchristentum gewesen sind" (S. 289), speziell in Verbindung mit Übersetzung.

Ist dieser Beweis stichhaltig? Diese Frage muß verneint werden, denn nur durch eine einseitige Anführung von Belegstellen kann diese interpretatio semitica durchgeführt werden.

Leider scheint meinem Kollegen der Aufsatz unbekannt geblieben zu sein, den ich schon im Jahr 1949 veröffentlicht habe „De la règle Μήτε προσθεῖναι μήτε ἀφελεῖν dans l'histoire du canon" [3]. Darin sind nicht nur die Texte gesammelt, die von Herrn Stauffer

---

* Erschienen in *Zeitschrift für die Neutestamentliche Wissenschaft* LIV, 1963, S. 276-277.

[1] *Neutestamentliche Aufsätze*, Festschrift für Prof. Josef Schmid, Regensburg 1963, S. 282 ff.

[2] S. 288, mit der Fußnote 48 „Mir scheint gerade hier ein entscheidendes Beweisstück für die interpretatio semitica des Terminus ἑρμηνευτής vorzuliegen".

[3] Vigiliae Christianae III (1949, p. 1-36.

erwähnt wurden, sondern auch noch viele andere. Und seitdem habe ich das Material noch vermehren können. Es ist überflüssig, das alles hier zu wiederholen. Nur möchte ich auf zwei Punkte hinweisen: a) die Formel findet sich schon in der altägyptischen Literatur: vgl. A. Erman, Die Literatur der Ägypter, Leipzig 1923, S. 98, 105; b) und das ist weit wichtiger: sie begegnet auch oftmals in griechischen Texten, die vom AT unbeeinflußt sind, z. B. bei Plato, Plutarch, in Staatsverträgen. Es ist bestimmt nicht so, daß diese Formel, auch wenn sie im Zusammenhang mit Büchern genannt wird, speziell etwas über Übersetzungen sagt. Durch diese Formel soll eine Mitteilung ihrem Wesen nach unversehrt bewahrt bleiben.

Wenn wir dieser Formel in der jüdisch-hellenistischen und altchristlichen Literatur begegnen, hat sie jedenfalls zwei Wurzeln, und es scheint mir klar, daß deshalb Philo und Josephus sie so oft verwenden, weil sie bei den Griechen ganz geläufig war. Und es ist bekannt, daß die rabbinische Literatur auch nicht ganz vom Hellenismus unbeeinflußt geblieben ist. Wie dem auch sei, der Sachverhalt macht es unmöglich, hier das Vorkommen in der griechischen Literatur außer acht zu lassen, und damit fällt die Ausschließlichkeit der interpretatio semitica zu Boden. Es bleibt natürlich möglich, daß Herr Stauffer recht hat, aber das muß dann mit anderen Beweisen gezeigt werden.

Diesen Ausführungen möchte ich noch eine allgemeine Bemerkung beifügen, oder aber eine Frage: ist es wirklich nötig, so straff zwischen einer interpretatio semitica und einer interpretatio hellenistica zu unterscheiden? Oftmals wird die Suggestion geweckt, als ob „semitisch" bodenständig, apostolisch ist und deshalb genuin, während ein hellenistischer Ausdruck im altchristlichen Bereich an sich verdächtig ist, eigentlich das Zeichen der Verfälschung an der Stirne trägt. Dieser Zauberbann sollte durchbrochen werden, denn so einfach liegen die Verhältnisse nicht. Nicht *wie* es ausgedrückt ist, sondern *was* mitgeteilt wird, ist entscheidend. Konkret in diesem Falle: auch wenn Papias sich hellenistischer Sprache bedient hat, so läßt sich nicht einsehen, weshalb seine Mitteilung, daß Petrus von einem Dolmetscher begleitet wurde, an sich falsch sei.

DIE RECHTE BEDEUTUNG DES WORTES TREFFEN, LUKAS II 19*

Als der, dem dieser Monographienband gewidmet ist, sich bei seinem Amtsantritt an seinen Vorgänger wandte, sagte er: „Mein Vater, wir tragen als gute Sachsen das Herz nicht auf der Zunge und verstehen einander auch ohne viel Worte." [1] Zwar kann der Verfasser dieses Aufsatzes sich nicht einen Sachsen nennen, aber er möchte doch diese Worte *mutatis mutandis* jetzt gern übernehmen im Blick auf seine Verbindung zu seinem Freunde und ältesten Kollegen in der Fakultät, dem Jubilar, dem dieses Buch dargeboten wird. Auch wir verstehen einander glücklicherweise ohne viel Worte.

Deshalb ist es nicht nötig, meine herzliche Dankbarkeit für all die Jahre ungebrochener Freundschaft und harmonischer Zusammenarbeit zu äußern durch einen Strom von „words, words, words". Nein, es ist besser, die zweite Nationalhymne der Niederlande, „Geen woorden, maar daden", in die Tat umzusetzen. Allerdings geschieht das in einer Arbeit, die aus Worten bestehen muß und die nach dem Wunsch der Redaktion einen Aspekt „des Wortes" in der religiösen Vorstellungswelt beleuchtet. Und ich bin von vornherein überzeugt, daß der Jubilar mit echter religionsgeschichtlicher „Einfühlung" hinter dieser Serie von Worten die tiefe Freundschaft auch dann entdecken wird, wenn sie zum Vorschein kommt in der Maske eines Stückchens Exegese, das ein einziges Wort behandelt.

Es ist auffallend, daß in dem Teil des Neuen Testamentes, den man wohl als das meistgelesene und -gehörte Stück der Bibel bezeichnen könnte, nämlich in der Weihnachtsgeschichte, das „Wort" solch eine bedeutende Rolle spielt. Unter literarischen Gesichtspunkten fällt in Luk. ii 10-20 die Bedeutung des Wortes auf. Es beginnt mit der Botschaft des Engels und dem Lobgesang. Aber besonders markant wird dieses Element in dem Bericht

---

* Erschienen in *Verbum, essays on some aspects of the religious function of words, dedicated to Dr. H. W. Obbink*, Kemink-Utrecht, 1964, S. 129-147.

[1] H. W. Obbink, *Het Heilige Boek als godsdiensthistorisch verschijnsel*, Nijkerk 1940, S. 22.

der Verse 15 bis 20. Da ist es charakteristisch, wie dieselben Wörter, als ob sie von einem zum anderen Vers übersprängen, ständig aufklingen: sprechen (λαλεῖν): V. 15, 17, 18, 20; sehen (ἰδεῖν): V. 15, 17, 20; Wort (ῥῆμα): V. 15, 17, 19; hören (ἀκούειν): V. 18, 20; bekanntmachen (γνωρίζειν): V. 15, 17. Im letzten Fall wird durch die Wiederholung die Tat der Hirten gekennzeichnet als eine Widerspiegelung der Tat des Herrn, so wie auch in V. 20 ein „Echo-Effekt" erscheint: Die Bezeichung der Hirten als αἰνοῦντες τὸν θεόν steht parallel zu der Bezeichnung der Engel in V. 13 als αἰνούντων τὸν θεόν.

Stets ertönen dieselben Wörter; sie hallen wider. Mit sehr einfachen Mitteln ist dieser Bericht aufgebaut. Aber der Gebrauch derselben Wörter wirkt nicht eintönig. Im Gegenteil: das Bild, das sie hervorrufen, ist voller Leben, denn die Personen, die mit diesen Wörtern „befaßt sind", wechseln stets. Das Bild, das von den Scheinwerfern des Berichtes eingefangen wird, wechselt ständig, aber alles dreht sich um ein Ereignis, nämlich um die Geburt *jenes* Kindes. Durch die wiederholte Benutzung von einzelnen Wörtern wird eine Einheit von stark sprechender Plastik erzielt. Die Wiederholung langweilt nicht, sondern bereichert.

Zugleich fällt uns auf, daß unter den Bausteinen dieses Berichtes Begriffe, die mit „sprechen" zu tun haben, so stark überwiegen. Man sollte sich eine Beschreibung dieser Geburt vorstellen können, bei der das nicht der Fall ist. Aber nun erregt es namentlich unsere Aufmerksamkeit, daß das Wort ῥῆμα dreimal gebraucht wird. Der Evangelist hat hier nicht für eine bestimmte Abwechslung im Wortgebrauch gesorgt, etwa dadurch, daß er einmal λόγος verwendet hätte. Nun kann man sich mit vielen Kommentatoren fragen, ob man bei diesem „Wort" nicht mit einem semitischen Hintergrund rechnen und es also mit „Sache" übersetzen muß. Gleichwohl kann nicht in Abrede gestellt werden, daß das „Gesprochensein" dieses „Wortes" unterstrichen wird (siehe vor allem V. 17). Es geht sicherlich zu weit, wenn die „Bible de Jérusalem" das ῥῆμα in V. 19 mit „souvenirs" wiedergibt, denn durch eine solche Übersetzung wird der im Text vorhandene Zusammenhang, der genau beachtet werden muß, zerbrochen. Es gibt keinen zwingenden Grund, hier von der Regel der konkordanten Übersetzung abzuweichen.

Wenn also in dieser Perikope das „Wort" solch eine große Rolle spielt, sowohl formal als auch inhaltlich, wenn es solch eine religiöse Füllung hat, gesprochen von Menschen als Echo der himmlischen Botschaft, dann paßt es doch wohl in den Rahmen dieser Festschrift. Die Worte erklingen, aber sie verklingen nicht. Ja, von Maria, die in der lukanischen ,,Vorgeschichte" so eine zentrale Stellung einnimmt, wird gesagt, daß sie ,,alle diese Worte" bewahrte: ἡ δὲ *Μαριὰμ* πάντα συνετήρει τὰ ῥήματα ταῦτα συμβάλλουσα ἐν τῇ καρδίᾳ αὐτῆς.

Dieser Vers ist (ebenso wie der Paralleltext 2, 51) verschiedentlich, z.B. von Th. Zahn und Lagrange [1], aufgefaßt worden als eine Indikation des Evangelisten, die die Herkunft seines Berichtes kennzeichnen soll. Ob diese Auffassung richtig ist oder nicht, soll jetzt noch nicht erörtert werden. Dabei geht es nämlich um die Frage, was Maria eventuell *später* mit den bewahrten Worten getan hat. Wir wollen indessen zuerst die Frage stellen, was Maria *in jenem Augenblick* tat, was also das Wort συμβάλλουσα hier bedeutet. Auf diese Frage erhalten wir in V. 51 keine Antwort, denn dort fehlt der Ausdruck, und dort ist auch kein Synonym zu finden [2].

W. Manson zufolge ist V. 19 ,,of difficult interpretation". Diese Aussage kann uns verwundern, denn manchmal erscheint es so, als ob man mit jenem Vers nicht die geringste Mühe hätte. Wenn über ihn gepredigt wird, dann wird häufig ein anmutig-romantisches Bild von der jungen, lieben Mutter entworfen, die alles bewahrt und über alles meditiert. Zwei Zitate von sehr verschiedenen Autoren mögen das illustrieren. W. Lodder schreibt: ,,Zij was moeder en zodra het over haar kind ging, nam haar ziel direct de eigenschap van een gevoelige plaat aan, waarop door de liefde alles vastgelegd werd wat over Hem gezegd werd . . . . Zij bewaarde al deze woorden en waakte er over als over dierbare kleinodiën. En zij ,overlegde' (St. Vert.) of ,overwoog' (N. Vert.) ze in haar hart. Zij verdiepte er zich gaarne in en hield er zich telkens mee bezig. En daardoor werden al deze woorden nog scherper en dieper in haar geheugen gegrift" [3]. Und in dem, was vor einem

---

[1] Wenn bei einem Autorennamen kein Buch- oder Artikeltitel angegeben ist, bezieht sich der Hinweis auf den Kommentar des Genannten zum Lukasevangelium.

[2] Lukas ii 51: ἡ δὲ μήτηρ αὐτοῦ διετήρει πάντα τὰ ῥήματα ἐν τῇ καρδίᾳ αὐτῆς. Dieser Passus steht als Abschluß der Geschichte vom zwölfjährigen Jesus im Tempel mit der Antwort Jesu auf die ängstliche Frage seiner Mutter.

[3] W. Lodder, *Maria, de moeder des Heren*, Baarn, o.J., S. 90.

halben Jahrhundert die „Gegenwartsbibel" genannt wurde, vermerkte der freisinnige Exeget Joh. Weiß zu diesem Vers: „Die stille nachdrückliche Innerlichkeit des weiblichen Herzens ist mit diesen wenigen Worten . . . wundervoll geschildert." Das ist alles sehr wertvoll und erbaulich, das paßt alles völlig in die „Weihnachtsatmosphäre", wie sie uns nur allzu bekannt ist. Während ich dies schreibe, sehe ich ein Zwinkern im Auge und ein feines Lächeln um den Mund des Jubilars. Ich will darum nicht weitergehen, sondern sofort die Frage stellen: Steht das im Text? Ist das das Bild, das das griechische Wort hervorruft?

Wenn man die Übersetzungen von Luk. ii 19 und die Kommentare dazu betrachtet, dann muß man wohl zu dem Schluß kommen, daß diese Frage eigentlich überflüssig ist, denn nahezu ausnahmslos wird συμβάλλουσα wiedergegeben mit „überdenken", wie aus der folgenden kurzen Übersicht hervorgeht.

Man findet in den niederländischen Übersetzungen: „overleggen" (St. Vert.; Luth.); „overwegen" (Leidse Vert.; Canisius; N.B.G.; Willibrord); „overdenken" (Brouwer). Deutsche Übersetzungen bieten: „überdenken" (Menge; E. Klostermann; J. Schmidt); „nachdenken" (Weizsäcker); „erwägen" (Züricher Bibel, Th. Zahn; F. Hauck). In England ist die gebräuchlichste Wiedergabe „to ponder over" (so auch Rev. Stand. Vers. und New English Bible), während Moffat mit „to muse upon it" übersetzt. In französischen Übersetzungen findet man „repasser" (Goguel-Monnier) und „méditer" (Bible de Jérusalem).

Für viele Kommentatoren ist die Sache so klar, daß sie sich einer Erklärung enthoben erachten. Wo diese doch geboten wird, vernimmt man folgendes: Maria „silently reflected upon what had happened" (Creed); sie hielt eine „réflexion sur les événements eux-mêmes" (Lagrange); sie „vergeleek het een met het ander, bracht het met elkaar in verband" (Baljon); sie „verglich . . . mit einander, bedachte . . . hin und her, reimte . . . sich zusammen" (Joh. Weiß). Denn, so sagt Greydanus, συμβάλλω bedeutet „samenwerpen, het een met het ander in verband brengen, overleggen, er over nadenken". Dies alles weist in dieselbe Richtung: Maria, denkt nach und meditiert in stiller Betrachtung. Hauck sagt dazu folgendes: „Ihr vorbildliches Bewahren und Erwägen . . . all der wunderbaren Dingen . . . wartet glaubensvoll auf die künftige Bestätigung des Erlebten". Und A. B. Bruce spricht von einem „recollecting and brooding of Mary", das alles zusammenbrachte „so as to see what they all meant". Einzelne Exegeten geben der Auslegung eine einigermaßen andere Nuance. Bei B. Weiß, dem bekannten Bearbeiter des Meyerschen Kommentars aus dem Ende des vorigen Jahrhunderts, liest man: „indem sie sie zusammenstellte, d.i. sie in stiller Herzenserwägung sich zusammenreimte und deutete." Aber was dieses „deutete" nun bedeutet, das bleibt ungewiß. In dem kürzlich erschienenen Kommentar von Grundmann wird — unter Verwendung eines Zitates von Rengstorf [1] — gesagt: Sie „fügt zusammen ... in ihrem Herzen, was ihr Gott zugesagt hatte und was ihr seitdem Schritt um Schritt begegnet war. Die ineinandergreifenden Einzelvorgänge bezeugen sich selbst, als Teile eines von Gott geordneten und zusammengefügten Ganzen', das der Glaube wahr nimmt." Rengstorf umschreibt in seinem Kommentar das Wort „bewegt" folgendermaßen: „Das kann nur meinen, daß sie ihnen eine Bestätigung der Verheißungen entnahm, die ihr für ihren Sohn gegeben waren."

Wie so oft gibt A. Schlatter in seinem großen Kommentar eine völlig abweichende Interpretation. Zunächst führt er einige Josephus-Zitate an, auf die wir noch zurückkommen müssen. Dann gibt er folgende Erklärung: „ ‚Verstehen' deckt sich nicht ganz mit diesem ‚Zusammenlegen, Zusammenbringen, Verbinden'. Dazu fordert Rätselhaftes auf, und wenn es gelingt, es ‚zusammenzulegen', ist verhindert, daß aus dem Rätsel ein Widerspruch gegen das sonst Gültige werde: dann schließt es sich einheitlich an das Erkannte an. L. sagt, Maria habe in der rätselhaften Verhüllung und Offenbarung des Christus das weise geordnete Mittel zur Erfüllung seiner Sendung erkannt." Aus dieser Übersicht wird wohl das deutlich: Wenn in der Exegese die Regel Gültigkeit hätte, daß die Mehrzahl der Stimmen gilt, wäre die Sache schnell geklärt. Man entscheidet sich nämlich — von einzelnen Ausnahmen abgesehen — allgemein für „erwägen" oder „bedenken", und damit scheint sich in diesem Falle das romantische Bild von der jungen Mutter, die noch viel über all die Worte und Ereignisse nachdenkt, seiner Existenzberechtigung glorreich versichert wissen zu können.

Lediglich eine Frage bleibt übrig: Was ist die philologische

[1] K. H. Rengstorf, „Die Weihnachtserzählung des Evangelisten Lukas", in: *Stat crux dum volvitur orbis*, 1959, S. 27-30.

Grundlage dieser Übersetzung von συμβάλλω? Ich weiß, daß die exakte Philologie bei den Theologen nicht immer in hohem Ansehen steht, aber da dem nun einmal nicht abzuhelfen ist, daß Lukas griechisch schrieb, muß diese Frage gestellt werden. Und eigentlich hängt von ihr alles ab!

Verschiedene Kommentatoren greifen, wie sich oben schon zeigte, zur Etymologie von συν + βάλλω = zusammen-werfen: Das ist deutlich, und darauf stickt man weiter. Für diejenigen, die die goldene Regel „verba valent usu" vergessen haben sollten, hat J. Barr vor einigen Jahren noch einmal völlig zu Recht scharf auf die Gefahr dieses Etymologisierens hingewiesen [1]. Wenn dabei nichts anderes gegeben wird als ein Hinweis auf die Zusammensetzung des Kompositums, dann kann man damit nicht zufrieden sein.

Der Zusammenhang in Luk. ii bietet keine Hilfe, denn dort sind keine Anknüpfungspunkte zu finden. Vorläufig verfährt man also am besten so, daß man anstatt συμβάλλουσα ein Fragezeichen setzt und auf die Suche nach Vergleichsmaterial geht.

Obwohl das Verbum innerhalb des Neuen Testaments nur von Lukas gebraucht wird, kann man die Bedeutungen, die von den anderen Stellen[2] vorgeschlagen werden, hier nicht einsetzen. Auch die Septuaginta bietet keine Hilfe [3]. Die syrischen Übersetzungen gebrauchen ein Wort, das „vergleichen" bedeutet — συμβάλλω kann in der Tat so wiedergegeben werden —, aber damit macht man ebensowenig einen größeren Fortschritt wie mit dem lateinischen „conferens", denn es muß in diesem Verbum ein bestimmter Kontrast zu dem „verwundern" von V. 18 vorhanden sein. Übersetzt man: „sie verglich", dann muß gefragt werden: womit? Und die Antwort auf diese Frage ist nicht klar gegeben. Ehe man sich Mutmaßungen hingibt, muß erst untersucht werden, ob das Verbum selbst im Griechischen nicht be stimmte Assoziationen hervorruft, die für den Griechen evident waren.

Im Theologischen Wörterbuch zum Neuen Testament wird dieses Lemma nicht behandelt. Aber W. Bauer verheißt auch

---

[1] J. Barr, *Semantics of biblical language*, Oxford 1961, S. 107 ff.

[2] Ev. 14, 31; Apg. 4, 15; 17, 18; 27; 20, 14.

[3] Der *Kommentar zum Neuen Testament aus Talmud und Midrasch* von H. L. Strack und P. Billerbeck gibt in Band II (München 1924) keine erläuternden Parallelen an.

hier Hilfe durch die gebräuchliche Übersetzung „erwägen, überlegen" [1]. Für diese Nuance werden *drei* Stellen aus dem außerbiblischen Griechisch angeführt. Aber ist es nicht einigermaßen verdächtig, daß es in dem großen griechischen Wörterbuch von Liddell und Scott[2] unter den vielen Abstufungen der Bedeutung, die da geboten werden, gerade an dieser mangelt?! Für den Plato-Text Crat. 384A: σ. τὴν μαντείαν, der einer der drei Belege Bauers ist, gibt es als Übersetzung an: to conclude, infer, conjecture, interpret. Von daher kommt B. Weiß auch zu der Bedeutung „deutete" in Luk. ii 19 (siehe Seite 132), denn er nennt einige Zitate aus den Tragikern, die Liddell und Scott unter diesem Stichwort ebenfalls anführen.

Wenn man in den Kommentaren auf den außerbiblischen Sprachgebrauch verweist (meistens geschieht das nicht!) — und man muß es doch wohl tun, weil, wie wir sahen, das biblische Vokabularium keine Auskunft gibt —, dann zitiert man meistens *einen* Text, nämlich Josephus, *Ant.* II 5, 3: συμβάλων τῷ λογισμῷ τὸ ὄναρ. Aber ohne Erläuterung ist dieser Text auch nicht besonders klar. Nur A. Schlatter bietet mehr Josephus-Texte, aber er kommt dann auch, wie wir (auf Seite 76) sahen, mit einer ganz eigenen Auffassung hervor.

Man darf jedoch nicht meinen, daß die wenigen Texte, die bisweilen zum Vergleich beigebracht werden, ein Zeichen dafür sind, daß das Wort im Griechischen selten eine spezielle, in diesem Zusammenhang, wie wir sehen werden, passende Bedeutungsnuance hat. Es ist merkwürdig genug, aber es hat m. W. nur einen Ausleger gegeben, der darauf mit einem Überfluß an Material hingewiesen hat. Und das ist schon lange her! Es war nämlich J. J. Wettstein, der in seiner berühmten Ausgabe des Neuen Testamentes zu dieser Stelle eine auffallend lange Anmerkung von fast drei Kolumnen mit mehr als 60 Texten hat [3]! Aber die

---

[1] W. Bauer, *Griechisch-deutsches Wörterbuch zu den Schriften des Neuen Testaments und der übrigen urchristlichen Literatur*[5], Berlin 1958, Sp. 1539, 1 a.

[2] H. G. Liddell-R. Scott, *A Greek-English Lexicon*[9], herausgegeben von H. Stuart Jones, Oxford 1940, S. 1674-75; hier S. 1675 III 3. — Keine Hilfe für unseren Text gibt das Werk von J. H. Moulton und G. Milligan, *The vocabulary of the Greek Testament illustrated from the papyri and other non-literary sources*, London 1930, S. 603 s.v.

[3] J. J. Wettstein, Η ΚΑΙΝΗ ΔΙΑΘΗΚΗ, *Novum Testamentum Graecum editionis receptae cum lectionibus variantibus codicum Mss., editionum aliarum, versionum et patrum nec non commentario pleniore ex scriptoribus veteribus hebraeis, graecis et latinis historiam et vim verborum illustrante* Amstelaedami

Schwierigkeit besteht darin, daß Wettstein nur diese Texte angibt und dazu die summarische Schlußbemerkung setzt: „de conjectoribus et interpretibus somniorum oraculorumque dicitur." Wie das dann für Luk. ii 19 angewandt werden muß, läßt er offen. Und — soweit mir bekannt — ist das nun zwei Jahrhunderte lang so geblieben. In der modernen Exegese findet man keine Spur davon, daß die Frage erwogen wird, ob das von Wettstein angeführte Material von Bedeutung sein könnte [1]. Das ist eines der vielen Beispiele, die man aus der Geschichte der Exegese beibringen kann, um zu zeigen, wie wertvolle Angaben vollkommen vergessen werden können [2]. Hier wird also eine Anzahl von Texten geboten, die von anderer Seite noch ergänzt werden kann [3], aus der man den „usus" dieses Verbums ablesen und aus der man sehen kann, was dieses Wort *für einen Griechen* bedeutete.

Eine nähere Betrachtung des Materials, bei dem der Kontext zu Rate gezogen werden muß, lohnt die Mühe. Es würde zu weit führen, wenn ich in diesem Aufsatz alle Texte in ihrem Zusammenhang besprechen wollte. Ich möchte es bewenden lassen bei einer *Auswahl* von einigen charakteristischen Beispielen, die das Ergebnis einer Untersuchung ist, die alle Texte umfaßt hat. Ich habe einige Autoren ausgesucht, die nicht lange vor oder nach der neutestamentlichen Zeit gelebt haben, weil man damit dem zeitgenössischen Griechisch am nächsten kommt. Bei der Untersuchung kommen einige bemerkungswerte Tatsachen ans Licht, die zeigen, daß συμβάλλω bei einem Griechen ganz bestimmte Assoziationen hervorruft, weil es nämlich stets in einem ganz spezifischen Zusammenhang vorkommt.

Es zeigt sich recht bald, daß man mit der Übersetzung „erwägen" oder „bedenken" nicht auskommt. Man betrachte beispielweise Xenophon Ephes., *Ephesiaca* I 7,1; da wird berichtet, daß für

---

1751, tom. I, S. 663 f. — Zu Wettsteins Werk siehe meine Dies-Rede: *Corpus Hellenisticum Novi Testamenti*, Utrecht 1963, S. 3 ff.

[1] Nur bei B. Weiß, der übrigens nicht auf Wettstein verweist, findet man für die Erklärung „deutete" eine Spur (vielleicht auch bei A. B. Bruce?). Aber das liegt auch schon beinahe achtzig Jahre zurück.

[2] Es ist nicht einzusehen, warum H. Almquist, *Plutarch und das Neue Testament*, Uppsala 1946, die beiden Plutarch-Texte, die Wettstein zitiert, nicht besprochen hat.

[3] Liddell-Scott-Jones und Schlatter geben etliche Stellen an, die Wettstein nicht zitiert. Ich selbst fand noch zwei Texte, nämlich Xenophon Ephes., *Ephesiaca* I, 7, 1 und Philostratus, *Vita Apoll. Tyan.* IV, 43.

zwei junge Menschen, die die Hauptpersonen dieses Romans sein sollen, ein Orakel gegeben worden ist; ihre Väter, so heißt es, ἦσαν ἐν ἀμηχανίᾳ καὶ τὸ δεινὸν ὅ τι ἦν πάνυ ἠπόρουν, συμβάλλειν δὲ τὰ τοῦ θεοῦ λόγια [1] οὐκ ἐδύναντο. Das bedeutet natürlich nicht, daß sie die Gottessprache nicht „bedenken" konnten. Dazu bestand genug Gelegenheit. Im § 2 heißt es denn auch: „Nachdem sie lange beratschlagt hatten" (πολλὰ βουλευομένοις). Viel richtiger ist die Übersetzung „auslegen" oder „interpretieren", die Liddell-Scott-Jones bieten, obschon dann noch die Frage bleibt: Warum konnten sie dieses Orakel nicht „auslegen"? Die Antwort auf diese Frage wird umso dringender, wenn man sieht, wie im weiteren Verlauf der Geschichte die Väter auf Grund des Orakels bestimmte Maßnahmen treffen, um geweissagte drohende Gefahren abzuwenden. Die Antwort auf diese Frage müssen wir noch offenlassen. Aber es ist von Belang, daß wir sehen, daß das Verbum hier im Zusammenhang mit einem Orakel vorkommt und daß die Menschen in äußerster Unsicherheit sind, weil sie die Gottessprache nicht συμβάλλειν können.

Bei Philostratus, *Vita Apoll. Tyan.* IV 43, paßt die Übersetzung „erwägen" auch nicht. Während einer Sonnenfinsternis, die mit anderen ungewohnten Naturerscheinungen gepaart war, hat Apollonius dem Bericht zufolge einen recht merkwürdigen Ausspruch getan; es folgt darauf: ξυμβαλεῖν μὲν δὴ τὸ εἰρημένον οὔπω εἶχον οἱ παρατυχόντες τῷ λόγῳ. Aber am dritten Tage nach der Sonnenfinsternis συνῆκαν τοῦ λόγου πάντες. Hier macht der Gegensatz die Bedeutung deutlich: Zuerst konnten sie sich die Worte nicht erklären, aber später begriffen sie ihren Zweck, denn da geschah etwas Besonderes mit Nero.

In der *Anabasis Alexandri* des Arrianus findet man einige interessante Passagen. In I 18, 6 wird beschrieben, wie Parmenio die Griechen anspornt, weil das Vorzeichen eines Adlers auf eine bestimmte Weise erschienen ist. Mit der Deutung des Parmenio stimmt die des Alexander indessen nicht überein. § 7: τῇ τε γνώμῃ ἁμαρτάνειν ἔφη Παρμενίωνα καὶ τοῦ σημείου τῇ οὐ κατὰ τὸ εἰκὸς ξυμβλήσει. § 9: Alexander legte das Omen anders aus (ἐξηγεῖσθαι), und das zeigt sich dann in I 20, 1: καὶ τὸν ἀετὸν ταύτῃ συνέβαλλεν ὅτι ἐσήμαινεν . . . Hier bedeutet das Wort also „auslegen", „die

---

[1] Siehe zu diesem Wort: J. W. Doeve "Some notes with reference to ΤΑ ΛΟΓΙΑ ΤΟΥ ΘΕΟΥ in Romans III 2", in: *Studia Paulina in honorem Johannis de Zwaan Septuagenarii,* Haarlem 1953, S. 113 ff.

Bedeutung feststellen". Dabei kann man sich — wie Parmenio — irren. Alexander geht dabei nach dem zu Werke, das alle Wahrscheinlichkeit für sich hat, indem er nämlich den Kräften Rechnung trägt, die einander gegenüberstehen werden. — In II 3 wird die Geschichte vom gordischen Knoten erzählt. Es geht auch da wieder um ein Orakel, und zwar um eines, das den Phrygiern gegeben ist: Ein Wagen soll einen König bringen, der der Teilung ein Ende bereiten wird. Nun sehen sie Midas mit seinen Eltern in einem Wagen kommen; sie (τοὺς δὲ ξυμβαλόντας τὸ μαντεῖον τοῦτον) begreifen, daß er derjenige ist, den Gott ihnen zugewiesen hat (ἔφραζεν). Hier bedeutet das Wort also: die rechte Deutung eines dunklen Orakelspruches geben. — Aber nicht immer ist ein Orakel oder ein Vorzeichen im Spiel. In V 1, 1-2 spricht Arrianus über die Stadt Nysa im Osten. Sie wurde eine Gründung des Dionysus genannt — wer denn auch dieser Dionysus war und wann und woher er auch gegen die Inder in den Streit gezogen sein mochte; ob es Dionysus von Theben oder Dionysus von Tmolos war. Hier bedeutet das Wort also nicht „auslegen" und schon gar nicht „bedenken", sondern „ausmachen", „feststellen". Eine ähnliche Unsicherheit, bei der der Verfasser keine Entscheidung treffen kann, findet man in V 7, 2 vor. — In VII 28, 2 wird in einer Beschreibung Alexanders gesagt: ξυνιδεῖν δὲ τὸ δέον ἔτι ἐν τῷ ἀφανεῖ ὁ δεινότατος, καὶ ἐκ τῶν φαινομένων τὸ εἰκὸς ξυμβαλεῖν ἐπιτυχέστατος, er war sehr glücklich, aus den Dingen, die schon sichtbar waren, den wahrscheinlichen Ablauf feststellen zu können.

Wettstein bietet viele Beispiele aus den *Antiquitates Romanae* von Dionysius Halic. Nur einiges davon soll hier besprochen werden. Laut I 23, 4 befragten die Pelasger, die von allerlei Unheil betroffen waren, ein Orakel; aber als sie es empfangen hatten οὐκ εἶχον τὰ λεγόμενα συμβαλεῖν, ἀμηχανοῦσι δὲ αὐτοῖς τῶν γηραιτέρων τις συμβαλὼν τὸ λόγιον λέγει .... Sie konnten also den Sinn der Worte nicht fassen, aber dann kam jemand, der die rechte Deutung gab. Man trifft hier auf etliche Ausdrücke, denen wir auch in dem Vorangegangenen begegnet sind. — In I 34, 3ff geht es um verschiedene Auffassungen über einen Namen, die von verschiedenen Autoren vertreten werden. Aber Dionysius sagt in § 5: ὡς δ'ἐγὼ συμβαλλόμενος εὑρίσκω, und dann folgt seine Auffassung, die die richtige Benennung feststellt. — In I 73, 5 muß er eine Frage, die von einem früheren Autor unbeantwortet gelassen worden ist, ebenfalls unentschieden lassen: ἀσαφὲς ἐκείνου καταλιπόντος οὐ δ'ἐγὼ δύναμαι συμβαλεῖν. — In V 46, 3 begriff man (κατέλαβον), als besondere Feuerzeichen auftraten, ὥσπερ οἱ τερατοσκόποι ἀπέφαινον καὶ πᾶσιν ἀνθρώποις συμβαλεῖν οὐ χαλεπὸν ἦν, daß die Gottheit dadurch einen schnellen und glänzenden Sieg andeutete. Hier bedeutet das Verbum ganz offensichtlich mehr als „auslegen"; hier heißt es: „Sicherheit daraus gewinnen". — Im Blick auf Luk. ii 18 f. ist VI 14, 2 interessant: Die Vobiscer, die die Römer überfallen wollten, fanden die Situation anders vor, als sie sie erwartet hatten: τεὼς μὲν ἐθαύμαζον καὶ τίς ἦν ἡ κατειληφυῖα τύχη τὰ πράγματα ἀπόρως εἶχον συμβάλλειν. Sie waren also erstaunt und konnten absolut nicht ausmachen, was für ein Schicksal hier die Dinge in die Hand genommen hatte. — In XI 57, 3 ist der Gegensatz bemerkenswert: Dem Wort συμβάλλω gegenüber steht εἰκάζω, vermuten.

Philo beschreibt in seiner Schrift *In Flaccum* (139), wie durch Isidorus in Alexandrien kleine Tumulte inszeniert worden sind, bei denen allerlei unmotivierte Klagen geäußert wurden; ὡς καταπεπλῆχθαι μὴ μόνον Φλάκκον, ἀλλὰ καὶ τοὺς ἄλλους ἐπὶ τῷ παραλόγῳ καὶ ὅπερ ἦν, συμβαλεῖν, ὅτι πάντως ἐστί τις ᾧ χαρίζονται, nämlich der Mann im Hintergrund. Hier kann man nicht mit W. Bauer[1] übersetzen: „erwägen", sondern hier muß die Bedeutung entweder „vermuten" oder „ausmachen" sein. Flaccus verstand ganz gut, was bei dieser seltsamen Sache vor sich ging.

Im *Bellum Jud.* des Josephus ist sehr interessant III 8, 3 § 352. Josephus denkt da an einen Traum, durch den Gott ihm das nahende Unglück der Juden und die Zukunft der römischen Kaiser gezeigt hat (προυσήμαινεν). Als Erklärung fügt er an, daß er ἦν δὲ καὶ περὶ κρίσεις ὀνείρων ἱκανὸς συμβαλεῖν τὰ ἀμφιβόλως ὑπὸ τοῦ θείου λεγόμενα. Es ist deutlich, daß die Übersetzung „überlegen" hier ausgeschlossen ist. Denn warum müßte das so besonders als eine vortreffliche Eigenschaft herausgestellt werden? Das Nachsinnen über die Wunder Gottes war einfach genug. Nein, Josephus war ein tüchtiger Traumdeuter; was von Gott doppelsinnig gesagt worden war, wußte er so auszulegen, daß er die richtige Bedeutung traf. Die Sache und die Formulierung stimmen ganz überein mit dem, was man auch bei nichtjüdischen Autoren der Antike antrifft. Von Bedeutung ist hier der Zusammenhang, in dem συμβάλλω vorkommt. — In VII 9, 2, § 403, wird beschrieben, wie die Römer

---

[1] W. Bauer, a.a.O.

nach großen Anstrengungen Massada besetzen, aber einen „unheimlichen" Zustand vorfinden, als sie die Festung betreten: kein lebendes Wesen, alles verlassen, kein Geräusch außer dem Knistern des Brandes; ἀπόρως εἶχον τὸ γεγονὸς συμβαλεῖν[1]. Also: sie finden einen rätselhaften Zustand vor, den sie unmöglich erklären oder begreifen können. — In III 7, 31, § 299 wird von Vespasian gesagt, daß er Titus aussendet, um die Eroberung von Jaffa zu vollziehen, einer Stadt, die schon alle kampffähigen Männer verloren hat, und daß er ihm dabei zur Sicherheit noch eine schneidige Abteilung Soldaten mitgibt συμβαλῶν ὑπολείπεσθαί τινα πόνον. Hier kann man bei der Übersetzung schwanken zwischen „vermuten" und „voraussetzen". Dabei ist es wichtig, darauf zu achten, daß dies als Gegensatz zu der „Meinung" (οἰόμενος) des Trajan gesagt wird, der dachte, daß es wohl auch so gehen würde. Vespasian zieht aber das Sichere dem Unsicheren vor. — Zum Schluß kommen wir zu dem Text, der immer wieder und nahezu ausschließlich als Kommentar zu Luk. ii 19 zitiert wird, nämlich zu *Antiqu.* II 5, 3, § 72: ὁ δὲ Ἰώσηπος συμβαλὼν τῷ λογισμῷ τοὔναρ. Dieser Passus steht in der Geschichte, in der Joseph den Traum des Mundschenken erklärt und den des Bäckers gehört hat. Der Bäcker erwartet eine ebenso günstige Deutung wie die, die der Schenk erhalten hat. Aber Joseph muß ihm eine andere Botschaft zuteil werden lassen. Was bedeutet hier der zitierte Passus? Er bedeutet nicht: „nachdem Joseph den Traum bei sich selbst bedacht hatte" [2], denn im griechischen Sprachgebrauch bedeutet συμβάλλω im Zusammenhang mit Orakeln etc. etwas anderes, und obendrein steht da nicht so etwas wie „in seinem Geist", sondern τῷ λογισμῷ. Dieses Wort bedeutet „Berechnung" oder „Verständigkeit" [3]. Man trifft es auch an bei Arrianus in einer Passage (*Anabasis* I 18, 7 und 9), die oben bereits besprochen worden ist (siehe Seite 80) [4]; da stellt Alexander

[1] Siehe oben: Dionys. Hal., *Ant. Rom.* VI 14, 2.

[2] Das scheint vorgeschlagen zu werden in den Kommentaren, die diese Stelle bei Luk. ii 19 zitieren, aber keine Übersetzung geben. Man scheint λογισμῷ als Parallele zu καρδίᾳ zu betrachten.

[3] Liddell-Scott-Jones, a.a.O., S. 1076.

[4] Die Worte lauten: Arrianus, *Anabasis* I 18, 7: Ἀλέξανδρος δὲ τῇ γνώμῃ ἁμαρτάνειν ἔφη Παρμενίωνα καὶ τοῦ σημείου τῇ οὐ κατὰ τὸ εἰκὸς ξυμβλήσει ὀλίγαις τε γὰρ ναυσὶ πρὸς πολλῷ πλείους ξὺν οὐδενὶ λογισμῷ ναυμαχήσειν. Dazu kommen andere taktische Überlegungen und die Möglichkeit eines Aufstandes in Griechenland. § 9: ταῦτα μὲν τῷ λογισμῷ ξυντιθεὶς οὐκ ἐν καιρῷ ἀπέφαινε ναυμαχεῖν. Hier erklärt also λογισμός die vorangehenden Worte, wobei das Substantiv von συμβάλλω abgeleitet ist.

eine Berechnung auf über die Anzahl der Schiffe, die von beiden Seiten in die Schlacht geschickt werden können, kommt dabei zu dem Ergebnis, daß er in der Minderheit sein wird, und sucht in Übereinstimmung damit die Deutung des Vorzeichens. In der Josephgeschichte wird man das Wort „Berechnung" verwenden können in dem Sinne von „Analyse". In Übereinstimmung mit dem Sprachgebrauch muß man hier übersetzen: „Aber nachdem Joseph durch seine Analyse die Bedeutung des Traumes festgestellt hatte."

Analysiert man das Material, das συμβάλλω betrifft, dann ergibt sich, daß bei den vielen Bedeutungsabstufungen, die dieses Verbum im Griechischen haben kann, eine bestimmte Gruppe vorkommt, die einen gemeinschaftlichen Charakter aufweist. Da ist stets die Rede von einer großen Schwierigkeit oder Doppeldeutigkeit. Oftmals ist das der Fall hinsichtlich von Orakeln, Träumen oder Vorzeichen, durch die die Gottheit eine verhüllt-gegenwärtige Anweisung gibt. Es kann auch die Rede sein von einer rein weltlichen Frage, bei der verschiedene Meinungen einander gegenüber stehen und es nicht evident ist, welche die richtige ist [1]. Es ist auffallend, wie oft in dem Material die Verbindung „nicht συμβάλλειν können" vorkommt; oft steht auch in diesem Zusammenhang ein Wort, das „deutlich" oder „undeutlich" bedeutet. Was die Orakel etc. betrifft, muß man berücksichtigen, daß das Eigenartige daran ist, daß sie nicht umsonst, sondern als eine bestimmende Anweisung durch die Gottheit gegeben werden; sie sind aber doppeldeutig, wie das sehr markant von Josephus (*Bell.* III 8, 3, § 352) gesagt wird und wie das auch vielen Berichten des Altertums bekannt ist; man kann sich bei der Deutung böse vertun, und es erfordert mehr als gewöhnliche Einsicht, um sie in ihrer rechten Bedeutung verstehen zu können.

Συμβάλλω bedeutet in diesen Zusammenhängen also mehr als bloß „interpretieren" oder „aufmachen"; es geht um die *richtige* Interpretation, um die *richtige* Antwort. Aber das Wort bedeutet doch auch noch etwas mehr als „die richtige Bedeutung feststellen" im Sinne einer einseitigen Aktivität des Menschen, der sich mit diesem συμβάλλειν beschäftigt; es beruht nämlich nicht allein auf der Richtigkeit der Einsicht oder des logischen Vermögens des Menschen. Ja, die richtige Lösung liegt bereits in der für den

[1] Mit Nachdruck sei noch einmal auf Wettsteins Anmerkung verwiesen, in der die Illustrationen für die hier genannten Fälle zum Greifen nahe liegen.

Menschen noch dunklen Sache, aber sie ist verdeckt durch andere Möglichkeiten. In den Orakeln, Träumen und Vorzeichen *hat* die Gottheit eine Weisung für die Zukunft gegeben, aber auf eine Weise, die auch anders gedeutet werden kann [1]. Wenn verschiedene Meinungen einander gegenüberstehen, ist *eine* die richtige; die richtige ist also vorhanden; die Frage ist nur: für welche muß man sich entscheiden? Es liegt also ein Fall von „multiple choice" vor, und man muß die richtige Antwort, die inmitten von anderen bereits gegeben ist, treffen (darum ist es auch charakteristisch, daß Arrianus, *Anabasis* I, 18, 7 siehe Seite 80, von Parmenios ἁμαρτάνειν spricht; der saß nämlich daneben!).

Mit Absicht gebrauchte ich hier in Bezug auf die rechte Bedeutung das Wort „treffen". Denn dadurch kann im Niederländischen das Verbum συμβάλλω in vielen Variationen ausgezeichnet wiedergegeben werden. Man gebraucht es ja im Griechischen für Begegnungen mit Menschen, für Gefechte[2] und überhaupt überall dort, wo in der niederländischen Sprache auch „treffen" gebraucht werden kann. In den von uns besprochenen Fällen trifft man zusammen mit, begegnet man der rechten Antwort, die vorhanden ist. Diese Übersetzung kann man in allen Fällen anwenden. Hier zeigt sich wieder (siehe Seite 77), wie man durch die Etymologie (zusammenwerfen) in die verkehrte Richtung geleitet werden konnte [3].

Die Schlußfolgerung muß also lauten: συμβάλλω *bedeutet im Zusammenhang mit Dingen, die durch ihre Vieldeutigkeit dunkel sind, „die richtige Bedeutung treffen"* [4]. Der Gebrauch des Verbums

---

[1] Vgl. den bekannten Ausspruch von Heraclitus über das Delphische Orakel des Appollo: οὔτε λέγει οὔτε κρύπτει, ἀλλὰ σημαίνει (fr. 93).

[2] Siehe Liddell-Scott-Jones, a.a.O., s.v.

[3] Man hat dabei vergessen, daß βάλλω im Griechischen sowohl „werfen", als auch „treffen" bedeutet, was jedes Wörterbuch klar zeigt. Das Kompositum mit σύν bedeutet dann „zusammen-treffen".

[4] Das gilt auch für den dritten Text, den W. Bauer a.a.O. für die Bedeutung „überlegen" neben den schon besprochenen aus Philo, *In Flaccum* 139 und Josephus, *Ant.* II 5, 3 (s.S. 82-83) anführt, nämlich für Plato, *Cratylus* 384 a: Da wird dem Sokrates eine Schwierigkeit unterbreitet, die Cratylus hinsichtlich des Gebens von Namen aufgeworfen hat, und es wird gesagt εἰ οὖν πῃ ἔχεις συμβαλεῖν τὴν Κρατύλου μαντείαν ἡδέως ἂν ἀκούσαιμι. Auch hier findet man einen Zusammenhang mit einem „Orakel"; Sokrates wird gebeten, die richtige Erklärung herauszufinden aus den beiden Möglichkeiten, die ihm vorgelegt sind. Aber auch hier ist die Übersetzung „überlegen", „erwägen" (so Bauer) ausgeschlossen. Hermogenes ist natürlich nicht neugierig zu hören, ob Sokrates das „erwägen" kann, sondern ob er das schwierige Problem lösen kann.

mit dieser spezifischen Bedeutung steht seit Herodot so sehr fest, daß man beinahe von einem „terminus technicus" sprechen kann. Es ist also klar, daß das Wort sehr markante Assoziationen mit sich bringt. — *Eine Übersetzung mit „erwägen", „bedenken" ist sowohl durch die Bedeutung des griechischen Wortes, als auch durch den Textzusammenhang, in dem es zu finden ist, ausgeschlossen.*

Kehren wir nun, gewappnet mit dieser Kenntnis des Gehaltes, den συμβάλλω im Griechischen hat, zu unserem Ausgangspunkt Luk. ii 19 zurück.

Der Evangelist gebraucht hier in Bezug auf die Aktivität der Maria also ein Wort, das für griechische Leser sehr vielsagend war und das bestimmte Assoziationen besaß und hervorrief, die wir uns nun bewußt gemacht haben. Ja, es bedeutet „die richtige Bedeutung" von etwas sehr Wichtigem „treffen", beispielsweise von einem Orakel oder einem Vorzeichen, das „on face — value" mehrere Bedeutungen haben kann und also rätselhaft ist [1]. Das Wort wird oft im Zusammenhang einer Berührung der göttlichen Welt mit der irdischen Wirlichkeit gebraucht. Seitens der Gottheit wird eine für den Menschen auf der Erde bestimmte Weisung gegeben; aber für den gewöhnlichen Menschen ist sie nicht ohne weiteres deutlich. Derjenige, der die rechte Bedeutung treffen kann, tut etwas Besonderes, das für die anderen unmöglich ist.

Wenn man nun mit diesen Assoziationen im Gedächtnis Luk. ii 18-20 noch einmal liest, dann ergibt sich, daß das Wort völlig in diesen Bericht paßt. Die (Über-) Bekanntheit der Weihnachtsgeschichte hindert uns wohl daran, sie einmal zu lesen mit den Augen eines Menschen, der sie zum ersten Male vernimmt; für uns haben die Worte einen so vertrauten Klang, daß wir oft taub sind für ihre Fremdheit. Darum will ich gern auf die Einzelheiten hinweisen. Im Mittelpunkt steht hier das Wort ῥῆμα. Dieses Wort, das im späteren Griechisch selten vorkommt [2], das aber im biblischen Griechisch recht häufig zu finden ist [3], hat hier einen besonderen

---

[1] Vielleicht hat man sich beim Lesen der Erklärung Schlatters gefragt, wie er als Einziger von dem „Rätselhaften" sprechen konnte. Er ist in der Tat der Einzige gewesen, der begriffen hat, daß dieses Element eng mit συμβάλλω, als Bedingung dafür, verbunden ist. Allerdings verbindet er damit zu Unrecht einige andere Gedanken, z.B. über „das sonst Gültige".

[2] A. Debrunner, in: G. Kittel, *Theol. Wörterbuch zum Neuen Testament*, Stuttgart, Bd. IV, S. 74 ff.

[3] Siehe E. Repo, *Der Begriff „Rhèma" im Biblisch-Griechischen* I-II,

Klang. Wir brauchen nicht festzustellen, ob das stets der Fall ist; hier wird es offenbar durch den Zusammenhang. Die Beschreibung in V. 18 f. klingt wie ein Echo auf V. 17, wobei es recht auffällig ist, wie sich der eine Passus περὶ τοῦ ῥήματος τοῦ λαληθέντος αὐτοῖς, entfaltet: V. 18: Die Hörer wunderten sich περὶ τῶν λαληθέντων ὑπὸ τῶν ποιμένων; V. 19: Maria bewahrte πάντα τὰ ῥήματα ταῦτα. Der eine Singular geht im Echo über in einen zweifachen Plural; die Zuhörer verwundern sich [1] über das, was ,,die Hirten gesagt hatten'', und Maria konzentriert sich auf *alle diese* ῥήματα. Dieses ῥῆμα geht auf dem Wege über die Hirten zurück auf das ῥῆμα, das geschehen ist (V. 15). Aber jenes ῥῆμα, ,,Wort'' und ,,Tat'' in einem, weist zurück auf die Botschaft der Engel (V. 10 ff.), auf das ,,Zeichen'', das dabei als Beweis angegeben wird (V. 12), und auf den Lobgesang der Engel (V. 14). Hier findet man tatsächlich eine plötzlich eintretende Berührung der himmlischen Welt mit der irdischen Wirklichkeit vor (V. 8 f., siehe: ,,Die Klarheit des Herrn leuchtete um sie'') [2]. Hier wird eine himmlische Botschaft verkündigt: ἐτέχθη ὑμῖν σήμερον σωτήρ, ὅς ἐστιν χριστὸς κύριος. Dann wird ein σημεῖον[3] gegeben (vgl. σημαίνω, das im Griechischen häufig in Bezug auf Vorzeichen etc. gebraucht wird). War die Tendenz dieser Worte durch das ,,Zeichen'' ohne weiteres verdeutlicht? Hier muß man sich vor allem losmachen von dem, was bei uns bekannt und gebräuchlich ist! Bei dem ,,Zeichen'', der Geburt des Kindes, sieht man die ,,Undeutlichkeit'' am ehesten. Vgl. Luk. i 66: τί ἄρα τὸ παιδίον τοῦτο ἔσται. Was da als ,,Zeichen'' angegeben wird, ist so ,,gewöhnlich'', daß es als ,,Zeichen'' merkwürdig wirkt. Aber im Blick auf dieses Kind werden die Worte Σωτήρ, χριστός, κύριος gebraucht, und jedes dieser Worte ist bedeutungsschwer [4]. Man beachte indessen, daß dabei kein bestimmter

---

Helsinki 1951-1954. — Es ist zu bedauern, daß bei Kittel das Wort ῥῆμα s.v. λόγος behandelt wird und dadurch nicht klar zur Geltung kommt. Auch die ausführliche Studie von Repo läßt allerlei zu wünschen übrig, gerade hinsichtlich des besonderen Charakters von ῥῆμα.

[1] Mit Recht haben etliche Kommentatoren, wie z.B. Th. Zahn und Creed, auf den Unterschied im Tempus hingewiesen: V, 18: Aorist; V. 19: Imperfekt.

[2] Man beachte auch die typische Reaktion der ,,Furcht'' bei den Hirten, die erst durch das Wort des Engels weggenommen wird. Dieses Element der ,,Furcht'' tritt in vielen biblischen und außerbiblischen Geschichten auf, in denen die Berührung der himmlischen Wirklichkeit mit der irdischen Welt stattfindet.

[3] Siehe K. H. Rengstorf, s.v. in: G. Kittel - G. Friedrich, *Theol. Wörterbuch zum Neuen Testament*, Bd. VII, S. 199-265.

[4] Zu σωτήρ siehe: M. Dibelius - H. Conzelmann, *Die Pastoralbriefe*[3],

Artikel gebraucht wird. ,,Ein" Retter, ,,ein" Herr: es gab etliche Möglichkeiten und Erscheinungsformen, in denen das Kind sich entsprechend manifestieren konnte. Entsprechend war es auch bei der Aussage: ,,ein" Gesalbter (ganz abgesehen von der Tatsache, daß dieser Begriff für Griechen, in deren Religion kein Messias vorkam, überhaupt fremd war). Ich will, um im jüdischen Bereich zu bleiben, nur darauf verweisen, daß diese Worte so ausgelegt werden könnten, daß ein Messiasbild wie das in den *Psalmen Salomos* (17) entsteht. Im hellenistischen Bereich waren noch viel mehr Möglichkeiten vorhanden. Und wie verschieden der Engelgesang interpretiert werden kann, beweist die Geschichte der Predigt bis in unsere Zeit.

Als das ῥῆμα, das die Hirten ,,gehört und gesehen" haben (V. 20), durch sie verkündigt wird, wird die Reaktion bei den Hörern gekennzeichnet als ,,Verwunderung". Auch dieses Wort paßt, wie wir (auf S. 82) bereits feststellen, genau in den Zusammenhang. Es wird damit ein ,,Eben-Verwundertsein" gekennzeichnet; eine weitere Reaktion umschreibt es nicht [1]. Es geht hier nicht um die Verwunderung, von der ein niederländisches Kirchenlied sagt: ,,Kommt, verwundert euch hier, Menschen; sehet, wie da Gott euch liebt." Es geht hier vielmehr um das Erstaunen über die seltsame Geschichte mit ihren seltsamen Worten, die die Hörer nicht fassen können.

Ganz anders ist die Reaktion der Maria: πάντα συνετήρει τὰ ῥήματα ταῦτα, indem sie ihnen nicht ratlos gegenüberstand, sondern ihre genaue Bedeutung entdeckte.

Bei diesem συνετήρει τὰ ῥήματα darf die Frage gestellt werden, ob es nur ,,bewahren" bedeutet. W. Bauer[2] gibt einige Texte an' bei denen das Verbum die Bedeutung hat ,,für sich behalten", ,,verheimlichen"; aber er nennt auch einige andere, die m.E. eine besondere Nuance hervorheben und die auch mehr bedeuten als ,,im Gedächtnis bewahren".

In Levi vi 2 der *Testamente der zwölf Patriarchen* sagt Levi: καὶ συνετήρουν τοὺς λόγους τούτους ἐν τῇ καρδίᾳ μου. Vorausgegangen ist in Kap. 5 eine himmlische Offenbarung, bei der ihm ein Schild

---

Tübingen 1955, S. 74-77; zu χριστός: die Literatur über ,,Messias"; zu κύριος: W. Foerster, s.v. in: G. Kittel - G. Friedrich, *Theol. Wörterbuch zum Neuen Testament*, Bd. III, S. 1038-1098.

[1] Cf. Dan. 8, 27 Θ καὶ ἐθαύμαζον τὴν ὅρασιν, καὶ οὐκ ἦν ὁ συνίων.

[2] W. Bauer, a.a.O., Sp. 1569, s.v. συντηρέω.

und ein Schwert gegeben worden sind und bei der er den Auftrag empfangen hat, Rache zu nehmen an den Einwohnern von Sichem. In vi 1 findet er einen ehernen Schild, und dann folgen die bereits zitierten Worte. Danach führt Levi die Rache aus. Hier bedeutet das Wort also nicht nur „bewahren", sondern auch „darauf achtgeben und es dann ausführen".

In Sirach xxxix, 2 heißt es: διήγησιν ἀνδρῶν ὀνομαστῶν συντηρήσει. Diese Beschreibung jenes Teiles des Studiums der Heiligen Schrift zeichnet, wie die Parallele im Zusammenhang zeigt, nicht etwas Statisches, sondern etwas Dynamisches. Fritsche legt das zu Recht aus mit den Worten: „Er wird auf sich achten" [1]. „Bewahren" hat hier die Bedeutung von „Lehren daraus ziehen" oder „zum Vorbild nehmen". In Dan. vii 28 wird (in der Übersetzung Theodotions) als Abschluß der Vision gesagt: ἐπὶ πολὺ οἱ διαλογισμοί μου συνετάρασσόν με, καὶ ἡ μορφή μου ἠλλοιώθη ἐπ' ἐμοί, καὶ τὸ ῥῆμα ἐν τῇ καρδίᾳ μου συνετήρησα [2]. Es zeigt sich hier deutlich, wie sehr der Seher durch die Vision erschüttert ist, wie er davon innerlich und äußerlich bewegt ist. H. W. Obbink zufolge bedeuten diese Worte, daß der Seher „met bezorgdheid . . . aan de toekomst van zijn volk (denkt) . . . hopend op meer licht" [3]. Auf jeden Fall ist es so, daß er diesen Gottesspruch nicht beiseiteschiebt, sondern sich damit befaßt.

Einen parallelen Ausdruck findet man in der LXX in Gen. xxxvii 11 nach der Beschreibung der Träume, die Josephs künftige Herrlichkeit kennzeichnen: seine Brüder waren eifersüchtig auf ihn, ὁ δὲ πατὴρ αὐτοῦ διετήρησεν τὸ ῥῆμα (cf. Luk. ii 51). Bei Josephus, *Ant.* II 2, 4, § 17, liest man in Bezug auf diese Stelle: καὶ ὁ μὲν Ἰάκωβος τοιαύτην οὐκ ἀσυνέτως τῆς ὄψεως τὴν κρίσιν ἐποιήσατο. Den V. 10 hat er nämlich in dem Vorangehenden günstig interpretiert (Jakob war darüber erfreut). Ist das eine Paraphrase der Bibelworte? Es scheint wohl so zu sein, als ob Josephus die Stelle von den Brüdern und dem Vater ausgewechselt hätte. In diesem Falle

[1] O. F. Fritsche, *Kurzgefaßtes exegetisches Handbuch zu den Apokryphen des Alten Testaments*, Leipzig 1859, Bd. V, S. 221. — Sirach gebraucht dieses Verbum oft mit derselben Nuance wie שׁמר.

[2] Siehe auch Daniel iv 28 in der LXX: ὡς ἤκουσε (Nebukadnezar) τὴν κρίσιν τοῦ ὁράματος (= Deutung des Gesichtes; so wird κρίσις oft gebraucht), τοὺς λόγους ἐν τῇ καρδίᾳ συνετήρησε. Später erfüllt sich der Traum, und dann werden dic Worte im Gebet wirksam (V. 33 a ff.).

[3] H. W. Obbink, *Daniël*, Groningen-Den Haag 1932, S. 108. Vgl. auch A. Bentzen, *Daniəl*, Tübingen 1937, S. 31: „besagt, daß die Deutung dem Seher nicht klar war", vgl. auch S. 36.

wäre die Umschreibung besonders vielsagend, denn dann würde „bewahren in seinem Herzen" eben nicht „verborgen halten", sondern „auslegen" bedeuten und dann wäre das doch eine merkwürdige Exegese, die Josephus hier gibt. Umschreibt diese Exegese, was ein gebildeter Grieche oder Römer sich bei jenen Bibelworten dachte? Auf jeden Fall zeigt der Gegensatz zwischen der Reaktion der Brüder und der des Vaters, daß das „in seinem Herzen bewahren" [1] mehr ist als „aufheben", nämlich mindestens „damit beschäftigt sein".

Es ist auffallend, daß ein Gottesspruch im Spiel ist bei all diesen Stellen (und zwar auch bei Sir. xxxix, 2, denn da geht es ja um die Heilige Schrift), meistens ein Traum oder eine Vision. Das Wort bedeutet nicht einfach nur „in der Erinnerung festhalten", sondern mehr, und es hat ganz klar die Bedeutung „eine Auslegung geben". Das paßt auch genau in den lukanischen Zusammenhang. Die beiden Verben συντηρέω und συμβάλλω füllen einander an, denn das zweite sagt für die griechischen Leser noch schärfer, was bezweckt ist, nämlich die richtige Auslegung des an und für sich auf mancherlei Weise deutbaren Gottesspruches zu geben.

Man wird also die allgemein gültigen Übersetzungen und die auf falscher Etymologie beruhenden Erklärungen fahren lassen müssen und eine Übersetzung geben müssen, die dem Griechischen gerecht wird. Das wird viel Mühe kosten, denn es ist immer schwierig, eine „teure" Auffassung preisgeben zu müssen. Und exegetische Traditionen sind zäh und hartnäckig!

Im Lichte des griechischen Wortgebrauches tritt auch zu Tage, welch eine besondere Stellung Maria hier einnimmt, denn jemand, der imstande ist, das συμβάλλειν zu vollziehen, ist ein besonderer Mensch; Maria steht hier in der Linie derer, die das Gotteswort auslegen können, sie ist prophetisch tätig. Diese Feststellung galt sowohl in der jüdischen Welt, als auch in der hellenistischen (es sei dafür verwiesen auf Jakob, Daniel und Josephus, aber auch auf die Traumdeuter bei den Griechen).

Wie die richtige Auslegung lautet, wird hier nicht gesagt. Nach dem Zweck der Geschichte im Ganzen des Evangeliums wird es wohl die Verbindung von „diesen Worten" aus ii 11 ff. mit denen aus i 32 f., 35 sein (man achte darauf, daß in Kap. 2 nicht dieselben Worte stehen wie in Kap. 1!) Aber auch das Retter-,

[1] Ist ἐν τῇ καρδίᾳ nicht ein gewöhnlicher semitisierender Ausdruck für „bei sich selbst"?

Gesalbter- und Herr-Sein dieses Kindes, wie es sich in seinem späteren Leben (im Unterschied zu anderen Möglichkeiten des Soter-Seins oder der Messianität) zeigt, gehört zu dieser rechten Auslegung.

So wird diese Weihnachtsgeschichte in der Tat die Einleitung des Evangeliums. Die Himmelsstimme des Engels sagt von diesem Kinde: „Soter, Christos, Kyrios." Maria trifft in prophetischer Weise den rechten Sinn dieser Aussage, weil sie sieht, daß und wie es sein wird. Der Rest des Evangeliums ist die Explikation davon.

Wir haben damit begonnen, daß wir uns fragten, welche Bedeutung ein bestimmtes Wort in der Weihnachtsgeschichte hat. Die Überraschung, die unsere Untersuchung hervorbrachte, bestand darin, daß der Titel unseres Aufsatzes eine doppelte Bedeutung erhielt, weil sich in dem gesuchten Wort selbst der Sinn verbarg: „Die rechte Bedeutung des Wortes treffen."

Darum erschien mir das Thema ganz besonders geeignet für diese Festschrift. Es ist ja der hohe Ruf des Religionshistorikers und des Exegeten, nach jenem *symballein* zu streben. Die Mühe der philologischen Arbeit findet ihre Belohnung, wenn die Wörter ihren Sinn erschließen lassen. Wir dürfen und müssen diese Arbeit tun, damit wir die Stimmen verstehen, die über das Höchste, Innigste und Heiligste unseres Lebens sprechen, über das Geheimnis unseres Umganges mit dem „ganz Anderen". Wir dürfen und müssen diese Arbeit tun, weil wir als Christen wissen von dem Anderen, der selbst gesprochen hat, so wie es der vierte Evangelist sagt: „Das Wort ward Fleisch und wohnte unter uns, und wir sahen seine Herrlichkeit, voller Gnade und Wahrheit."

So biete ich denn dem Jubilar diesen Aufsatz dar als Symbol unserer Freundschaft.

LUKE-ACTS, A STORM CENTER IN CONTEMPORARY SCHOLARSHIP*

I

During my visit to the United States in 1964, a B.D. student came to consult me about his future plans for graduate work in New Testament. He said it would be extremely helpful to him if I could tell him what would be the burning issues by the time he would have finished his studies. My only answer to this embarrassing question was that, because a professor is not a prophet—at least I for one am not—it was impossible to give a prediction. Everyone who has followed the trend of New Testament studies during some decades or read surveys of the history of our discipline knows that a sudden shift may take place quite unexpectedly by which the whole picture gets changed. In the 1930's, who would have been so daring as to prophesy the great discoveries of Qumran and Nag Hammadi, with their immense consequences for the study of early Christianity? We have seen so far only the very beginnings of the materials from these finds. Who knows what is still in store? So I said to my young friend that the proper thing for him to do was to acquire the tools of New Testament scholarship, the languages, and knowledge of the *Umwelt* as well as to study some of the major problems of the moment. In this way he would acquire the capacities to labor in the field as a scholar and not as a parrot.

The theme of this book—studies in Luke-Acts—could also serve as an example of this kind of unpredictability. The editors chose the subject not only because they knew of the special predeliction which their teacher and friend, Dr. Schubert, has for the problems involved and to which he himself has devoted much of his scholarly interest, but also because they were quite well aware that at the present moment Luke-Acts holds a key position in the New Testament field, far more than it did a generation ago. Of course, both for its subject-matter and length this two-volume work has never been neglected; on the contrary, one has only to glance through the bibliographies to learn that much attention has always

* Appeared in *Studies in Luke-Acts, Essays presented in honour of Paul Schubert*, ed. by L. E. Keck and J. L. Martyn, Nashville 1966, p. 15-32.

been bestowed upon it, and rightly so. Is there another single New Testament book that has been honored in this century by the monumental and almost all-comprising elucidation of *The Beginnings of Christianity*? And yet in 1950 no one could have foretold that in the next decade Luke-Acts would become one of the great storm centers of New Testament scholarship, second only to that of the "historical Jesus."

For many years Paul had dominated the New Testament field: his relation to Jesus, to Hellenistic religiosity and culture, to Judaism; his own contribution to Christian life and thought stood in the center. Then, after Bultmann's commentary on John and Dodd's *Interpretation of the Fourth Gospel* it might have seemed as though the emphasis would shift to the Johannine problem. All of a sudden, however, Luke-Acts came to the fore. In 1960 Käsemann wrote that the Lucan problem had suddenly become a burning issue. [1] Was this a whim of scholars who, like the Athenians of old (Acts xvii 21), were always after something new? I hope to make it clear in this introductory essay that this was not the case, that there were other causes behind it. At any rate, the Rev. Mr. Luke—we keep this traditional name for the author of Luke-Acts without any prejudice—became one of the heroes or, perhaps in some cases, more or less the villain of the play on the New Testament stage.

Even though this development could not have been foreseen some fifteen years ago, the success of Conzelmann's book on the theology of Luke[2] and of Haenchens's critical commentary on Acts[3]—to mention only these two high-water marks in the rising flood—is striking and significant. It should not be misunderstood. It is mainly in Germany that Lucan studies have taken on a new look, and increasingly so. As far as I can see, the impact of these studies on the Anglo-Saxon side is not yet very great, in spite of an interesting survey by Barrett in 1961 and, in a different way, by Fuller in the next year.[4] There is a marked difference, I feel,

---

[1] Ernst Käsemann, *Exegetische Versuche und Besinnungen* (Göttingen 1960), Vol. I, 8.

[2] Hans Conzelmann, *Die Mitte der Zeit* (5th ed., Tübingen 1964). Within a decade this book was published in five editions together with an English translation, *The Theology of St. Luke*, tr. by G. Buswell (New York 1960).

[3] Ernst Haenchen, *Die Apostelgeschichte* (Meyers Kommentar, [13th ed., Göttingen 1961]). Between 1956 and 1961 this commentary went through four editions. See also the articles that went with it.

[4] C. K. Barrett, *Luke, the Historian in Recent Study* (London 1961); R. H. Fuller, *The New Testament in Current Study* (New York 1962).

between this area of studies and the problems connected with the "historical Jesus" and "hermeneutics," which also started in Germany but are now discussed vigorously in America and England too. By setting the Luke-Acts discussion against a wider horizon, the danger of provincialism may be overcome, and New Testament scholarship may develop more and more its international character. Hence I greatly welcomed the plan set up by the editors of this volume, designed with care, to discuss a number of points in the study of Luke-Acts which may appear in a new light today.

This introductory essay tries to outline the main problems involved. In the present state of affairs it is hard to speak about a "debate", because that presupposes that points have been raised and tested, criticized, accepted, or rejected; but this second stage, I feel, has not yet been reached. The real debate has hardly started. I would be very rash if I were to draw up something like a balance sheet; I am well aware of the fact that I am more or less like the man who tells people what game they will see, without knowing exactly how the playing will be, because I do not know the opinions expressed and solutions proposed by the other contributors. I cannot solemnly declare: "Here stands New Testament scholarship in the matters of Luke-Acts," because the present book itself may pass that mark. Still another proviso must be put in. Sometimes one is requested to say whether definite results have been reached and at what points. In the world of sports it is easy to give the answer: stopwatch in hand, one can see progress and, with a scorecard, decide who is the winning party. In scientific research, especially in the humanities and in theology, it is often much harder to reach a clear decision because much seems to depend on personal experience and judgment. Of course, when new material becomes available real progress can be demonstrated easily and previous theories shown to have been false by the new facts. But if that is not the case and one has to work with the same material as before—and this is so with Luke-Acts, since unfortunately no new book by this author or works describing the same history have turned up (perhaps an exception must be made for the Qumran material; see the essay by Fr. Fitzmyer in this volume)—then it is hard to find out if *real* progress has been made. What one scholar finds a valid solution is considered by his colleague as a rather improbable guess. Much depends here not only on certain observations, but also on general working hypotheses which, in the course of their existence, have the tendency to lose their hypothetical character because they are repeated so often. The danger of circular reasoning is real. Besides, it must be said that the number of problems connected with Luke-Acts is so immense that, while on certain details progress has been made, the same cannot be said of the total picture.

In this introduction we shall sketch the questions that have been raised in the present phase of the Luke-Acts debate, the reasons why they are asked, and their interrelation, and show why this part of the New Testament has become such a storm center. In this way a sort of vantage point may be gained from which the following essays can be seen in the right perspective. The object in view is not a survey of recent literature such as was given a few years ago for Acts by E. Grässer. [1] Hence the number of bibliographical references in this article is strictly limited; the danger of needless repetition has also to be avoided, and the present writer did not want to anticipate what his fellow contributors might say. (The contributions to this volume were not written after previous consultation or from one point of view; therefore conflicting statements may be expected.) In any case, those who are interested in titles will find an excellent selection in the recent "Introduction" by Werner G. Kümmel; [2] the rapid growth of relevant studies may be followed in the bibliographies of *Biblica* and *New Testament Abstracts*.

II

What gave this ascendancy to the study of Luke-Acts in the last decade and a half?

It will have been noticed that the present book is devoted to "Luke-Acts," and that we speak of it as a unit. To a certain extent this fact itself is characteristic for the present situation. It is generally accepted that both books have a common author; the possibility that the Gospel and the Acts, contrary to Acts i 1, do not belong together is not seriously discussed. By almost unanimous consent[3] they are considered to be two volumes of a single work.

[1] E. Grässer, „Die Apostelgeschichte in der Forschung der Gegenwart", *ThR* XXVI (1960), 93 ff.

[2] P. Feine, J. Behm, W. G. Kümmel, *Introduction to the New Testament*, tr. by A. J. Mattill (Nashville, 1966).

[3] Some scholars hold that Luke-Acts originally formed *one* book which was divided in two when it was incorporated into the canon; Kümmel, op. cit., p. 110, rejects this opinion on what seems to me good grounds.

Though this unity seems so self-evident, it has some far-reaching consequences. In previous generations in only a few exceptional cases, such as Harnack's studies or Cadbury's *Making of Luke-Acts*, was Luke treated as an author in his own right, though he wrote a major part of the New Testament. In the history of early Christianity Paul and John were outstanding figures, whose literary output was dealt with as units even if some of the writings under their names were disputed. But in the case of Luke it was usual to treat his Gospel and his Acts under separate headings. Of course there was a good reason for that procedure; because the Gospel had so many problems in common with Mark and Matthew, it was natural to bring it under the umbrella of the famous "Synoptic Problem." The description of the apostolic age in Acts fell into such a different category, stood so apart, that if it had to be related to anything it had to go with the Pauline letters. So the student of Luke's writings usually had to look in different directions to study the same author.

Broadly speaking it may be said that in the period before 1950 Luke was almost exclusively viewed as a historian. There is a fairly strong consensus that he wrote after the fall of Jerusalem to which he refers in Luke xxi 20 ff.; this dates his work between A.D. 75 and 90[1]. (The dating by Harnack in the early sixties, remarkable because of the great scholar's authority, did not find much following.) But on the whole, the question of the date had no particular significance because attention was concentrated not so much on the time in which Luke wrote as on the historical credit that could be given to his testimony. Was he trustworthy in what he told about Jesus, the church in Jerusalem, and the life of Paul? In other words, what "sources"—written and unwritten—had he at his disposal, and what value can be attached to them?

As far as the Gospel was concerned, the main emphasis was laid on the synoptic analysis. The peculiar stamp of the Third Gospel, its universalism, its attention to the poor and the sinners, etc., was not overlooked, but research tried to unravel the mysteries "behind the Third Gospel", as expressed by the title of a well-known book by Vincent Taylor. That Luke had used Mark was beyond reasonable doubt, but that accounts for only part of his material. What about the rest? Why does he have a framework

---

[1] See the various Introductions.

different from that of Mark and Matthew? Did he have good sources at his disposal for the infancy narratives with their particular Semitic characteristics? [1] Did he follow a special source in the passion story? Next to Mark there was the famous source Q. Or is this a hoax of which we have to dispose, as Farrer maintained? [2] In England the views set forth in Streeter's *The Four Gospels* dominated the field for a long time. This type of analysis, with various modifications and reactions, still goes on; as a result there remained a solid core of good tradition about Jesus. In the meantime research in Germany developed predominantly along the lines of form criticism. The usual solution of the synoptic question, the theory of the two sources Mark and Q, was taken for granted, but what was behind all this? In what way did these words and stories of Jesus take shape? Both their wording and setting were often quite different. The Gospels were not written as historical records but as witnesses of the faith. The material they contained was handed down for the benefit of the Christian church, was formulated with the needs of the church in view. By means of minute literary comparison and critical analysis of the wording of the separate units, their framework was unmasked as completely secondary, and the origin of these little particles was sought in Jewish-Christian or in Hellenistic-Christian communities. Besides, the "laws" regulating the growth and preservation of traditions were traced. To many scholars, direct relation with Jesus of Nazareth seemed rather thin in the sources. For our present purposes it is needless to enter further into these questions. What has been said may be sufficient to indicate the direction in which the studies moved.

In investigating the book of Acts, scholarship had to follow other lines because materials for a synoptic study were missing; in many places Acts offers information that cannot be checked, other sources having vanished. Against the view, dominant in many circles during the nineteenth century, the Luke gave a late and rather biased picture of the apostolic times, effacing all differences and difficulties so that his information had to be met with great suspicion the studies of Harnack and the archaeological evidence brought

[1] Cf. R. McL. Wilson, "Some Recent Studies in the Lucan Infancy Narratives", *Studia Evangelica, TU* LXXIII (Berlin 1959), 235 ff.

[2] A. M. Farrer, "On Dispensing with Q", in D. E. Nineham, ed., *Studies in the Gospels, R. H. Lightfoot Festschrift* (Oxford 1955), pp. 55 ff.

to light by William Ramsay threw their weight into the balance in strong favor of Luke's reliability. The so-called "we-sections" in the second part of the book seemed to offer a clue to the solution of the riddle: they pointed to some companion of Paul. Since the language throughout the book showed the same character, one man—presumably this companion—must have written all of Acts. In places he showed a very accurate knowledge of local usage; so by extrapolation it could be assumed that in other passages, where he could not be checked, he was likewise trustworthy. Differences with Paul, such as the famous description of the Apostolic Council (Acts xv as compared with Gal. ii), had to be explained by the fact that Luke was not in the heat of the fight itself but wrote more as an objective onlooker. One also tried to discover written sources in the material of the first half of Acts, and Torrey hoped to demonstrate that behind Acts i-xv there lies an ancient document which by its language betrays Aramaic origin. Though his argument did not persuade the majority, there was a tendency to accept the view that there were good traditions here, the more so because traces of ancient christological conceptions seemed to be present. Dodd's influential book, *The Apostolic Preaching and Its Developments* found in the speeches of Acts a common pattern which reflected the apostolic kerygma. But on the other hand, doubts were not so easily settled, as may be seen from Windisch's contribution to *The Beginnings of Christianity* (Vol. I) and from many observations in Lake-Cadbury's commentary of the same series (Vol. IV). Where Luke could be checked more or less, namely in his picture of Paul, he showed a different man from the vigorous apostle of the fight against the "false brethren". So on the one hand there was good faith in Luke's trustworthiness as far as information went, while on the other hand a certain skepticism still prevailed. But the decisive issues were about his historical reliability. [1] An excellent survey of the course of studies is given by Haenchen in the introduction to his commentary, and for the decade between 1940 and 1950 by J. Dupont. [2] It may be added that form criticism was not applied to Acts in the same way as it was to the Gospels. The article by

[1] The persistence of this question can be seen in E. R. Goodenough's essay in this volume, "The Perspective of Acts".

[2] J. Dupont, *Les Problèmes du livre des Actes d'après les travaux récents* (Louvain, 1950).

Martin Dibelius in 1923 was a first venture, [1] but for many years he left it there, his great contributions to the study of Acts appearing a few years before his death in 1947 and becoming really influential after his passing away. The situation here was completely different from that in the Gospels. Apart from the inability of scholars to make a synopsis, Luke was not bound by a given form, the "gospel", and had a much freer hand in ordering his materials. For the early Christians the reasons for preserving traditions—or what was thought to be tradition—about Jesus did not apply in the case of the apostles. Not the criteria of form but of style had to be applied, and Dibelius broke new ground by analyzing various parts of Acts, giving special attention to the speeches. The idea that the writer had used the diary of a companion of Paul was rejected; perhaps he had used an itinerary. It was generally held that Luke wrote his second volume because he wanted to show the expansion of the church from Jerusalem to Rome, the capital of the empire; many scholars accepted also an additional motive: the defense of Christianity in the eyes of the Roman officials.

Thus it cannot be said that the Lucan writings, Acts in particular, have suffered from neglect. The fact that our information about the early development of the church is so scanty, and that much of it is furnished by Luke and Luke alone, makes students always turn to his writings to assess their value. But it could not be said that in the period before 1950 Luke's literary achievement was a real storm center of New Testament studies.

It goes without saying—but it may be said nonetheless before we turn to the new look Lucan studies have taken—that the questions raised and discussed by previous generations have not been swept away with one or two strokes since the fifties. They are still being pursued and will continue to be because they are real questions. Let us mention only two examples: the special problem of the text, [2] and the question of the language (Semitisms in this Hellenistic writer[3]) and the style. [4] But since the change of which

[1] Martin Dibelius, „Stilkritisches zur Apostelgeschichte", reprinted in his *Aufsätze zur Apostelgeschichte*, H. Greeven, ed. (Göttingen 1951). This essay appears in English as "Style Criticism of the Book of Acts" in *Studies in the Acts of the Apostles*, tr. by Mary Ling (New York 1956).

[2] See the article by A. F. J. Klijn in this volume, "In Search of the Original Texts of Acts".

[3] See the recent book of M. Wilcox, *The Semitisms of Acts* (Oxford 1965).

[4] See the article by Henry J. Cadbury in this volume, "Four Features of Lucan Style".

we are going to speak set in, they must be viewed in a different context. New questions have been thrown into the debate, and hence old questions must be studied from a different angle.

When the deadly threat of nazism had been crushed and German New Testament scholarship could resume its course, it took up a question that had been left out of sight, more or less, by form-critical research, namely that of the final redaction of the Gospels. Form criticism had dissolved the Gospel accounts into small separate units and investigated their origin and transmission, that is, their stages of development before their present state. But what did it mean for these units to be collected and arranged in their present settings? It may safely be assumed that the evangelists were not just playing with scissors and paste, but had a definite purpose in mind. Differences and changes in structure were presumably not made as a pastime. What can be discovered about this redactional activity, and what was the situation which the evangelists had to face in composing their books? [1]

In the case of Luke another factor was decisive in bringing his writings into the center of interest. As often in scientific research, it was basically a very simple question that started the whole change. The unique fact that Luke wrote a sequel to his Gospel was already mentioned. Now the question arose: Why did he do so? The other evangelists wrote Gospels, describing the life and message of Jesus, ending at his resurrection. Luke added another story, this one about some apostles and the development of Christianity as a continuous history, though this story, on closer scrutiny, reveals many gaps. Nevertheless, Acts was not an afterthought or a second, independent work on another topic; Luke-Acts was well planned as one work in two volumes. Does that have a special meaning? Does this deviation from the pattern set by Mark and followed by Matthew witness to a change in attitude and outlook, all the more significant since Luke implicitly criticizes his predecessors (Luke i 1 ff.)?

As far as I can see, it was Ernst Käsemann who for the first time clearly formulated this question. In his famous paper of 1953, "Das Problem des historischen Jesus", [2] which evoked a revolution

---

[1] See, for example, how this question functions when applied to the birth narratives in Paul Minear's contribution to this volume, "Luke's Use of the Birth Stories".

[2] Published in *ZThK* LI (1954), reprinted in his *Exegetische Versuche*

in New Testament scholarship by starting the "new quest of the historical Jesus", he made also some remarks about Luke-Acts, contending that the addition of Acts meant that a great change had indeed taken place. In 1954 Hans Conzelmann devoted his book, *Die Mitte der Zeit,* [1] to the theology of Luke in its totality, dealing with both books, not in the form of a "handbook of dogmatics" but describing what he thought to be Luke's theological conception. In this major contribution to postwar New Testament studies, Conzelmann investigated with meticulous care Luke's arrangement of the material and asked, What is behind all this? His book marked a turning point. As far as Acts alone was concerned, the collected essays of Dibelius (1951) stimulated new interest and a new approach. In this field, deep impression was also made by the article of Philipp Vielhauer, "Zum Paulinismus der Apostelgeschichte". [2] Another landmark was the monumental commentary on Acts by Ernst Haenchen (see p. 93 n. 3). In a very characteristic way the author combined great attention for details with an overall view of the whole work; in applying consistently the style-critical method he is always on his guard, asking what was Luke's intention when he formulated his material in such and such a way. [3] The successive editions of the books by Conzelmann and Haenchen clarified a number of points and showed the reactions of their respective authors to the progress of studies, but they did not change their basic conceptions.

The books and articles mentioned also provoked new discussions. One may have serious doubts and criticisms of various points in them, but one cannot deny that they forced New Testament scholarship to look at the problems of Luke-Acts afresh. Hence the questions connected with this two-volume work became burning issues, for they were not just incidental but belonged to a wider whole which, since the Lucan writings cover such a great deal of the apostolic times, is of vital importance for our

---

und Besinnungen I, 187 ff. The article appears in English as "The Problem of the Historical Jesus", *Essays on New Testament Themes, SBTh* XLI (1964).

[1] See p. 93, note 2; see also his commentary on Acts, *Die Apostelgeschichte* (Tübingen 1963).

[2] This article is included in the present volume as "On the 'Paulinism' of Acts".

[3] This approach is well illustrated in Haenchen's contribution to this volume, "The Book of Acts as Source Material for the History of Early Christianity".

understanding of the beginnings of Christianity as a whole [1].

In these studies Luke appeared no longer as a somewhat shadowy figure who assembled stray pieces of more or less reliable information, but as a theologian of no mean stature who very consciously and deliberately planned and executed his work. Luke the theologian differs not only from Mark and Matthew and John but also from Paul, whom he admired but misrepresented. The picture drawn by Luke of the life of Jesus and of the early church had an enormous influence on succeeding ages. But Luke was not primarily a historian who wanted to give a record of the past for its own sake, but a theologian who, by way of historical writing, wanted to serve the church of his own day amid the questions and perils that beset her. This "discovery" of Luke the theologian seems to me the great gain of the present phase of Luke-Acts study, whatever may be the final judgment about the character and importance of that theology.

What kind of theology was it? What were the difficulties with which Luke had to cope, according to this new approach to Luke-Acts? [2] The addition of Acts to the Gospel is, according to Käsemann, an indication of a great change in outlook among the early Christians, because it shows that the church became important and became interested in its own history. "One does not write the history of the church if one daily expects the end of the world". [3] Therefore the addition of Acts signals that the writer does not expect the return of the Lord at any moment. Luke has changed the eschatological message into a historical development. The clearest example is found in Luke xxi 20 where the general prophecy has been replaced by a reference to the historical fact of the fall of Jerusalem. The same decline of the belief in the immediate coming of God's kingdom can be seen also in other texts.[4] The eschatological hope is still living and is a part of the Christian message, but the time is postponed; the final judgment lies ahead in a more or less indefinite future and is not the motivating power

[1] The interrelatedness of critical questions is clearly evident in Hans Conzelmann's essay in this volume, "Luke's Place in the Development of Early Christianity".

[2] The impact of new questions on the post-Pauline interpretation of the church in the world is discussed by Ernst Käsemann's "Ephesians and Acts" in this volume.

[3] E. Käsemann, *Exegetische Versuche und Besinnungen*, I, 198.

[4] No parallel to Mark i 15; Luke xxi 9 f.; Acts i 7.

any more. To be sure, Luke transmits sayings of a strong eschatological character, but they are embedded in material he took over. The place of the primitive Christian eschatology as a decisive power, as a message of momentous decision, has been taken by a "history of salvation", connected by certain links, such as Luke ii 1; iii 1, with the history of the world. He brings a kind of order into the tradition about Jesus. The life and work of Jesus is the beginning of Christianity, and Acts shows the picture of the Christian life in the present world in which the church becomes all important as a guarantee for the Word of God. Within the history of salvation the church is the institution of salvation. This history of salvation has been described by Conzelmann in great detail and with great acumen. It has three phases: the time until John the Baptist (Luke xvi 16), the time of Jesus, the time of the church. The difference in outlook was aptly illustrated by Conzelmann in comparing Paul's word, "Now is the day of salvation" (II Cor. vi 2) —where it is present—with Luke iv 21, "Today this scripture has been fulfilled in your hearing"—where this word of Jesus is for Luke a thing in the past, in the life of Jesus many years ago.

Why did this change come about? The answer is found in the delay of the second coming (*Parousieverzögerung*). [1] By the time Luke wrote, the expectation of an imminent return of Christ had been proven wrong by the course of events. The world continued day after day and did not come to a catastrophic end. Was not the whole message completely wrong? The church had to face a crisis and, if it were to continue, had to adapt itself to this new situation of a continuing existence in this world. Luke's answer was the writing of his Gospel and Acts. By the way in which he rearranged the traditional material about Jesus and wrote about the apostles and the spread of Christianity he historicized the message; in short, by his theology in which the life of Christ after his death is continued by the life of the church under the Holy Spirit, by his concept of a "history of salvation" which reckons with history, Luke helped his fellow Christian through this crisis. Barrett also saw a second threat, the coming of the gnostic flood (Acts xx 29). [2]

Haenchen did not stress so much the idea of the *Heilsgeschichte*, which may also be found in other writers such as Paul; rather,

---

[1] See E. Grässer, *Das Problem der Parousieverzögerung in den synoptischen Evangelien und in der Apostelgeschichte*, Bh. *ZNW* XXII (Berlin 1957).

[2] Barrett, op. cit., p. 62.

he emphasized the "Word of God" as the connecting link between the Gospel and the Acts. The message of Jesus brought about forgiveness of sins and salvation in the judgment; this was given in the time of salvation during Jesus' life[1] but must be preached to all men; the history of this course of events itself awakens faith.[2] In Luke's day the mission to the Gentiles was an established fact, no longer a problem. But by this fact itself a problem was posed, because the Jews had rejected salvation in Jesus and the Gentiles had accepted it. What, then, was the role of Jesus? Was this not a break in the history of salvation? Luke wanted to show that all this went according to the plan of God, that Christianity without the Jewish law was intended by the Lord. And though Luke no longer hopes for the repentance of Israel, as Paul did, he underscores the relation between Christianity and Judaism to prevent Roman authorities from looking upon Christianity as a new and dangerous religion. The way in which he wrote also served to edify his readers, for he handled his material freely in order to create a lively and penetrating picture of the way in which salvation unfolded according to the plan of God.

This last element, the plan of God as the leading idea of Luke's theology, was especially elaborated in Schulz's inaugural address.[3] Accepting Conzelmann's threefold division of the history of salvation in Luke-Acts, he develops the thesis that "for Luke, salvation is there and only there where this *providentia Dei* becomes an event."[4] He sees a link here with the Roman idea of *fatum*, which in Virgil was the motivation of Rome's destination; Luke had brought this into a Christian context. By various means, some of which he found in earlier tradition (historiography, miracles, doctrine of the Spirit, exegesis of Old Testament texts, and preaching), he tried to demonstrate that this and only this was the will of God.

Luke is a theologian of the second generation which was confronted with totally different problems from those of its predecessors. Therefore, it is said, his theology is so distinct from that of Paul. He admires Paul and devotes half of the Acts to this great apostle. But though he shares with him the conception of the

---

[1] On this theme, see the article in this volume by William C. Robinson, Jr., "On Preaching the Word of God (Luke viii 4-21)".

[2] See Haenchen, *Apostelgeschichte*, pp. 87 f.

[3] S. Schulz, "Gottes Vorsehung bei Lukas", *ZNW* LIV (1963), 104 ff.

[4] *Ibid.*, p. 105.

gospel for all men, without the Jewish law, he does not understand him, and he neglects Paul's bitter fight for that freedom. Luke has no understanding of the doctrine of justification by faith as the center of Pauline thought. The speech in Athens (Acts xvii 22 ff.) reveals a natural theology[1] of a completely un-Pauline character. [2] In general the picture of Paul in Acts does not resemble that of his letters, which Luke neglects.[3] His speeches are similar to those of Peter and therefore are not Pauline but Lucan. This relation between Paul himself and his portrait in Acts is an old question which has been discussed by New Testament scholars since the Tübingen school of F. C. Baur. But in the present context it takes a very acute form and must be discussed afresh. [4] Does this difference reveal a change in Christian theology and a break away from its original message?

A special area in which we get to know Luke's theology are the many speeches which are interspersed in Acts. They show a great similarity in structure. [5] Dodd and Dibelius considered them reproductions of the apostolic preaching. Wilckens devoted a monograph to these in *Die Missionsreden der Apostelgeschichte*, and concluded that they did not embody traditional material but were formulated by Luke and were closely connected with the structure of the accounts in which they are found. This leads also to a different and much later dating of the Christology in these discourses than was commonly maintained; the Christology is not primitive, the expression of the faith of the Jerusalem church, but that of Luke's own time. The articles in the present volume show that the discussion of the Christology in Acts is going forward in more than one direction. [6]

---

[1] See the article in this volume by Hans Conzelmann, "The Address of Paul on the Areopagus".

[2] This view was critically examined by Bertil Gärtner in *The Areopagus Speech and Natural Revelation* (Uppsala 1955); he affirms the Pauline character of the speech, though in terminology and literary form Lucan influence is unmistakable (p. 250). See the survey of the discussion in Conzelmann, *Apostelgeschichte*, pp. 102 ff. (as well as his own contribution to it in this book).

[3] The problem of Acts and the Letters of Paul is treated in this volume by John Knox, "Acts and the Pauline Letter Corpus".

[4] Such a new look is taken in this book by the articles by Vielhauer and Bornkamm.

[5] The structural similarity of the speeches is graphically shown by Edward Schweizer's article in this volume, "The Speeches in Acts".

[6] See the essay by C. F. D. Moule, "The Christology of Acts" and that

Because these topics—the discourses and their teaching, the image of Paul—which together cover so much ground in Acts are again thrown into the testing fire of debate, the question of sources arises again. [1] Did Luke have at his disposal written sources, or was he dependent on good, or bad, oral traditions which he changed at will? If he is giving a theology for his own time in historical garb, does there lie behind it real knowledge about the events he describes? To characterize the situation, Barrett uses the comparison of "a screen upon which two pictures are being projected at the same time—a picture of the church at the first period, and, superimposed upon it, a picture of his own times". [2] Can these pictures be clearly distinguished or are they completely mixed? His treatment of Mark can be controlled. Is this his usual procedure? What is the value of the peculiar material (the *Sonderstoff*) in the Gospel for the life of Jesus? Does the picture of the church in Jerusalem offer features that can be compared with those of the Qumran community, [3] and is his description perhaps less idealized than it seemed at first? Must we make a decision in each separate case? [4] But if so, by what standard? Or is it possible to get a more general estimate of Luke's value for the history of Jesus and the early church?

This leads us to another point that has not received sufficient attention in the present phase of the Luke-Acts debate. Luke is often dismissed as a historian but treated as a theologian. Is this valid? Ehrhardt strongly stressed the fact that Luke was a historian, [5] and Barrett too did not neglect this aspect which he expressed even in the title of his book. [6] In the latter's opinion, Luke would not have understood the distinction between "historian" and "preacher"; Barrett, however, tends to underscore the preaching activity. A decision can be reached here only if the relations, if there are any, between Luke and historiography in antiquity,

---

by Eduard Schweizer, "The Concept of the Davidic Son of God in Acts".

[1] See J. Dupont, *Les sources du Livre des Actes* (Bruges 1960).

[2] Barrett, op. cit., p. 52.

[3] For the many questions involved in this issue, see the article by Fr. Fitzmyer in this volume, "Jewish Christianity in Acts in Light of the Qumran Scrolls".

[4] As was said by G. Stählin, *Die Apostelgeschichte* (Göttingen 1962), p. 8.

[5] A. Ehrhardt, "The Construction and Purpose of the Acts of the Apostles", reprinted in *The Framework of the New Testament Stories* (Manchester 1964), pp. 64 ff.

[6] See p. 93 n. 4.

both in its theory and its practice, have been investigated properly. Far too little study has been given to this aspect of the case. Of course, the statement is often repeated that Luke was a historian not in modern times but in antiquity and therefore could allow himself certain liberties. But a thorough study comparing him to well known historians of his own times is missing. It may be that such an investigation would reveal aspects that have been overlooked so far and which might be important for a proper understanding of his undertaking.

What judgment has to be passed on the result of the theological work attributed to Luke by the current discussion? Eduard Lohse in his inaugural address[1] was rather positive, but in the eyes of Käsemann (and Conzelmann) the change away from eschatology, with its call to decision and the present relation to the *Kyrios*, to the "history of salvation" was a grave misunderstanding of the true Christian message and therefore harmful. Wilckens, in turn has criticized Käsemann, for in Wilckens' opinion Luke discovered history as "the horizon of revelation." [2] He writes, "In faith's looking back to the history of Jesus Christians now are therefore just as 'saved' . . . as they will ever be οἱ σωζόμενοι in the eschaton".[3] According to Wilckens, however, the defect of Luke's theology is that the death of Christ has no soteriological meaning, that sin, repentance, and Christian life get a much more superficial treatment than in Paul's theology. Here again Lucan theology has become a storm center, because here the issues are part of the struggle of theology as a whole which concentrates itself in this area. [4] The extent to which the theology of Luke may be called a specimen of primitive catholicism (*Frühkatholizismus*) is also a point of dispute which, however, largely turns on the difficult and often widely divergent definitions of what constitutes "early catholicism".

In this brief introduction we could only sketch the frame of

[1] E. Lohse, ,,Lukas als Theologe der Heilsgeschichte", *EvTh* IV (1954), 256 ff.

[2] An expression taken over from the systematic theologian W. Pannenberg, whose work marks a new phase in German theology. See *Offenbarung als Geschichte* (2d. ed., Göttingen 1963), which expresses the starting point of the "Pannenberg circle". To this group belongs also Ulrich Wilckens, whose contribution to the aforementioned volume is ,,Das Offenbarungsverständnis in der Geschichte des Urchristentums".

[3] Wilckens, *Die Missionsreden der Apostelgeschichte*, p. 216.

[4] See Wilckens' contribution to this volume, "Interpreting Luke-Acts in a Period of Existentialist Theology".

reference in which the present study of Luke-Acts moves. The chapters which follow will help clarify and illustrate a number of specific points on which one's judgment must be based. But even after this book the debate will continue because much work is still ahead of us, particularly in the field of exegesis; I cannot help confessing that the exegetical basis for many statements in the modern approach to Luke-Acts is often far from convincing, at least highly dubious in my judgment. Besides, some general conceptions do need testing by means of closer investigation. Let me conclude by mentioning a few items, some in the form of questions, that merit exploration. (1) Has the delay of the *parousia* really wrought that havoc that it is sometimes supposed to have done, or did the early Christians react differently from the way modern scholars would have done? In the light of the history of early Christianity this effect of the *Parousieverzögerung* is highly overrated. The faith of the early Christians did not rest on a date but on the work of Christ. (2) What is the real meaning of *Heilsgeschichte*? Often it is used, so it seems, in a fairly depreciatory way. Is the background an unspoken reaction against certain forms of German pietism? I must confess that I cannot see why "history of salvation" is such a bad thing. Is not Luke often measured by a onesided conception of Paulinism? Or, to put the question differently, was for the early Christians the relation between eschatology, salvation, and history different from that held by many modern interpreters? I am inclined to give a positive answer here. [1] (3) What is the relation of Luke to the Old Testament and to the Jewish picture of the history of that people? [2] (4) It is often held that Luke wrote his second volume as a beginning of *church* history or as history of Christian missions. Are these convenient terms a true description of his purpose? We must not go by our impressions but by the indications the writer himself gives. In the great commission (Acts i 8) the disciples are not merely sent out but are

---

[1] See the discussion with Conzelmann by William C. Robinson, Jr., in *The Way of the Lord, a Study of History and Eschatology in the Gospel of Luke* (privately published). German translation: *Der Weg des Herrn, Studien Zur Geschichte u. Eschatologie im Lukas-Evangelium*, tr. by Gisela and Georg Strecker, *ThF* XXXVI (Hamburg-Bergstedt 1954). O. Cullmann's new book restates his views on the subject, and develops the *heilsgeschichtliche* perspective in much more detail: *Heil als Geschichte* (Tübingen, 1965).

[2] An important aspect of this question is treated in this volume by the essay of N. A. Dahl, "The Story of Abraham in Luke-Acts".

called "witnesses". From this point of view the whole problem of the relation between the two books comes into a different focus. [1] (5) Would it not be wise to be somewhat more moderate in the questions we ask of Luke? Because he was not omniscient on all events of the apostolic age, it does not follow that he was unreliable in what he does tell us, or that he is a pious but untrustworthy preacher. We must grant him the liberty of not being interested in all matters that interest us. I am sure that if the same tests to which Luke has often been subjected were applied to historians of our own time, e.g. about World War II, they would not stand the test. It would be very wholesome to many a New Testament scholar to read a good many sources of secular history—and not only theological books. Then it would appear that sometimes a single story may be really significant for a great development, and that summaries as such are not a sign of lack of information. (6) Much work is still to be done with regard to the relation of Luke to later writers such as I Clement and Justin Martyr. The book by O'Neill[2] is much overdone and far from convincing in my estimation, but it opens a line that needs to be pursued. (7) The problem of Luke-Acts is also inseparably linked with the wider problem of the "Hellenization" of Christianity. The transition from the Jewish to the Greek world is often seen in simple terms of opposition to the Hellenistic synagogues seen as Christianity's rather questionable and suspect forerunners. It is more suggested than clearly expressed that this transition was betrayal of the real message, the beginning of the great apostasy. But is this true to fact? What would have been the alternative?

The longer we study Luke-Acts the more we are impressed by the highly complex and many-sided problems that confront us. The new approach, by which Luke's writings have become a storm center and will remain so for a long time, has greatly stimulated a critical sifting of the material and opened our eyes for many questions that cannot be passed over in a certain naïveté, though they cannot be resolved by some modern slogans either. What we really do need is a very close and attentive listening to Luke

---

[1] I here refer to my article, "The 'Book of Acts,' the Confirmation of the Gospel," *NovTest* IV (1960), 26 ff. In this vol. p. 340 ff.

[2] J. C. O'Neill, *The Theology of Acts in its Historical Setting* (London 1961). See also the evaluation of this book by Conzelmann in this volume, p. 309.

and at the same time a severe criticism of our own unexamined presuppositions.

To the continuing study of this fascinating double volume by Luke, the present book hopes to make a contribution worthy of the subject, and at the same time a tribute to a scholar and friend who has devoted much of his work to this area of New Testament studies.

DIE MOTIVIERUNG
DER FEINDESLIEBE IN LUKAS VI 32-35*

Am Anfang der akademischen Arbeit, die Gerhard Sevenster in diesem Jahre *Deo Volente* glücklich zu Ende führt, stand das Evangelium der Liebe, denn seine Antrittsvorlesung am 20. Oktober 1933 war dem Thema der Liebespredigt im Evangelium und im Humanismus gewidmet [1]. — Obwohl er nachher in Wort und Schrift m. W. selten die dort ausgesprochenen Gedanken weiter ausgeführt hat, wissen doch alle seine Freunde wie sehr sein Leben und seine Arbeit durch die Liebe des Evangeliums getragen und beseelt wird.

Deshalb wird es auch nicht wundernehmen, wenn ich in dieser Freundesgabe zu seinem Abschied aus dem akademischen Lehramt, den Ring schließe und mir — ihm zur Ehre — ein Thema aus demselben Gebiet der Evangelienforschung gewählt habe. Unter den Aspekten der Liebe im Evangelium ist die Feindesliebe gewiß sehr bedeutend und deshalb ist die Wahl rein sachlich begründet, nicht aus einer gewissen Spannung zwischen „Leiden" und „Utrecht" geboren, was unter Brüdern desselben altehrwürdigen Collegium Theologicum c.s. „Quisque Suis Viribus" auch nicht möglich wäre.

Tertullian hat einmal die Feindesliebe als ein typisch christliches Spezifikum herausgestellt. In seinem *Ad Scapulam* 1 sagt er: *Ita enim disciplina iubemur diligere inimicos quoque et orare pro iis qui nos persequntuur ut haec sit perfecta et propria bonitas nostra, non communis. Amicos enim diligere omnium est, inimicos solorum Christianorum.*

Wir dürfen wohl annehmen, daß Tertullian wußte, worüber er sprach. Wahrscheinlich hätte er, wenn man ihn auf Seneca's Wort: *Stoici non desinemus ... opem ferre etiam inimicis ...* [2], hingewiesen hätte, wohl auch in diesem Falle mit seinem bekannten Spruch: *Seneca saepe noster ...* [3] geantwortet. Der gewandte Apologet

* Erschienen in *Novum Testamentum* VIII, 1966, S. 284-300.

[1] G. Sevenster, *De Liefdeprediking in Evangelie en Humanisme*, Assen 1933.

[2] Seneca, *De vita beata* — Origenes, *Contra Celsum* VIII 35 führt Lycurgus und Zeno an als Beispiele von Leuten, die sich nicht gerächt haben, sondern ihre Feinde zu gewinnen versuchten.

[3] Tertullianus, *De Anima* 20, 1.

konnte natürlich dies Argument in seinen Ausführungen nicht anwenden, und die Feindesliebe nicht als ein besonderes Characteristicum der Christen unterstreichen, wenn dies nicht in Lehre und Praxis der Fall gewesen wäre.

In der Formulierung dieser Aussage zeigt sich eine gewisse Verwandschaft mit den Forderungen des Evangeliums (Matth. v 44 ff. und Lukas vi 27 ff.), aber Tertullian hat diese als eine für seine Zeit gültige Regel formuliert und sich nicht auf das Evangelium berufen oder es angeführt. Nein, es zeigt sich deutlich in den Worten *doctrina iubemur*, daß die Feindesliebe durch die christliche Lehre gefordert, also in Predigt und Katechumenenunterricht in den Vordergrund gerückt wurde.

Das ist auch aus anderen Schriften des 2. Jahrhunderts deutlich. Sehr scharf wird das ausgesprochen in der ältesten uns bis jetzt bekannten Predigt, 2 Clemens 13: 4 ὅταν γὰρ ἀκούσωσιν (τὰ ἔθνη) παρ' ἡμῶν, ὅτι λέγει ὁ θεός· οὐ χάρις ὑμῖν εἰ ἀγαπᾶτε τοὺς ἀγαπῶντας ὑμᾶς, ἀλλὰ χάρις ὑμῖν εἰ ἀγαπᾶτε τοὺς ἐχθροὺς καὶ τοὺς μισοῦντας ὑμᾶς· ταῦτα ἐὰν ἀκούσωσι, θαυμάζουσι τὴν ὑπερβολὴν τῆς ἀγαθότητος.

Das Gotteswort wird also in dieser Weise von den Heiden gehört, die es als etwas Wunderbares ansahen, aber wenn sie, so fährt der Prediger fort, nachher sehen wie die Lebensführung der Christen das Wort Lüge straft, dann belachen sie die Christen und der Name wird blasphemiert [1]. Auch hier zeigt sich also, wie die Feindesliebe als ein charakteristisches Merkmal der Christen angesehen wurde; hier wird es jedoch unmittelbar als Wiederholung eines Gotteswortes in der Predigt angesehen.

Wenn Athenagoras in seiner Apologie die Frage beantworten will: „Welches sind also unsere Lehren, in denen wir erzogen werden" (οἷς ἐντρεφόμεθα), dann führt er Lukas vi 27 f. = Matth. v 44 f. an und kommt schließlich dazu zu sagen: μέχρι τοσούτου δὲ φιλανθρωπότατοι ὥστε μὴ μόνον στέργειν τοὺς φίλους [2].

Die Feindesliebe ist das „Neue" der Christen, wie Justin in merkwürdiger Abwandlung der Worte des Evangeliums sagt [3]. Aus Polykarp kann man schließen, daß wirklich in der Kirche für die Feinde gebetet wurde, wie dies auch aus Justin bekannt

---

[1] W. C. van Unnik, „Die Rücksicht auf die Reaktion der Nicht-Christen als Motiv in der altchristlichen Paränese", in: *Judentum, Urchristentum, Kirche, Festschrift für Joachim Jeremias*², Berlin 1964, S. 221-234.

[2] Athenagoras, *Supplicatio* 12:3.

[3] Justinus Martyr, *Apologia* 15:9-10.

ist [1]. Und in der *Didache* steht das Gebot am Anfang des Weges zum Leben [2].

Ganz zutreffend sagt Helmut Köster, daß dieses Wort „am häufigsten von allen synoptischen Logien angeführt wird" [3]. Deshalb lief es in den verschiedensten Varianten um und es ist oft schwierig zu sagen, ob bei den Apostolischen Vätern literarische Abhängigkeit vom Evangelium vorliegt [4].

An sich ist diese letztere Frage für uns jetzt nicht wichtig.

Dagegen ist von größter Bedeutung aus dem Material des 2. Jahrhunderts zu ersehen, wie tief diese Worte der Evangelien sich in den Herzen und Häuptern der Christen eingeprägt haben; wie stark sie als das Besondere, Unterschiedliche der Christen gesehen wurden. Sie haben ein Hauptbestandteil der christlichen Paränese ausgemacht und wurden als solche sowohl von Heiden als Christen anerkannt. Wenn wir uns also mit diesen Worten des näheren beschäftigen, befassen wir uns mit einer für die junge Kirche — und nur für sie? — wichtigen Sache, stehen wir an einer der Linien, wo Antike und Christentum sich schieden [5].

Der Passus, in dem das Lukasevangelium von der Feindesliebe spricht (vi 27 ff), hat seine Parallele bei Matth. (v 38 ff.), aber wie so oft, ist die Übereinstimmung nicht ganz genau. Nicht nur gibt es

---

[1] Polycarpus, *Ad Philipp.* 12:3; Justinus M., *Apologia* 14:3, *Dial. c. Tryph.* 35:8.

[2] *Didache* 1:2-5.

[3] H. Köster, *Synoptische Überlieferung bei den apostolischen Vätern*, Berlin 1957, S. 44. — Viele Texte sind übersichtlich zusammengestellt in K. Aland, *Synopsis quattuor Evangeliorum*, Stuttgart 1964, S. 106. Vgl. dazu auch W. Bauer, „Das Gebot der Feindesliebe und die alten Christen", in: *Festgabe für Wilhelm Hermann, Zeitschrift für Theologie und Kirche* XXVII (1917), S. 37-54.

[4] Ausführlich besprochen von H. Köster, a.a.O., S. 44, 75 ff., 119, 167 ff., 220 ff., 233. Die Varianten im kritischen Apparat bei Aland, l.c., können hier nicht besprochen werden; sie haben eine Tendenz zur Harmonisierung.

[5] Die Schrift von M. Waldmann, *Die Feindesliebe in der antiken Welt und im Christentum*, Wien 1902, ist jetzt stark veraltet. — Die Frage, ob die christliche Feindesliebe wirklich ein christliches Spezifikum ist, wurde untersucht und an der Hand von einschlägigem Material verneint von H. Haas, *Idee und Ideal der Feindesliebe in der außerchristlichen Welt*, Leipzig 1917; siehe dazu A. M. Brouwer, *De Bergrede*, Zeist 1930, blz. 302 ff. — Es mag natürlich sein, daß auch in der jüdischen und griechisch-römischen Welt (die weitere Welt lag natürlich außerhalb des Gesichtskreises der Jungen Kirche) z.B. bei den Stoikern verwandte Klänge zu vernehmen sind, aber die sollen als Ausnahmen betrachtet werden (Vgl. unter S. 121 f. die Bemerkung Bolkesteins). Autoren wie 2 Clemens, Justin und Tertullian wußten wirklich wovon sie sprachen, wie die Praxis des Lebens war.

Unterschiede in einzelnen Ausdrücken, sondern auch in der Folge der Sprüche.

Bei Matthäus sind deutlich zwei Abschnitte von einander abgehoben, deren der eine von Wiedervergeltung, der andere von Feindesliebe handelt. Dem Aufbau dieser Partie der Bergpredigt entsprechend sind sie die von Jesus seinen Jüngern gebotene Überbietung der Thoravorschriften, und zwar des Gebotes von „Auge um Auge" und von der Nächstenliebe. In wie weit das zur matthäischen Komposition gehört, möchten wir hier nicht untersuchen. In der lukanischen Fassung vermisst man jede Spur dieser Thora-Auslegung. Wahrscheinlich wohl richtig bemerkt Bultmann, dass Lukas hier „aus den Stücken über die Wiedervergeltung und die Feindesliebe einen einheitlichen Abschnitt über das Thema der Feindesliebe herzustellen versucht" [1].

Bei Lukas ist der Aufbau dieser: a) das Verhalten der Christen den Feindseligkeiten ihrer Umgebung gegenüber[2] soll positiv, liebevoll und duldend sein, wobei die goldene Regel in positiver Form geboten wird (Vs. 27-31) — b) Motivierung dieses Liebesverhältnisses, weil die Christen sich von den Sündern abheben sollen (Vs. 32-34) — c) Wiederholung des Gebots der Feindesliebe mit Versprechung der Gotteskindschaft (Vs. 35).

Wenn wir jetzt unsere Aufmerksamkeit den Sprüchen der Begründung zuwenden, so sehen wir, daß die lukanische Fassung von der matthäischen in manchen Einzelheiten abweicht. Am auffälligsten dabei ist, daß bei Lukas drei fast in *Parallelismus membrorum* gebildete Sprüche mit einander verbunden sind, wobei er die dritte anfügt, ein Element aufnehmend, das in Matthäus schon vorher und in anderer Formulierung gegeben war (Matth. v 42); Lukas gibt dem auch eine andere Ausrichtung und unterstreicht das Zurückbekommen. Hier laßt sich bei Lukas die Vorliebe für ein Dreiheitsgesetz bemerken [3]. Weiter bemerkt man, daß Lukas an Stelle von μισθόν (Matth. v 46) und τὸ περισσόν

[1] R. Bultmann, *Geschichte der synoptischen Tradition*[3], Göttingen 1957, S. 100.

[2] Es fällt dabei auf, daß Matth. v 44 sagt: προσεύχεσθε ὑπὲρ τῶν διωκόντων, aber Lukas vi 28 προσεύχεσθε περὶ τῶν ἐπηρεαζόντων ὑμᾶς. Bei Matthäus scheint also mehr eine wirkliche Verfolgung gemeint zu sein, bei Lukas handelt es sich um Bedrohungen und Beleidigungen, cf. auch 1 Petr. iii 16 οἱ ἐπηρεάζοντες ὑμῶν τὴν ἀγαθὴν ἐν χριστῷ ἀναστροφήν, sind Leute die verleumden. Die Lage bei Lukas ist also etwas milder.

[3] Vgl. R. Morgenthaler, *Die lukanische Geschichtsschreibung als Zeugnis*, Zürich 1949, Bd. I S. 73-79.

dreimal χάρις wiederholt hat, obwohl er in Vs. 35 auch von μισθός spricht; daß er die Leute, die von dem Christen überboten werden sollen, als ἁμαρτωλοί wieder dreimal charakterisiert, während bei Matthäus von τελῶναι bzw. ἐθνικοί die Rede ist. Auch im Wort über die Gotteskindschaft ist eine Änderung vollzogen: aus dem Ziel ὅπως γένησθε wird eine Zusage καὶ ἔσεσθε und die jüdische Formel υἱοὶ τοῦ πατρὸς ὑμῶν τοῦ ἐν οὐρανοῖς wird von einer mehr jüdisch-hellenistischen υἱοὶ ὑψίστου[1] ersetzt. Die bemerkenswerteste Abweichung findet sich jedoch im zweiten Glied: aus dem Gruß an Brüder wird etwas ganz anderes, nämlich das Wohltun der Wohltäter καὶ γὰρ ἐὰν ἀγαθοποιῆτε τοὺς ἀγαθοποιοῦντας ὑμᾶς (Vs. 33).

Im allgemeinen sind die Kommentare sich darin einig[2], daß sie diese Änderungen alle auf das Konto des Hellenisten Lukas schreiben. Nur Matthew Black hat versucht, durch Rückübersetzung ins Aramäische der Formulierung bei Lukas palästinische Bodenständigkeit zu geben, kommt dabei aber ohne gewisse Umstellungen nicht aus[3]. Was hat Lukas mit diesen Versen sagen wollen? Von einigen Auslegern wird behauptet, daß an drei Beispielen „die sittliche Wertlosigkeit der auf *Gegenseitigkeit* beruhenden Liebeserweise" gezeigt wird (so H. J. Holtzmann, gefolgt von E. Klostermann)[4]. Aber davon ist nicht die Rede; es wird nicht gesagt, daß solch ein Verhalten an sich schlecht und sittlich wertlos ist, nur daß es keine χάρις hat, da so die ἁμαρτωλοί sich betragen. Jesus' Zuhörer (vi 27) aber sollen Feindesliebe üben; diese wird in der Welt der Gegenseitigkeit-in-Liebeserweisen nicht gefunden. Hier wird angegeben, weshalb sie ihre Feinde lieben sollen, nämlich damit sie sich auszeichnen über die Welt der Sünder, durch das περισσόν wie Matthäus sagt.

An sich ist das klar, und darüber herrscht denn auch keine

---

[1] ὕψιστος für Gott oft bei Lukas; für den Gebrauch, vgl. W. Bauer, *Griechisch-deutsches Wörterbuch zu den Schriften des Neuen Testaments und der übrigen urchristlichen Literatur*[5], Berlin 1958, Sp. 1681 f.

[2] Verglichen wurden die Kommentare zum Lukas-Evangelium von B. Weiss ([7]1885), A. B. Bruce (n.d.), J. M. S. Baljon (1908), J. Weiss - W. Bousset ([3]1917), Th. Zahn ([3-4]1920), A. Plummer ([5]1922), J. de Zwaan ([2]1922), J. M. Lagrange ([2]1927), E. Klostermann ([3]1929), W. Manson (1930), J. M. Creed (1930), F. Hauck (1934), S. Greydanus (1940), H. Geldenhuys (1950), J. Schmid (1951), J. Keulers (1951), Maclean Gilmour (1952), A. R. C. Leany (1958), A. Schlatter ([2]1960), K. H. Rengstorf ([5]1962), W. Grundmann (1961).

[3] M. Black, *An Aramaic Approach to the Gospels and Acts*[2], Oxford 1954, p. 137.

[4] So auch B. Weiss, J. M. S. Baljon, J. Schmid und Keulers.

Meinungsverschiedenheit. Eine Frage wird jedoch bei dieser Formulierung der Begründung der Feindesliebe meistens übergangen: weshalb spricht Lukas hier von ἀγαθοποιεῖν (Vs. 33), und hat er das viel konkretere ἀσπάζεσθαι fallen lassen?

Für uns klingt das Wort „Wohltun" etwas flach und matt; auch hat „Wohltätigkeit" immer die Bedeutung einer Gunst, die von einem Höhergestellten an niederen Leuten bewiesen wird, aber dann wird damit die Gegenseitigkeit ausgeschlossen. Doch liegt Lukas viel an dem Begriff, denn er verwendet ihn nicht nur in diesem negativen Beispiel, sondern auch in der positiven Anweisung: Vs. 35 ἀγαθοποιεῖτε, cf. Vs. 27 das verwandte καλῶς ποιεῖτε τοὺς μισοῦντας ὑμᾶς. Eigentlich ist das Wort auch merkwürdig, weil es deutlich nicht zum paränetischen Vokabularium der ältesten Christenheit gehörte. In den vielen Anspielungen auf diese Perikope in den Schriften des 2. Jahrhunderts [1] wird es nicht mit angeführt. Im Wortschatz des N.T. wird es nur im 1. Petrus-Brief [2] gefunden. W. Grundmann fand keine Beispiele dieser Vokabel im klassischen Griechisch und im späteren Hellenismus nur in einem astrologischen Kontext [3]. Deshalb suchte er den Hintergrund in der LXX, wo es die Übersetzung von הטיב ist.

Wenn man den Gebrauch in der LXX des näheren betrachtet, sieht man, daß es an 4 (3) Stellen von Gott gesagt wird (Num. x 32, [Judic. xvii 3], Soph. i 12; 2 Macc. 1 2) und dann gleichbedeutend ist mit Segnen. In Tob. xii 13 wird es von einem Menschen gebraucht in einem sehr speziellen Sinn, nämlich von der Totenbestattung [4]. Das alles hat natürlich mit Luk. vi 33 nichts zu tun. Nur eine Stelle bleibt übrig, die vielleicht zum Vergleich herangezogen werden kann, 1 Macc. xi 33: in einem Brief des Königs Demetrius an seinen Vater, der auch dem Jonathan bekannt gegeben wird, heißt es: τῷ ἔθνει τῶν Ἰουδαίων φίλοις ἡμῶν καὶ συντηροῦσιν τὰ πρὸς ἡμᾶς δίκαια ἐκρίναμεν ἀγαθὸν ποιῆσαι χάριν τῆς ἐξ αὐτῶν εὐνοίας πρὸς ἡμᾶς.

Hier hat man, und zwar bei einem Heiden, ein deutliches Beispiel

---

[1] Siehe oben S. 112 f.

[2] Vgl. W. C. van Unnik, „The Teaching of Good Works in I Peter", in: *New Testament Studies* I (1954), p. 92-110.

[3] W. Grundmann, in: G. Kittel, *Theologisches Wörterbuch zum Neuen Testament*, Stuttgart 1934, Bd. I, S. 17.

[4] Das gehörte zu den spezifisch jüdischen guten Werken, die *Gemiluth chasidim*; cf. H. L. Strack - P. Billerbeck, *Kommentar zum Neuen Testament aus Talmud und Midrasch*, München 1928, Bd. IV, S. 559 ff.

dieser Gegenseitigkeit, denn die Juden haben ihm Wohlwollen erwiesen und deshalb will er ihnen auch wohltun. Bemerkenswert ist hier χάριν, das hier als Präposition gebraucht wird [1], aber das vielleicht noch etwas von seiner substantivischen Bedeutung behalten hat (siehe über χάρις unten S. 122 ff.).

Vielmehr als ἀγαθοποιῶ ist εὐποιῶ in der LXX als Übersetzung von הטיב verwendet. Es wird gesagt von Gott[2] oder von Menschen und im letzten Fall ist es entweder etwas „Gutes tun" (im Gegensatz zu „Böses tun") oder Wohltun [3]. Diese Verba sind also synonym, wie das auch in der Profangrazität der Fall ist [4].

In unserem Zusammenhang sei speziell hingewiesen auf einen Text, der m.W. bis heute nicht zum Vergleich herangezogen worden ist, Sirach xii 1 ff.:

ἐὰν εὖ ποιῇς γνῶθι τίνι ποιεῖς
καὶ ἔσται χάρις τοῖς ἀγαθοῖς σου.
2) εὖ ποίησον εὐσεβεῖ καὶ εὑρήσεις ἀνταπόδομα
καὶ εἰ μὴ παρ' αὐτοῦ, ἀλλὰ παρὰ τοῦ ὑψίστου·
4) δὸς τῷ εὐσεβεῖ καὶ μὴ ἀντιλάβῃ τοῦ ἁμαρτωλοῦ.
5) εὖ ποίησον ταπεινῷ καὶ μὴ δῷς ἀσεβεῖ
. . . . .
6) ὅτι καὶ ὁ ὕψιστος ἐμίσησεν ἁμαρτωλοὺς
καὶ τοῖς ἀσεβέσιν ἀποδώσει ἐκδίκησιν.

Hier bei Sirach wird also deutlich ausgesprochen, daß man beim εὐποιεῖν nicht wahllos vorgehen, sondern in bewußter Hinsicht auf Vergeltung sehen soll (χάρις — ἀνταπόδομα). Diese darf man erwarten und deshalb wird gegeben. Und auch wenn der Empfangende sie nicht schenken kann, so wird sie von Gott kommen. Beim Wählen soll das Kriterium in Frömmigkeit oder Gottlosigkeit gefunden werden. In diesem Kontext bezieht sich das Wohltun auf Bedürftige und besteht im Geben von Almosen.

In der griechischen Welt war das εὐποιεῖν darauf jedoch nicht

---

[1] H. G. Liddell - R. Scott - H. Stuart Jones, *A Greek-English Lexicon*[9], Oxford 1940, p. 1979: for the sake of, on behalf of, on account of.

[2] Gen. xxxii 9 (10), 12 (13); Exod. i 20; Deut. viii 16, xxviii 63, xxx 5; Jos. xxiv 20; Judith xi 22; Ezech. xxxvi 11; Epist. Jer. 64.

[3] Num. x 29, 32; Judith x 16, xi 4, xv 10; Prov. iii 27, 28; Sir. xii 1, 2, 5, xiv 7, 11, 13; Jes. xli 23; Jer. xiii 23, Epist. Jer. 38, Ezech. xlvi 7, 2 Macc. xi 26, 3 Macc. iii 15.

[4] H. Bolkestein, *Wohltätigkeit und Armenpflege im vorchristlichen Altertum*, Utrecht 1939, S. 95; dort auch noch andere Synonyme.

beschränkt, wie Hendrik Bolkestein in seinem Buch über *Wohltätigkeit und Armenpflege im vorchristlichen Altertum* mit reichem Belegmaterial glänzend gezeigt hat. Jeder Mensch in jedweder sozialen Stellung kann seinem Mitmenschen εὐποιεῖν und 1 Petrus ii 19 ff. zeigt, daß es auch Sklaven möglich war, ihren Herren so „wohl zu tun". Die Wohltat war auch nicht auf Geld oder irgendeine andere materielle Unterstützung beschränkt, sondern konnte in vielen sozialen Beziehungen viele Formen annehmen, wo immer nur die Möglichkeit zum Erweis der Freundlichkeit gegeben war. Es ist klar, speziell durch den Gegensatz in Vs. 27 „Gutes tun" / „hassen", daß bei Lukas die allgemeine, ausgedehnte Bedeutung vorliegt.

Es läßt sich aber noch mehr von der griechischen Seite zu diesem Text mit seinem ἀγαθοποιεῖν τοὺς ἀγαθοποιοῦντας sagen. In dem Brief, der in 1 Macc. xi 33 zitiert ist, lasen wir schon, daß der König Demetrius den Juden, die ihm treue Freundschaft bewiesen haben, Gutes erweisen will als Dank für ihre gute Gesinnung. Diese Gegenseitigkeit steht hier nicht vereinzelt da, sondern ist der Ausdruck einer gut griechischen Auffassung. Aus einer späteren Zeit sei hier ein Wort von Epiktet (II, 14, 18) angeführt: ein Naso kommt zu Epiktet um Philosophie zu studieren, obwohl er eigentlich nichts entbehrt, denn er ist reich, hat eine Familie, viele Freunde in Rom, ist beim Kaiser bekannt, und der Philosoph fügt hinzu: οἶδας τὸν εὖ ποιοῦντα ἀντευποιῆσαι καὶ τὸν κακῶς ποιοῦντα κακῶς ποιῆσαι. τί σοι λείπει;

Daß jemand im Stande ist, die Regel der Gegenseitigkeit zu üben, gehört also zu den Merkmalen eines wohlgelungenen Lebens. Schon am Anfang der griechischen Ethik hat Hesiod (*Erga* 352) ausgesprochen, daß „wir müssen lieben die uns lieben". In eindrucksvoller Weise hat Bolkestein ausführlich gezeigt, „daß *das Prinzip der Gegenseitigkeit eine der Grundlagen des sozialen Verkehrs der Griechen gebildet hat*" [1].

Darin sind zwei Seiten zu erkennen: einerseits gibt man etwas, erweist eine Freundlichkeit, versucht sich Freunde zu machen, damit man in der Zukunft auch etwas zurückbekommen kann, andererseits gibt man zurück, wenn man Beweise der Freundlichkeit erfahren hat. Diese Doppelseitigkeit wird deutlich von (Aristoteles) *Rhet. ad Alex.* 1446 ausgesprochen: δωροῦνται πάντες ἐλπίζοντες ὠφεληθήσεσθαι ἢ τῶν προτέρων εὐεργεσιῶν χάριν ἀποδιδόντες. Bolke-

[1] H. Bolkestein, a.a.O., S. 158 (seine Hervorhebung); das Thema wird behandelt auf S. 107 f., 156-170, 317 f., 471-473.

stein zitiert auch ein Schreibvorbild aus einem ägyptischen Schulbuch: λαβὼν πάλιν δός, ἵνα λάβῃς ὅταν θέλῃς und aus den *Monosticha* des Menander λαβὼν ἀπόδος, ἄνθρωπε, καὶ λήψῃ πάλιν λυποῦντα λύπει, καὶ φιλοῦνθ' ὑπερφίλει.

Die erste Seite werden wir hier nicht weiter besprechen, obwohl zuweilen z.B. im Bezug auf die Freundschaft das Nützlichkeitsprinzip sehr derb ausgesprochen wird (nur ein Beispiel Xenophon, *Cyropaedia* VIII 2, 22 πλουτίζων καὶ εὐεργετῶν ἀνθρώπους εὔνοιαν ἐξ αὐτῶν κτῶμαι καὶ φιλίαν)[1]. Für den Gedanken, daß man empfangene Wohltaten vergilt, wie das bei Lukas vi 33 ausgesprochen wird, sei hier aus der Fülle des Materials einiges angeführt. In den Monostichen des Menander heißt es: βοηθὸς ἴσθι τοῖς καλῶς εἰργασμένοις (73) und ζήτει ποιεῖν εὖ τοῖς καλῶς εἰργασμένοις (601). Sehr oft begegnet man diesem Prinzip bei Xenophon, und bei ihm ist es nicht nur eine persönliche Anschauung, sondern eine allgemein gültige und angenommene Regel, cf. *Memorabilia* IV 4, 24 τοὺς εὖ ποιοῦντας ἀντευεργετεῖν, οὐ πανταχοῦ νόμιμόν ἐστι; Noch einige Beispiele: *Mem.* II 10, 3 αἰσχύνοιτο δ'ἄν, εἰ ὠφελούμενος ὑπὸ σοῦ μὴ ἀντωφελοίη σε — II 9,8 εὐεργετούμενον ὑπὸ χρηστῶν ἀνθρώπων καὶ ἀντευεργετοῦντα τοὺς μὲν τοιούτους φίλους ποιεῖσθαι [2]. Interessant (auch in Hinsicht auf Lukas vi 35) ist Xenophons Umschreibung der Undankbarkeit: τοὺς γὰρ εὖ παθόντας, ὅταν δυνάμενοι χάριν ἀποδοῦναι μὴ ἀποδῶσιν, ἀχαρίστους καλοῦσιν und ein solcher ist ungerecht: ὑφ' οὗ ἄν τις εὖ παθὼν εἴτε φίλου εἴτε πολεμίου μὴ πειρᾶται χάριν ἀποδιδόναι, ἄδικος εἶναι (*Mem.* II 2, 1-2). Ein weiteres Beispiel, nicht von Bolkestein erwähnt, findet sich in der berühmten Ansprache über den Gefallenen, die Thucydides II 40, 4 dem Perikles in der Mund legt: καὶ τὰ ἐς ἀρετὴν ἐνηντιώμεθα τοῖς πολλοῖς· οὐ γὰρ πάσχοντες εὖ, ἀλλὰ δρῶντες κτώμεθα τοὺς φίλους· βεβαιότερος δὲ ὁ δράσας τὴν χάριν ὥστε ὀφειλομένην δι' εὐνοίας ᾧ δέδωκε σῴζειν· ὁ δὲ ἀντοφείλων ἀμβλύτερος, εἰδὼς οὐκ ἐς χάριν, ἀλλ' ἐς ὀφείλημα τὴν ἀρετὴν ἀποδώσων.

Hier ist der Gegensatz zwischen ,,das Gute selbst tun'' und ,,das Gute empfangen'' sehr wichtig; durch die eigene Tat erwirbt man sich Freunde, die zur Gegengabe verpflichtet werden. Wichtig ist auch, daß hier bemerkt wird, wie diese Gegengabe nicht als eine χάρις — das Wort, das in diesem Zusammenhang immer gebraucht

[1] Pseudo-Isocrates I 29 bei Bolkestein, a.a.O., S. 117: τοὺς ἀγαθοὺς εὖ ποιεῖ· καλὸς γὰρ θησαυρὸς παρ' ἀνδρὶ σπουδαίῳ χάρις ὀφειλομένη.

[2] Viele andere Beispiele gibt Bolkestein, a.a.O., insbesondere S. 156 ff.

wird [1] — sondern als eine Schuld (ὀφείλημα) empfunden wird. Bei einem jüngeren Zeitgenossen des Neuen Testaments Dio Chrysostomos trifft man auch einen interessanten Passus, der zeigt, wie diese Regel der Gegenseitigkeit allgemein üblich war, aber zugleich, wie sie nicht unkritisiert blieb. In seiner bekannten Euboeischen Rede (*Or.* VII 82 ff.) sagt Dio, daß die Armen weit freundlicher zu Freunden sind als die Reichen. Als Illustration führt er die verschiedene Weise an, in der rückkehrende, aber noch unbekannte Odysseus einerseits durch den Schweinehirten Eumaeus, andererseits durch die Freier und den Telemachus empfangen wird. Eumaeus wundert sich nicht über des letzteren Benehmen, er hält es für selbstverständlich, daß bedürftige Freunde so ἀνελευθέρως behandelt werden. Und dann fährt er so fort (§ 88 f.): μόνους δὲ τοὺς πλουσίους ὑποδέχεσθαι φιλοφρόνως ξενίοις καὶ δώροις, παρ' ὧν δῆλον ὅτι καὶ αὐτοὶ προσεδόκων τῶν ἴσων[2] ἂν τυχεῖν, ὁποῖα σχέδον καὶ τὰ τῶν νῦν ἐστι φιλανθρωπίας τε περὶ καὶ προαιρέσεως· αἱ γὰρ δὴ δοκοῦσαι φιλοφρονήσεις καὶ χάριτες, ἐὰν σκοπῇ τις ὀρθῶς, οὐδὲν διαφέρουσιν ἐράνων καὶ δανείων, ἐπὶ τόκῳ συχνῷ καῖ ταῦτα ὡς τὸ πολὺ γιγνόμενα, εἰ μὴ νὴ Δι' ὑπερβάλλει τὰ νῦν τὸ πρότερον ὥσπερ ἐν τῇ ἄλλῃ ξυμπάσῃ κακίᾳ. Auch wenn man die letzte Bemerkung auf das Konto des Moralpredigers schreibt und nicht zu ernsthaft nimmt, bleibt doch die Erklärung, daß man auch in der neutestamentlichen Zeit die alte Praxis handhabte; daß man auch damals bestimmten Leuten Freundlichkeiten bewies, i.c. reich bewirtete, um von ihnen etwas zurück zu empfangen. J. J. Wettstein hat s.Z. diesen Text aus Dio angeführt[3] zu einer Stelle des N.T., wo man auch ein Jesuswort findet, das sich gegen diese Gegenseitigkeit wendet, obwohl in anderer Anwendung als in der Feldrede. In Lukas xiv 12 ff. spricht Jesus von Einladungen und sagt: μὴ φώνει τοὺς φίλους σου μηδὲ τοὺς ἀδελφούς σου μηδὲ τοὺς συγγενεῖς σου μηδὲ γείτονας πλουσίους, μήποτε καὶ αὐτοὶ ἀντικαλέσωσίν σε καὶ γένηται ἀνταπόδομά σοι. ἀλλ' ὅταν δόχην ποιῇς, κάλει πτώχους, ἀναπήρους, χωλούς, τυφλούς, καὶ μακάριος

---

[1] Wie aus einigen vorher angeführten Texten hervorgeht; andere Beispiele bei Bolkestein, passim; er schreibt auf S. 159 f.: „lehrreich ist die Tatsache, daß das Griechische (ebenso wie das Lateinische) für Dienst und Gegendienst dasselbe Wort gebraucht: χάρις, die Zweiseitigkeit, die der Handlung des χαρίζεσθαι innewohnende Gegenseitigkeit kommt hierin zum Ausdruck."

[2] Vgl. Luk. vi 34 ἵνα ἀπολάβωσιν τὰ ἴσα.

[3] J. J. Wettstein, *Novum Testamentum*, Amsterdam 1751, vol. I p. 752, gibt auch mehr Vergleichsmaterial.

ἔσῃ, ὅτι οὐκ ἔχουσιν ἀνταποδοῦναι σοι· ἀνταποδοθήσεται γὰρ ἐν τῇ ἀναστάσει τῶν δικαίων. Die letzte Zusicherung ist jüdisch formuliert (das Passive des Verbums für Gott[1] und „Auferstehung der Gerechten" [2]). Im Mittelpunkt steht das ἀνταπόδομα; das erinnert an den Text aus Sirach xii 1 ff. (s. oben S. 117). Die Vorschrift Jesu lautet also, daß man nicht Leute einladen soll in der Hoffnung, selbst wieder eingeladen zu werden. Obwohl m.W. bis heute keine Parallelen aus der jüdischen Literatur bekannt sind wie aus der griechischen [3], so macht doch die Zusammenstimmung mit Sirach wahrscheinlich, daß auch in der jüdischen Welt die griechische Regel der Gegenseitigkeit, die doch eben auch etwas sehr Allgemein-Menschliches hat, nicht unbekannt war.

In seiner Besprechung der griechischen Moral hat Bolkestein nicht unterlassen, darauf hinzuweisen, daß auch *„einige Moralisten"*[4] anderer Meinung waren als die Meisten und mit Nachdruck das uneigennützige Geben gelehrt haben. So wird das Wort von Aristoteles (*Eth. Nic.* 1167 b 31) zitiert: οἱ δὲ εὖ πεποιηκότες φιλοῦσι καὶ ἀγαπῶσι τοὺς πεπονθότας κἂν μηθὲν ὦσι χρήσιμοι μηδ' εἰς ὕστερον γένοιντ' ἄν und vom Stoiker Cleanthes (*ap.* Seneca, *De Benef.* II 31, 3): *nihil de reditu cogitare.* Bolkestein führt aus Cicero, *De off.* I 48-49 die Regel an: *non dubitamus officia conferre in eos, quos speramus nobis profituros* [5], mit dem Zusatz: er „bemerkt aber dabei, daß wir anstatt dies zu tun — was meist geschieht — lieber dem beistehen sollten, *ei opitulari, qui maxume opis indiget*" [6]. Bolkestein sieht bei Seneca und Plutarch eine Änderung im alten Plan: „Bei Erörterung des Wohltuns schließt sich Seneca denen an — früher waren das auch unter den Moralisten die Ausnahmen —, die meinen, man solle geben, ohne an Vergeltung zu denken" [7], und ... „Ebenso wie Seneca ist auch Plutarch der

[1] Darauf hat J. Jeremias mehrmals hingewiesen, z.B. *Die Abendmahlsworte Jesu*[3], Göttingen 1960, S. 194 f.; *Die Gleichnisse Jesu*[3], Göttingen 1962, S. 122.

[2] Billerbeck, a.a.O., Bd. IV, S. 1166 ff.

[3] Oft wird hierbei zitiert Xenophon, *Symp.* I 15 οὔτε μὴν ὡς ἀντικληθησόμενος καλεῖ μέ τις.

[4] H. Bolkestein, a.a.O., S. 170 (seine Herverhebung).

[5] Das sind, sagt Bolkestein, „die echten ‚Wohltäter', im Gegensatz zu den vorher genannten δανείσαντες". Er verweist (S. 170, Ak. 2) auch auf *Rhet.* 1385 a 17: ἔστω δὴ χάρις, καθ' ἣν ὁ ἔχων λέγεται χάριν ἔχειν, ὑπουργία δεομένῳ μὴ ἀντί τινος, μηδ' ἵνα τι αὐτῷ ὑπουργοῦντι, ἀλλὰ ἵνα τι ἐκείνῳ.

[6] H. Bolkestein, a.a.O., S. 317.

[7] Bolkestein, a.a.O., S. 471; er verweist auf *De Benef.* IV 11ff.; sonst wäre es nicht ein *beneficium*, sondern ein *creditum*, vgl. oben bei Thucydides, S. 119.

Gedanke der Gegenseitigkeit beim Geben fremd geworden" [1]. Die Erklärung für diese Änderung suchte Bolkestein in einer Änderung der gesellschaftlichen Verhältnisse, in denen „die Vorbedingungen für das alte Prinzip der Gegenseitigkeit nicht mehr gegeben waren" [2]. M.E. zeigen die Texte aus Dio Chrysostomus, Epictet, Lukian und auch aus dem N.T. demgegenüber, daß sich hier in der Kaiserzeit kein prinzipieller Umschwung vollzogen hat. Das Faktum, daß eben Lukas, und zwar beide Male als „Sondergut", Jesus-Worte, die die Gegenseitigkeitsregel kritisieren, überliefert, zeigt, daß seiner Meinung nach diese Anweisungen des Herrn für Lukas' Zeitgenossen nicht überflüssig waren.

An diesem Material wird deutlich, daß die Worte ἐὰν ἀγαθοποιῆτε τοὺς ἀγαθοποιοῦντας ὑμᾶς nicht *ad hoc* oder als eine ziemlich zufällige und bloße Wiederholung des vorangehenden Satzes formuliert worden sind, sondern für die Griechen einen direkten Anschluß an eine weitverbreitete ethische Lehre hatten.

In diesem Gedankenkomplex hat auch das Wort χάρις seine feste Stelle, wie in den oben angeführten Texten reichlich belegt ist. Damit stoßen wir auch auf eine alte Frage in der Exegese von Lukas vi 32 ff.: was bedeutet das von Lukas hier dreimal verwendete χάρις? Von der Mehrzahl der modernen Exegeten wird das als „göttliche Gnade" aufgefaßt, obwohl es einige gibt, die hier an menschliche Gunst denken [3]. Das erste wird meistens behauptet unter Berufung auf Lukas' Gebrauch von χάρις und weil es hier an Stelle von μισθός bei Matthäus steht, aber ohne daß man die Gedankenzusammenhänge im Griechischen in Betracht gezogen hat. Wenn jemand einem Mitmenschen Gutes erweist, ist das χάρις, aber auch wenn der Empfänger etwas zurückgibt, heißt das χάρις (man spricht von χάριν ἀποδοῦναι — ἀντιχαρίζεσθαι [4]). In letzterem Fall stattet man seinen Dank in sehr kon-

[1] Bolkestein, a.a.O., S. 472 zitiert Plutarchus, *Fragm.* XIV ff.: „wer in dieser Erwartung gibt, erniedrigt das Geben zu einem Spiel, bei dem man den Ball wirft und auffängt".

[2] Bolkestein, a.a.O., S. 471.

[3] B. Weiss nennt eine Anzahl von früheren Kommentatoren, aber wählt die Interpretation „göttliche Gnade", wie alle Andere mit Ausnahme von J. Weiss-Bousset; die umschreiben: „wer seinen Freund liebt, tut nur seine Schuldigkeit, hat auf Dank keinen Anspruch"; Geldenhuys: "What thank have ye" in der Übersetzung, später paraphrasiert mit: "nothing particularly praiseworthy".

[4] Vgl. das Zitat aus Bolkestein oben S. 120, Anm. 1. Er nennt auch eine dreifache Definition bei Stobaeus, *Eclogae* II, S. 143 W. aus der peripatetischen Schule: χάριν δὲ λέγεσθαι τριχῶς, τὴν μὲν ὑπουργίαν ὠφελίμου αὐτοῦ

kreter Form ab. Lukas kennt das Wort auch in dieser „profanen" Bedeutung, wie aus xvii 9 hervorgeht: μὴ ἔχει χάριν τῷ δούλῳ ὅτι ἐποίησεν τὰ διαταχθέντα; daß die Antwort negativ ist, wird als selbstverständlich betrachtet, denn wenn man das Befohlene tut, tut man, was man schuldig ist (Vs. 10 ὃ ὠφείλομεν ποιῆσαι πεποιήκαμεν) und kann man keine χάρις erwarten [1]. In diesem Zusammenhang möchte ich auch auf 1 Petr. ii 20 hinweisen. Dort wird die χάρις des näheren qualifiziert durch παρὰ τῷ θεῷ, an sich war das also nicht evident. Die χάρις muß so näher bestimmt werden, denn die griechische Regel der Gegenseitigkeit wurde nach dem ἀγαθοποιεῖν auch bei den Sklaven eine χάρις hervorrufen; weil das hier nicht der Fall ist, die Sklaven dagegen mißhandelt werden, sagt Petrus, daß sie dennoch χάρις erhalten, aber bei Gott, und daß ist die wahre, bleibende χάρις [2].

Was heisst hier χάρις? Jesus' Frage lautet: ποία ὑμῖν χάρις ἐστίν; „was für eine Sorte von χάρις" [3]? In 2 Clemens 13:4 wird positiv gesagt: οὐ χάρις ὑμῖν εἰ ἀγαπᾶτε τοὺς ἀγαπῶντας ὑμᾶς (Ihr habt keine χάρις). Dabei soll man die erwähnte Mehrdeutigkeit des Wortes (s. oben S. 120 Anm. [1]) und auch die Kritik der gängigen griechischen Auffassung, z.B. bei Thucydides (oben S. 119) und Seneca (oben S. 126) in Betracht ziehen. Wenn man eine Wohltat empfangen hat und etwas zurückerstattet, nennt man das wohl eine χάρις, aber es ist eigentlich nur eine Schuld. Und er soll auch keinen Dank dafür haben, denn der Mensch, der in dieser Weise von ihm etwas zurückbekommt, hat nicht Besonderes empfangen, sondern nur etwas zurückgegeben. Wenn der Jünger Jesu sich so an diese Regel der Gegenseitigkeit hält, tut er nur das, was jedermann in der Welt tut, was selbst (καὶ!) die ἁμαρτωλοί[4] tun. Dann stehen sie eigentlich

---

ἐκείνου ἕνεκα, τὴν δὲ ἄμειψιν ὑπουργίας ὠφελίμου, τὴν δὲ μνήμην ὑπουργίας τοιαύτης (a.a.O., S. 160 Ak. 1). — C. H. Bruder, *Concordantia omnium vocum Novi Testamenti*[1], Lipsiae 1853, p. 856 gibt aus Hesychius die Umschreibung: χάρις καὶ ἀμοιβὴ κατὰ εὐεργεσίαν.

[1] Vgl. auch ἀνταπόδομα oben S. 117 und 121.

[2] Cf. 1 Petr. v 12. E. G. Selwyn, *The first Epistle of St. Peter*, London 1946, p. 176 sagt, daß 1 Petr. ii 19 f. "is surely dependent on the *verba Christi*"; das wäre möglich, wenn Luk. vi 33 und 1 Petr. ii 19 f., die einzigen Stellen waren, wo diese Kombination vorkommt. In Hinsicht auf die auch spürbaren Unterschiede und den griechischen Sprachgebrauch, soll man besser sagen, daß beide neutestamentlichen Stellen auf denselben griechischen Gedankenkomplex zurückgehen. Vgl. meine Bemerkung in: *N.T.St.* I p. 110.

[3] W. Bauer, a.a.O., Sp. 1358, s.v. ποῖος 1 αβ.

[4] Es ist bekannt, wie sehr Lukas das Wort bevorzugt (16 ×, dagegen Matth. 5 ×, Marc. 5 ×). K. H. Rengstorf, in: G. Kittel, *Theol. Wörterbuch*,

auf einer Stufe mit diesen und haben bestimmt auch keine χάρις bei Gott. Nur wenn sie ἀγαθοποιοῦσιν ohne weiteres — in diesem Zusammenhang bedeutet das: auch den Feinden gegenüber — auch wenn sie nichts empfangen haben und nichts zu hoffen [1] haben, dann werden sie doch unerwartet [2] — das ist die Zusage Jesu — etwas empfangen: nicht nur Dank, sondern μισθός[3] von Gott (vgl. Luk. xiv 14 ἀνταποδοθήσεται!). Die Hoffnung wird hier nicht auf Menschen, sondern ganz auf Gott gestellt.

In seiner Fassung von Jesus' Predigt über die Feindesliebe hat Lukas im Befehl und in der Motivierung die Worte καλῶς ποιεῖν (Vs. 27) und ἀγαθοποιεῖν (Vs. 33-35) verwendet. Im Lichte des griechischen Sprachgebrauches sind dies nicht beliebige, ziemlich unbedeutende Worte; im Gegenteil, sie und ihre Synonyme sind sehr markante Begriffe in der griechischen Ethik und rufen sehr bestimmte Gedankenassoziationen hervor, die für uns manchmal verloren gegangen sind.

Wenn man diese Perikope bei Lukas mit seiner Parallele in Matthäus vergleicht, spürt man deutlich eine gewisse Stilisierung auf der Seite des Lukas: 4 Glieder in 2 Paaren, in Vs. 27-28, 4 Glieder in Vs. 29-30; dann Einfügung der positiven „Goldenen Regel"; danach die Motivierung in 3 parallelen Sätzen, die mehr oder weniger künstlich im Aufbau harmonisiert sind (sehr deutlich im Wort über das Leihen).

Alle Ausleger sind untereinander einig, daß diese Auslegungen dem Lukas zugeschrieben werden müssen, und wir können hier hinzufügen, daß er in seinem Wortlaut deutlich auf griechische Auffassungen Rücksicht genommen hat, also hellenisiert.

Es scheint mir klar, daß Lukas in seiner Vorlage das Wort von der Feindesliebe ἀγαπᾶτε τοὺς ἐχθροὺς ὑμῶν mit der Motivierung: εἰ ἀγαπᾶτε τοὺς ἀγαπῶντας ὑμᾶς, was tut ihr mehr als die Zöllner (oder so etwas) gefunden hat, zusammen mit einigen anderen Worten

---

Bd. I, S. 332 interpretiert hier als „die Heiden", was mir richtig scheint, man vergleiche den ganzen Artikel. Siehe auch unten S. 126.

[1] Cf. in Vs. 35 μηδὲν ἀπελπίζοντες, das hier, wie in den Kommentaren, z.B. Zahn, Lagrange, Creed ausführlich nachgewiesen wird, entgegen der geläufigen Bedeutung im Griechischen (= verzweifeln), übersetzt werden muß mit: „etwas davon erhoffen", oder: „hoffen etwas zurück zu empfangen"; es stellt gleich mit vs. 34 παρ' ὧν ἐλπίζετε λαβεῖν. Wir haben gesehen, wie stark die Erwartung auf Rückempfang die griechische Ethik beherrschte, s. oben S. 118 und 120 f. (andere Beispiele bei Bolkestein, a.a.O., passim).

[2] W. Bauer, a.a.O., Sp. 776 s.v. καὶ 2 g.; vgl. auch die Parallele in xiv 14.

[3] H. Preisker, in: Kittel, *Theol. Wörterbuch*, Bd. IV, 1942, S. 702 ff.

über das Dulden von Unrecht. Durch die Parallelisierung: ἀγαπᾶτε τοὺς ἐχθρούς / / καλῶς ποιεῖτε τοῖς μισοῦσιν — εἰ ἀγαπᾶτε τοὺς ἀγαπῶντας / / ἐὰν ἀγαθοποιῆτε τοὺς ἀγαθοποιοῦντας hat er die Worte Jesu stark unterstrichen und eindringlicher gemacht. Dazu kommt, daß ἀγαπᾶν wie bekannt in der griechischen Literatur nicht eine so hervorragende Rolle gespielt als in der LXX und im N.T. [1], und auch als rein gefühlsmäßig aufgefaßt werden konnte. Durch die Verwendung der Worte καλῶς ποιεῖν und ἀγαθοποιεῖν hat Lukas für seine griechischen Leser den konkreten, aktiven Charakter dieser Liebe herausgestellt und gezeigt, wie sie im sozialen Verkehr in Erscheinung tritt. Im Worte über die Beschränkung der Liebe nur auf Leute, von denen man Liebe empfangen hat, fand er die bekannte Regel der Gegenseitigkeit aus der griechischen Moral wieder und in dreifacher Ausführung hat er das Element, wie die Reziprozität das Handeln des Menschen beherrscht, unterstrichen. Denn auch beim „Leihen" ist das der bestimmende Gedanke und nicht Hoffnung auf Zins [2]. Auch hier spielt das Motiv der Hoffnung auf Rückgabe, wie in der griechischen Moral (S. 124, Anm. 1) eine Rolle. Außerdem möchte ich darauf hinweisen, daß auch Aristoteles, *Eth. Nicom.* p. 1167 „Wohltun" und „Leihen" mit einander in Verbindung gesetzt hat. Er schreibt Folgendes: οἱ δ' εὐεργέται τοὺς εὐεργετηθέντας δοκοῦσι μᾶλλον φιλεῖν ἢ οἱ εὖ παθόντες τοὺς δράσαντας, καὶ ὡς παρὰ λόγον γινόμενον ζητεῖται. . . . οἱ μὲν ὀφείλουσι, τοῖς δὲ ὀφείλεται· καθάπερ οὖν ἐπὶ τῶν δανείων οἱ μὲν ὀφείλοντες βούλονται μὴ εἶναι οἷς ὀφείλουσιν, οἱ δὲ δανείσαντες καὶ ἐπιμελοῦνται τῆς τῶν ὀφειλόντων σώτηρίας, οὕτω καὶ τοὺς εὐεργετήσαντας βούλεσθαι εἶναι τοὺς παθόντας ὡς κομιουμένους τὰς χάριτας, τοῖς δ' οὐκ εἶναι ἐπιμελὲς τὸ ἀνταποδοῦναι. Seine Gedankenführung ist hier natürlich anders als in Lukas, aber sie zeigt doch, wie diese zwei miteinander parallelisiert werden konnten[3]. Dass Lukas also das Wort vom „Leihen" hier angeschlossen hat, tat er nicht nur, um ein

[1] E. Stauffer, in: Kittel, a.a.O., Bd. I, S. 34 ff.; er schreibt, S. 37: „während der Eros das Denken der Dichter und Philosophen von Homer bis Plotin immer neu beschäftigt hat, ist ἀγαπᾶν kaum jemals zum Gegenstand grundsätzlicher Betrachtung geworden. Es ist bezeichnend genug, daß das Substantivum ἀγάπη im vorbiblischen Griechisch noch fast ganz fehlt".

[2] Das Verhältnis zum Logion 95 des Thomasevangeliums: „Wenn ihr Geld habt, leiht nicht auf Zins aus, sondern gebt . . . den, von dem ihr sie nicht (zurück) bekommen werdet" (Übersetzung von E. Haenchen, bei K. Aland, l.c., p. 528) hat eine andere Pointe als bei Lukas. Deshalb möchte ich die Frage des Verhältnisses hier unbesprochen lassen.

[3] Vgl. auch den Text aus Dio auf S. 120.

vergessenes Thema (s. oben S. 122) nachzuholen, sondern weil dies in dem griechischen Bereich auch eine gewisse Verwandtschaft hatte. Zudem wird die Sache hier von einer anderen Seite beleuchtet: in Vs. 32 und 33 ist das Subjekt ein Mensch, der etwas empfängt und dann zurückgibt; hier ist es ein Mann, der selbst anfängt etwas zu geben in der Hoffnung etwas zurück zu bekommen (vgl. S. 119 Anm. 1). Das waren die beiden Seiten dieses Prinzips (s. oben S. 118 Anm. 1).

Auch in diesem Falle des „Leihens" konnte man nicht von χάρις sprechen, denn man machte sich den Empfänger zum Schuldner. In diesem ganzen Gedankenkomplex der Gegenseitigkeit in den intermenschlichen Verhältnissen hat bei den Griechen die χάρις ihren festen Platz. Deshalb mußte dieses Wort von Lukas hier eingesetzt werden, weil das von Matthäus (v 46) gebrauchte μισθός keinen Sinn hatte. Aber daß er es so prononziert gebraucht (vgl. auch ἀχαρίστους neben πονηρούς, mit der Bemerkung auf S. 124), beweist noch einmal, wie Lukas sich hier in den skizzierten Gedankengängen der griechischen Moral bewegte. Alle Elemente kehren dort wieder. Wir müssen den Gedankenkomplex rekonstruieren, aber die vielen Übereinstimmungen zwischen Lukas und griechischen ethischen Anschauungen zeigen, daß diese dem Verfasser des dritten Evangeliums nicht unbekannt waren.

Wir haben gesehen, „wie innig das Gegenseitigkeitsprinzip das griechische Leben im allgemeinen und vor allem auch das Wohltun durchdrungen hat" [1]. Wenn wir das in Anschlag bringen und dann die Jesusworte in der Fassung, die Lukas ihnen gegeben hat, wieder lesen, entdecken wir, dass sie so nicht im allgemeinen gemeint sind, sondern eine scharfe Kritik, man möchte fast sagen, eine totale Absage an dieses allgemein herrschende Prinzip enthalten. Lukas hat hier formell hellenisiert, aber zugleich die griechische Moral aufs schärfste kritisiert. Er hat die Worte in ein griechisches Gewand gekleidet, aber damit die Substanz von Jesus' Predigt nicht geändert, sondern sie gut übersetzt, für seine griechischen Leser pointierter ausgedrückt, aktualisiert und die Nutzanwendung dieser Predigt gegeben. Damit hat auch er das Besondere des christlichen Gebots der Feindesliebe in stiller, aber für antike Menschen unüberhörbarer Polemik herausgestellt.

So ist diese Motivierung der Feindesliebe bei Lukas ein deutliches und interessantes Beispiel, wie vielgestaltig in Aufnahme und Abwehr die Hellenisierung der christlichen Predigt vor sich gegangen ist.

---

[1] H. Bolkestein, a.a.O., S. 160.

PAULINA

ARAMAISMS IN PAUL *

When Luther wrote "an die Ratsherrn aller Städte deutsches Lands" in 1524, "daß sie christliche Schulen aufrichten und halten sollen", he insisted with much stress on the necessity of linguistic study. For the purposes of this article there is no need to follow his entire argument although it does contain some very fine expressions. Let a few quotations suffice: "So lieb nu alls uns das Euangelion ist/so hart last uns uber den sprachen halten. Denn Gott hat seyne schrifft nicht umb sonst alleyn ynn die zwo sprachen schreibē laßen/das alte testament ynn die Ebreische/das new ynn die Kriechische. Welche nu Gott nicht veracht/sondern zu seynem wort erwelet hat fur allen anderen sollen auch wyr die selbē fur allen andern ehren." A little further on he says: "Und last uns das gesagt seyn/Das wyr das Euangelion nicht wol werden erhallten/on die Sprachen. Die sprachen sind die scheyden/darynn das messer des geysts stickt . . . Ja wo wyrs versehen/das wyr (da Gott fur sey) die sprachen faren laßen/so werden wir . . . das Euangelion verlieren" [1].

The authority of Luther's words does not seem useless, when we write in the present time an article on the subject of New Testament philology. For with many parts of New Testament research, this subject suffers from being largely neglected. Maybe this situation can be explained (too much knowledge in this field has, it is said, nothing to do with "theology"), but certainly, it cannot be excused. Sometimes it may seem that for many the last word has been said with certain passages in Kittel's Wörterbuch. Luther, in fact, saw the matter in a much clearer light. "Hart uber den sprachen halten" (i.e. to become involved with the *whole* of biblical philology) still remains a prerequisite for every theologian. And, in so doing, it will often entail a great deal of tough research, *for the sake of the gospel.*

The subject of this article introduces us to that quiet arena of New Testament scientific controversy in which the struggle to determine the character of language-use is fought. The question

* First appeared as "Arameismen bij Paulus" in *Vox Theologica,* 1943, p. 117-126.

[1] Luther's Werke in Auswahl, ed. O. Clemen, Berlin 1934, Bd. II, p. 451.

of whether we are here confronted by an indigenous Greek (even if it is coloured by the curious stamp of the Koine-Language) or whether we are really seeing Aramaic disguised in the cloack of Greek, has been a source of disagreement for a number of centuries.

This issue is not devoid of exegetical importance. Everyone who is but slightly acquainted with Hebrew knows that this language, in its use of words and structure, is totally different from Greek. To mention a single example: the difference in the use of sequence and tenses of the verb; the different word-connections; meanings do not correspond in sense (צדק is quite different from δίκαιος or τέλειος). Should one in the exegetical work apply the complicated rules of Greek grammar, or should the flexibility of Aramaic syntax be the criterion?

Passing over the controversy between the Hebraics and the Purists (16th.-18th. centuries) [1], we remark that since the turn of the century we have entered into a new stage of analysis. On the one hand, as a result of countless new data, the study of the Koine breaks new ground; in connection with New Testament research, the name of Adolf Deismann is highly representative. On the other hand, the writings in Aramaic are arousing increased attention; for research in this direction, the name of Gustav Dalmann may best be mentioned. The question has not yet been come to a definitive conclusion. Whereas the first camp declares the New Testament to have been written in a reasonably acceptable Koine-Greek, the other group of scholars recognises the Aramaic background in everything and often believe that they are dealing with direct translations. Research has specifically and almost exclusively been concerned with the gospels; in these the matter seemed most accessible to investigation. To what far-reaching alterations in concept the admission of an Aramaic background could lead, may be read in the last chapter of Burney's "Aramaic Origin of the Fourth Gospel" [2].

However, it should not be forgotten that the dilemma is not, nor can be that between pure Greek or translation. We have to do with writers, for whom the Holy Scriptures had also already been translated from Hebrew into Greek. As a result of this, some words had for them an element of the "language of Canaan" which,

[1] See the historical conspectus by J. Ros, *De studie van het Bijbelgrieksch, van Hugo Grotius tot Adolf Deismann*, Utrecht-Nijmegen 1940.

[2] C. F. Burney, *The Aramaic Origin of the Fourth Gospel*, Oxford 1922.

in turn, had been an influence on their own language. Neither should it be overlooked that we are here concerned with writers who may be bilingual; some one who thinks in one living language but is compelled, through circumstances, to express himself in the other with a somewhat laborious effort. These points are not raised to complicate the issue needlessly or to imbue it with a deeper significance; they are simply facts which should be taken into account. When, for example, Prof. Greydanus [1] remarks in an oration which is very well worth reading: "The letters of Paul . . . were so thought out as they were written", he omits to take into account the above-mentioned factor and makes a statement that calls for closer examination. For it is a recurrent phenomenon of bilinguality that whilst thinking in the one language one attempts to express something that cannot be said in the same way in the other. This is especially applicable in the case of the semitic languages which are different in structure from the Indogermanic languages and are inclined to function through the medium of assonance and association. In treating this matter, it is obviously essential to apply the utmost caution to this work. When Greydanus states that this train of argumentation is not correct because for the revelations of the writers we are dependent upon the *Greek* text and says that it is dangerous because we could begin to work on the basis of what we think they could have known, there is a suggestion of a justified warning [2]. Nevertheless, the nature of bilinguality is misunderstood. As far as Greydanus' first point is concerned: close observation of the selfrevelations of the writers precisely leads to the conclusion that an Aramaic thought-pattern is a valid assumption. Moreover, the statement may, perhaps, have been put too simply: the letters of Paul are so thought out as they are written; for the difficulty lies exactly within that little word "so". The diversity of explanation amongst the exegetes provides the evidence. Surely, it is a general experience in reading, especially in a foreign language, that having read what is actually written, the meaning is understood only after repeated reading.

In order to ascertain what a given New Testament writer meant to convey in a certain text, it is very important to consider his use of language in general. Thus, it is of great consequence to know:

[1] S. Greydanus, *Het Grieksch de authentieke tekst voor de exegese van het Nieuwe Testament,* Kampen 1940, p. 21.

[2] S. Greydanus, op. cit., p. 22-24 (the italics are mine).

is this a work that was translated, or was it originally written in Greek; or was this work written by a person who resorted to the use of two different languages when thinking and when writing. Within this article we shall explore whether indications for this directions are to be found in Paul.

Can we expect to be successful with Paul in this respect? At first sight the answer would seem to be in the negative. As far as I have been able to discover, there is not one study in existence which alleges that Paul wrote in Aramaic (with the exception of one indication I found and shall mention later). I did not examine the writings of the so-called Hebraists in this investigation. But even Salmasius [1], who went very deeply into the subject during the middle of the 17th. century, admitted that Aramaisms (or, as they were then called, Syrianisms) in Paul were less strong. However, be this as it may, even if such evidence existed, it is now lost. In the commentaries presently current, there is no trace of this to be found. Even a writer as Torrey who is not too anxious in this respect, withholds his opinion on the subject. On the contrary, Paul's Greek is generally acknowledged as more than adequate. In 1912 the classical scholar Paul Wendland asserted: „Das Griechisch ist Paulus' Muttersprache. Das folgt schon daraus, daß er in der griechischen Bibel groß geworden ist; es wäre auch aus seiner Herrschaft über die Sprache zu erschließen" [2]. Wendland does admit some influence from the LXX and the many irregular sentence constructions he ascribes to a superabundance of thoughts and they should, perhaps, be derived from the Semitic custom. In the opinion of Blass-Debrunner, Paul displays: "ein gutes, bisweilen gewähltes Vulgärgriechisch" [3] and Dr. Ros was persuaded that the letters of Paul still provide the best corroboration for Deismann's view [4].

The conclusion that may be drawn from this, runs as follows: the evidence which we seek is less present here than elsewhere; otherwise there would undoubtedly, from time to time, have been made attempts in this direction. But just for this very reason, the

[1] J. Ros, op. cit., p. 15.

[2] P. Wendland, *Die hellenistische-römische Kultur in ihren Beziehungen zu Judentum und Christentum. Die urchristlichen Literaturformen* [2-3], Tübingen 1912, p. 354.

[3] F. Blass - A. Debrunner, *Grammatik des Neutestamentlichen Griechisch* [6], Göttingen 1931, p. 6.

[4] J. Ros, op. cit., p. 45.

discovery of a few indications could be all the more important.

In the book already referred to, the Oxford Semitist, Burney, gave a brilliant exposé on how such a research project *can* be approached. The book is for that reason important not only in relation to his own thesis alone but also with regard to methodology.

On the basis of sentence construction, the use of conjunctions, verbs, etc., he deduces the preferences in the writings of John which correspond with the Aramaic. Even if these give an indication from which source the writing must originate, several cases of "mistranslation" put the matter to an end. In the case of Paul, this method does not seem to lead to success.

Are there, perhaps, clues in the life-story of the apostle of the heathen? A priori, this is not an unlikely proposition. He was "an Hebrew of the Hebrews" (Phil. iii 5). Although his birthplace was Tarsus (i.e. within the Greek world and, at that time, a centre of Greek civilisation), his education took place at the feet of Gamaliël. And there is no alternative, although it is admitted that Greek was sufficiently familiar in Jerusalem, but that he must have had instruction in Aramaic as part of his education. The manner in which he uses this fact as an argument (Acts xxii 3) (the antithesis between Hellenistic heathen or Jew is stated in Acts xxi and xxii) would support this. In any event, as far as we are aware, it is not known that the rabbis taught in Greek. The heavenly voice on the way to Damascus was, according to his own testimony: τῇ Ἑβραΐδι διαλέκτῳ (Acts xxvi 14). And not only did he understand the language (which could be possible without speaking the language); but he could also express himself in the same. When he is taken prisoner in Jerusalem, he addresses the crowd with words in τῇ Ἑβραΐδι διαλέκτῳ (Acts. xxi 40; xxii 2) which had a very calming effect. There can be no possible doubt that this "Hebrew dialect" referred, in fact, to Aramaic [1].

These data go as far as this. They do not allow for a definitive assessment of whether he who was bilingual [2], used Aramaic or Greek as his "thought language".

---

[1] See A. Meyer, *Jesu Muttersprache,* Freiburg i.B.-Leipzig 1896, S. 42; the words that we find quoted in the original language in the N.T. show that it was Aramaic and not Hebrew.

[2] His knowledge of Greek is shown by his activities on his missionary journeys, when he was referred to as Hermes because he was the one to speak; see also the cry of amazement from the tribune in Acts xxi 37: Ἑλληνιστὶ γινώσκεις;

In examining the Aramaic of the gospels, the presence of expressions as: Talitha Kumi, the fourth word from the cross, have been of assistance. In Paul there are three texts which yield two items of information. In the personal salutation (v. 21) at the end of 1 Cor., we meet in xvi 22 (a place to which we will come back later): *Maranatha*. In our present investigation, we can ignore this [1] but it is certain that Paul was familiar with and used Aramaic words. This also follows from parallel examples in Rom. viii 15 and Gal. iv 6 respectively, ἐλάβετε πνεῦμα υἱοθεσίας ἐν ᾧ κράζομεν· Ἀββὰ ὁ πατήρ and ἐξαπέστειλεν ὁ θεὸς τὸ πνεῦμα τοῦ υἱοῦ αὐτοῦ εἰς τὰς καρδίας ἡμῶν, κρᾶζον· Ἀββὰ ὁ πατήρ. With respect to both places, Beza offered the conjecture that the words ὁ πατήρ should be removed as an explanation. The use is in both cases stereotyped: of the spirit; the way of utterance is indicated by the verb κράζω. Grundmann pointed out the formal resemblance with rabbinical language [2], whilst in the Psalms too, this word is used of invoking God, inter alia as a translation of קרא. From this it is obvious, whether or not a connection with the Lord's Prayer (cf. the form in Luke xi) is assumed, that Paul prayed with the community in Aramaic.

Now many scholars, amongst them Zahn and Lietzmann [3], have postulated with much insistence that these expressions found their origins in the liturgy of the Palestine community and were taken over. Particularly in 1 Cor. xvi written to those Corinthians who probably did not understand a single word of Aramaic, the use of a word like Maranatha (without a translation) is very strange. If this tenet is correct, it would be difficult to say on the basis of those texts that Paul himself used Aramaic; for it could be that the words were merely adopted as a sort of magical formula. Nevertheless, it does remain mysterious in Paul that the Spirit should prefer to call to God in Aramaic whilst an explanatory note had to be added for the readers. In this context, may it also be noted that in 1 Cor. Paul exclusively uses the form "Cephas" in describing the apostle Peter; whereas in Gal. the two names "Cephas" and "Peter" are interchangeable (the text is not rigid in this). The fact that Paul should have given preference to the

---

[1] See Kittel in: G. Kittel, *Theologisches Worterbuch zum N.T.*, Bd. IV, s.v. [2] W. Grundmann, in: Kittel, Bd III, S. 900 and 903.

[3] Th. Zahn, *Der Brief des Paulus an die Römer* [1-2], Leipzig 1910, p. 395-396, and: H. Lietzmann, *An die Römer*[2], Tübingen 1928, p. 85-86.

Aramaic form does give an indication of his customary way of thinking.

Thus, the direct information is too scanty to be very helpful. As the next step we could see whether any typically non-Greek constructions occur in the letters; and indeed, they do. Without pretensions to completeness, I shall mention a few examples.

Paul's use of the article is peculiarly loose. In many instances, especially for example, in Romans where it would be expected, he leaves it out completely. This corresponds with a remark made by Wensinck who so admirable mastered Aramaic syntax, that this fact is related to the superceding by the status determinatus over the status absolutus during the first century [1].

In Gal. iii 19 is written: the Law διαταγεὶς δι' ἀγγέλων ἐν χειρὶ μεσίτου. This ἐν χείρι is Aramaic ביד, as Blass-Debrunner already remarked [2]. But is that living language? This can be doubted; for in Paul it does stand entirely isolated. It can be denied with a high degree of certainty, and said that here is an example of LXX influence, cf. Lev. xxvi 46 ἐν χειρὶ Μωυσῇ. Among the same category of instances, I think I should also count expressions as μνείαν ποιούμενος Rom. i 9; Eph. i 16, where ποιέω in the LXX often takes the place of the Hiphil (it is superfluous to give the texts in view of the frequency of the construction; Ps. cx 4 also has the expression which Paul uses); χάρις καὶ εἰρήνη at the beginning of letters instead of the ordinary Greek χαίρειν; υἱοὶ της ἀπειθείας or τοῦ φώτος (Eph. ii 2, 6; vi 1; I Thess. v 5) with that peculiarly Semitic imprint of υἱος; μὴ γενοίτο passim as a mark of the greatest aversion for חלילה, Aram. חס; καινότητι ζωῆς (Rom. vi 4) in avoiding the adjective; πάλιν in Gal. passim = Aram. תוב. Also the curious use Paul sometimes makes of the preposition (e.g. πρὸς τίνα i.p.v. παρὰ τίνι) does not, strictly speaking, *prove* anything. Somewhat different and stronger is the case with a phrase as in 1 Thess. v 11 οἰκοδομεῖτε εἷς τὸν ἕνα, חד לחד for: each other; and quite rightly Blass-Debrunner observed here a Semitism [3]. Another curious point occurs in Gal. ii 10 in the injunction to remember the poor ὃ καὶ ἐσπούδασα αὐτὸ τοῦτο ποιῆσαι with that typically Semitic

[1] A. J. Wensinck, "The Semitisms of Codex Beza and their relation to the non-western text of the Gospel of Saint Luke", in: *Bulletin of the Bezan Club XII*, Leyden 1937, p. 11-48, a very instructive study; quotation from p. 11.

[2] Blass-Debrunner, a.a.O., p. 128.

[3] Blass-Debrunner, a.a.O., p. 141.

construction of the relative clause. Such constructions can strengthen the argument even if they are in themselves not weighty enough to carry the proof.

So far one possibility has been left unexploited, namely, the use of a play on words, the elaboration upon two meanings deriving from one root word or with words which resemble each other in sound. This feature found much favour amongst people using the Semitic languages and was also accepted as a perfectly correct point of argument.

Now, a play on words is also encountered in Greek texts, for example, Philemon 11, about Onesimus: once ἄχρηστον, now εὔχρηστον; Rom. xii 3 with φρονεῖν, ὑπερφρονεῖν and σωφρονεῖν, but this can also be put into Aramaic. However, I believe that in the Pauline letters there are many more examples to be found of transitions which, on closer examination, go back to the Aramaic; texts which give rise to difficulties but, with this interpretation as a guide, find a rapid solution.

The most eloquent example is 1 Thess. v 23 Αὐτὸς δὲ ὁ θεὸς τῆς εἰρήνης ἁγιάσαι ὑμᾶς ὁλοτελεῖς καὶ ὁλόκληρον ὑμῶν τὸ πνεῦμα καὶ ἡ ψυχὴ καὶ τὸ σῶμα ἀμέμπτως ἐν τῇ παρουσίᾳ τοῦ κυρίου ἡμῶν Ἰησοῦ Χριστοῦ τηρηθείη. This text is usually connected with extensive discussions as to whether Paul was a di- or a trichotomist; one or two points seem to have been frequently overlooked in this controversy. For in this verse, we meet the use of ὁλοτελής and ὁλόκληρος. These two words in the sense of: wholly accomplished, are not met with very often. The first occurs only in the Hexapla, where LXX has ὁλοκαύτωμα and three times in the Pastor of Hermas (middle of the second century). ὁλόκληρος is often used by ancient writers in connection with the cult, e.g. with reference to beasts of sacrifice which are "whole", in Josephus for the priest who is fit for serving in the religious ceremonies [1]. In the LXX it occurs several times as an equivalent for תמים and שלם, in, for example, Deut. xxvii 6; 6, Jos. viii 31 as indicating the stones of the altar. Amongst the ancient Christian writers, it is found in Jac. i 4 beside τέλειος and explained as ἐν μηδενὶ λειπόμενοι, and in Hermas.

[1] It is to be considered whether this cultic connotation is not also included in the full meaning, cf. Rom. xii 1, because ἀμέμπτως originates from the same background. J. H. Stelma, *Christus' offer bij Paulus vergeleken met de offeropvattingen van Philo*, Wageningen 1938, does not mention this text, although he carefully investigated everything which had a bearing in this direction.

The expression θεὸς τῆς εἰρήνης occurs in Paul on another six occasions (Rom. xv 33; xvi 20; 1 Cor. xiv 33; 2 Cor. xiii 11; Phil. iv 9; II Thess. iii 16). For the significance of εἰρήνη in the N.T., let us draw attention to the fine dissertation by Dr. W. S. van Leeuwen [1]. At my promotion I defended the thesis that the transitions in 1 Thess. v 23 can be explained through the fact that Paul works with the root שלם. The basic meaning of this word is, after all: whole, to be complete and subsequently, peace [2]. In this verse, Paul thus expresses the hope that God, Whose domain is the complete, the unbroken, saves them, i.e., keeps them for His service as uncorrupted, whole; and that he desired that the Christians as a unity worthy of God (offering?) shall be saved at the parousia, their spirit and body to be the human existence with the God-given pneuma. As an antithesis to this ἀμέμπτως . . . τηρηθείη one can compare 1 Cor. v 5, the wellknown passage on the perpetrator of the sin of incest; whom Paul wishes παραδοῦναι τὸν τοιοῦτον τῷ σατανᾷ εἰς ὄλεθρον τῆς σαρκός, ἵνα τὸ πνεῦμα σωθῇ ἐν τῇ ἡμέρᾳ τοῦ κυρίου. In this verse we therefore find an elaboration on the idea of שלם. This link ennables Paul to arrive at the mental transition from εἰρήνη to ὁλόκληρος. If that is the case, it is consequently impossible to say that in biblical Greek εἰρήνη is closely restricted to and engraved with the sense of wholeness. No; indeed that is not so since otherwise, a word play would not have evolved. And moreover, Paul was aware of this association! Oblique evidence for this interpretation may be found in Mekhilta on Exod. xx 25, where a word of Jochanan b. Zakai (c. 80 A.D.) is quoted: "See, it is written in Deut. xxvii 6 that thou shalt build from unhewn stones שלמות the altar (LXX ὁλόκληρος), for those are the stones that establish peace" [3]. Finally, let it not pass unobserved that this opening αὐτὸς ὁ θεός, which sounds so ponderous in Greek, is quite common in Aramaic: הו אלהא (Peshito) and carries no special emphasis.

The fact that Paul was fully aware of this transition, is also borne out by another passage. It is generally known that Eph. and Col.

---

[1] W. S. van Leeuwen; *Eirene in het Nieuwe Testament,* Wageningen 1940.

[2] Some time after my promotion I saw that Bengel also, in his celebrated *Gnomon* in the same place made this observation; again a curious example of how the right kind of views can disappear. For in none of the modern commentaries is this mentioned.

[3] H. L. Strack - P. Billerbeck, *Kommentar zum Neuen Testament aus Talmud und Midrasch,* München 1922, Bd. I, p. 215.

contain, in many aspects, identical material even if it is not always identically phrased. Thus, in corresponding passages pertaining to the unity of the communities, Paul writes in Eph. iv 3 the term σύνδεσμος τῆς εἰρήνης, whereas in Col. iii 15 he speaks of σύνδεσμος τῆς τελειότητος. Nowhere else does this word-connection appear. In the Col. text, the combination is remarkable. But when one places the two terms side by side and remembers the above comments on שלם, one immediately realizes how, to Paul, the expressions were identical in meaning. The inter-relationship between these two letters offers us yet another example; in both we find a so-called "Haustafel"; rules governing family life occur in Col. iii and Eph. v-vi. Those in Eph. are more extensive but the actual words from Col. are found here practically unaltered. That is, with two exceptions: 1). Eph. vi 4 says of the fathers μὴ παροργίζετε τὰ τέκνα ὑμῶν whilst in Col. iii 21 the text runs μὴ ἐρεθίζετε (with a variation which improves on Eph.). The words are identical; the Aramaic root was רגז in Hiph. 2) the slaves are told that they should not serve κατ' ὀφθαλμοδουλίαν (Eph. vi 6) or ἐν ὀφθαλμοδουλίαις (Col. iii 23); the difference is to be brought back to כ or ב.

In both these epistles may be read the peculiar expression—in Eph. v 16 and Col. iv 5 τὸν καιρὸν ἐξαγοραζόμενοι for which there seems to exist no parallel in Greek. In Dan. ii 8 Theod. it is found as an expression for: to gain time, but this cannot be the New Testament meaning of the word on account of the continuation in Eph.: ὅτι αἱ ἡμέραι πονηραί εἰσιν. Could it be that there is an Aramaic play on the root = זבן to buy, whereas in North Aramaic (Syriac) it also signifies "time"?

Three times does the letter to the Ephesians mention the phrase εἰς ἔπαινον δόξης (i 6, 12 and 14); undoubtedly the underlying root is שבח which means either "to prize" or "to glorify". The Peshito also has some elements of it: דנשתבח שובחא. Aram. = שבחתא eulogy, = תשבחתא fame. A similar transition is found in Phil. i 11 εἰς δόξαν καὶ ἔπαινον θεοῦ.

In Col. i 19-20 ἐν αὐτῷ εὐδόκησεν πᾶν τὸ πλήρωμα κατοικῆσαι, καὶ δι' αὐτοῦ ἀποκαταλλάξαι τὰ πάντα εἰς αὐτόν. In LXX εὐδοκέω is a translation of רצה (e.g. Ps. l 18), whilst in rabbinical language, καταλλάσσω also means רצה Pi.[1]. We therefore find that here is an

[1] Strack-Billerbeck, a.a.O., Bd. III, p. 519.

example of a curious transition of thought which springs from a double use of the same semitic root.

From Paul's own pen we read in the Philemon (v. 19, 20) letter: 20 ναί, ἀδελφέ, ἐγώ σου ὀναίμην ἐν κυρίῳ, ἀνάπαυσόν μου τὰ σπλάγχνα ἐν Χριστῷ. "Yea, brother let me have joy of thee in the Lord: refresh my bowels in the Lord", according to the authorized Version. Dibelius notes here: "Der Vers ist stark mit Erklärungsversuchen belastet", and translates: „ich möchte deiner froh werden im Herrn: verschaff meinem Herzen eine Freude in Christus"; that is also Bauer's interpretation [1]. The Peshito version reads אנא אתתניח בך במרן אניח רחמי במשיחא. Now אתתניח ב means "to press upon" but also, "to be content" and, in Aph., "to please, to satisfy" [2]. The possibility presented by an Aramaic background offers in my opinion an excellent explanation.

From 1 Cor. I should also like to quote some examples. In the first chapter we read the famous words about the foolishness of preaching. In v. 16 he says that he was sent to preach the gospel οὐκ ἐν σοφίᾳ λόγου, ἵνα μὴ κενωθῇ ὁ σταυρὸς τοῦ Χριστοῦ. He then proceeds to explain this κενωθῇ with the words ὁ λόγος γὰρ ὁ τοῦ σταυροῦ τοῖς μὲν ἀπολλυμένοις μωρία ἐστίν. This transition of κενόω to μωρία can be explained through the Aramaic ריקא, familiar from Matt. v 22 raka = empty (head), fool.

We read in the personal salutation of Paul already mentioned earlier, in 1 Cor. xvi 22, the words: εἴ τις οὐ φιλεῖ τὸν κύριον, ἤτω ἀνάθεμα. This φιλεῖν only recurs once more in the Pauline letters, in Ti. iii 15; everywhere else love = ἀγαπᾶν. In LXX ἀνάθεμα is the translation for חרם = ban. Here too, I believe the Peshito by its translation מן דלא רחם למרן ישוע משיחא נהוא חרם, helps us to recognise a word-play of deathly gravity upon three consonants חרם and רחם (these words had the same number of letters, so they are either alike or in contrast). רחם is very common for: to love (the root = bowels; σπλάγχνα).

The Pauline account of the Last Supper in 1 Cor. xi leads into an odd transition that has not been discussed in the commentaries. This article is not a suitable place to go into the problems of the

---

[1] M. Dibelius, *An die Kolosser, Epheser, an Philemon*[2], Tübingen 1927, p. 82 and: W. Bauer, *Wörterbuch zum Neuen Testament*[2], Giessen 1928, s.v., ὀνίνημι.

[2] J. Payne Smith, *A compendious Syriac Dictionary*, Oxford 1903, s.v.

Last Supper. But this much may be said. When the bread is eaten (v. 24) Jesus says: τοῦτο ποιεῖτε εἰς τὴν ἐμὴν ἀνάμνησιν and after the drinking of the wine (v. 25): τοῦτο ποιεῖτε, ὁσάκις ἐὰν πίνητε, εἰς τὴν ἐμὴν ἀνάμνησιν. According to Lietzmann, this is an addition to the original version. This is what Paul has received from the Lord, i.e., the Last Supper as a remembrance; it is thereby taken into the Hellenistic sphere and has become a „aus dem liturgischen Bedürfnis erwachsenen Zusatz" [1]; he draws attention to meals held in ancient times in remembrance of the dead. In my opinion it is very questionable whether this construction of the words is acceptable. For Paul himself gives a subsequent (v. 26) interpretation in the following words: ὁσάκις γὰρ ἐὰν ἐσθίητε τὸν ἄρτον τοῦτον καὶ τὸ ποτήριον πίνητε, τὸν θάνατον τοῦ κυρίου καταγγέλλετε, ἄχρι οὗ ἔλθῃ. Is it a really acceptable assumption that Paul should have made—additions to the words of the Institution? I think that the "for" indicates a clear distinction; the parallelism is striking but the the division hinges on the word γάρ and not before! Here, Paul gives the application and the conclusion he has drawn from tradition. We have already seen that ποιέω often assumes the Hiphil-meaning, thus here: to call to mind. In Aramaic, to remember = דכר the Aphel (Hiphil) of this verb also meaning: to state or mention = καταγγέλλω. What Paul, in effect, is saying where both parts run parallel in meaning, is that in obedience to Christ's command they must in eating the bread also proclaim His death. Thus, καταγγέλλετε as an imperative, not an indicative; to celebrate him through remembrance. ποιέω has, in this instance no ritual connotations (= to offer) which view some would support (including Lietzmann with corroborative reference to Justinus Martyr, who lived a century later). So Paul, for purposes of instruction and remembrance of the factual event (the questions about the Lord's Supper existing in Corinth made it necessary that this point should be raised) gives a description of the Supper as an institution deriving from the very first community; after that, in v. 27, the particular application follows.

The subsequent verse 28, also contains an Aramaism, i.e., ἄνθρωπος = himself = אנשא; the same is found in 1 Cor. iv 1 οὕτως ἡμᾶς λογιζέσθω ἄνθρωπος κτλ.

In 1 Cor. vi 12 Paul, according to Bauer[2] uses, in the phrase

[1] H. Lietzmann, *Messe und Herrenmahl*, Bonn 1926, p. 223.
[2] W. Bauer, a.a.O., s.v.

πάντα μοι ἔξεστιν, ἀλλ' οὐκ ἐγὼ ἐξουσιασθήσομαι the passive of ἐξουσιάζω as a play on ἔξεστι. In Aramaic, the transition is even more pronounced. Although the Peshito translation is not entirely correct, it does lead to the right track: ἔξεστι = שליט, and (over) rule = שלט.

In 1 Cor. vii 3 when speaking of the relationship between married couples, Paul uses a curious expression: τῇ γυναικὶ ὁ ἀνὴρ τὴν ὀφειλὴν ἀποδιδότω; the Koine-text reads: ὀφειλομένην εὐνοίαν, but ὀφειλή for sexual intercourse is also found in Jewish sources [1]. Peshito translates: חובא דמתתחיב = indebted (due) love. The word "debt" itself suggested to Paul an association with "love". The eminent Mrs. Lewis pointed out that this transition was not foreign to Paul when, fifty years ago, she interpreted the word in Rom. xiii 8 μηδενὶ μηδὲν ὀφείλετε, εἰ μὴ τὸ ἀλλήλους ἀγαπᾶν with reference to the Pesh. ולאנש מדם לא תחובון אלא חד לחד למחבו as a play on words [2].

A large complex of Aramaic expressions are connected with the root סבר. Here is one example from Rom. viii 25: εἰ δὲ ὃ οὐ βλέπομεν ἐλπίζομεν, δι' ὑπομονῆς ἀπεκδεχόμεθα; Pesh. אן דין למדם דלא מתחזא מסברינן במסיברנותא מקוינן. Within this root the expressions εὐαγγέλιον, ὑπομόνη and ἔλπις lie beside each other!

The following expressions which also, by going back to the Aramaic, assume their real significance, are of quite another quality:

1. ἐν παντὶ τόπῳ in 1 Cor. i 2; 2 Cor. ii 14; 1 Thess. i 8; 2 Thess. iii 16; 1 Tim. ii 8. The common Greek form is πανταχοῦ (used but once by Paul in 1 Cor. iv 17) or πανταχῇ. This expression for "everywhere" is pure Aramaic, litterally translated as: בכל אתר.

2. ἐν ὁμοιώματι; this is found in Rom. i 23 where the heathens changed the glory of the incorruptible God ἐν ὁμοιώματι εἰκόνος φθαρτοῦ ἀνθρώπου. Here, the influence of Ps. cvi 20 καὶ ἠλλάξαντο τὴν δόξαν αὐτῶν ἐν ὁμοιώματι μόσχου may be assumed. We may feel, however, that this word is elsewhere, used in a somewhat superfluous way; there is no influence from the LXX. See in Rom. v 14; those who do not sin ἐπὶ τῷ ὁμοιώματι τῆς παραβάσεως 'Αδάμ; Rom. viii 3 God sending His own Son ἐν ὁμοιώματι σαρκὸς ἁμαρτίας, Phil. ii 7 ἐν ὁμοιώματι ἀνθρώπων γενόμενος. The dogmatic

---

[1] Strack-Billerbeck, a.a.O., Bd. III, p. 368.

[2] Quoted by A. Meyer, a.a.O., p. 135, cf. also other remarks of Meyer, p. 125-126.

aspect of this expression has been particularly subject to much thought and many kinds of interpretation. The matter is simply this: in Aramaic, the phrase דמותא ד of בדמות = like, as.

I should be reluctant to postulate that thereby all the relevant cases in the letters of Paul have been dealt with; on the contrary, I have only made an occasional dip into the available material. But a number of examples have been presented which, in my opinion, can lead to the following conclusions: *in the letters of Paul there are in many instances mental-associations which can only find a correct explanation through the Aramaic. These are not imprinted on the words in themselves*, as became apparent from the cases of εἰρήνη, *but they emanate from Paul's mental processes.* Paul is bilingual; he writes a reasonable Greek; his letters are not translations but the trend of thought is sometimes Aramaic. The voice is the voice of Jacob, but the hands are those of Esau.

Yet, in coming to an assessment of the style and method of expression in Paul, it should be borne in mind that, apart from a few exceptions, he did not himself write his letters. He did, on occasion, write a personal signature (Gal.; 1 Cor. with no less than two Aramaïsms; Col. iv 18; 2 Thess. iii 17). The name of one of these scribes (Rom. xvi 22) is known as Tertius; in other epistles, another name apart from that of Paul, is mentioned in the opening. What influence did these writers exercise over the style of the letters? The question arises: is it possible to remark a more pronounced Aramaic stamp on one or the other letter? Moreover, if our conclusion is correct, it is highly desirable that the letters of Paul should also be scrutinised from another angle, i.e., on the basis of syntax and the use of words. It is a remarkable fact that Rud. Bultmann should have drawn a comparison between the styles of five heathen preachers of the day and Paul[1] but that a similar examination should be lacking in the direction of the rabbis. Such an investigation should, one would have thought, be a matter of course with respect to the pupil of Gamaliel. The consequences of such a project could well be of greater significance to Pauline interpretation than initial appearances would tend to suggest. Here too, the "Semitica, Semitice" would find an application [2]. Here, I should also like to draw the reader's momentary attention

---

[1] R. Bultmann, *Der Stil der paulinischen Predigt und die kynisch-stoische Diatribe*, Göttingen 1910.

[2] Title of article by Prof. de Zwaan in: *Nieuwe Theologische Studien*, 1936.

to the Peshito, the Syrian translation; not only as a witness in textual criticism—in which it usually figures—but as the translation of the New Testament into a language which most closely approaches that in which Paul thought. In this field too, much necessary work still has to be done.

It would give me great satisfaction if some attention were to be given to the above-named phenomena and more would be added. Obviously, not everything that has been treated in this article will, in the long run, be found infallible and one or two things will be found wanting in validity. But, in any case, I hope that I have indicated that there are indeed present some Aramaic mental processes in the thoughts of Paul even when he does express himself in Greek. These are facts which must be taken into account. For true is the adage which has been ascribed to Melanchton: "Scriptura non potest intellegi theologice, nisi antea intellecta sit grammatice" [1].

---

[1] Referred to in J. Rost, *t.a.p.*, p. 9.

REISEPLÄNE UND AMEN-SAGEN, ZUSAMMENHANG UND GEDANKENFOLGE IN 2. KORINTHER i 15-24*

Der 2. Korintherbrief gehört bekanntlich zu den schwersten Briefen „unseres geliebten Bruders Paulus .... worin wohl einiges Schwerverständliche vorkommt" (2 Petr. iii 16 in der Übersetzung Weizsäckers, die auch weiterhin zitiert wird). Nicht nur die Zusammensetzung des Ganzen, die Einheitlichkeit, die Aussagen über das zukünftige Geschick u.s.w. werfen viele Fragen auf und haben noch mehr Staub der gelehrten Diskussion aufgewirbelt, sondern auch die Einzelexegese hat ihre ungelösten Probleme. Dieser Brief ist vielleicht das persönlichste Schreiben, doch die genauere Kenntnis über das Verhältnis zwischen Paulus und dieser wichtigen, aber auch lastigen Gemeinde fehlt uns. Das macht es schwer, die Nuancen des Ausdrucks, die Anspielungen und Formulierungen zu durchschauen. Andererseits ist dieser Brief von besonderer Bedeutung, weil der Apostolat des Paulus angegriffen ist und auf dem Spiele steht. Das ist auch i 15-24 der Fall.

Es dreht sich um eine Änderung der Reisepläne des Apostels. Für den Zweck dieses Aufsatzes ist es ganz belanglos, über diese verschiedenen Pläne an sich zu sprechen [1]. Nicht die Geographie ist von Bedeutung, sondern die Folgerung, die die Gegner des Apostels daraus gezogen haben: diese Modifizierung hat böses Blut gemacht und man hat es dem Apostel vorgeworfen.

Die *Schwierigkeiten dieses Abschnitts* werden sofort deutlich durch einen Blick auf den „Apparatus criticus" [2], nicht nur durch die Konjekturen, die hier gemacht worden sind, und die Nestle der Mühe des Erwähnens wert schätzt, sondern auch durch die Differenzen der Handschriften. Man vergleiche besonders Vs. 17 τὸ ναὶ ναὶ καὶ τὸ οὒ οὒ oder τὸ ναὶ καὶ τὸ οὒ P^{46} min. vg. (diese letzte Lesung wird auch angenommen von Kümmel [3]); liegt eine Parallele

---

* Erschienen in *Studia Paulina in honorem Johannis de Zwaan septuagenarii*, Haarlem, Erven Bohn, 1953, S. 215-234.

[1] Eine gute Übersicht in H. Windisch, *Der zweite Korintherbrief*[9], Göttingen 1924, S. 60-61.

[2] Zugrundegelegt ist die Edition von Nestle[17], 1941.

[3] H. Lietzmann - W. G. Kümmel, *An die Korinther* I-II[4], Tübingen 1949, S. 197.

mit Matth. v 37 vor oder aber gibt es hier eine Harmonisierung? Wie ist das Verhältnis der Ausdrücke in V. 17 und 18? In Vs. 20 hat man ein vorzügliches Beispiel eines Anakoluth; in 𝔎 pm. hat man das διὸ καὶ δι' αὐτοῦ geändert in καὶ ἐν αὐτῷ, womit deutlich auf eine Schwierigkeit des Verstandnisses hingewiesen ist.

Weit wichtiger aber ist die Frage: wie ist hier die Reihenfolge der Gedanken; wie ist der eine Satz mit dem anderen verknüpft? Ich habe mich oftmals gewundert über den logischen Zusammenhang und mich gefragt: was ist der Sinn des Ganzen? Auf erstes Hören scheint es eine ganz wunderbare Disgression. Grosheide spricht vom Weitergehen auf einem *Seitenpfad* (ad i 20), von einem *neuen* Gedanken (ad i 21-22), erst im 23. Vers kommt man wieder nach der Behandlung des allgemeinen Gesichtspunktes zu dem Konkreten [1]. Andere Kommentatoren sind sich nicht klar darüber und sprechen überhaupt nicht über den Zusammenhang; das ist ganz einfach, gibt aber keine Antwort!

Windisch sagt: „Er gibt zunächst die Kritik, die an seinem Verhalten geübt worden ist, in der Form einer abweisenden Doppelfrage V. 17" [2]; das ist an sich ganz richtig, aber gibt nun das Folgende die gesuchte Lösung: „(er) legt alsdann in allgemein gehaltenen, mehr dogmatischen Sätzen die innere Unmöglichkeit des ihm angedichteten Charakters dar V. 18-22"? Man möchte doch nach näherem Aufschluß fragen über die besondere Formulierung dieser dogmatischen Sätze, insbesondere über V. 20, und über den Zusammenhang zwischen Dogma und Charakter. Lietzmann verknüpft im Anschluß an Bousset Vs. 18-19 mit dem Satz: „Wie der Herr, so der Knecht"; Christus ist das personifizierte Ja, und dann geht er ruhig weiter: „Nun nimmt der Apostel Bezug auf die Gemeindesitte des Amensprechens"; dies ist durch Christus gewirkt und „so bestätigt die Gemeindesitte, daß Christus das Ja ist" [3]. Aber wie geht das so leicht vor sich? M.M.n. gibt es hier etwas allzu Sprunghaftes.

Die Schwierigkeit wird ganz klar ausgesprochen von Strachan: „the utterance has only a slight connexion with his apology for a change of plan" [4].

---

[1] F. W. Grosheide, *De Tweede Brief van den Apostel Paulus aan de Kerk te Korinthe,* Amsterdam 1939.

[2] Windisch, a.a.O., S. 63.

[3] Lietzmann, a.a.O., S. 103.

[4] R. H. Strachan, *The Second Epistle to the Corinthians,* London 1935, p. 55.

Gibt es hier eine Lösung, die die innere Beziehung dieser Sätze aufhellt? Oder soll man sich beruhigen mit dem Worte Glovers: dies ist eine von Paulus' „illuminative irrelevances" [1] — ein schöner Name für eine stilistisch unschöne Sache — oder mit Allo: „encore une de ces belles digressions, de ces soudains élans vers les sommets, qui caractérisent ces épîtres passionés" [2]? Das würde gewiß etwas sehr Bedeutsames über die Person des Apostels aussagen, aber es kann doch gefragt werden, ob es nicht eine reine Phraseologie ist, die den Sachverhalt verdeckt.

Ich glaube, daß wir nicht mit diesem Verlegenheitsauskünften heimgehen sollen und daß es möglich ist, eine Strecke weiter zu kommen. Meine These ist, daß diese Verse einen sehr guten und logischen Zusammenhang haben, und daß sie einen sehr interessanten Ausblick auf Pauli schriftstellerische Tätigkeit und Denkarbeit gewähren. Bei der Besprechung lassen wir viele Detailfragen, so weit sie nicht die Hauptfrage berühren, beiseite.

Formulieren wir einmal die *Frage in ihrer einfachsten Form*: *wie kommt Paulus von dem „Ja und Nein" zu dem „Amen" und was hat das mit seinen Reiseplänen zu tun*?

Heinrich Schlier hat in seinem Artikel „Amen" [3] die richtige Fährte gewiesen, ohne daß er aber die Konsequenzen daraus gezogen hat für unsere Stelle. Er wies darauf hin, daß im ältesten Christentum das „Amen" noch seine innerliche Bedeutung beibehalten hat und nicht bloß ein Kultwort geworden war. Hängt es doch zusammen mit אמן = feststehen und אמת = Wahrheit. Als Beweis führte er unsere Stelle an und unterstrich dabei βεβαιῶν V. 21.

Stünden die Verse 19-22 nicht da, so wäre alles sehr einfach, aber die Schwierigkeit besteht im γάρ V. 19. Das ist doch sehr bestimmt eine Motivierung, aber wie?

Machen wir erst einige vorläufige Bemerkungen:

a) In V. 17 verteidigt Paulus sich gegen den Vorwurf, daß er mit Leichtfertigkeit gehandelt hat oder daß er mit fleischlichen Überlegungen arbeitete; ἵνα = sodaß, wie oft in der Koine [4].

---

[1] T. R. Glover, *Paul of Tarsus*[4], London 1938, p. 190.

[2] E. B. Allo, *Seconde Épître aux Corinthiens*, Paris 1937, zu 2 Kor. i 18.

[3] H. Schlier, in: G. Kittel, *Theologisches Wörterbuch zum Neuen Testament*, Stuttgart 1933, Bd. I, S. 341.

[4] Vgl. F. Blass - A. Debrunner, *Grammatik des neutestamentlichen Griechisch*[7], Göttingen 1943, § 391, 5.

b) Um diesen Passus zu verstehen, soll man aufmerken, daß er λόγος im zweifachen Sinne gebraucht. Meistens bedeutet es seine Missionspredigt [1] und das hat er auch hier im Sinne, aber zugleich: das Wort über seine Reise. Er macht hier Gebrauch von der bekannten Methode, welche die Rabbinen „kol waḥomer", Schluß „a maiore ad minus", genannt haben [2] und welche auch in der griechischen und römischen Literatur zu belegen ist. Doch sagt Bultmann in seinem Buch über den Stil der paulinischen Predigt: „Schluß a maiore ad minus, den Paulus aus der rabbinischen Dialektik mitbringt"; er erwähnt diese Argumentationsweise nur, ohne darauf näher einzugehen und ohne aus der Diatribe Parallelen dafür beizubringen [3]. In den paulinischen Briefen findet man Beispiele in Röm. v 6 ff, 15-17, viii 32, xi 12,-24, 1 Kor. vi 2 f., 2 Kor. iii 7-9: „Wenn dies so ist .... wie viel mehr" πόσῳ μᾶλλον.

c) ναὶ ναί — οὒ οὔ. Zusammenhang mit dem Jesusworte in Matth. v 17 ist ausgeschlossen, denn die Situation ist ganz verschieden. Andere Versuche, z.B. das zweite ναί und οὔ attributiv oder das Ganze emphatisch zu fassen, scheitern auch; man kann das alles bei Windisch z.St. nachlesen. Unser holländischer Semitist A. J. Wensinck hat in einem kleinen Aufsatz dargetan [4], daß Wiederholung im Semitischen oft eine iterative Bedeutung hat. Das möchte auch an dieser Stelle wahr sein. Man soll dann übersetzen: „immer wieder ja und immer wieder nein". Man wirft dem Apostel also vor, daß er immer schwankend ist; das sind die Überlegungen κατὰ σάρκα: zur selben Zeit sagt er immer wieder Ja und Nein. Zieht man diese iterative Bedeutung in Betracht, so ist der Unterschied zwischen dem doppelten Gebrauch in V. 17 und dem einzelnen in V. 18 und 19 leicht zu begreifen.

d) Noch eine weitere Beobachtung, bevor wir zu dem Kern vorstoßen. In V. 20 ὅσαι = alle die, wie oft im Neuen Testament [5].

---

[1] Vgl. Kittel, a.a.O., Bd. IV, S. 118 ff. en W. Bauer, *Griechisch-deutsches Wörterbuch zu den Schriften des Neuen Testaments und der übrigen urchristlichen Literatur*[4], Berlin 1952, s.v.

[2] W. Bacher, *Die exegetische Terminologie der jüdischen Traditionsliteratur*, Leipzig 1905, Bd. I, S. 172-174; Bd. II, S. 189-190.

[3] R. Bultmann, *Der Stil der paulinischen Predigt und die kynisch-stoische Diatribe*, Göttingen 1910, S. 102.

[4] A. J. Wensinck., «Une groupe d'aramaismes dans le texte grec des évangiles», Mededeelingen der Koninklijke Akademie van Wetenschappen, afdeling Letterkunde, deel 81, serie A, No. 5, Amsterdam 1936, p. 8.

[5] Vgl. Bauer, a.a.O., Sp. 1066.

Auf Griechisch soll dieser Satz etwa so gelautet haben: πάσαις ταῖς ἐπαγγελίαις θεοῦ, ὅσαι περ εἰσίν γίνεται ἐν αὐτῷ τὸ ναί (Lietzmann). Die syrische Übersetzung liest ܟܠܗܘܢ ܓܝܪ ܡܘܠܟܢܘܗܝ ܕܐܠܗܐ: ܒܗ ܗܘ ܒܡܫܝܚܐ ܗܘܘ، ܐܝܢ ܗܘܘ; dies ist eine glättende Übersetzung, aber sie zeigt, wie solche Sätze, die dort sehr gewöhnlich sind, im Semitischen konstruiert werden. Eben bei solchen Worten mit „alle" findet sich gerne ein derartiges Satzgebilde [1]. Eine Rückübersetzung aus der griechischen in irgendeine semitische Sprache läßt eine syntaktisch einwandfreie Konstruktion herauskommen und die Schwierigkeiten des Anakoluths verschwinden.

e) In V. 23 findet sich ein deutlicher Semitismus: ἐπὶ τὴν ἐμὴν ψυχήν = על נפשי = mich selbst [2].

Im Vorhergehenden haben wir verschiedene Indizien für eine semitische Denkart gefunden, die für sich genommen nicht beweiskräftig sind, aber zusammen doch etwas besagen, weil sie unabhängig voneinander sind und doch in dieselbe Richtung weisen.

Ist es nun möglich, von dieser Seite her auch neues Licht auf den ganzen Abschnitt zu bekommen? Ich meine, man soll diese Frage bejahen. Man soll bedenken, daß das semitische Denken anders ist als das griechisch-europäische — nicht analytisch, sondern synthetisch — nicht kausal, sondern auf die innere Zusammengehörigkeit bedacht. Die schönen Untersuchungen von Pedersen in „Israel, its life and culture" haben hier sehr viel Bedeutsames zu Tage gefördert. Die Radikale einer Wurzel haben oftmals gleichzeitig viele „Bedeutungen", die unseres Erachtens wenig oder nichts mit einander zu tun haben; deshalb liebt und schätzt man das Wortspiel. Wollen wir solche Texte übersetzen und eben nur nachdenken in unserer Sprache, so erheben sich gleich unüberwindliche Schwierigkeiten. In der Wurzel eines Wortes ist die *Sache* da; man braucht sie in verschiedener Verwendung und eben diese Verwendungsformen gehören zusammen.

Den Schlüssel zum Verständnis findet man, *wenn man die Konstruktion aufgebaut sieht auf der semitischen Wurzel* אמן *und sich vor Augen hält, daß es sich hier um ein Gerichtsverfahren zwischen Paulus und den Korinthern handelt.*

Wie bekannt ist, haben die Radikale אמן, denen man im Hebräischen, Aramäischen und Syrischen begegnet, die Bedeutung

---

[1] Blass-Debrunner, a.a.O., 466.

[2] Wie ψύχη des öfteren gebraucht wird, vgl. Bauer, Sp. 1623 und Grosheide z.St.

von *feststehen,* Pi. *befestigen,* Hi. *glauben*; אמת ist *die Wahrheit, das Feststehende* [1]. Das Wort war in der Zeit des Paulus noch lebendig, wie das Vorkommen in den rabbinischen Schriften und bei den Syrern beweist. „Wahrheit", „Treue", „glauben", „feststehen", „befestigen", das sind einige Aspekte des Gebrauchs; sie alle sind hier vorhanden und treten in die Erscheinung. Man denke an das berühmte Wort Jesaja vii 9 אם לא תאמינו כי לא תאמנו.

a) V. 18 πιστὸς ὁ θεός = נאמן. Paulus gebraucht diesen Ausdruck noch in 1 Kor. i 9, x 13, 1 Thess. v 24, 2 Thess. iii 3. Dazu läßt sich bemerken, daß in 1 Kor. i 8 im selben Zusammenhang βεβαιόω vorkommt und in 2 Thess. iii 2 στηρίζω. Zu 1 Thess. v 24 vergleiche man den Segenspruch nach der Haphtara in der Synagoge האל הנאמן האמר ועושה = „der getreue Gott, der spricht und tut" [2]. Die Bedeutung ist: zuverlässig, vertrauenswürdig.

Man vergleiche Deut. vii 9 im sehr bedeutenden Erwählungspassus: Jahwe hat Israel erwählt nicht auf Grund der guten Eigenschaften des Volkes, sondern weil er den Eid hält; „Da sollt ihr heute wissen, daß Jahwe euer Gott ist", האל הנאמן שמר הברית והחסד לאהביו, LXX θεὸς πιστός, ὁ φυλάσσων διαθήκην καὶ ἔλεος τοῖς ἀγαπῶσιν αὐτόν.

Siehe auch Jes. xlix 7: יהוה אשר נאמן קדש ישראל ויבחרך = LXX πιστός ἐστιν ὁ ἅγιος Ἰσραήλ, καὶ ἐξελεξάμην σε. Wenn in Ps. lxxxix 38 gesprochen wird über die Verheißungen an David und seinem Hause, eine διαθήκη πιστή (V. 29), so heißt es: ὁ μάρτυς ἐν οὐρανῷ πιστός = ועד בשחק כאמן. In diesem Zusammenhang verweise ich darauf, daß erstens die Treue und Zuverlässigkeit Gottes im A.T. etwas mit dem Bund (διαθήκη) und den Verheißungen zu tun haben; der λόγος des Paulus ist immer die Predigt des neuen Bundes, s. 2 Kor. iii; daß es zweitens in der LXX oft mit „Zeugnis" verbunden ist, und dasselbe ist nun hier der Fall in V. 23 ἐγὼ δὲ μάρτυρα τὸν θεὸν ἐπικαλοῦμαι ἐπὶ τὴν ἐμὴν ψυχήν. Im Buch der Sprüche hat man zwei einschlägige Sätze: Prov. xiv 5

[1] Man vergleiche die Wörterbücher der verschiedenen semitischen Sprachen; H. von Soden, *Urchristentum und Geschichte, Gesammelte Aufsätze und Vorträge,* Bd. I, Tübingen 1951, S. 8 ff.; J. C. C. van Dorssen, *De derivata van de stam* אמן *in het Hebreeuwsch van het Oude Testament,* Amsterdam 1951 (diss. Vrije Universiteit); diese Dissertation kann nur als ein Anfang gelten und läßt noch vieles zu tun übrig.

[2] Z.B. in: L. Wagenaar, *Gebedenboek met Nederlandsche Vertaling en verklaring,* Amsterdam 5661-1901, blz. 380; diese Parallele findet sich nicht in H. L. Strack - P. Billerbeck, *Kommentar zum N.T. aus Talmud und Midrasch,* München 1922 ff., z. St., scheint mir aber nicht unwichtig.

μάρτυς πιστός οὐ ψεύδεται und xiv 25 ῥύσεται ἐκ κακῶν ψυχὴν μάρτυς πιστός. Diese Verknüpfung mit dem Zeugnis soll man im Auge halten. Man kann ruhig sagen, daß im Hintergrund von πιστός נאמן steht.

b) ,,Unser Wort zu Ihnen ist nicht Ja und Nein zu gleicher Zeit''. Das wird motiviert mit dem γάρ V. 19. Das Kerygma Jesu war unter den Korinthern gepredigt worden von drei Männern; das ist nicht eine Erinnerung an den ersten Anfang (Lietzmann), sondern, wie Chrysostomus bereits gesehen hat, sind darum die drei genannt als Zeugen, ,,damit auf zweier oder dreier Zeugen Mund jede Sache festgestellt wurde'' [1]; denn es dreht sich hier um ein Gerichtsverfahren! Diese Predigt war nicht ,,Ja und Nein'' zusammen, sondern ναὶ ἐν αὐτῷ γέγονεν.

c) Wir kommen nun auf ναί zu sprechen. Es findet sich nur an 5 Stellen in der LXX, entsprechend ואף, כי הנה אבל; אין־הין ist spät [2]. ,,Ja'' wird meistens mit Wiederholung ausgedrückt. ,,Amen'' ist viel kräftiger (s. unten). Aber doch kann man enge Beziehungen zwischen ναί und ,,Amen'' feststellen, speziell — und das ist das Interessante — im N.T. Wie bekannt, gebraucht Jesus in den synoptischen Evangelien oftmals ,,Amen'' = Fürwahr als Einleitung seiner Reden [3]. Aber man findet als Parallele dazu und auch in der Seitenüberlieferung ναὶ λέγω:

Matth. xi 9 = Luk. vii 26 ἀλλὰ τί ἐξήλθατε; προφήτην ἰδεῖν; ναὶ λέγω ὑμῖν, καὶ περισσότερον προφήτου vgl. Luk. xii 5 (ohne Par.) ναὶ λέγω ὑμῖν, τοῦτον φοβήθητε (wieder Steigerung). Sehr interessant ist Luk. xi 51 ναὶ λέγω ὑμῖν, ἐκζητηθήσεται ἀπὸ τῆς γενεᾶς ταύτης//Matth. xxiii 36 ἀμὴν λέγω ὑμῖν (daß dieser Ausdruck meistens bei Lukas, dem meist hellenistischen der Evangelisten gefunden wird, bemerken wir nebenbei [4]).

In dieser Hinsicht ist auch das Zeugnis der Apokalypse beachtenswert: Apok. i 7 ,,Er kommt mit den Wolken''; diesem Bekenntnis-

[1] Num. xxxv 30, Deut. xvii 6, xix 15; Billerbeck, a.a.O., Bd. I, S. 790-791; im N.T. Matt. xviii 16, Joh. viii 17, 2 Kor. xiii 1, 1 Tim. v 19, 1 Joh. v 8.

[2] Vgl. J. Levy, *Wörterbuch über die Talmudim und Midraschim*[2], Berlin-Wien 1924, Bd. I, S. 67.

[3] G. Dalman, *Die Worte Jesu*[2], Leipzig 1930, S. 185-187. — Im Folgenden habe ich nicht das ganze einschlägige Material aus der LXX aufgeführt; das muß für eine künftige Monographie über ,,Amen'' vorbehalten bleiben.

[4] Vgl. auch Matth. xxiv 47 ἀμὴν λέγω ὑμῖν//Luk. xii 44 ἀληθῶς λέγω ὑμῖν (dafür ließt D pc. ἀμήν); Mk. xii 43 ἀμὴν λέγω //Luk. xxi 3 ἀληθῶς λέγω und Matth. xvi 28 = Mk. ix 1//Luk. ix 27. Auch in Jeremia xxviii 6 LXX ist ἀληθῶς Übersetzung von אמן.

satz [1] folgt ναί ἀμήν = eine feierliche Befestigung. Als syntaktische Parallele mag man vergleichen Röm. viii 15 = Gal. iv 6 ἀββὰ ὁ πατήρ. Nicht: zur gegenseitigen Ergänzung (Windisch), sondern: identisch.

Apok. xxii 20 λέγει ὁ μαρτυρῶν ταῦτα· ναί, ἔρχομαι ταχύ, mit der parallelen Antwort der Gemeinde: Ἀμήν, ἔρχου κύριε Ἰησοῦ. In Apok. iii 14 wird Jesus selbst der „Amen" genannt. Dieser Name ist schwerverständlich, greift vielleicht auf Jes. lxv 16 אלהי אמן; LXX τὸν θεὸν τὸν ἀληθινόν; Symm. τὸν θεὸν ἀμήν; Aquila πεπιστωμένως [2] zurück. Er wird erläutert mit ὁ μάρτυς ὁ πιστὸς καὶ ἀληθινός cf. i 5, xix 11. So ist es gewiß ein Name für Jesus gewesen[3] (vgl. im Joh.-Evangelium, wo Jesus sich nennt: ἀλήθεια = אמת). Charles hat ihn wie folgt umschrieben: "the true one; the one who keepeth covenant" [4]. Bei dieser Stelle kann man deshalb auch andere terminologische Übereinstimmungen mit 2 Kor. i 17 ff. bemerken; das ganze Klima ist dasselbe (πιστός — μάρτυς!).

d) Man kann noch weiter gehen mit dieser Parallelität. Nicht nur sind „Amen" und „Ja" Wechselbegriffe, sondern auch im weiteren steckt eine Übereinstimmung zwischen Paulus und der Apokalypse. Paulus sagt: ναὶ ἐν αὐτῷ γέγονεν. In Apok. xxi 4-6 lesen wir: „τὰ πρῶτα ἀπῆλθεν; und der auf dem Throne saß, sprach: Siehe, ich mache alles neu. Und er spricht: Schreibe, ὅτι οὗτοι οἱ λόγοι πιστοὶ καὶ ἀληθινοί εἰσιν (6) καὶ εἶπέν μοι ·γέγοναν; ich bin das Alpha und Omega". Hier hat Paulus selbst eine merkwürdige Parallele in 2 Kor. v 17 ὥστε εἴ τις ἐν χριστῷ, καινὴ κτίσις· τὰ ἀρχαῖα παρῆλθεν, ἰδοὺ γέγονεν καινά. So es in Christus ge-

[1] Vgl. Matth. xxiv 30, xxvi 64 pp.

[2] Man vergleiche auch die verschiedenartige Übersetzungen in Jes. xxv 1 אמן Targum קיימתא — LXX γένοιτο — Aquila πεπιστωμένως — Symmachus πίστει; πεπιστωμένως hat Aquila auch Num. v 22, Deut. xxvii 15, Ps. xl 14.

[3] Daß man in bestimmten jüdischen Kreisen „Amen" eine besondere Deutung gegeben hat und es auf die göttliche Offenbarung bezogen hat, wird auch sichtbar in: "*The Dead Sea Scrolls*", vol. ii *Manual of Discipline*, ed. M. Burrows, New Haven 1951, pl. X 1-4, vgl. die Bemerkungen von W. H. Brownlee, *The Dead Sea Manual of Discipline, Bulletin of the American Schools of Oriental Research, Supplementary Studies* 10-12, New Haven 1951, p. 38-39, 50-51. Auch Brownlee weist p. 51 auf 2 Kor. i 20 und Apok. i 5, iii 14 hin; direkte Beziehungen liegen aber, so weit ich sehe, nicht vor. — In T. B. Schabbat fol. 119 a ist die Deutung von R. Chanina (um 225) überliefert: „Gott אל ist ein König מלך, ein Zuverlässiger נאמן". Billerbeck, a.a.O., I S. 242 schiebt das als „haggadisch" zur Seite. M.M.n. ist es wertvoll zu sehen, daß auch in anderen Kreisen eine offenbarungsgeschichtliche Bedeutung sich an das Wort „Amen" heftete.

[4] R. H. Charles, *The Revelation of St. John*, Edinburgh 1920, vol. i, p. 94.

schehen, hat das eschatologische Ereignis bereits stattgefunden. Das Heil ist gekommen. Das steht in Übereinstimmung mit der ganzen Predigt des Neuen Testaments und bedarf keines weiteren Beweises.

Das Perfektum γέγονεν bedeutet, daß ein neuer Zustand eingetreten ist, da ist; es steht fest. Wenn man sagt: ἐν αὐτῷ γέγονεν, so ist das sachlich gleichbedeutend mit „Amen". Das ist vielleicht etwas auffallend. Aber man soll sich klarmachen, daß in der Übersetzung des alttestamentlichen אמן eine Verschiebung in der Bedeutung stattgefunden hat: LXX übersetzt es meistens mit der Wunschformel γένοιτο, aber es hat doch auch für das Verständnis einer späteren Zeit mehr die Bedeutung von „Festigkeit" gehabt [1]. An einigen Stellen heißt es ἀληθῶς (Jer.) oder ἀληθῶς, πεπιστωμένως (Aquila, Symmachus) [2]. Nach Talmud B. Schebuoth fol. 36a (T. J. Sota II 18b) hat „Amen" eine dreifache Bedeutung: 1) Schwur (שבועה); 2) Verpflichtung (קבלת דברים) wie in Deut. xxvii 26; 3) Befestigung der Sache (האמנת דברים) [3]. „Amen" übersetzt man meistens mit: „Mögen ihre Worte sich erfüllen", aber es ist gewiß bestimmter: „sie werden sich erfüllen", denn für die Befestigung wird als Belegstelle zitiert Jer. xxviii 6, wo LXX das kräftigere ἀληθῶς einsetzt. „Wer ‚Amen' sagt, erklärt dadurch, daß das Wort des Andern auch für ihn gilt" [4]. Man vergleiche auch M. Schebuoth IV 3: „Welcher heißt ein Zeugniseid? Wenn jemand zu zweien gesagt hat: Kommt und legt für mich Zeugnis ab, (und sie ihm erwidert haben): ein Schwur, daß wir für dich nichts zu bekunden wissen, oder wenn sie ihm erwidert haben: wir wissen für dich nichts zu bekunden, (und als er zu ihnen sagte:) ich beschwöre euch, sie ‚Amen' sagten, so sind sie schuldig" [5]; d.h. wenn der Schwur falsch war, sollen sie gesetzes-

[1] Oben sind die Stellen angeben.

[2] Vgl. Jer. xi 5 Erinnerung an den Sinai-Bund und die Wahrmachung der Verheißungen Gottes, wie Israel sie nach der Landnahme in Kanaan gesehen hat, worauf der Prophet antwortet: „Amen, Jahwe" — LXX γένοιτο — Symmachus 'Αμήν. Das Letzte und nicht die Wunschformel der LXX ist richtig, wie auch Th. L. W. van Ravesteyn, *Jeremia* I, Groningen-Den Haag 1925, blz. 108 sagt: „Daarop kan Jeremia alleen met volkomen instemming antwoorden: Amen, zoo is het".

[3] Billerbeck, I, S. 242-243.

[4] Dalman, a.a.O., S. 185.

[5] Übersetzung von L. Goldschmidt; Billerbeck (I, S. 243) gibt es in dieser Form: „so sind sie (zur gerichtlichen Aussage) verpflichtet"; das scheint mir nicht das Richtige zu treffen, wie aus dem Kontext und M. Scheb. III 11 erhellt.

gemäß gestraft werden. Hier hat das „Amen" die Bedeutung einer Befestigung einer gegebenen Tatsache. Nach der Meinung R. Meirs — aus Anlaß vom doppelten „Amen" in Num. v 22 — hat das Wort auch Beziehung auf etwas, das da ist und nicht nur auf die Zukunft [1].

Stellt man sich diese bis heute viel zu wenig beachtete Parallelität von Paulus und Apok. vor Augen, so bekommt man ein festgeschlossenes Bild: in Jesus ist das Heil definitiv gekommen, das Neue ist geschenkt (καινὴ κτίσις); deshalb ist er der „Amen", auf griechisch ναί, die Befestigung Gottes.

e) Dafür gibt V. 20 den Beleg; denn die Verheißungen Gottes haben in Ihm ihre Erfüllung bekommen. Die ἐπαγγελία ist alles was Gott versprochen hat an Heil (σωτηρία) und Leben [2]. Diese Stelle findet ihre Erklärung in Röm. xv 7-9: χριστὸς προσελάβετο ἡμᾶς εἰς δόξαν τοῦ θεοῦ. λέγω γὰρ χριστὸν διάκονον γεγενῆσθαι περιτομῆς ὑπὲρ ἀληθείας θεοῦ εἰς τὸ βεβαιῶσαι τὰς ἐπαγγελίας τῶν πατέρων, τὰ δὲ ἔθνη ὑπὲρ ἐλέους δοξάσαι τὸν θεόν. Der Lobpreis Gottes wird gebracht von der ganzen Gemeinde der Juden und Heiden ohne Spaltung, weil die Ersten die Verheißungen Gottes in Christo erfüllt gesehen haben und weil die Anderen Sein Erbarmen erfahren haben. In Christus hat die Treue, Zuverlässigkeit und Wahrheit Gottes sich gezeigt, indem Er die Versprechungen wahr macht. Das heißt auf eine kurze Formel gebracht: er ist das *Amen* — ναί.

Deshalb wird auch durch ihn als Urheber das „Amen" der Gemeinde geweckt, und wer „Amen" sagt, heißt es im jüdischen Recht, nimmt das Gesagte auf sich, befestigt es. Also wenn die Gemeinde im Gottesdienst „Amen" sagt, so befestigt sie die Wahrheit der paulinischen Predigt über Jesus, d.h. sie stimmt ein mit seinem „Ja". πρὸς δόξαν, vgl. oben Röm. xv 7-8, weil er das Heil geschenkt hat, das von Gott her kommt. In der synagogalen Liturgie (nicht in der des Tempels) antwortete das Volk dem, der vor der Teba stand und die Segensprüche sprach, mit „Amen, Hallelujah" (vgl. Apok. xix 4!) [3]. Oft begegnet man auch der Formel: „Gepriesen seist Du, Jahwe, der Du dieses oder das getan

---

[1] Billerbeck, I, S. 243, Nt. 1, wo verschiedene Erklärungen des doppelten „Amen" gegeben werden; in Targum Jer. I wird beides auf Vergangenes bezogen.

[2] Kittel, Bd. II, S. 580.

[3] Vgl. Billerbeck, III, S. 456-461, insbesondere Num. R. IV 142 d (zit. auf S. 461).

hast", wie z.B. im A.T. Ps. xv 48, 1 Chr. xvi 36. Es ist eine Akklamation [1], wodurch die Herrlichkeit und Ehre Jahwes großgemacht wird. Die Doxo—logie wird durch das „Amen" der Gemeinde bekräftigt und damit preist und verherrlicht man Gott [2]. Das war doch auch am Anfang der Kirche so, siehe 1 Kor. xiv 16. Für Paulus bedeutet das hier, daß man durch das „Amen" des Gemeindegottesdienstes seiner Predigt über Jesus Christus, das „Ja" und nicht das „Nein", zustimmt.

f) V. 21 ὁ βεβαιῶν. Eine etwas sonderbare Fortsetzung, die, wie Windisch richtig bemerkt, eigentlich nichts mit der Sache zu tun hat. Oder doch wohl? Das Verbum [3] ist selten in der LXX und wo es mit dem Hebräischen verglichen werden kann, ist es Übersetzung von verschiedenen Wörtern. Aber weiter hilft uns Symmachus, der an einigen Stellen אמונה mit βέβαιος übersetzt. Da hat man wieder das Grundwort אמן. Daß man hier auf der richtigen Fährte ist, zeigen wohl folgende Stellen: 1 Kor. i 6-8 καθὼς τὸ μαρτύριον τοῦ χριστοῦ ἐβεβαιώθη ἐν ὑμῖν, ὥστε ὑμᾶς μὴ ὑστερεῖσθαι ἐν μηδενὶ χαρίσματι, ἀπεκδεχομένους τὴν ἀποκάλυψιν τοῦ κυρίου ἡμῶν Ἰησοῦ χριστοῦ· ὃς καὶ βεβαιώσει ὑμᾶς ἕως τέλους ἀνεγκλήτους ἐν τῇ ἡμέρᾳ τοῦ κυρίου ἡμῶν Ἰησοῦ χριστοῦ. πιστὸς ὁ θεός, δι' οὗ ἐκλήθητε εἰς κοινωνίαν τοῦ υἱοῦ αὐτοῦ I.X. und Kol. ii 7 βεβαιούμενοι τῇ πίστει καθὼς ἐδιδάχθητε (siehe unten). Vgl. auch oben Röm. xv 8 Übergang von βεβαιῶσαι nach ἀληθείας. Das εἰς χριστόν ist vielleicht etwas sonderbar; man möchte erwarten ἐν χριστῷ. Es erklärt sich vielleicht am besten, wenn man überlegt, daß es einen Zwiespalt zwischen Paulus und der Gemeinde gibt. Der beste Kommentator ist m.E. hier .... Paulus selbst in 1 Kor. i 6-8. Gott macht die Prediger zusammen mit der Gemeinde festverbunden auf Christus, das „Amen", hin, weil er beiden Anteil an den Heilsgaben geschenkt hat (dies bezieht sich wohl auf die Taufe; man bemerke den Wechsel von Präsens und Aorist in βεβαιῶν und χρίσας — vgl. das vorhergehende χριστόν! —, σφραγι-

---

[1] Einige interessante Bemerkungen über die Akklamationen machte P. A. van Stempvoort, *Eenheid en schisma in de gemeente van Korinthe volgens I Korinthiers*, Nijkerk 1950 (Diss.Amsterdam), blz. 114-116 (nach E.Peterson, *Heis Theos*, Göttingen 1926), der versuchsweise auf die Bedeutung für das altchristliche Gemeindeleben und ihr „Recht" hinweist; unsere Stelle hat er nicht besprochen. Vielleicht kann das Thema noch weiter untersucht werden.

[2] S. auch Midrasch Tehillim Ps. 31:24 (unten S. 155).

[3] Vgl. Schlier, in: Kittel, Bd. I, S. 600-603. — In Röm. xv 8 ist βεβαιῶσαι die gesprochenen Verheißungen erfüllen durch die Tatsache.

σάμενος, δούς). Nach dem Faktum (V. 20) folgt die Nutzanwendung auf die konkrete Situation mit einer Berufung auf ihre christliche Existenz, nach dem Allgemeinen das Persönliche ἡμᾶς σὺν ὑμῖν (V. 21-22). So können wir auch hier wieder, da βεβαιῶν vorangeht, אמן als Stichwort und Anschluß der Gedanken finden.

g) Vs. 24 τῇ γὰρ πίστει ἑστήκατε: Abschluß und Abrundung der Argumentation! Aus Röm. xi 20 und 1 Kor. xvi 13, wo man dieselbe Verbindung findet, folgt, daß es ein stehender Ausdruck für Paulus gewesen ist, vgl. auch 1 Kor. xv 1 und 1 Thess. iii 8. πίστις hat hier Nachdruck; es wird zweimal gebraucht. Auch πίστις hängt mit אמן zusammen, wie aus der LXX und den späteren Übersetzungen des A.T. zu sehen ist[1]. Nur ein Beispiel: Hab. ii 4, vgl. Röm. i 17, Gal. iii 11 וצדיק באמונתו יחיה = LXX ὁ δὲ δίκαιος ἐκ πίστεώς μου ζήσεται. Zusammenhang von πίστις und ἀλήθεια findet man bei Paulus in Röm. iii 2, Eph. i 13-14, 2 Thess. ii 13 (1 Tim. ii 7). Es kann hier sowohl der subjektive Glaube als die objektive Treue Gottes sein[2].

Schließlich weise ich noch darauf hin, daß in V. 23 Gott, der Zuverlässige, Treue, als Zeuge angerufen wird. Im Gerichtsverfahren ist es möglich für Paulus — so sicher ist er seiner Sache — das zu tun.

Fassen wir diese Beobachtungen zusammen, dann stellen wir fest, daß *alle Stichworte dieser Verse in der einen oder anderen Weise mit dem Wurzel* אמן *zusammenhängen*. Eine überaus interessante Parallele möchte ich hier noch anführen aus der jüdischen Literatur, wo man ein gleichartiges Wortspiel und Licht auf die Bedeutung des „Amen"-sagens findet. Ps. xxxi 24 wird im Midrasch Tehillim, z.St., folgendermaßen kommentiert[3]: „Treue (אמונים) bewahrt der Ewige, das bezieht sich auf die Abtrünnigen in Israel, denn sie antworten mit Amen (אמן) gegen ihren Willen in Treue und sprechen: Gepriesen sei, der die Todten belebt[4]!

---

[1] Beispiele in: J. F. Schleussner, *Novus Thesaurus philologico-criticus sive Lexicon in LXX* . . . . , Pars IV, Lipsiae 1821, p. 544-545.

[2] W. Bauer, a.a.O., Sp. 1206 f.

[3] Übersetzung von A. Wünsche. — Billerbeck hat, soweit ich sehe, diesen Text nirgens angeführt. — Das Schriftwort lautet: אמונים נצר יהוה „die Treuen bewahrt Jahwe" (H. Schmidt, *Die Psalmen*, Tübingen 1934, S. 58, ebenso die neueste holländische Übersetzung der Bibelgesellschaft und Zürcher Bibel).

[4] Aus der 2. Bitte des „Schemoneh Ezre"-gebetes. Dort heißt es (Übersetzung von O. Holtzmann, *Berakot*, Giessen 1912, S. 11) in der palästinischen Rezension: „Du bist stark und erniedrigst die Stolzen . . . . lebst in Ewigkeit und erweckest Tote . . . . sorgst für die Lebenden, belebest die Toten . . . .

Oder: Glauben (אמונים) bewahrt der Ewige, d.s. die Israeliten, welche sprechen: Gepriesen sei, der die Todten belebt! und im Glauben (באמונה) antworten sie mit Amen (אמן), denn sie glauben (שמאמינים) mit ihrer Kraft an den Heiligen, geb. sei er, daß er die Todten belebt, obschon die Wiederbelebung der Todten noch nicht gekommen ist".

Übersehen wir nun nochmals diesen Abschnitt. Im Semitischen liebt man es, mit zwei oder mehreren Bedeutungen desselben Verbalstammes zu „spielen" und darauf seine Argumentation zu bauen. Das ist hier der Fall, wo man immer die Wurzel vermuten kann. Ich weiß wohl, daß man dies nicht *beweisen* kann, möchte aber darauf hinweisen, daß *nur* in dieser Weise die Gedanken logisch aufeinander folgen, während man anders hier nur ein krauses Gebilde von unverbundenen Sätzen findet. Dabei soll man bedenken, daß Paulus „a maiore ad minus" schließt und daß es ein Gerichtsverfahren ist.

Obersatz: 1. Die Predigt Pauli und seiner Genossen in Korinth (drei Zeugen!)
2. war die Erfüllung der Verheißungen Gottes in Jesu, dem *Amen* = dem „Ja" (auf Griechisch) Gottes zu dieser Welt (Gott als Zeuge);
3. die Gemeinde hat das angenommen; das ist die Grundlage ihres Bestehens; sie *bezeugt* das selbst, wenn sie „Amen" sagt in der Liturgie; man hat da einen Anteil am Heilsgeschehen, das Paulus gepredigt hat; in einem Worte kann dies alles zusammengefaßt werden: Amen = Ja.

Untersatz: Wenn dies im Allerhöchsten und Wichtigsten so ist, dann ist es doch reine Torheit zu glauben, daß Paulus in geringfügigen Sachen wie in Reiseplänen zwischen Ja und Nein beständig schwanken wird. Auch hier ist alles beständig „Ja", aber um sie zu schonen ist er nicht gekommen: auch das kann Gott bezeugen. Denn Paulus kann nicht über ihren Glauben herrschen; er ist συνεργὸς τῆς χαρᾶς, der Freude des kommenden

---

Gepriesen seist du, Jeja, der du Tote erweckest". — Auch in Ps. xxxi 24 wird über die Erniedrigung der Stolzen gesprochen. — H. Lietzmann, *An die Römer*[3], Tübingen 1928, S. 55 sagt zu Röm. iii 17: „Dieser Teil gehört zum ältesten Bestand des Gebetes und ist dem Paulus sicher bekannt gewesen"; außer Röm. iii 17 zitiert(?) Paulus es auch in 2 Cor. i 9.

und gekommenen Aeons, und wenn er gekommen wäre, dann hätte er Leid bringen sollen. Diese Rückbeziehung auf die Predigt und ihren Inhalt — die Tat Gottes in Jesus — und auf die „Salbung, Versiegelung und Geistesgabe" ist das Große, in dem Paulus und die Gemeinde stehen; aber da es geisterfüllt ist, so ist es auch ausgeschlossen, daß er κατὰ σάρκα seine Überlegungen gemacht hat (sie sind κατὰ πνεῦμα, rechnen mit dem Werke Gottes, vgl. 1 Kor ii).

Die Reihenfolge der Verse ist also, in Umschreibung:

V. 17 Fleischliche-menschliche Überlegungen auf der Seite des Paulus? gab es immer wieder schwankend, „Ja" und „Nein" zugleich?

V. 18 So ist unser Wort nicht, wie der einzig zuverlässige Gott bezeugen kann;

V. 19 die drei Zeugen haben Jesus gepredigt: nur Ja, weil es in ihm geschehen ist und feststeht;

V. 20 denn in ihm ist das feierliche „Ja" der Verheißungen gekommen; er ist „der Amen", der treue und wahrhaftige, und durch ihn, der von Paulus und seinen Freunden gepredigt worden ist, wird das „Amen" der Gemeinde geweckt: „Ja, so ist es".

V. 21 Der feste und festmachende Gott hat sie zusammengeschlossen im gemeinsamen Christ-sein durch die Geistesgabe (V. 22);

V. 23 *deshalb* kann Gott auch bezeugen, daß er aus Schonung gegen die Korinther nicht gekommen ist. Denn — V. 24 — der Apostel herrscht nicht über ihren Glauben, sondern arbeitet mit an ihrer Freude; im Glauben (oder in der Treue Gottes) stehen sie fest.

Ich glaube, daß in dieser Weise die Schwierigkeiten gelöst sind, denn die Gedankenfolge ist aufgehellt, obwohl ich mir sehr wohl bewußt bin, daß es in einer nicht-semitischen Sprache fast unmöglich ist, die Beziehungen in Worte zu fassen.

Ist diese Erklärung richtig, so möge es erlaubt sein, einige weitere Beobachtungen zu machen, die für die Paulus-Interpretation von Wichtigkeit sind.

A. In Beziehung zum Kerygma:

1. Man sieht, wie Paulus sein ganzes Verhalten durchweg ins Licht seiner Aufgabe und Botschaft setzt. Das ist hier begreiflich, denn sein Apostolat ist angegriffen worden und der ist ein Teil

seiner Botschaft, sehr eng mit dem ganzen Werk Christi in dieser Welt verwoben.

2. Man sieht weiter, daß der ganze Inhalt des Kerygmas auf eine sehr kurze Formel gebracht ist: ἐν αὐτῷ γέγονεν — der Amen — die Wahrheit, οὐ γὰρ ἐν λόγῳ ἡ βασιλεία τοῦ θεοῦ, ἀλλ' ἐν δυνάμει (1 Kor. iv 20).

3. Die Predigt ist das „Ja" zur Welt, aber nicht als Zustimmung, sondern als Befestigung von Gottes Verheißungen im Alten Bunde; Er ist Wahrheit und Treue, weil Er Sein Wort geschehen läßt.

B. In Beziehung zur schriftstellerischen Tätigkeit des Paulus:

1. Dieser Abschnitt ist eng verwoben mit dem ganzen Zusammenhang; er ist ein Teil der Verteidigung; deshalb haben wir hier ein Stück, das *ganz und gar das Eigentum des Paulus ist.* Lohmeyer hat s.Z. angenommen und zu beweisen versucht, daß Phil. ii 5 ff. ein urchristliches Bekenntnis, ein Hymnus ist, den Paulus übernommen hat [1]. Wäre so etwas hier der Fall, so wäre das vielleicht interessant, speziell wegen der Beziehungen zu der Apokalypse. Wenn man in einem solchen Abschnitt Semitismen aufzeigen könnte, so wäre das nicht so sonderbar, weil es aus der aramäischsprechenden Urgemeinde übernommen sein könnte. Aber nun ist es der Besitz des Apostels selbst! Er hat es in dieser konkreten Situation formuliert.

2. Das heißt — da wir aufzeigten, wie die Gedanken durch אמן zusammengehalten sind — folglich, daß *Paulus in einem semitischen Dialekt dachte* und vielleicht schrieb. Die verschiedenen Bedeutungen von אמן konnte er anwenden, sie waren lebendig für ihn. „Amen" war nicht ein übernommenes Kultwort, sondern eine Vokabel, deren verschiedene Bedeutungen er verwenden konnte.

Nun ist, wie bekannt, dieser Stamm allgemein semitisch, aber in diesem Falle müssen wir wohl sagen, daß Paulus *aramäisch* gedacht hat. Denn dieser Abschnitt ist kein vereinzelter Fall. Bereits im Jahre 1943 habe ich in einem kleinen Aufsatz darauf hingewiesen, daß es mehrere Textstellen im Corpus Paulinum gibt, die als aramäische Wortspiele aufgefaßt werden sollen [2].

Es ist mir natürlich wohl bekannt, daß es auch griechische

---

[1] E. Lohmeyer, *Kyrios Jesus, eine Untersuchung über Phil. ii 5-11*, Heidelberg 1928.

[2] W. C. van Unnik, „Aramaeismen bij Paulus", in: *Vox Theologica* XV (1943), blz. 117-126. In this vol. p. 129-143.

Wortspiele bei Paulus gibt und daß seine Briefe im allgemeinen in gutem Griechisch abgefaßt sind. Aber dabei soll man bedenken, daß der Apostel seine Briefe in Zusammenarbeit mit seinen συνεργοί abgefaßt hat, daß er Sekretäre wie Tertius (Röm. xvi 23) verwendet hat. Das macht die Lage ziemlich kompliziert, aber deshalb soll man die Tatsachen nicht übersehen!

Sehe ich recht, dann wird die Paulusforschung in der Zukunft *ernstlich* damit zu rechnen haben, daß der Apostel in seinem Denken das Aramäisch gebraucht hat, d.h. daß seine Doppelsprachlichkeit als Faktor der Gedankenbildung immer berücksichtigt werden muß. Die erste Sprache, welche er gelernt hat, ist die aramäische gewesen. Die ganze Sachlage wird hier meistens verdeckt, weil man im allgemeinen annimmt, daß Paulus seine Jugendzeit in Tarsus verlebt hat und erst seit seinem 10. bis 15. Jahre nach Jerusalem gekommen ist, um bei Gamaliel zu studieren. Eine genaue Exegese von Apostelgesch. xxii 3, der einzigen Textstelle, die etwas Bestimmtes über die Jugend Pauli aussagt, zeigt im Lichte des griechischen Sprachgebrauchs, daß er seine ganze Jugend im Elternhause in Jerusalem verbracht hat und daß er zwar „in Tarsus geboren, aber in dieser Stadt (Jerusalem) erzogen, an den Füßen von Gamaliel ausgebildet worden" ist [1]. Das heißt, daß er als Knabe und Schüler nicht an erster Stelle das Griechisch, sondern das Aramäisch gelernt hat. Und weiter, daß er seine Bekanntschaft mit der griechischen Sprache und Kultur, mit dem Synkretismus nach seiner Bekehrung, als Christ gemacht hat, während der zweiten Periode seines Lebens, von der wir fast nichts wissen als ihre Dauer (mehr als zehn Jahre) und die Umgegend, Tarsus und Antiochien (Ag. ix 30, xi 25, Gal. i 21-II 1). Hat er den Hellenismus im weitesten Sinne als Christ kennen gelernt, so ist es wichtiger, dem Hintergrund seiner Gedanken im Spätjudentum nachzugehen als den entlegensten Pfaden des Synkretismus. Denn er wußte sich doch als „Pharisäer und Sohn eines Pharisäers", er war ein Mann, der wußte von den Verheißungen Gottes im Alten Bunde, von der καινὴ διαθήκη, weil es in Jesus γέγονεν.

[1] Das habe ich ausführlich nachzuweisen versucht in meinem: *Tarsus of Jeruzalem, de stad van Paulus' jeugd, Mededelingen Kon. Akademie* N.R. XV 5, Amsterdam 1952.

SOME ASPECTS OF ANTHROPOLOGY IN THE WORK OF PAUL*

Several years ago a book by Pierre-Henri Simon was published under the title: "Témoins de l'homme" [1]. In this book the work of a number of contemporary French writers such as Gide, Bernanos, Sartre and Camus was dicussed from the following point of view: what does the work of this author have to say on the "condition humaine". The book, which grew out of a series of lectures held before a large audience at the "Institut d'Etudes politiques" of the university of Paris, has demonstrated to what great extent the question of anthropology has supplanted that of aesthetic consideration in literature; a phenomenon which is symptomatic of our time. In the hardened business-world, there is a cry for "human relations". In the so-called natural sciences man has been discovered: man as researcher; man as the magician, unable to subdue the spirit of the technical power he has evoked and man as a psycho-somatic entity not fashioned exclusively from a fabric of chemical reaction. The high flights of psychology, pedagogy and sociology lead increasingly to the question: what is man as an individual and as a component of society? In the field of theology we have only to call to mind the work of Bultmann and the discusions which resulted, to see how once again, anthropology excites all minds. It is not difficult to point to the reasons for this taut attention for the "condition humaine". An existence suspended between a past of two bloodstained world-wars and a future of unknown quantities in terms of atomic strength and population masses; in the shadow of tarnished ideologies and the heritage of unsettled accounts; life with a Moloch of technique in a world of widening frontiers in the midst of an expanding universe has become a factor of uncertainty for the conscious and the unconscious mind. This uncertainty which manifests itself in many areas of life, has not been invented by people who "agitate for change", also in the Church, but is imposed upon us by a course

---

* First appeared as "Enkele aspecten van de anthropologie bij Paulus" in *Waarheid, Wijsheid, Leven, Feestbundel voor Prof. Dr. J. Severijn*, Kampen, Kok, 1956, p. 37-46.

[1] P. H. Simon, *Témoins de l'homme*, Paris 1951.

of events which is beyond human control. What is man as an individual and with respect to his relationships? It is understandable that in looking in various directions in search for an answer to these questions, the Bible too, is not ignored [1]. In this essay we wish to offer a small contribution to this research into biblical indications; namely, by looking into a number of aspects relating to this issue, as found in the epistles of Paul.

As is obvious in the light of the scope and nature of his writings, it is to Paul that we look in the first instance when considering the anthropological aspects of the New Testament. In his work, this apostle knew himself to be "debtor both to the Greeks and to the Barbarians" (Rom. i 14, cf. 1 Cor. ix 19). His work as an apostle brought him into contact with people to whom he had to preach the gospel; to whom he was bound by the bond of "One Lord, one faith, one baptism" (Eph. iv 5); against whose misunderstanding of his teaching, he sometimes had fiercely to defend himself; people to whose life he wanted to give direction. All sorts of circumstances occasioned the necessity that he explained the question of the significance of man in terms of the Christian gospel and the meaning of its message of mercy for man.

Lately, various scholars have devoted themselves to the question of the anthropological aspect in the works of Paul, amongst them, Walter Gutbrod, Herrade Mehl-Koehnlein and J. N. Sevenster [2]. Quite rightly, they have remarked that one does not, in Paul, encounter a "doctrine of man" systematically worked out and defined. To base everything upon a few chapters such as Rom. v-viii is neither correct nor justified; the totality must be considered. In so doing, it becomes apparent that the apostle employs terms of reference which can be traced back to different sources; he uses such Old Testament terms as "heart" and "soul" but equally, he speaks of "nature" and "conscience" which are of a clearly Hellenistic derivation. In spite of the fact that there has recently been some well-authenticated foundation for underlining the Old Testament influence in the terms "soul" and "Spirit" [3],

---

[1] Cf. also A. (F. N.) L(ekkerkerker), *Mens,* (man) in: *Encyclopaedie van het Christendom,* Protestants deel, Amsterdam-Brussel 1955, p. 537-538.

[2] W. Gutbrod, *Die paulinische Anthropologie,* Stuttgart 1934, p. 3; H. Mehl-Koehnlein, *L'homme selon l'apôtre Paul,* Neuchatel-Paris 1951, p. 5-6; J. N. Sevenster, "Die Anthropologie des Neuen Testaments", in: *Anthropologie religieuse* ed. C. J. Bleeker, Leiden 1955, p. 167.

[3] E.g., see W. D. Davies, *Paul and rabbinic Judaism,* London 1948.

it is not to be denied that the phraseology in some passages owes something to a different background. Furthermore, the terms used by Paul have not been definitely established. Wellknown in this context is the word *pneuma* which nearly always means the Holy Ghost which has been bestowed upon man but, in a number of texts, clearly refers to the spirit of man. In the same way a difference may be noticed in the meaning of the "body": in Rom. vii 24 there is a reference to "the body of this death", but in other texts this "body" is called to the service to God (Rom. xii 1; 1 Cor. vi 20). The metaphoric use of the word cannot always be brought in harmony; people are dead in their transgressions (Eph. ii 1); but there is also a command to kill those members which are on earth (Col. iii 5) where, curiously enough, those "members" are described as evil whereas elsewhere, the members are simply part of the body (Rom. vi 13). It is not quite clear how the precise relationship of *pneuma* to *nous* should be evaluated. More could be mentioned in this context which brings to light the non-systematic development of the anthropological aspect in the works of Paul.

He does indeed constantly talk of man but was the apostle, in truth, really preoccupied with the specifically anthropological question? One cannot assert that the issue of "man" is of such an exclusively modern nature that it would be unjustified to turn to Paul for indications. For it is a curious fact that these matters are again and again encountered in the Hellenistic and Roman world and that they are formulated in a surprisingly modern way. In this connection, one could draw an interesting analogy between the moods and circumstances surrounding life then and those prevailing in our present time. Let it suffice here to say that the pronouncement of the old Delphic oracle, "know yourself" finds an echo in questions as: "to what are you born, in whose image are you, what is your nature, what is your form and what is your connection with the divine?" (Clement Alex., *Strom.* V 23, 1) or, as it is phrased in the celebrated passage from the *Exc. e Theodoto* 78, 2: "who we were, what we have become; where we were, whither we have been cast; whether we speed, whence we are freed". Norden and Beutler after him, collated the many instances where such passages occur [1] and elucidated to what extent such

[1] E. Norden, *Agnostos Theos,* Leipzig 1913, p. 99 ff.; R. Beutler, *Philosophie und Apologie bei Minucius Felix,* diss. Königsberg 1936, p. 12 ff.

matters were discussed amongst scholars and religious thinkers during the first and second centuries of our era. It would not have been extraordinary if Paul too, had come into contact with this trend amongst the Greeks in Corinth, for example; but nowhere in his letters does one detect that *these* questions were for him an essential focus of interest or that he felt disposed to seek an answer for them.

How can this be explained? It could be remarked that there were various stages in Paul's preaching and speaking (cf. 1 Cor. ii 6; iii 1) and that little or nothing of his "wisdom among them that are perfect" is revealed. But it is very much to be questioned whether it is permissible to differentiate between an exoteric and an esoteric teaching on the part of the apostle in this manner. I am personally not at all convinced of this. Gutbrod has remarked that we are only acquainted with Paul through his letters which were designed for specific people; but this is not decisive. In the case of an author like Philo, it is obvious what attention can be given to anthropological content by a particularly religious man who is endeavouring to give guidance in the spiritual life. One need only open any page at random in the writings of the Alexandrian Jew who also wants to base himself on Holy Scripture and make a comparison with, for example, a section of Romans to see how divided Philo and Paul are in scope. Or one could observe the curious phenomenon that Philo often talks of "virtue" as consistent with the trend of questioning that preoccupied his time, whereas Paul uses the word on but one occasion (Phil. iv 8) and then almost as if in passing. If Paul, whilst building up his churches, had spoken far more about the nature, achievement, preservation and the rewards of virtue, it would not have been surprising; yet there is no evidence that he did. The answer of Mad. Mehl also, which suggests that as far as Paul is concerned, man always stands "before God", however correct in itself, offers no explanation for the fact that the apostle has no definite anthropological conception. This in itself need not stand in the path of a clear doctrine on man. However, another question is whether the "Hauptanliegen" of Paul were not of such a nature that systematic development had not for him chief priority and that an anthropological terminology represented for him but a minor issue of importance. Paul is not the man for definitions, distinctions or logical constructions; he wishes to preach the salvation of God offered to the world and man in its totality. This is experienced existentially and constitutes a struggle but is not contemplated as a thought. Man does come into the scheme and constitutes a part of the scene but in the triple relationship with God, fellow man and the world. This too corresponds with his own summing-up of his task (1 Cor. ii 2): "For I determined not to know any thing among you, save Jesus Christ and him crucified".

This attitude is clear from the apostle's view on one of the most important questions of his day; namely, the definition of the slave. Was this a man or not? Non-christian writers determine everything in terms of "nature" and "birth"; for Paul, all is explained in the light of the individual relationship to the Lord.

Within the scope of this article it will not be possible to deal with the anthropological aspects in Paul's work as a whole. For the very reason that the anthropology should not be restricted to the available psychological material and because the matter was not systematically dealt with by Paul, a discussion should be far more extensive than the pages at our disposal allow. For that reason, we shall merely indicate some characteristic features of this anthropology. A comparison with other concepts of man illuminates the profiles in the scattered material of Paul all the better. In this article we shall not make this comparison through the literature of the Greek or Roman writers although it would, for example, be worthwhile to assess the influence of astrological fatalism or the duality of matter and spirit upon the anthropology in Paul's time and to set these against the thoughts of the apostle with regard to respectively, the "powers and thrones" and "body and soul". In spite of the fact that a diversity of authorities have already examined this aspect, a more comprehensive investigation would, in our opinion, be desirable and possible. On this particular occasion however, we would like to devote our attention to a number of anthropological premises which are found in Jewish sources and compare them with those found in Paul. This we consider to be valuable because this "slave of Jesus Christ" never leaves any doubt as to his deep allegiance to the Jewish people or repudiates this bond. With the Jews, he shared some "preconceptions" such as the belief in one God, Creator of heaven and earth and the significance of the Old Testament.

How great were the possibilities for variation in belief, within Judaism, is well-known; the fact that the Pharisees and the Sadducees held diametrically opposed views on the resurrection (cf. Acts xxiii 8) is but one example amongst many. Where does the apostle stand amidst these many possible concepts? Of the many possibilities, we leave aside Philo or other representatives from the Diaspora because in this instance, the influences imposed by the Hellenistic environment could affect the clarity of the picture. Instead, we shall select comparable types taken from a Palestinic background.

The first element of comparison is presented by the *sect of Qumran*. In one of the "rules" of this group which was discovered in 1947, the so-called "Manual of Discipline", occurs a passage concerning the two spirits within man which, since its publication, has already been extensively discussed. A variety of links with ancient christian literature are indicated on the basis of this particular passage [1]. In design and its train of thought this passage really falls outside the scope of the sect's rule [2]. It is stated that from the God of knowledge comes everything; He created man to rule over the earth (cf. Gen. i 27-28; Ps. viii 7), designing two spirits for him in which to walk until the time fixed for His visitation (= Day of Vengeance). These two spirits are first described as angels or princes over respectively, light and darkness; righteousness and deceit. The angel of darkness strives to cause the fall of the sons of light but the God of Israel and the angel of righteousness help the sons of light. Subsequently, there is a résumé of the "ways" of these opposing spirits in the world; they reveal themselves through a variety of virtuous and abominable activities which are summed up in a list which is strongly reminiscent of a sequence occurring in Gal. v 19-22. Ultimate happiness awaits those who walk in the path of light; but those who pursue the way of darkness and deceit, shall meet with annihilation. In the history of mankind there is a fierce struggle between the two spirits but, through His visitation, God destroys the existence of deceit. "Then God will purify the doings of man by His truth and purge a part of mankind. . He will sprinkle upon it a spirit of truth . . . and to teach the perfect in their ways that God has chosen them for an eternal

[1] Cf. J. P. Audet, "Affinité's littéraires et doctrinales du 'Manuel de Discipline'" in: *Revue Biblique* 1952, p. 219 ss., 1953, p. 41 ss..

[2] The translation followed in the article is that of P. Wernberg-Møller, Leiden 1957; cf. also the commentary of W.H.Brownlee, *The Dead Sea Manual of Discipline*, New Haven 1952 (with parallels from the O. and N.T.), p. 12 ss.

covenant." But "until now the spirits of truth and deceit struggle in the heart of man, walking in wisdom and in vileness. According to his share in truth and righteousness, thus a man hates deceit, and according to his assignment in the lot of deceit and ungodliness, thus he loathes truth. For God has set them apart until the time of that which has been decided, and of the making of the New".

An extensive analysis cannot be included in this article. Nevertheless, it should be observed how two trends of thought are here intermingled: a dualism (the struggle between light and darkness as metaphysical forces) in the history of the world which culminates in the renewal through God; and the reflection of this struggle within the individual man. Within the sphere of the individual struggle, one sometimes receives the impression that man is delivered into the hands of one or the other of these forces without any power of his own and then, again, that the knowledge of these two alternative ways necessitates a choice and that this is the cause of the struggle within man. The struggle of "zwei Seelen wohnen ja in meiner Brust" is here projected against the background of a cosmic struggle to last until the Renewal. In the very summons of obedience to the Law as understood by the sect, by breaking with the sins of Israel as they were conceived by the sect, existed an attempt to take the part of the Prince of Light in the isolation of Qumran.

The analogy with Paul's use of language is already clear from the few extracts quoted above. In a passage as Eph. v 3 et seq., remarkable parallels leap forward. The struggle which takes place in man immediately suggests the profound description of the conflict in man which Paul sketches in Rom. vii [1]. But is is precisely against this background that it becomes clear to what degree the metaphor has, in Paul, undergone a radical mutation. Paul does not know of two original contrasting spirits emanating from God himself; he does know of the controversy between light and darkness which runs through man and the world; there is a "spirit" that now worketh in the children of disobedience (Eph. II 2) and the Spirit of God. But this is not of a metaphysically-dualistic order but it is on the one hand, the sin of Adam and, on the other, the Spirit as the pledge of the coming aeon which here guides the children of God. Set in comparison with the Qumran text it becomes particularly evident how much more personal is the struggle in man which

[1] On this much-discussed chapter W. G. Kümmel, *Das Bild des Menschen im Neuen Testament*, Zürich 1948, p. 27 et. seq.

causes him to cry out: "O wretched man that I am! who shall deliver me from the body of this death?". This also accentuates the fact what is lacking in the "Manual of Discipline" and of which Paul is aware: "I thank God through Jesus Christ our Lord". More than an exclamation this is also indicative of the certainty that through Christ justification and deliverance will come. In Qumran the bitter struggle between the two inimical forces was regarded in terms of a protracted future; Paul knows that "if any man be in Christ, he is a new creature: old things are passed away; behold, all things are become new" (2 Cor. v 17). Whether man is a child of light or a child of darkness does not for Paul depend upon some arbitrary fate imposed by one or the other force but rests upon man's relationship with Christ, who was dead and is risen again. What is man, what he does and where is his place: that are all questions which are determined by this relationship with Jesus Christ. Nor can this relationship be defined in terms of black or white—for within the communities, as it would appear from the remonstrances which constitute such a considerable part of Paul's letters, sins and even grave sins, were rife. "Let us therefore cast off the works of darkness, and let us put on the armour of light." says Paul (Rom. xiii 12)) who knows that he himself has not yet achieved this or gained perfection; but he strives so that "if that I may apprehend that for which also I am apprehended of Christ Jesus" (Phil. iii 12). Whatever Paul has to say about man is viewed in a more historical context, determined by Him "Who was delivered for our offences and was raised again for our justification". Through Him, the certainty that nothing shall keep us from the love of God which is in Jesus Christ, our Lord, has come into the life of man which exists in the struggle between good and evil.

A second point of comparison may be found in a passage from IV *Ezra*, VII, 116 et seq. [1]. This apocalyptic writer who complains about the fall of Jerusalem sees that the holy city has been taken by the heathens who are counted by God as nothing (Is. xi 17) and that this judgement has come over the sins of Israel because the commands of God have not been observed. But few are the faithful and those who are saved, as on earth that which is scarce is more precious than that which exists in abundance (cf. vii 50 et seq.).

[1] For our purpose it was not essential to go into the complicated textual tradition of IV Ezra and was it sufficient to follow the translation of R. H. Charles, *The Apocrypha and Pseudepigrapha of the Old Testament*, Oxford 1913, vol. ii.

Because there are only few who will partake of salvation (cf. also Luke xiii 23) he bursts forth into a lament: "Better had it been had not the earth brought forth Adam, or else, when he had been brought forth, to have kept him from sin. For what benefit is it for us who must live today in smart and must look for punishment after death? O Adam, what have you done? For although the sin was yours, the fall was not yours alone but also ours, your descendants. For what benefit is it to us that eternity was promised us whilst we perform the deeds which bring death? And that eternal hope is denied us whilst we are so unfortunately brought to vanity?". After these words this thought has been further developed; it is said, amongst other things, that the countenances of the pure shall shine more brightly than the sun (cf. Dan. xii 3; Matt. xii 43) whilst those of the sinners shall be blacker than darkness. Then the seer is given the answer: "This is the condition of the struggle that man born on earth must bear; so that, if he is vanquished, shall suffer that which you said but, if he overcomes, shall receive that which I promised"; neither Moses nor the prophets were believed (Deut. xxx 19). "Therefore there shall not be such a destruction over their pain as there shall be over the preservation of them that were faithful".

This word resounds with the deep tragedy lying over humanity which has been condemned to perdition through the fall of Adam; a far-distant salvation can be perceived, but who shall attain to this? This tragedy has the magnitude of the tortures of Tantalus. A few alone, those who have fulfilled the commands, shall be saved. The writer sighs under the weight of the predicament of a humanity which has fallen from God and comes up against the question: who, then, can be saved? Has the creation not become a great mistake through the Fall? An inescapable pessimism governs the anthropological concept of the writer.

Problems of this kind are not foreign to Paul. To discover an analogy for the lament over Adam we need but think of Rom. v 12 et seq.; whilst on the subject of vanity we look to Rom. viii 20-22. Indeed, we could even say that in Rom. i-iii it is treated even more radically than by IV Ezra. In IV Ezra there are at least people —few, admittedly; but some—who achieve the commands of God; in the face of all oppression there are some who attain the victory. In Paul, all have sinned; there is not one who acts righteously; all miss the glory of God. Notwithstanding, there is in Paul, who has also struggled with the impossibility of doing God's will, no pessimism. His view of humanity does make him recognise that there are people who will be lost and people who will be saved (1 Cor. i 18), but he does not brood whether these are "many or few". The glory that shall be revealed is not represented as the torture of a Tantalus, something that may be seen, far away, without having a part; for it is a felicitous certainty. The transitory nature of things under which all creation "but ourselves also, which have the first fruits of the Spirit" groan, is bathed in the glorious light of hope (Rom. viii 21 et seq.). Besides Adam, whose sin brought death, Paul knows to speak of Jesus Christ as the second Adam who brings life. Paul's knowledge is of a God who pronounces justice over the godless and who does not couple salvation with a victory of which man is, in truth, not capable and bestows his grace as an act of mercy (Eph. ii 8). Perhaps this characteristic aspect is most sharply outlined if we note that whereas IV Ezra complains that "our countenances shall be blacker than darkness", Paul is ready to say: "we all, with open face beholding as in a glass the glory of the Lord, are changed in the same image from glory to glory even as by the Spirit of the Lord." (2 Cor. iii 18). The anthropology of Paul has a sombre colour because he is completely in earnest with God—as is IV Ezra—but at the same time he is filled with hope and gladness because he has come to know God in the image of Jesus Christ. There is hope for man; "for the grace of God that bringeth salvation hath appeared to all men, teaching us that, denying ungodliness and wordly lusts, we should live soberly, righteously, and godly, in this present world; looking for that blessed hope, and the glorious appearing of the great God and our Saviour Jesus Christ; who gave himself for us that he might redeem us from all iniquity, and purify unto himself a peculiar people, zealous of good works" (Tit. ii 11-14).

A third passage we shall use for purposes of comparison we find in the works of the Jewish historian, *Flavius Josephus, Jewish War* VII, 8, 7, para. 340 et seq. This particular passage forms part of an account concerning the very last convulsions of the Jewish uprising against the Romans. After the fall of Jerusalem, a group of Sicarians continued the resistance from the almost impregnable mountain fortress of Massada. When this last remaining stronghold is attacked by the Romans and proves, after all, not to be invincible, the Jewish leader Eleazar urges the defenders to kill themselves so that they may not fall alive into the hands of their deadly enemies. They have, he tells them, never wished to serve any but God since He alone is the true and just master of men. But God has turned away from them as was apparent from the fact that He allowed the destruction of the holy city and from the manner in which the fortress of Massada is threatened[1]. This is the punishment for their wickedness. "Therefore we do not wish to suffer the punishment by the hands of the Romans, our deadly enemies, but rather from God through our own hands: for His punishments are milder than those of the Romans" (cf. Sam. xxiv 15). In order to spur on his listeners, Eleazar delivers a speech about the immortality of the soul. He says that since their earliest youth they have been taught the godly way of life from their forefathers and have seen confirmed in their fathers that it is life that is disaster for mankind, but not death. "It is life that is a calamity to men, and not death; for this last affords our souls their liberty, and sends them by a removal into their own place of purity, where they are to be insensible of all sorts of misery; for while souls are tied down to a mortal body, they are partakers of its miseries [2]. For it is unseemly that the godly be bound with a mortal body. Nevertheless the soul may achieve something great even when it is still tied down; because it makes a tool of the body moving it invisibly and raising it by its deeds above mortal nature; but only when it is liberated of the weight which holds it down to earth and is suspended from it, and removes again to its own place, then it partakes of the glorious power and a might, opposed from no side, it remains invisible to human eyes as God Himself . . . That with which a soul binds itself, that lives and flourishes. That from which it is untied, suffers and dies; to such an abundant degree does the soul possess eternal life. The clearest proof of the words is the sleep in which the souls, whilst the body does not make demands on them, find the greatest

[1] A fire that the Romans had raised turned itself against them; but suddenly the wind turned and set alight the defense constructions of the Jews. Josephus (and Eleazar) interpret this a clear evidence of the wrath of God.

[2] Cf. Philo, *Quis rer. div. haer* 265 on prophets: "for the soul (*nous*) in us relinquishes its dwelling with the coming of the Holy Spirit (*pneuma*), but when it departs, it once again takes up its abode; for it is not permitted that the mortal shall dwell with the immortal".

peace in returning to themselves and, bound with God, they go everywhere and predict much of that which shall be. Why should death be feared, whilst the peace that comes in sleep, is beloved? Is it not foolish, whilst pursuing liberty in life, to deny ourselves the only liberty" ?

For our purpose the rest of this speech is less important, apart from the remark in para. 381 in which Eleazar says: "for to death were we born and did we conceive our children; and even the happiest of us cannot avoid this; but torture, slavery and other calamities are not misfortunes for men that flow out of nature by necessity". Josephus relates how these words had the desired effect; all perished by Jewish hands but for a few women who are reputed to have given the Romans an account of these events (*B.J.* VII 9, 1-2). At first the Romans refused to believe the story but when they had seen the piles of dead, "they rejoiced, not as over the destruction of their enemies but admiring the greatness of their deed and the unshakeable scorn for death by so many".

So much for this account by Josephus who clearly wishes to arouse these feelings of admiration in his readers. Amongst the Romans and particularly in Stoic circles, suicide as the self-chosen way-out was certainly admired. But was it thus amongst the Jews? It is curious that Josephus who charges these Sicarians and their frenzied resistance with the fall of the Jewish state and does not care too much for them, should have written about them without disapproval but demanding admiration. Does this deed fall within the Jewish pattern of thought? Undoubtedly it would have been in keeping to allow themselves to be murdered in remaining faithful to God's command; but such suicide? In trying an interpretation, one could bear in mind the rabbinical conception of death as a penance [1]. But Josephus gives them other motivations in a narrative which reads like a true Greek tract and fulfills the demands of rhetoric historical writing. It is curious that Josephus attributes this to Eleazar's lips. Of himself he relates that after all sorts of spiritual tests he became a Pharisee and that this sect had most in common with the Stoics (*Vita* 2). It would be worthwhile to

[1] See *Mischna Sanhedrin* VI 2, where the man condemned to death speaks: "My death is a reconciliation for all my injustifices", for everyone who undergoes this has a part in the coming world, cf. *Sifr. Num.* para. 112 at Num. xv 13: "all who die, acquire reconciliation through their death" with the annotation of K. G. Kuhn, *Sifre zu Numeri*, Stuttgart 1954, p. 331, note 80.

follow the concept of man in Josephus' work in greater detail [1] and to make a comparison with Hellenistic concepts. However, within the framework of this article, it is enough to regard this work as the testimony of a Jew who was well-acquainted with his Old Testament, became a Pharisee and went out to live in the Hellenistic world without breaking the ties with his nation.

These last comments on the person of Josephus could in fact be equally well applied to Paul. But what a difference in conception exists between these two even leaving aside the question whether Paul would have wanted to produce such a piece of rhetoric (cf. 1 Cor. ii 4)! The apostle sees the wrath of God as of a far more universal nature (Rom i 18; ii 5) than a few incidental events. Nowhere does he speak of an immortal soul which is tied down to the body in a merely unhappy relationship. The *pneuma* that God bestows is another thing; namely, a regenerative gift of the coming glory. Immortality is something else (1 Cor. xv 53). The godly *pneuma* can enter into alliance with man. Although "flesh and blood cannot inherit the kingdom of God and the mortal cannot inherit the eternal", the resurrection does not depend on the quality of the soul but upon an act of God. For Paul, death is not the liberation but the wages of sin (Rom. vi 23); the liberation is the work of Jesus Christ and life eternal is God's gift of mercy. Paul does long for dissolution and to be united with Christ but he does so because it is then that sin will no longer have a grasp on him. He calls the body a temple of God (1 Cor. vi 19); and the "spiritual worship" (Rom xii 1) rendered by Christians is not to be resolved from the body but to serve God in the body. Of a relationship between the soul with God and heaven as its rightful place, there is no question for Paul. That which he writes in 2 Cor. v 1 et seq. does not apply to man in general but specifically to the Christians who have attained access through Jesus Christ (Rom. v 2). Man is divided from God as a creature and as a sinner; only through Jesus Christ can there be peace. It is striking in Paul how sharply the natural sequence is broken; the state of death which lies not in the death of the body but in trespasses and sins (Eph. ii 1); how Jesus Christ alone, with his crucifixion and resurrection is decisive for being a human being: "what one is and whither one speeds".

In this article three aspects of anthropology in Judaism were

[1] cf. A. Schlatter, *Die Religion des Judentums nach dem Bericht des Josephus*, Gütersloh 1932, p. 17 et. seq.

confronted with the corresponding concepts as expressed in the work of Paul. Not all the possibilities which presented themselves in Judaism have thereby been dealt with; but in each case it became clear to what extent Paul's concept of humanity is completely determined by the factor "without or with Christ". Through the cross and resurrection of Jesus Christ, through preaching and faith, man is placed on a broken line—"once ye were—now ye are.".

What does Paul say about man? That he goes astray within the unbroken harmony of "nature" because he is disobedient to God; but that the break of faith clears the way to God through Christ; that resistance to God puts man into chains but that submission to Christ as a slave, brings freedom. In Paul it is remarkable how, when sin is fathomed, it becomes clear that all differences between men fall away so that he speaks in very general terms; yet through the gift of the Spirit of God, the distinguishing and individual element is restituted. In Christ all are united in a variety of gifts.

With the aid of the diverse aspects of the psychology of his time, Paul with gladness wanted to impart to all manner of people —to Jews, heathens, Christians and non-Christians—the relevance to their particular situation of the message "Jesus Christ crucified" through his own life-struggle, so that man would know his place before God and his fellow-man.

It is impossible to find for Paul a place in a series entitled "Témoins de l'homme"; he is a "Témoin de Dieu et de Son Christ" to man. That is fortunate, for in the presence of all manner of testimony presented by men about "man", man turns in a circle and is left to help himself in the struggle for liberation from misery, like the famous Baron von Münchhausen. But Paul speaks of Him, "in whom we have redemption through his blood, even the forgiveness of sins" (Col. i 14).

LA CONCEPTION PAULINIENNE DE LA NOUVELLE ALLIANCE*

Paul lui-même a caractérisé de diverses façons la tâche à laquelle il se sait destiné. Le titre qui revient le plus souvent, — à cause de sa présence dans l'adresse des épîtres, — est tout naturellement: apôtre de Jésus-Christ. Paul écrit aussi, en chargeant l'expression d'un sens identique: apôtre des Gentils (Rom. xi 12; xv 15). Il s'appelle aussi « ministre de l'Évangile » (Éph. iii 6 s.; Col. i 23); il considère sa tâche comme celle d'un ambassadeur (2 Cor. v 20; Éph. vi 20), encore que celui-ci soit parfois dans les liens et devienne un « prisonnier dans le Seigneur » (Éph. iii 1).

Il n'est personne qui prenne ces indications à la légère, et refuse d'y voir une définition exacte et précise de la tâche de saint Paul. Si son apostolat fut souvent mis en question au cours du premier siècle, ces controverses sont depuis longtemps apaisées. Celui qui veut comprendre la signification de l'œuvre de l'Apôtre peut en toute sécurité partir de ces indications: en détaillant leur contenu, il est sûr de mettre en pleine lumière l'activité paulinienne.

Dans l'énumération ci-dessus, nous avons omis un titre également employé par l'Apôtre, et que nous rencontrons en 2 Cor. iii 6: « ministre d'une alliance nouvelle ». Dans la forme, l'expression se rapproche de « ministre de l'Évangile ». Que le titre fût riche de sens aux yeux de Paul, le contexte le fait voir. Il dit en effet que Dieu l'a « rendu capable » de cette tâche, et le verbe « rendre capable » est plus fort que « appeler » ou « confier ». La force nécessaire à cette entreprise vient tout entière de Dieu, car, en ce début de 2 Cor., dans la réponse de Paul aux attaques contre son apostolat, l'« aptitude » est un thème important (voir la question posée en ii 16, et la réponse en iii 5); en iv 1, l'emploi de καί met fortement en relief le titre « ministre d'une nouvelle alliance ». Après une longue digression sur la gloire de cette nouvelle alliance, Paul, reprenant le fil de son exposé, écrit: « c'est pourquoi, investis de ce ministère (διακονία), nous ne faiblissons pas ».

Y a-t-il quelque raison d'estimer cette esquisse de l'œuvre apostolique moins exacte que celle que nous évoquions au début,

* Paru dans *Littérature et théologie pauliniennes*, Bruges, Desclé de Brouwer, 1960, p. 109-126.

ou de la prendre moins au sérieux? On chercherait en vain un argument quelconque en se sens. En tout cas, il nous paraît digne d'intérêt de rechercher ce qui peut se cacher sous la surface de l'expression. En quel sens Paul a-t-il été le ministre de cette nouvelle alliance?

En égard à l'insistance avec laquelle Paul décline cette identité, il est étonnant de constater que, dans l'immense littérature touchant la vie et l'œuvre de l'Apôtre, on n'ait accordé que peu ou pas d'attention à ce point. Il n'existe aucune biographie intitulée « Paul, ministre de la nouvelle alliance », sans doute parce que pareil titre paraîtrait trop peu suggestif. Il n'est pas douteux, — et la chose ne fut jamais contestée, — que le terme provient de l'A.T., et pourtant un livre aussi dense que le *Paul and Rabbinic Judaism* de W. D. Davies[1] ne consacre au problème que quelques remarques rapides. Parmi les nombreuses monographies consacrées à la langue paulinienne durant le dernier demi-siècle, on en chercherait en vain une seule traitant notre sujet. Il est vrai que la formule « alliance nouvelle » de 2 Cor. iii 6 ne revient ailleurs qu'une seule fois, en 1 Cor. xi 25. Celui qui se guide sur la seule concordance ne sera guère attiré par un terme aussi sporadique: le sujet lui paraîtra peu prometteur. On est tenté d'approuver H. A. Kennedy, quand il écrit dans sa belle étude *The Covenant-Conception in the New Testament*: « the conception as such is of subordinate value for Paul's thought » [2].

Sans doute, l'emploi paulinien du terme est l'objet de quelque attention dans les études de J. Behm et de E. Lohmeyer[3] sur Διαθήκη, — études qui toutefois datent de presque 50 ans, — et en divers articles d'encyclopédies comme ceux de J. Behm, P. van Imschoot, H. Pohlmann, L. Goppelt[4]. Mais, chose curieuse, l'accent y est mis sur l'aspect philologique du problème, bien plus que sur

---

[1] W. D. Davies, *Paul and Rabbinic Judaism—Some Rabbinic Elements in Pauline Theology*, Londres, 1948, p. 148 s., 260 s.

[2] H. A. Kennedy, « The Covenant-Conception in the New Testament », dans *The Expositor*, VIII, 10 (1915), p. 395.

[3] J. Behm, *Der Begriff* ΔΙΑΘΗΚΗ *im Neuen Testament*, Leipzig, 1912; E. Lohmeyer, *Diatheke - Ein Beitrag zur Erklärung des neutestamentlichen Begriffs*, Leipzig, 1913.

[4] J. Behm, dans G. Kittel, *Theologisches Wörterbuch zum Neuen Testament*, 1935, II, p. 105-137; P. van Imschoot, dans *Bijbels Woordenboek*, 1954-1957, col. 1735-1743; H. Pohlmann, dans Th. Klauser, *Reallexikon für Antike und Christentum*, 1957, III, p. 982-990; L. Goppelt, dans *Die Religion in Geschichte und Gegenwart*, 3e éd., Tubingue, 1957, I, p. 1516-1518.

son aspect théologique. On se demande donc surtout si διαθήκη désigne le « testament » au sens que prend le mot dans la koinè, ou s'il s'agit du terme par lequel les LXX rendent le *berit* israélite, et quel genre de rapports personnels sont impliqués par διαθήκη. Se basant sur 2 Cor. iii et Gal. iii-iv, J. Behm et L. Goppelt considèrent que Paul cherche dans ce concept un appui lui permettant de renforcer par l'histoire du salut (*heilsgeschichtlich zu untermauern*, L. Goppelt) sa conception de la Loi, de la liberté chrétienne et de sa fonction apostolique; ou bien il s'agirait d'une « arme dans le combat pour la victoire du christianisme sur le judaïsme » (J. Behm); dans les deux cas il est question d'un simple point d'appui, non d'un élément essentiel du message.

En étudiant cette littérature, on remarque que l'on s'est trop cantonné à saint Paul lui-même, qu'on s'est arrêté uniquement à ce qu'il dit. Or, s'il est vrai que le μὴ ὑπὲρ ἃ γέγραπται (1 Cor. iv 6) est une règle paulinienne, il n'en faut pas moins rechercher ce qui se cache sous ce ἅ! En d'autres termes: si l'on peut, concordance en mains, déclarer secondaire une expression telle que « nouvelle alliance », on n'en oublie pas moins, en se prononçant ainsi, que l'on a affaire à des *lettres*, et si tout le monde en convient en théorie, beaucoup l'oublient dans la pratique. Chacun sait par expérience que les lettres sont des écrits occasionnels, reflétant certes, en général, toute la personne et la totalité de ses conceptions, mais n'en exprimant qu'une partie, celles qui sont susceptibles d'intéresser les destinataires, dont on peut dire ici: « à bon entendeur demi-mot suffit ». Bref, avant de décider si un concept est d'importance secondaire ou au contraire primordiale, il faut, non pas compter mais peser les emplois du mot correspondant.

Paul manie ce concept comme une grandeur connue: les lecteurs peuvent, sans longues explications, en percevoir la force et le rayonnement. Il est remarquable que l'Apôtre utilise le concept, sans recourir au mot, en 2 Cor. iii 3: « non sur des tables de pierre, mais sur des tables de chair, sur vos cœurs ». Paul introduit ici, comme on peut s'en convaincre par les commentaires, une réminiscence à des idées associées au thème de la « nouvelle alliance », et cela sans un mot d'explication. Les lecteurs n'avaient nul besoin d'explication, tandis que nous sommes ici contraints à certaines recherches, à moins que nous ne passions distraitement. Et ceci fait voir en même temps que Paul ne se contente pas de reprendre ce concept à la tradition. Certes, en 1 Cor. xi 25 il mentionne, comme on sait, ces paroles prononcées par Jésus à la Cène: « cette coupe est la nouvelle alliance en mon sang », paroles qui font partie de ce qu'il « a reçu du Seigneur par tradition » et transmis à son tour de la même façon aux Corinthiens (v. 23). Mais cette remarque ne suffit pas à tirer au clair l'emploi paulinien du mot « nouvelle alliance », car les paroles de Jésus sur la coupe n'offrent pas toute la clarté désirable, comme il apparaît par l'histoire de l'exégèse. En outre, on voit par 2 Cor. iii que Paul lui-même associe la « nouvelle alliance » à quantité d'autres thèmes, qui ne viennent pas des enseignements de Jésus, lesquels ne nous fournissent pas d'indication à ce sujet. Tout cela nous renvoie bien plutot à l'A.T. Le fait que le N.T. emploie διαθήκη d'une manière originale, différente de l'usage hellénistique courant, mais conforme à celui des LXX [1], nous renvoie également à l'A.T.

Ceci est généralement reconnu et admis, et tout examen du thème « nouvelle alliance » dans le N.T. est précédé d'une étude de l'A.T. Mais nous ne pouvons, — pour employer un euphémisme, — nous soustraire à l'impression qu'on ne nous fait pas entendre, dans l'évocation de la langue paulinienne, le ton si plein qui est celui du thème de l'alliance dans l'A.T., ou qu'on ne nous fait pas voir, chez saint Paul, le relief du thème biblique. Fascinés, et comme hypnotisés par le combat de Paul contre la Loi, principe de justification, nous oublions plus d'une fois que Paul se considère comme « mis à part pour annoncer l'Évangile de Dieu, que d'avance il avait promis par ses prophètes dans les saintes Écritures » (Rom. i 2). Plusieurs éléments de l'A.T. qui sont essentiels, voire constitutifs, du concept d'alliance et même de « nouvelle alliance » sont ainsi méconnus, et dès lors on ne fait pas droit à ce qu'il y a d'original, — de révolutionnaire, si l'on ose dire, — dans la conception paulinienne. Dans une certaine mesure, le chapitre consacré par A. von Stromberg à la nouvelle alliance comme toile de fond du baptême chrétien dans l'Église primitive constitue ici une exception [2], l'idée est féconde, et elle fut trop peu retenue et trop peu exploitée dans les ouvrages ultérieurs sur le sujet.

On sait que l'idée d'alliance est centrale dans l'A.T. W. Eichrodt et Th. C. Vriezen ont construit leurs théologies de l'A.T. autour

[1] Voir surtout, à ce sujet, les monographies de J. Behm et de E. Lohmeyer, citées à la note 3 de la p. 175.

[2] A. von Stromberg, *Studien zur Theorie und Praxis der Taufe in der christlichen Kirche der ersten zwei Jahrhunderte*, Berlin, 1913, p. 63-89.

de cette conception de *berit* (le mot est régulièrement rendu par διαθήκη dans la version des LXX) [1]. Le *berit* règle les rapports entre Jahvé et son peuple. Que ces relations soient vues comme « alliance », la chose est exceptionnelle dans l'histoire religieuse du Proche-Orient [2]. Bien que cette alliance fût fondée sur un libre choix du Dieu d'Israël, le rapport ainsi établi était de nature morale, comme celui qui naît entre deux personnes qui concluent un accord. Ce n'était pas un lien de nature, motivé par les qualités exceptionnelles d'Israel (Dt. vii 6). C'est un effet de la pure bienveillance de Jahvé que cette volonté d'établir avec le peuple ces relations particulières, et c'est ce qui confère à la religion d'Israël un caractère unique.

Dans le judaïsme tardif, le terme *berit* fut repoussé à l'arrière-plan. Dans l'index de son ouvrage bien connu, W. Bousset ne mentionne même pas le mot « alliance » [3], et G. F. Moore ne parle que des signes de l'alliance, à savoir la circoncision et le sabbat [4]. J. Bonsirven dit avec raison: « cette idée de l'alliance domine toute la pensée juive; nous sommes d'autant plus surpris de constater que la littérature rabbinique a relativement peu exploité cette donnée biblique primordiale » [5]. Il mentionne cependant quelques textes de la période « d'entre les deux Testaments » dans lesquels il est question d'alliance. Les circoncis, — et tous les Israélites devaient l'être, — étaient *benè berit*, fils de l'alliance. Déjà A. Büchler, dans ses importantes *Studies in Sin and Atonement* [6], avait attiré l'attention sur le maintien de l'idée d'alliance; mais il vaut la peine de remarquer qu'il le fit dans le premier chapitre de son livre, sous le titre « Obedience to the Torah », et donc sans y consacrer un exposé spécial. Dans le judaïsme tardif, c'est la Loi qui vient se placer à l'avant-plan, et elle relègue dans l'ombre l'idée d'alliance. « Garder l'alliance » y devient synonyme de

---

[1] W. Eichrodt, *Theologie des Alten Testaments*, 4e éd., Berlin, 1950, t. I; Th. C. Vriezen, *Hoofdlijnen der theologie van het Oude Testament*, 2e éd., Wageningen, 1954, p. 150 ss.; voir l'index s.v.

[2] Th. C. Vriezen, op. cit. p. 150.

[3] W. Bousset, *Die Religion des Judentums im späthellenistischen Zeitalter*, 3e éd., Tubingue, 1926.

[4] G. F. Moore, *Judaism in the First Centuries of the Christian Era*, Cambridge (Mass.), 1932, t. II, p. 18, 21.

[5] J. Bonsirven, *Le judaïsme palestinien au temps de Jésus-Christ*, Paris, 1935, t. I, p. 79-81.

[6] A. Büchler, *Studies in Sin and Atonement in the Rabbinic Literature of the First Century*, Londres, 1928, p. 1 ss.

« garder les commandements », et on met constamment en garde contre une « transgression de l'alliance », qui n'est autre que la transgression de la Tora. La Loi est la lumière et elle donne la vie. La Loi a relégué dans l'ombre et comme absorbé l'idée maîtresse du *berit*. Tant qu'Israël garda la Loi, sa relation à Dieu resta dans l'ordre. Mais que l'on n'oublie pas, en tout ceci, que la lecture régulière de cette même Loi rappelait à chaque coup la conclusion de l'alliance, et que les considérations du judaïsme tardif ne peuvent se séparer du terrain où il s'enracine, à savoir l'A.T. On peut cependant parler d'un déplacement d'accent, et la constatation est également d'importance pour l'étude du N.T.

Remarquons encore à ce propos que l'expression « nouvelle alliance » ne se rencontre que d'une manière très sporadique dans la littérature rabbinique; suivant P. Billerbeck, ce n'est que très rarement qu'on y utilisa le grand texte vétéro-testamentaire Jr. xxxi 31 ss. [1], et, en un endroit du Midrash sur le Cantique, on peut même soupçonner l'influence d'une polémique antichrétienne [2]. L'idée de nouvelle alliance n'y apparaît donc pas comme une force spirituelle ou une énergie motrice. Et cela se comprend. Celui qui chante les louanges de la Loi et de ses perfections, et qui croit posséder dans la Tora le don du Dieu de l'élection, ne saurait désirer une « nouvelle alliance ». La première alliance, qui reste celle d'aujourd'hui, est parfaitement suffisante, pourvu qu'Israël observe les commandements et marche dans la voie de la *teshuba*.

Les idées de « nouvelle alliance » restent cependant vivantes au temps du N.T.: c'est ce qui fut souligné par de nombreux savants depuis la publication du Document de Damas par S. Schechter (1909). Nous y reviendrons ci-dessous.

Si nous nous demandons maintenant quelles idées étaient associées à l'expression « nouvelle alliance » dans l'A.T., nous devons commencer par une remarque d'ordre méthodologique. Pour l'exégète du N.T. l'étude de l'évolution des différents thèmes à l'intérieur de l'A.T. ne présente pas d'intérêt. Pour l'exégèse du N.T., il n'importe guère de savoir à quelle époque de l'histoire d'Israël telle conception a pris naissance, ni quelles influences

---

[1] H. L. Strack - P. Billerbeck, *Kommentar zum Neuen Testament aus Talmud und Midrasch*, Munich, 1926, t. III, p. 704.

[2] Midrash Cantique I, 14 (93b), cité dans P. Billerbeck, op. cit., t. II, p. 279 s.

purent régler son évolution: à l'époque néo-testamentaire, l'A.T. est lu comme un livre d'un seul tenant, et l'image générale de sa formation à travers la Loi et les prophètes est jugée fidèle.

On sait que, pour l'étude de l'expression « nouvelle alliance » dans l'A.T., le texte classique, — et même le seul où se rencontre la formule, — est Jr. xxxi 31 ss.[1] « Voici venir des jours, — oracle de Jahvé, — où je conclurai avec la maison d'Israël et la maison de Juda une *alliance nouvelle*. Non pas comme l'alliance que j'ai conclue avec leurs pères, le jour où je les pris par la main pour les faire sortir du pays d'Égypte. Cette alliance, — mon alliance! — c'est eux qui l'ont rompue. Alors, moi, je leur fis sentir ma maitrîse, oracle de Jahvé. Mais voici l'alliance que je conclurai avec la maison d'Israël, après ces jours-là, oracle de Jahvé. Je mettrai ma Loi au fond de leur être et je l'écrirai sur leur cœur. Alors je serai leur Dieu et eux seront mon peuple. Ils n'auront plus à s'instruire mutuellement, se disant l'un à l'autre: « Ayez la connaissance de Jahvé! Mais ils me connaîtront tous, des plus petits jusqu'aux plus grands, — oracle de Jahvé, — parce que je vais pardonner leur crime et ne plus me souvenir de leur péché ». Cette « nouvelle alliance » s'oppose donc à celle du Sinaï, mais non d'une manière absolue; Israël pouvait rompre le lien extérieur, mais voici que ce lien est noué à l'intérieur: la Tora est écrite dans les cœurs. L'essentiel de l'alliance s'exprime ainsi: « Je serai leur Dieu et eux seront mon peuple »; il s'agit d'un rapport durable entre Dieu et le peuple. La connaissance personnelle de Dieu et la rémission des péchés y sont associées.

Nous disions il y a un instant que l'opposition à l'alliance du Sinaï n'est pas absolue. On ne peut parler, chez Jérémie, d'une véritable dénonciation de l'ancienne alliance[2]. Quelle est en effet la toile de fond? Dans la Genèse, il est question, à plusieurs endroits, de la vocation d'Abraham par Dieu et de la manière dont Dieu fit alliance avec Abraham, — alliance dont la circoncision devint le signe, une institution perpétuelle pour la race d'Abraham[3]. En continuité par rapport à l'alliance avec les pères, porteuse de riches bénédictions, une alliance fut conclue au Sinaï,

---

[1] En outre, il faut prêter attention à certains textes où il est question du renouvellement de l'alliance, sans que le terme même apparaisse.

[2] Comme le fait J. Behm, dans G. Kittel, *Theol. Wörterb.*, t. II, p. 130.

[3] Voir Gn 15 et 17.

après la sortie d'Égypte. Les objectifs en sont définis dans Ex. xix 5-6: « désormais, si vous m'obéissez et respectez mon alliance, je vous tiendrai pour miens parmi tous les peuples ... Je vous tiendrai pour un royaume de prêtres et une nation consacrée ». Ainsi parle le Seigneur qui, par son action libératrice, a fait la preuve qu'il était le Dieu d'Israël. En Ex. xxiv ces intentions sont scellées dans une aspersion de sang, et Israël s'est engagé à observer les lois divines. Dans la Tora, nous voudrions encore attirer l'attention sur Lv. xxvi qui est un chapitre important, puisqu'il était lu aux jours de jeûne [1]. On y trouve aussi cette promesse: « Je serai pour vous un Dieu, et vous serez pour moi un peuple » (v. 12). Ces paroles s'accompagnent de graves menaces, pour le cas où Israël s'écarterait de Jahvé; les châtiments sont énumérés dans un ordre de rigueur croissante, et culminent enfin dans la dispersion parmi les païens et la dévastation du pays. Mais en même temps sont formulées des promesses: si Israël se convertit, Dieu se souviendra de l'alliance avec les pères et la remettra en vigueur. On peut voir aussi à ce sujet Dt. xxviii. Et enfin, nous voudrions renvoyer aussi à Éz. xxxvi 24 ss. Dieu rassemble Israël de tous les pays étrangers, où ils avaient été dispersés en punition de leurs transgressions, et il les ramène dans la Terre sainte: « Je répandrai sur vous une eau pure et vous serez purifiés; de toutes vos souillures et de toutes vos idoles je vous purifierai. Je vous donnerai un cœur nouveau, je mettrai en vous un esprit nouveau, j'ôterai de votre chair le cœur de pierre et je vous donnerai un cœur de chair. Je mettrai mon esprit en vous et je ferai que vous marchiez selon mes lois ... Vous habiterez le pays que j'ai donné à vos pères. Vous serez mon peuple, et moi je serai votre Dieu. Je vous délivrerai de toutes vos souillures ». Et pour ce qui est de l'effusion de l'esprit de Dieu, il faut rappeler aussi les paroles célèbres de Joël [2].

Le temps qui nous est départi ne nous permet pas de citer d'autres textes apparentés; ils sont très nombreux. Le point de départ est toujours le même: c'est l'alliance conclue autrefois en vertu d'un libre choix de Dieu, et par laquelle Dieu devient le Dieu d'Israël, et Israël le peuple de Dieu. Cette alliance implique une vie sainte, conforme aux commandements divins, la fuite de l'idolâtrie et d'autres péchés, une vie selon la Loi, cette Loi étant

---

[1] *Mishna Megilla*, III, 6.

[2] Jl 2 28 ss. (3 1 ss.).

la norme de l'alliance. Tel est le cadre ferme de toute l'existence: l'alliance procure la paix, l'homme qui la garde est « juste ». L'observance assure la bénédiction, la transgression entraîne la malédiction. Et Israël, au cours de son histoire, se familiarisera avec la transgression, comme il fera aussi la dure expérience de l'exil. Mais le Seigneur ne permet pas que l'infidélité des hommes rende vaine sa parole. Lorsque Israël, du fond de son malheur, se tourne vers Dieu, le Seigneur le ramène: il conclura une nouvelle alliance, qui comportera un approfondissement de la première. En voici les traits distinctifs: rémission des péchés, effusion de l'Esprit transformant les cœurs et réalisant la circoncision, non du prépuce mais du cœur. Cette alliance est désormais éternelle, car Israël se lie indissolublement à Dieu. Et pour le peuple se lèvera l'aurore d'un bonheur éternel, lorsqu'il servira saintement le Dieu saint, en conformité avec sa Loi. Ils seront fils du Dieu vivant.

A. von Stromberg a extrait de la littérature du judaïsme tardif des textes qui font voir que ces idées vétéro-testamentaires restent vivantes chez les Juifs à la veille du N.T.[1] On les trouve rassemblées, par exemple, dans le premier chapitre des *Jubilés*, et l'on sait que l'idée d'alliance domine à travers tout le livre. Depuis les découvertes de Qumrân, on a toute raison de croire que le livre provient des sectaires de la Mer Morte[2]. On sait que l'idée d'une « nouvelle alliance » était vivante dans ces cercles, puisque leurs fidèles se désignaient euxmêmes comme « les membres de la Nouvelle alliance au pays de Damas »[3]. Parmi les fragments d'un livre de prières publiés par J. T. Milik et D. Barthélemy, on en trouve quelques-uns qui font mention d'une action de grâces pour le « renouvellement de l'alliance »[4]. Mais, cette fois encore, il ne s'agit pas d'une innovation pure et simple; au contraire, celui qui entre dans la communauté doit s'obliger à revenir à la Loi de Moïse. On sait par le « Manuel de discipline » que l'alliance était renouvelée chaque année, — à la Pentecôte selon J. T. Milik[5], — et que la communauté s'engageait

[1] A. von Stromberg, *op. cit.*, p. 63 ss. L'auteur tient également compte des pseudépigraphes.

[2] D. Barthélemy - J. T. Milik, *Discoveries in the Judaean Desert I, Qumran Cave I*, Oxford, 1955, p. 82-84.

[3] VIII 21, éd. C. Rabin, *The Zadokite Documents*, 2e éd., Oxford, 1958, p. 37.

[4] Texte dans *Discoveries*, I, p. 154, col. II, 6; dans la note relative à cette règle on trouvera un certain nombre de parallèles.

[5] Cité par F. M. Cross, *The Ancient Library of Qumran and Modern Biblical Studies*, New York, 1958, p. 164, note 40.

à nouveau et solennellement vis-à-vis de la Tora. On parle de pardon des fautes, de réconciliation, d'esprit nouveau. Les sectaires entendent se distinguer ainsi de ceux que conduit l'esprit de Bélial, même en Israël, car le peuple comme tel est infidèle, mais la communauté s'en distingue en observant la Tora. On a souvent fait remarquer depuis la découverte du document de Damas, — ce livre beaucoup lu par les sectaires, — que cette communauté de la « Nouvelle Alliance » se meut totalement dans les voies du légalisme [1], ce qui entraîne une différence essentielle avec la « Nouvelle alliance » au sens chrétien du mot. La remarque est parfaitement juste, mais on ne pouvait s'attendre à autre chose.

Il faut encore souligner un point essentiel: ce renouvellement de l'alliance *n'est valable que pour Israël,* et il ne peut en être autrement puisqu'il est le seul peuple avec lequel Dieu a conclu son alliance. Les « pères » n'ont existé que pour Israël; parmi tous les peuples de la terre, seul Israël avait pris sur lui le joug de la Loi [2]. La nouvelle alliance coïncide avec le répatriement des dispersés, quand Jérusalem est rétablie dans sa gloire, et qu'Israël a fait pénitence et obtenu le pardon. Aux termes de la prophétie vétérotestamentaire, les païens pourront se rendre à Jérusalem et y apporter leur tribut d'hommages. Mais s'ils veulent avoir part à la gloire de cette alliance, ils ne le pourront qu'en devenant de complets prosélytes. Même ceux qui portent un regard lucide sur les péchés de l'Israël concret n'adoptent pas une autre attitude; ils la renforcent plutôt. Contentons-nous d'un exemple parmi beaucoup d'autres, un passage des *Jubilés* (xxii 16 ss.) qui porte un jugement sévère sur les païens: « car leurs œuvres sont impures, et toutes leurs voies sont souillure, horreur et impureté; ils font des offrandes aux idoles et prennent des repas sur les tombeaux; leur cœur ne comprend pas; il n'y aura pas d'espérance pour eux dans la terre des vivants; on ne se souviendra point d'eux sur la terre, car ils descendront au shéol et ils iront au lieu de perdition ». Remarquons en terminant que le Messie n'occupe, dans ces considérations, qu'une place très secondaire; il ne joue un rôle comme roi, dans la Jérusalem restaurée, qu'en un texte par ailleurs bien connu, le 17e des Psaumes de Salomon.

Telles sont quelques-unes des idées maîtresses associées dans

---

[1] Voir par ex. E. Lohmeyer, op. cit., p. 120 s.; D. Plooy, *Novum Testamentum Regnum Aeternum,* Amsterdam, 1932, p. 21.

[2] Voir les textes dans G. F. Moore, op. cit., t. I, p. 277 s.

le judaïsme au concept de « nouvelle alliance ». Qu'en est-il chez saint Paul ? Tous ces privilèges sont-ils, de par la venue du Christ, transférés d'office de l'ancien peuple de l'alliance au nouveau, comme c'est le cas, selon L. Cerfaux, pour l'idée d'Église [1] ? Suffit-il de dire, avec P. A. van Stempvoort, que le caractère national s'évanouit dans la nouvelle *ecclesia* de la Nouvelle Alliance, que le « véritable » Israël descend de l'Israël charnel, mettant ainsi en évidence la continuité des promesses et de l'alliance [2] ? La chose n'est pas si facile, car la Nouvelle Alliance était trop profondément engagée dans la vie nationale d'Israël. On ne peut dire non plus, comme on le fait trop souvent, que Paul a spiritualisé l'alliance ; il prend trop au sérieux, — notamment dans l'énumération de Rom. ix 4, — les privilèges d'Israël, il ne les traite pas en quantité négligeable ni ne les dissout en de vaporeuses valeurs spirituelles.

A première vue, — nous l'avons déjà observé, — il peut paraître vain de se mettre à la recherche de la formule paulinienne « nouvelle alliance »: l'Apôtre l'emploie peu. Mais l'examen du judaïsme nous a fait voir que si le *terme* en est absent, la *chose* s'y trouve bel et bien. Et que s'y trouvent également quantité de thèmes associés.

Ce qui frappe cependant, — pour commencer par une constatation négative, — c'est l'absence de tous les éléments agglutinés autour du binôme « dispersion-rassemblement », intégré si étroitement au thème de l'alliance dans la Loi et les prophètes. L'ἐπισυναγωγή de 2 Th. ii 1 se situe dans une autre ligne, celle du retour du Christ et de la rencontre avec Lui (voir 1 Th. iv 17).

Puisque Paul n'ajoute aucune explication à la parole sur la coupe (1 Cor. xi 25), tournons-nous d'emblée vers 2 Cor. iii. On dit généralement que Paul commence son exposé au v. 4, mais on méconnaît ainsi le véritable enchaînement. En faisant l'apologie de son apostolat, il a parlé au chap. 2 de la tâche redoutable qu'il accomplit ; le Christ qu'il prêche est une odeur de mort pour ceux qui se perdent, mais une odeur de vie pour ceux qui se sauvent. C'est une prédication qui comporte des décisions définitives. Elle n'est pas fondée sur l'intérêt personnel, mais sur l'autorité de Dieu. Paul l'affirme, dira-t-on, mais quelles sont ses lettres de

---

[1] L. Cerfaux, *La théologie de l'Église suivant saint Paul*, 2e éd., Paris, 1948, p. 3.

[2] P. A. van Stempvoort, *Eenheid en schisma in de gemeente van Korinthe volgens I Korinthiers*, Nijkerk, 1950, p. 36.

créance? L'Apôtre nous renvoie ici, avec un accent de triomphe, aux Corinthiens mêmes: ils sont sa recommandation, puisqu'ils portent les marques de son apostolat, qui s'est réalisé parmi eux en « signes, prodiges et miracles » (xii 12). La communauté même de Corinthe, qui a connu cette totale transformation (1 Cor. vi 11), est une lettre du Christ. En tout cela, l'Apôtre tient un rôle de médiateur, mais la lettre fut écrite « avec l'esprit du Dieu vivant, non sur des tables de pierre, mais sur des tables de chair, dans leurs cœurs » (2 Cor. iii 3). On trouve ici des thèmes d'Ézéchiel et de Jr. xxxi avec l'opposition à la Loi toute extérieure du Sinaï: cette fois, la Loi de Dieu fut écrite dans les cœurs, et ce fut l'œuvre de l'Esprit. Cette tâche, Paul peut l'accomplir parce que Dieu le rendit capable de devenir « ministre de la Nouvelle Alliance ». Ici encore, cette alliance est définie par opposition: elle n'est pas de la lettre, mais de l'Esprit (2 Cor. 3 6). Nous connaissons aussi de par ailleurs cette opposition entre la Loi de Moïse et la Loi dans les cœurs. En Rom. vii, il est longuement question de ce combat qu'une brève formule met ici en pleine évidence: « la lettre tue, mais l'Esprit vivifie » (2 Cor. iii 6). La lettre, — la Loi mosaïque, — exige une observance intégrale, mais l'homme en est incapable, et il se trouve donc voué à une sentence de condamnation, mais l'Esprit, qui a fait ressusciter Jésus-Christ, nous ressuscitera également. L'épisode d'Ex. xxxiv fait voir que la Loi du Sinaï comportait la gloire, mais une gloire éphémère, quittant bientôt la face de Moïse. A travers une triple antithèse, — ministère de mort et ministère dans l'Esprit, ministère de condamnation et de justice, gloire éphémère et durable, — Paul met en relief la gloire supérieure et durable de la Nouvelle Alliance. Parce que Paul en est le ministre, il peut agir avec pleine confiance, et il ne saurait craindre que cette gloire disparaisse. C'est alors qu'il a recours à Ex. xxxiv pour rappeler que le voile qui cachait la face de Moïse cache encore celle de ses disciples; à notre avis, Paul fait ici allusion à l'usage juif d'étudier la Loi la tête couverte. Mais il emprunte au même récit le trait suivant: « chaque fois que l'on se convertit au Seigneur (ἐπιστρέφω = se convertir), le voile tombe », lecture curieuse, qui n'est ni celle du texte massorétique, ni celle des LXX ou des Targums. Le « Seigneur » dont il est question ici, dit Paul, c'est « l'Esprit »[1]; celui qui l'a trouvé peut faire

[1] Cf. sur ce texte difficile la monographie de B. Schneider, « *Dominus autem spiritus est* », Rome, 1951, et sa conclusion, p. 159 s.

tomber le voile, c'est un homme libre. C'est ce qui se passe, — notons-le bien, — à la lecture de « l'Ancien Testament »; c'est alors que la Loi s'inscrit dans les cœurs. Certes, Paul met en lumière la gloire supérieure de la Nouvelle Alliance, mais la puissance de l'ancienne subsiste. C'est pourquoi les Corinthiens sont maintenant le peuple de l'alliance, l'ἐκκλησία, comme on le voit par 2 Cor. vi 16-18: « c'est nous qui le sommes, le temple du Dieu vivant, ainsi que Dieu l'a dit: j'habiterai au milieu d'eux et j'y marcherai . . . ; je serai pour vous un père, et vous serez pour moi des fils et des filles ». Quantité de paroles vétéro-testamentaires touchant le peuple de l'alliance trouvent ici un écho. Le thème du temple se rencontre aussi en 1 Cor. iii 16 où il est appliqué à la communauté dans laquelle habite l'Esprit de Dieu, et en 1 Cor. vi 19 où il est appliqué au corps individuel, animé par l'Esprit. L'adoption filiale, désignée par un terme précis et juridique (υἱοθεσία) (Rom. viii 16), appartient aussi à la sphère de l'alliance (voir Rom. ix 4) [1], et elle est l'œuvre de l'Esprit. De même la liberté, dont Paul se glorifie, est étroitement associée à ces thèmes.

La communauté est le peuple et la propriété de Dieu (voir aussi Tit. ii 14). Ce thème d'Ex. xix 5 retentit aussi en Eph. i 14. Dans ce chapitre, il est aussi question d'adoption filiale (i 5), d'un choix divin qui est œuvre de grâce et de bon plaisir, d'une vocation à la sainteté, d'une rémission des péchés, du sceau de l'Esprit-Saint. Les thèmes sont groupés en une longue action de grâces pour les bénédictions divines. En lisant la suite de l'épître, on s'aperçoit que le thème tire sa consistance de ces idées touchant le peuple de l'alliance. Cette influence de la doctrine de l'alliance s'impose bien plus qu'un rapprochement quelconque avec la gnose, rapprochement qui résulte, à notre avis, d'une comparaison superficielle. Il est manifeste que les terme « loin » et « près », du chap. 2, y sont employés dans le même sens que dans le judaïsme tardif [2], à savoir à propos des païens et des Israélites. Il est remarquable que les lecteurs, autrefois païens, sont décrits dans ce chapitre d'une manière aussi singulière: « vous les païens, — qui étiez tels dans la chair, vous qui étiez appelés prépuce par ceux qui s'appellent circoncision . . . , — en ce temps-là vous étiez *sans Christ, exclus de la cité d'Israël, étrangers aux alliances de la Promesse,* n'ayant

[1] Cf. J. L. de Villiers, *Die betekenis van* ΥΙΟΘΕΣΙΑ *in die briewe van Paulus,* Amsterdam, 1950; voir surtout p. 14 ss.

[2] Cf. P. Billerbeck, op. cit., t. III, p. 585-587.

ni espérance ni Dieu en ce monde ». Certes, Paul, en parlent ainsi de la « prétendue circoncision », se distance de l'Israël terrestre, qui accordait à la circoncision une valeur décisive. Mais il mesure ces païens suivant des critères purement juifs; ils vivaient en dehors du peuple de l'alliance, « n'ayant ni espérance ni Dieu en ce monde »: c'est bien, en termes brefs et incisifs, le lot des païens qui sont aux yeux des Juifs une « massa damnata ». Mais à présent leur situation a changé totalement: ils ne sont plus « des étrangers ni des hôtes », mais des « concitoyens des saints », des gens « de la maison de Dieu », un temple du Seigneur, une demeure de Dieu dans l'Esprit. Cette merveille s'est réalisée par « le sang du Christ », qui abolit l'inimitié entre Juif et païen et créa un « homme nouveau ». Nous ne pouvons expliquer ici le « modus quo » de cette transformation, mais l'essentiel de ces considérations revient assurément à ceci: ceux qui étaient des païens sont admis dans l'alliance, laquelle prend du même coup un caractère nouveau, « car par lui nous avons *tous deux en un seul Esprit* accès auprès du Père ».

Passons à l'épître aux Romains. Le terme qui nous occupe n'y apparaît pas, mais on trouve deux fois διαθήκη: en ix 4, dans l'énumération des privilèges d'Israël, et en xi 27 dans une citation composée de deux textes: « de Sion viendra le Libérateur, il ôtera les impiétés du milieu de Jacob », « et voici quelle sera mon alliance avec eux lorsque *j'enlèverai leurs péchés* ». Il est remarquable que ce soit en Rom. ix-xi que paraissent ces deux textes. On considère souvent ces chapitres comme une sorte d'appendice, que Paul se devait d'ajouter au corps proprement dit de la lettre pour mettre en lumière le déroulement historique du plan salvifique. A notre avis, ces chapitres sont plutôt partie intégrante et essentielle de l'épître, destinés à faire voir en clair ce qui plus haut n'était qu'implicite. La δικαιοσύνη qui se révèle dans 'Évangile (Rom. i 16) n'est pas une qualité éthique, c'est la justice de l'alliance. On y reconnaît, par quantité de traits, des éléments connexes au thème de l'alliance: la loi écrite dans les cœurs (ii 15), la circonsision spirituelle (ii 28), la vie sous la conduite de l'Esprit, qui réalise l'adoption filiale (viii 12 ss.). On rencontre aussi en Rom. ix-xi, surtout dans les citations bibliques, des thèmes qui rappellent le renouvellement de l'alliance. Paul n'y prêche pas une nouvelle religion, qui supplanterait le judaïsme, mais c'est sur le tronc de l'ancien peuple que les païens sont greffés, grâce à l'Évangile qui leur est prêché et auquel ils croient. Signalons aussi Rom. xv

8 s.: « le Christ s'est fait ministre des circoncis à l'honneur de la véracité divine, pour accomplir les promesses faites aux patriarches, et les nations glorifient Dieu par sa miséricorde », — paroles que soulignent fortement les quelques citations bibliques qui leur font suite.

L'alliance est considérée par Dieu comme indestructible. Tel est le présupposé manifeste de Paul en Gal. iii. Et la véritable alliance avait été conclue avec Abraham avant la circoncision: c'était une alliance doublée de promesses, et qui assurait aux païens eux-mêmes la bénédiction. Ce qui était décisif dans ce pacte entre Dieu et Abraham, c'était la foi à la promesse divine, comme on le voit notamment par l'exposé de Rom. iv. L'alliance du Sinaï est une phase intermédiaire, une mesure pédagogique. Ce que le Christ, la « semence » promise, nous apporta, ce fut une confirmation de l'alliance d'Abraham, et il faut peut-être ne pas perdre de vue que, suivant une remarque de D. Plooy, le terme araméen *qeyama* signifie aussi bien promesse qu'alliance [1].

Relevons encore quelques autres éléments qui pourraient être versés au débat: 1 Th. iv 9: « vous avez personnellement appris de Dieu » (cf. Jean vi 45); Eph. v 25 ss. et 2 Cor. xi 2 ss.: le mariage du Christ et de la communauté, à l'image du mariage entre Jahvé et Israël décrit par Osée. Enfin il y a les textes sur la sainteté de la vie nouvelle, sur les préceptes qu'elle comporte, — textes qui concordent d'une manière si frappante avec les listes de Qumrân [2].

Il nous semble que bon nombre des parallèles relevés dans les rouleaux de la Mer Morte n'autorisent pas à parler de dépendance directe; la ressemblance vient du même sol nourricier, l'A.T.: on trouve de part et d'autre la même conscience de former la « communauté de la Nouvelle Alliance », encore que cette alliance acquière de part et d'autre une structure propre. Et c'est justement cette comparaison qui fait ressortir ce qui est caractéristique pour Paul, à savoir *l'accueil des Gentils*.

C'est la pensée la plus neuve et, *sous cette forme*, elle est impossible pour les Juifs. Nous trouvons la chose naturelle, — c'est du moins l'impression que me laissent inévitablement mes lectures en matière de théologie paulinienne. Mais nous perdons de vue tout ce que

---

[1] D. Plooy, op. cit., p. 14.

[2] Voir à ce sujet S. Wibbing, *Die Tugend- und Lasterkataloge im Neuen Testament und ihre Traditionsgeschichte unter besonderer Berücksichtigung der Qumran-Texte*, Berlin, 1959.

ce pas avait d'inouï, étant donné les présupposés de Paul lui-même. Ce n'est pas en « Juif déraciné » (J. Klausner) que Paul a inauguré sa carrière apostolique [1]. Il était juif et se savait tel. Quand il le faut, il sait se prévaloir de cette qualité (2 Cor. xi 22; Ph. iii 4 s.); la pensée qu'Israël a choisi de rejeter le Messie le remplit de douleur, et lui suggère de s'offrir lui-même en victime, tel un nouveau Moïse (Rom ix 2; cf. Ex. xxxii 32). Songeons aussi à l'assurance qui jaillit de Gal. ii 15: « nous, des Juifs de naissance, et non de ces pécheurs de païens ». Dans la communauté primitive, l'admission des païens constituait un gros problème, — le conflit est apparent dans Act. xv. Mais pour Paul la merveille de la Nouvelle Alliance est justement dans le fait que *les païens ont part eux aussi* à la purification d'Israël.

Cette conviction, qu'il a dû défendre âprement, quelle idée précise Paul s'en fait-il? La question se pose avec d'autant plus d'urgence qu'elle passe si facilement inaperçue. Nous sommes d'avis que l'on s'est souvent représenté d'une manière trop simple le développement du christianisme primitif: les exégètes orthodoxes, parce qu'ils pensaient que l'Église plus tardive avait grandi d'une manière homogène à partir d'une structure d'emblée essentiellement pagano-chrétienne, les libéraux parce qu'ils trouvaient naturel que Paul eût inauguré une religion spirituelle, coupée de toute attache avec le légalisme particulariste des Juifs. Mais, contrairement à ce que nous pensons trop facilement après dix-neuf siècles, Paul n'a pas prêché une nouvelle religion, il n'a pas imaginé, à côté du paganisme et du judaïsme, un *tertium genus* [2], ni davantage une sorte de fraternité universelle fondée sur l'égalité de tous les hommes, à la manière stoïcienne. Pour l'Apôtre, la ligne qui passe par l'alliance de Dieu avec Abraham aboutit au nouveau peuple de l'alliance rassemblé par le Christ. Cependant, pour porter un jugement sur la controverse entre Paul et les judéo-chrétiens, celui qui se place très exactement au point de vue de l'A.T. estimera que ce sont ces derniers, bien plus que Paul, qui représentent le type de développement que l'on attendait. Comment Paul en est-il donc arrivé à son propre sytème?

---

[1] C'est la thèse maitresse de J. Klausner, *From Jesus to Paul*, Londres, 1946.

[2] Voir cette conception sous la forme d'une exégèse de Jr. xxxi 31, dans le *Kerugma Petri*, fr. 2, dans E. Klostermann, *Apocrypha*, I, Berlin, 1933, p. 15; cf. aussi la conception de J. Behm mentionnée ci-dessus.

Il faut d'abord faire appel à plusieurs faits significatifs que l'Apôtre lui-même groupe sous la dénomination de *mustèrion*, ce dessein divin caché de toute éternité, mais à présent révélé (Rom. xvi 25 s.). C'est une expérience personnelle qui se reflète ici. Non une déception, mais une certitude enthousiaste: celle d'un homme dont les yeux ont été ouverts pour contempler le plan salvifique. Car le Dieu unique, celui que le judaïsme confessait avec tant de force, est en effet un seul Dieu: celui des Juifs et des païens (Rom. iii 29). Le cas de Paul lui-même a fait voir au grand jour que Dieu ne repousse pas son peuple (Rom. xi 1); cette vie qu'il consacrait à la poursuite de la justice des œuvres (Ph. iii 7 ss.) a été marquée par un événement. Et nous discernons un triple tournant dans la conscience de Paul.

a) Il a plu à Dieu de *révéler* son Fils à l'Apôtre (Gal. i 10 ss.). Jésus, le crucifié, folie pour les Juifs (1 Cor. i 23), est le Messie. Celui qui avait été rejeté, Dieu l'a suscité des morts et l'a fait Seigneur, lui donnant un nom au-dessus de tout nom, afin qu'en ce nom tout genou fléchisse et toute langue chante un hymne (Ph. ii 9 ss.; cf. Is. xlv 23). Par sa mort, Jésus a établi la nouvelle alliance: Paul a reçu ce message en même temps que les paroles de Jésus à la Cène. La mort et la résurrection de Jésus sont en effet les données de base.

b) Chose étonnante, la prédication de ce Jésus qui inaugure la nouvelle alliance se heurte à la résistance des Juifs. « Qu'ils sont beaux les pieds des messagers de bonnes nouvelles! » (Rom. x 15): la parole ne se vérifie pas en Israël. Les Juifs offrent une résistance opiniâtre (1 Th. ii 15). Ils sont le peuple rebelle dont parlait le prophète (Rom. x 21; cf. Is. lxv 2). En Rom. xi 25, Paul définit ainsi le *mustèrion*: une partie d'Israël s'est aveuglée et endurcie. Mais ce fait n'abolit pas les promesses divines: il faut bien plutôt reconnaître que les voies de Dieu ne sont pas celles des hommes (voir l'hymne de Rom. xi).

c) Les païens, eux, font bon accueil à la prédication. Mais en leur donnant l'assurance qu'ils sont reçus dans la nouvelle alliance, Paul n'exprime pas une « after-thought », comme s'il voulait faire bonne mine à mauvaise fortune. Il estimait la démonstration faite « ad oculos ». Ainsi en Gal. iv 6: « la preuve que vous êtes des fils, c'est que Dieu a envoyé dans nos cœurs l'Esprit de son Fils qui crie: Abba, Père! » On peut voir aussi Rom. viii 16: « L'Esprit se joint à notre esprit pour attester que nous sommes enfants de Dieu », et que l'adoption filiale est un fait. On comparera 1 Th. i 4: « Nous le savons, frères aimés de Dieu, vous êtes de ses élus. Car notre Évangile ne s'est pas présenté à vous en paroles seulement; il s'accompagnait d'œuvres de puissance, de l'action de l'Esprit-Saint et d'une abondance de biens », ainsi qu'il est normal dans le royaume de Dieu (1 Cor. iv 20). Dans les communautés, Paul a vu l'Esprit à l'œuvre en des manifestations nombreuses (1 Cor. xii 1 ss.; voir aussi le début du chapitre sur l'alliance: 2 Cor. iii 1 ss.). Des hommes ont été changés, sont passés du polythéisme au culte du Dieu unique d'Israël, d'une vie dans l'impureté à une vie dans l'Esprit (voir, *passim*, le schéma: « autrefois » — « mais à présent »). C'est également à ce propos que l'Apôtre parle d'un *mustèrion*; nous pensons à Eph. iii 2 ss., dont la terminologie pesante ne doit pas nous masquer l'extrême importance: « vous avez appris, je pense, comment Dieu m'a *dispensé* la grace qu'il m'a confiée *pour vous*, m'accordant par *révélation* la connaissance du *mystère*, tel que je viens de l'exposer en peu de mots (à savoir au chap. ii); à me lire, vous pouvez vous rendre compte de l'*intelligence* que j'ai du *mystère* du Christ. Ce mystère n'avait pas été communiqué aux hommes des temps passés comme il vient d'être révélé maintenant à ses saints apôtres et prophètes, *dans l'Esprit*: *les païens sont admis au même héritage*, membres du même corps, bénéficiaires de la même promesse dans le Christ Jésus ».

Ces expériences jettent une lumière nouvelle sur les Écritures; pour Paul aussi le voile est tombé, parce qu'il est conduit par l'Esprit (2 Cor. iii 15 s.). Lorsqu'il comprit que l'alliance conclue avec les pères n'était pas une chose accessoire, mais essentielle, lorsqu'il découvrit ce qu'Abraham signifiait vraiment dans l'histoire du salut, — cet Abraham que les Juifs appelaient le père des prosélytes [1], — à ce moment la promesse faite par Dieu à Abraham de bénir les païens devint pour lui une réalité. Dans la lumière de Jésus-Christ, l'Écriture lui tenait un langage nouveau.

Depuis la mort et la résurrection du Messie Jésus, la nouvelle alliance *est réalisée*. Mais ce n'est pas encore le temps du salut définitif, c'en est le début. Les chrétiens possèdent le sceau de l'Esprit, qui est aussi ἀρραβών (Eph. i 14; 2 Cor. i 22). C'est l'Esprit dont Jésus lui-même fut oint, c'est en lui qu'ils sont établis. Mais de même que le peuple d'Israël, étant entré dans l'alliance au

[1] Cf. P. Billerbeck, op. cit., t. III, p. 195, 211.

désert, ne conquit Chanaan que plus tard, héritant alors seulement de la κληρονομία [1], ainsi aussi l'Église chrétienne. Un risque de rechute subsiste (1 Cor. x 1 ss.); il faut garder l'armure spirituelle pour tenir bon (Eph. vi 10 ss.). Le précédent effrayant de la communauté du désert s'abandonnant à l'idolâtrie et à la fornication, doit nous « servir d'exemple . . . à nous qui touchons à la fin des temps ». Ce qui est parfait n'est pas encore, ainsi que Paul en fait l'expérience dans sa propre vie; toutefois; dit-il, « je poursuis ma course pour tâcher de saisir, ayant été saisi moi-même par le Christ Jésus » (Ph. iii 12 ss.). Dans son ministère, il rencontre quantité de contretemps et de difficultés, mais ceci ne change rien au fait que le fondement a été posé, — Jésus-Christ, — sur lequel chacun peut bâtir (1 Cor. iii 11). La pièce annoncée a débuté, mais on n'en est pour l'instant qu'à l'ouverture.

Les tensions dans la vie de Paul viennent de ce qu'il porte un trésor en des vases d'argile. Luttes dans sa chair (Rom. vii), combat contre les Juifs qui le persécutent, voire contre ses frères dans la foi (en matière de circoncision par exemple), conflit aigu avec Pierre (Gal. ii 11 ss.), tout cela s'explique dans cette perspective. C'est encore sa conception de la nouvelle alliance qui rend raison de son étrange attitude, — laquelle n'est pas une tactique, — qui le fait être Juif avec les Juifs et Grec avec les Grecs, pour les gagner tous (1 Cor. ix 19 ss.). S'il a mené un dur combat chez les Galates, c'est qu'il y pressentait le danger d'une rechute: ayant commencé par l'esprit, ils risquaient de finir dans la chair (Gal. iii 3). C'est pourquoi on ne trouve chez Paul aucune ébauche du millenarisme, cette idée d'une restauration d'Israël dans la Jérusalem terrestre. C'est la Jérusalem céleste qui est notre mère à tous (Gal. iv 26).

Mais toutes ces tensions ne peuvent faire taire la joie intense dont vibre saint Paul. En Jésus-Christ le fondement est posé; les manifestations de l'Esprit sont là; rien ne peut le séparer de l'amour de Dieu. Dans la nouvelle alliance, qui est indissoluble, l'homme, malgré ses faiblesses, reçoit le don d'une justice durable. Voici venu le temps du salut (2 Cor. vi 2); « l'être ancien a disparu, un être nouveau est là » (2 Cor. v 17). La voici, l'alliance éternelle de la liberté: nous possédons la rédemption, la rémission des péchés (Eph. i 7).

[1] Cf. J. Hermann - W. Foerster, dans G. Kittel, *Theol. Wörterb.*, t. III, p. 766-786.

Il serait tentant, en partant de cette conception de la nouvelle alliance, de poursuivre par des exposés sur le problème de la Loi, sur la signification de la réconciliation et de la « connaissance de Dieu », sur les sacrements et l'Église, sur la liberté et la vie chrétienne. Nous ne pouvons y songer ici. Mais nous ne saurions nous défendre d'une impression. Ainsi traités, les éléments de la théologie paulinienne apparaissent dans une lumière très neuve: c'est que, présentés habituellement hors de ce cadre, ils ne sont pas laissés à leur vraie place.

Paul, l'apôtre de Jésus-Christ, le ministre de l'Évangile et le liturge des Gentils, se savait qualifié de par Dieu pour être « ministre de la nouvelle alliance »: l'alliance de la miséricorde divine, du pardon des péchés, de la rénovation dans l'Esprit répandu. Ce fut pour moi un privilège que d'avoir pu vous en parler dans ce « Collège du Saint-Esprit ».

"WITH UNVEILED FACE", AN EXEGESIS OF 2 CORINTHIANS iii 12-18.*

For various reasons the third chapter of Paul's second epistle to the Corinthians and especially its final passage vss. 12-18 is one of the most interesting portions of the "Corpus Paulinum".

In the first place it is a portion of the apostle's apology. Much has happened in the christian community of Corinth since Paul had planted its first roots and had become their "father". Various causes had contributed to make the relations between the apostle and the church there extremely tense. Influences both from within and without had roused bitter feelings against the apostle. His behaviour was severely criticized. His authority, his claim to be an apostle of Jesus Christ was at stake. In 2 Cor. i-iv Paul is defending himself not merely by refusing the charges, but mainly by disclosing the background of his work: the work of God's salvation through Christ Jesus, of which Paul is the instrument. These chapters, therefore, have their prime importance not in the sphere of biography, but of the theology, theology of an extremely existential kind. One of the main sections of this apology lies before us: its contents is not only a dogmatic exposition of the glory of the New Covenant, but also an explanation of its meaning in the life of him who is a minister of that covenant. In this setting its sentences are charged by the weight of God's work and the greatness of Paul's calling.

Secondly this passage deals with the relation between Judaism and Christianity, a burning problem of the church in the apostolic age. And it deals with the significance of the Old Testament for Christian theology, always a lively problem in theological discussions. During the present generation the specific place of Israel also in its present form within the plan of salvation has been rediscovered at least in my country, as a major problem of dogmatic theology.

As a third point, somewhat connected with the previous one, may be mentioned the fact that the present pericope has had a very definite influence on Christian art. In various medieval pictures

* Appeared in *Novum Testamentum* VI, 1964, p. 153-169.

and sculptures we find the two figures of "Synagogue" and "Church" in opposition, the former always veiled and mourning, the latter joyfully looking to Christ [1]. It is clear that this imagery was derived from 2 Cor. iii 14 ff. through the channel of various commentaries and tracts "Adversus Judaeos". But it goes without saying that these works of art in their turn deeply influenced the minds of their pious spectators.

Fourthly: the last two verses 17 and 18 have often been discussed. The somewhat mysterious expression: "the Lord is the Spirit" have seemed to imply a rather peculiar christology and vs. 18 "we all... beholding the glory of the Lord, are being changed into his likeness", has been considered as one of the clearest expressions of Paul's mysticism, which according to many scholars was steeped in hellenistic terminology and experience: transfiguration by vision. There is no other Pauline text which so clearly reveals his deepest experience and—according to some—his non-Jewish mode of thinking.

Important though these verses may be they are far from simple. The path to their right interpretation is beset with a great many difficulties and there is hardly a single point on which expositors agree. Cataloguing them all would outlast the time at our disposal. Let me just mention the main difficulties: [2].

a) What is the relation of this passage to the preceding and succeding paragraphs (iii 1-11 and ch. iv)? Ch. iv 1 seems to take up τὴν διακονίαν ταύτην of iii 6 ff. the thought of the office of the new covenant. If this is true, the sentences in iii 12-18 should be put in brackets. For here the main theme is about the veil over Moses' face which suddenly becomes a veil over Israel. But this has nothing to do with the preceding and following pericope's. Is this passage first suggested by reminiscenses of the giving of the Law in Exodus? Does it not form a loosely connected digression, a Christian "midrash", as it is called by Windisch [3]?

b) What is the intention of the whole passage: to condemn the

---

[1] Cf. J. Bruyn, *De Levensbron, het werk van een leerling van Jan van Eyck*, n.p. 1957 (thesis-Utrecht), p. 13 ff.

[2] The commentaries of A. Plummer (*I.C.C.*, 1915); P. Bachmann (^{4}1922): H. Windisch (1924); A. Schlatter (1934); R. H. Strachan (1935); E. B. Allo (1936); H. D. Wendland (^{5}1948); H. Lietzmann - W. G. Kümmel (^{4}1949); F. W. Grosheide (^{2} 1959); J. Héring (n.d.) on the epistle may be compared. They are quoted under their author's names.

[3] H. Windisch, S. 117.

Jews or to demonstrate the superiority of Paul's ministry over that of Moses? Uncertainty over the correct answer is indicated by the variety of titles suggested by the commentators: Plummer speaks of the boldness of new "ministers"; Lietzmann calls it: "the glory of the apostle is higher than that of Moses"; according to Wendland the passage argues that "the veil, which covered the Old covenant, has been removed by Christ"; Windisch summarizes his view in the words: "an inserted discussion between the Christians and the unbelieving Jews, an expression of Christian superiority and an appeal to the Jews, to look for Christ in the church of the New Covenant"; Schlatter considers it as an exposition of "the glory of the church which surpasses that of Israel". This conspectus which could easily be prolonged, may give an idea of the differences in the evaluation of the meaning of these verses.

c) What is the exact interpretation of vs. 17 "now the Lord is the Spirit and where the Spirit of the Lord, is, there is freedom" in this connection? Very many articles have been devoted to it. Once upon a time this text together with vs. 6b was a favorite one among "liberal" Christians, but then these words were obviously removed from their context. Is the former part a Christological saying of binitarian stamp in which "Christ" is identified with "the Spirit" or is it an exegesis of the preceding verse: the κύριος in vs. 16 is to be understood as τὸ πνεῦμα? Why does this reference to "freedom" appear so unexpectedly? It has not been announced beforehand and seems quite alien to the sequence of thought. Schmithals considers this verse so strange that he wants to delete it as a gloss [1].

d) The exact translation of κατοπτριζόμενοι in vs. 18 is still uncertain. R.S.V. renders it in the text as "beholding", following the main stream of ancient and modern interpretation, but offers an alternative in its footnote: "to reflect". The latest and fullest discussion may be found in the books of Dupont and Hugedé [2] but they arrive at opposite conclusions, (Dupont: to reflect; Hugedé: to see). What is the purpose of this verse as a whole? Was Reitzenstein correct in deriving this idea from later hellenistic

---

[1] W. Schmithals, "Zwei gnostische Stellen im zweiten Korintherbrief", in: *Evangelische Theologie* XVIII (1958), S. 552 ff.

[2] J. Dupont, *Gnosis, la connaissance religieuse dans les épîtres de St. Paul*, Louvain-Paris 1949, p. 120; N. Hugedé, *La métaphore du miroir dans les épîtres de saint Paul aux Corinthiens*, Neuchâtel-Paris 1957, p. 20 ss.

mystical texts [1]? And was Lietzmann right in asserting that Paul proves here too much: he wanted to demonstrate the glory of his office, but the "Christian Midrash" has led him to a proof of the glory of the Christians in general?

These difficulties are also brought to the fore by the fact that most commentators are led to assume a permanent change in St. Paul's thought. Windisch drew attention to the different application of the word "veil". Wendland, who gave the title "the veil, which covered the old covenant, has been removed by Christ", later on speaks of a new contradiction between the office of Paul and that of Moses, but says that vs. 18 does not deal with the ministry of Moses and Paul, but with the state of Christians in general.

It seems as though the obscurity of this passage is impenetrable and that the commentaries lead us to the conclusion: "so many men, so many minds". In the latest discussion known to me Dr. Schulze tries to surmount the obstacles by assuming that this 'Midrash' had first been used by Paul's opponents and had then been taken over by the apostle with some basic corrections. This assumption leads Schulze to a very hypothetical reconstruction of the opinions on both sides [2]. In the end he solves no riddles, but only creates new ones. Presumably because a veil is over my mind, I fail to see what he wants us to see. There is not a shred of evidence that the apostle is commenting upon a previously existing document or teaching nor is it clear why Paul himself should have been unable to make this application of the Exodus-story. Before setting out on hypothetical reconstructions behind the given text, we should first try to understand the text as it stands.

It is clear that Schulze takes his "emergency exit", because the connecting link between the preceding verses and the passage under discussion seems to be absent. Ch. iv 1 "Therefore having this ministry" takes up the theme of iii 6 ff. and thus the pericope iii 12-18 gives the impression of being inserted. Before drawing this far-reaching conclusion from iv 1 we must ask whether the

[1] R. Reitzenstein, *"Historia Monachorum" und Historia Lausiaca, eine Studie zur Geschichte des Mönchtums und der frühchristlichen Begriffe Gnostiker und Pneumatiker*, Göttingen 1916, S. 242 ff.

[2] S. Schulze, "Die Decke des Moses, Untersuchungen zu einer vorpaulinischen Überlieferung in 2 Cor. iii 7-18", in: *Zeitschrift für die neutestamentliche Wissenschaft* XLIX (1958), S. 1 ff.

thought of this verse does not presuppose the argument in iii 12 ff. There is no manuscript support for bracketing this paragraph. We cannot, of course, exclude off-hand the incorporation of alien material, because of the evidence that 2 Cor. as a whole is a collection of various fragments of Pauline correspondence with the Corinthians [1], yet, before we use the scissors, we must be certain that all other ways are barred. One must first try out every possibility to explain the text in its given form. And this contains, as I hope to show, some points that have been missed so far, which can clarify the train of the argument and illuminate these verses of veiled glory.

In verse 13, as earlier in verses 7 and 10, it is evident, that Paul makes use of the story of Exod. xxxiv about Moses who covered his face with a veil. But here we encounter immediately some grave difficulties. The text of Exod. xxxiv in itself is far from clear [2]. Paul deviates both from the Massoretic text and the LXX; in vss. 7 and 13 Paul inserts motives not found in Exodus. According to most commentators Exod. xxxiv 34 is quoted in a very peculiar form, but this peculiarity is essential to Paul's argument [3]. Unfortunately no help can be derived from later Jewish traditions; they hardly mention the story [4] and if they do so, they simply state that Moses made a veil without explaining his motives. If they speak about the "glory" of Moses' face, they stress its permanent character [5]. Therefore the only possibility for a correct exegesis lies in the text itself.

In order to see Paul's starting-point we may recall that the apostle in ch. i 15 ff. has defended himself against the charge

---

[1] This point is always discussed at full length in all introductions.

[2] See e.g. the commentary of G. Beer - K. Galling, *Exodus*, Tübingen 1939, S. 159 ff.

[3] Cf. Windisch, a.a.O., S. 123: "Der Text ist also ungenau zitiert und für den Zweck der Übertragung willkürlich verändert. Man begreift beinahe nicht, dass P. von LXX aus auf seine Anwendung geraten konnte". —See also J. W. Doeve, *Jewish Hermeneutics in the Synoptic Gospels and Acts*, Assen 1953, p. 98 f.

[4] H. L. Strack - P. Billerbeck, *Kommentar zum Neuen Testament aus Talmud und Midrasch*, München 1926, Bd. III, S. 516: "In der altrabbinischen Literatur ist uns keine Stelle begegnet, in der auf die „Decke Moses" Ex. xxxiv 33 ff. Bezug genommen würde". —In Ps. Philo, *Antiquates Biblicae* xii the veil is mentioned without comment: "And it came to pass after that, when Moses knew that his face was become glorious, he made him a veil to cover his face".

[5] Billerbeck, a.a.O., S. 515.

of fickleness by appealing to the unchanging character of his gospel [1]. In ii 14 ff. he has drawn attention to the decisive impact of his message: "to one a fragrance from death to death, to the other a fragrance from life to life." "Who is sufficient (ἱκανός) for these things?" he asked and in iii 5 he supplied the answer: "our sufficiency is from God". The high and trustworthy character of his mission is expressed in the words: "We are not, like so many, peddlers of God's word; but as men of sincerity, as commissioned by God, in the sight of God we speak in Christ". As in i 23 God the righteous judge is witness to his sincerity, which had been openly challenged. In ch. iii he starts by calling the church of Corinth itself his letter of recommendation, because it is the church of the New Covenant[2] of the Spirit, of which Paul is a minister (διάκονος). He does not need a written document, but can point to the work of the Spirit. In this case again the personal charges are lifted out of the subjective sphere and placed in the real context, the work of God which has been entrusted to Paul. This new covenant in contrast to the old under which the Jews were still living is the theme of iii 7-11. The διακονία which is the key-word, is the ministry of the covenant, Israel's rule of life and sign of election. The story of Exod. xxxiv was a clear witness to the "glory" attached to the old covenant of Moses, of the Torah. The new covenant, which had been established by Jesus Christ (1 Cor. xi 25) in accordance with the prophets is a covenant of the Holy Spirit and of righteousness, and therefore eternal. In these conclusions "a minore ad maius" Paul concludes that the glory of this new covenant must by far exceed that of the Old.

These two elements in the preceding section are of importance: a) Paul is dealing with the tense, dismal relations with the Corinthians who have all sorts of grievances against the apostle; b) Paul refutes these charges by setting forth the real character of his work, which is the ministry of the New Covenant. He is so confident, because it is not his own work, but God's, revealed in the concrete life of the Church.

---

[1] Cf. W. C. van Unnik, "Reisepläne und Amen-sagen, Zusammenhang und Gedankenfolge in 2. Korinther i 15-24", in: *Studia Paulina*, Haarlem 1953, p. 215 ff. In this volume p. 144 ff.

[2] W. C. van Unnik, "La conception paulinienne de la nouvelle alliance", in: *Recherches Bibliques V, Littérature et Théologie pauliniennes*, Bruges 1960, p. 109 ss. In this volume p. 177 ff.

When we now come to iii 12, we must not overlook οὖν, as is done in R.S.V. On the contrary it is of the utmost importance to see the right connection. οὖν is not simply stating a transition or a conclusion. Practically always it has this meaning: it takes the result of the preceding argument as a basis on which a new structure can be built [1]. Paul's thought still moves in the sphere of the making of the covenant between God and His people. He has a "hope", because this new covenant is permanent [2]. Standing on this firm basis he says: πολλῇ παρρησίᾳ χρώμεθα, καὶ οὐ καθάπερ Μωϋσῆς ἐτίθει κάλυμμα ἐπὶ τὸ πρόσωπον αὐτοῦ.[3] Two facts call for attention: a) the structure of the second part of this sentence is awkward; it is impossible to give a translation without some sort of additions, such as is done by Lietzmann: "we do not need to cover our face like Moses, who . . ." or in R.S.V.: "not like Moses, who . . ." — b) the main idea expressed in the principal sentence is: "we make use of much boldness (or freedom of speech; παρρησία)" but how can this be contrasted with the act of Moses who addressed the Israelites and then covered his face with a veil, because the reason Paul gives has nothing to do with "freedom of speech"? Some commentators are bold enough to insert a "missing link" and take it from the sequal; so Plummer and Lietzmann: "and we do not put a veil over our faces, as Moses used to put a veil over his face". This is intelligible, but there is no word about it in the text nor in the commentaries to warrant this exegesis; it is a mere guess! It is a very daring jump Paul is making and not a very successful one at that. But he makes it deliberately, for in the following exposition the veil is going to play the main part to the very end in vs. 18.

In the strained relations between Paul and the Christians in Corinth which form the personal background of his writing it is quite understandable that he speaks about his παρρησία. That this characterized his attitude towards them is also expressed in vii 4 πολλή μοι παρρησία πρὸς ὑμᾶς. Windisch in opposition to many

---

[1] W. C. van Unnik, "1 Clement 34 and the Sanctus", in: *Vigiliae Christianae* V (1951), p. 221 f.

[2] ἐλπίς is more than a subjective expectation; it is firm certainty about the future, cf. e.g. Rom. v 2 ff.; and the commentary of Grosheide on 2 Cor. iii 12.

[3] The combination of χρᾶσθαι παρρησίᾳ is a good Greek one, see: W. C. van Unnik, *De semitische achtergrond van* ΠΑΡΡΗΣΙΑ *in het Nieuwe Testament,* Amsterdam 1962, p. 6, n. 7.

expositors takes this παρρησία of iii 12 in a religious sense: freedom in the relation towards God, the right to approach Him and to live with Him in uninterrupted vision [1]. It is true that παρρησία can be applied in that sense [2], but in the present text it is impossible, because then it misses the contrast to Moses, who in his relation to men covered his face, but on entering into the presence of God uncovered it. Moreover it ignores the fact that in this context Paul deals with his relation not towards God, but towards men. This παρρησία was in the Greek world the privilege of a free man. At times this freedom of speech was not highly appreciated, because it meant: speaking without restraint about even the most painful things. It is characteristic of the Cynic philosophers who did not mince their words; characteristic also of the true friend in contrast with the flatterer [3]. In itself it is not astonishing that Paul felt himself entitled to this "boldness" towards his "brethren" especially as an apostle. Nor was it surprising that these Corinthians found him too outspoken.

But the problem here is that instead of the expected explanation of this παρρησία there follows a digression about the veil, which seems completely irrelevant because in the case of Moses there had been no hint of the παρρησία whether desirable or undesirable. One cannot say that Paul is contrasting his ministry with that of Moses, because that point is not raised. Is there a solution for this problem? Is there a safe philological basis for the jump Paul is making?

In Greek usage there is none. But we often overlook the fact that Paul was "a Hebrew born of the Hebrews" (Phil. iii 5) and that he had lived in Jerusalem from his early youth [4]. On two previous occasions I have pointed out that several curious transitions in

---

[1] Windisch, a.a.O., S. 118 f.: "die Hoffnung auf den dauernden Besitz überschwänglicher Glorie gibt uns jetzt schon, das Recht dazu, dem Herrn zu nahen und in ungehindertem Anschauen mit ihm zu verkehren. Dass P. dies letzte Moment im Bewusstsein hatte, ist aus der V. 12 folgenden negativen Erklärung zu ersehen und wird weiterhin in V. 18 positiv bestätigt".

[2] As may be clearly seen in the "Exkurs" of Windisch, a.a.O., S. 118 and the literature, quoted in the next note.

[3] E. Peterson, "Zur Bedeutungsgeschichte von ΠΑΡΡΗΣΙΑ", in: *Reinhold Seeberg-Festschrift,* Leipzig 1929, S. 283 ff.; H. Schlier, "παρρησία", in: G. Kittel - G. Friedrich, *Theologisches Wörterbuch zum Neuen Testament,* Stuttgart 1954, Bd. V, S. 869 ff.

[4] W. C. van Unnik, *Tarsus or Jerusalem, the city of Paul's youth,* London 1962, in this volume p. 259 ff.

the letters of Paul can be explained from his way of thinking in Aramaic, one of my examples was taken from this very same letter [1]. Now in Aramaic one may observe the curious fact that παρρησία was taken over as a loan-word, but—and this should not be over looked—that there is also a typical original expression: גלה אפין or גלה ראש litt. "to uncover the face" or "the head". Many examples, e.g. from Syriac liturgies can be adduced to show that it is synonymous with παρρησία. In a paper on "the semitic background of ΠΑΡΡΗΣΙΑ in the New Testament", read before the Royal Academy of Amsterdam (see p. 200 n. 3.) I have given the linguistic evidence and discussed the meaning of this "covering and uncovering the face or the head". Only one point must be mentioned: in rabbinic texts[2] the expression has sometimes a very unfavourable meaning: "to be insolent", but this is a later development, perhaps a reaction against Christianity. This is, however, not the original idea. "To cover the face" is a sign of shame and mourning; "to uncover the head" means confidence and freedom; in the Targumin *e.g.* "with uncovered head" has the same meaning as "in freedom" [3]. It is interesting to notice that in vs. 18 Paul himself offers the literal translation "with unveiled face", but it is self-evident that he could not use that expression in vs. 12. But this literal meaning of גלה אפין must have been lurking in his mind and immediately suggested, since he was still thinking of the old and new covenant, the different attitude of Moses who had according to the Exodus-story "covered his head with a veil".

This "unveiling of the head or the face" comprises openness, confidence and boldness. How different was the behaviour of Moses! What he did was in the symbolic language of Paul's time first a sign of shame and bondage. In vs. 7 it is said that the Israelites "could not look at Moses' face because of its brightness", a motive which is also found in Philo [4]. That could be read in Exod. xxiv 30 "they feared". But this motive in vs. 13 "in order that the Israelites might not see the end of what was fading" is not in the O.T. Paul tried to find a reason for this strange behaviour of Moses. It is not explained in Jewish sources. The "fading away" of the glory, cf.

---

[1] W. C. van Unnik, "Aramaeismen bij Paulus", in: *Vox Theologica* XIV (1943), p. 117 ff. in this vol. p. 129 ff.; *Reisepläne und Amen-sagen* (see p. 179, note 1).

[2] See K. G. Kuhn, *Sifre zu Numeri übersetzt und erklärt*, Stuttgart 1959, S. 793 ff.

[3] See the texts quoted in: *De semitische achtergrond*, blz. 12. = vol. II p. 000.

[4] Philo, *Vita Mosis* III 2, 70.

also vs. 7, is not mentioned anywhere else nor explained in the midrashim. In some Jewish texts it is said that the glory remained even after the dead of Moses [1]. Paul might have made *his* conclusion from the fact that the brightness of Moses' face is nowhere else mentioned afterwards in the Pentateuch or from the general idea that all men's glory is perishable (cf. Is. xl 6). At any rate Moses was hiding the transient glory; he was not open, but purposely kept something secret.

This however was not the only remarkable thing, Paul continues, but there was more [2]: the senses of the Jewish people were unable to notice it (ἀλλὰ ἐπώρώθη τὰ νοήματα αὐτῶν). This refers, of course, in the first place to the contemporaries of Moses, but ἐπωρώθη is an ingressive aorist and denotes the beginning of a situation. Here Paul simply states the fact of this "hardening" without indicating its causes and effects [3]. Since his letters are occasional writings and not theological treatises, it is necessary to see, whether other places in his epistles help to a fuller understanding of the underlying meaning. In Rom. xi 8 he gives an Old Testament proof-text for this idea of "hardening" which shows that Paul took it *ad sensum* and did not bind himself to words. It is a composite quotation: "God gave them a spirit of stupor, eyes that should not see, and ears that should not hear, down to this very day" (ἕως τῆς σήμερον ἡμέρας) [4]. Here are combined Deut. xxix 3 a word of Moses to his fellow-countrymen, that they had been unable to perceive the great wonders, God had wrought in their lifetime, and Is. xxix 10. This latter text is particularly interesting in this connection, if one reads it in its complete form: "For the Lord had poured out upon you a spirit of deep sleep and has closed your eyes, the prophets, and *covered your heads*, the seeers" [5]. This last clause links the idea of the "hardening" very neatly to the general theme of our passage: "the covering of the head". This reference is not found in the commentaries, but seems to me

[1] Billerbeck, III, S. 515.

[2] F. Blass - A. Debrunner, *A Greek Grammar of the New Testament and other early Christian literature*, translated by R. W. Funk, Cambridge 1961, § 448, 6 "not only this, but also', used to introduce an additional point in an emphatic way"; this is given as a meaning of ἀλλά.

[3] See on the meaning of this word: J. A. Robinson, *St Paul's Epistle to the Ephesians*, London 1903, p. 264 ff.; K. L.-M. A. Schmidt, "πωρόω", in: Kittel-Friedrich, *Theol. Wörterbuch*, Bd. V, S. 1027 ff.

[4] LXX ἕως τῆς ἡμέρας ταύτης.

[5] So the Masoretic Text and 1 Q Is[a].; the translation in LXX is different, because there *Rosj* ≡ head is taken in the sense of "leader" ≡ ἄρχων.

very relevant in this context. It may have been in the mind of Paul when he spoke of the Jewish πώρωσις, because it is a well-known habit of the rabbis not to quote their proof-texts in full, but only the opening-words [1].—However this may be, the deplorable state of the Israelites is proven from the Law and the Prophets.[2] It was true of the contemporaries, of Moses but, it has continued since . . . "down to this very day". So Moses covered his face to hide the fading away of the glory and the Jews were dulled ("covered heads"?) that they failed to perceive the apperception of God's deeds.

A justification of quoting the proof-text of Romans xi 8 in this connection may also be found in the next two verses. It is remarkable—though never specially underlined in the commentaries—that Paul twice introduces a sentence with an adjunct of time. The great importance of the category of "time" in the N.T. is wellknown [3]. But in the present context it calls for special attention, because we find practically the same words at the end of the quotation in Rom. xi 8 [4] and it seems very plausible to assume that they are derived from Deut. xxix 4 [5]. These words from the Torah enabled to maintain that the situation had not changed since the days of Moses: the veil is still there (τὸ αὐτὸ κάλυμμα).

This double temporal clause leads to another observation. Generally the sentences in vs. 14b and 15 are taken as a unit, as though the κάλυμμα is the same. In that case the interpretation has the difficulty that the "veil" was first on the face of Moses, then on the reading of the O.T. and lastly on the hearts of the Jews. This leads to various difficulties in the argument. Is it not possible to analyse this passage in a different way? Between vs. 14b "to this day" and vs. 15 "to this day" there exists a parallelism. But this parallele structur extends even further: "at the reading of the old covenant" (vs. 14b) parallels "whenever Moses is read" (vs. 15). The phrase "In Christ it is taken away" (vs. 14c) parallels the phrase "the veil is removed". Then there are two antitheses: a major one

---

[1] It will be superfluous to give examples, since they are found everywhere in the rabbinic writings.

[2] Cf. O. Michel, *Paulus und seine Bibel*, Gütersloh 1929, S. 83 f.

[3] O. Cullmann, *Christus und die Zeit*[3], Zürich 1962.

[4] ἕως and ἄχρι have no difference in meaning, see Blass-Debrunner-Funk, l.c., § 216, 3; § 383.

[5] In the current editions and commentaries these words are not marked as a quotation; cf. also Ez. ii 3, xx 31.

between vs. 14b. c and vss. 15-16, marked by ἀλλά and a minor one between vs. 15 and 16 ἡνίκα ἄν-ἡνίκα δέ ... The ἀλλά in vs. 15 is puzzling; some translations such as the R.S.V. and the New Dutch Version take it as an intensification "Yes"; I would rather prefer to bring it into line with the first word of vs. 14; the distinction between Moses and the Israelites is still in existence.

We get the following structure which is obscured in our printed bibles:

1 Μωϋσῆς ἐτίθει κάλυμμα	1 ἐπωρώθη τὰ νοήματα αὐτῶν (implies a veil Rom. xi 8; Is. xxix 10)
2 ἄχρι τῆς σήμερον ἡμέρας ἐπὶ τῇ ἀναγνώσει τῆς παλαιᾶς διαθήκης τὸ αὐτὸ κάλυμμα μένει	2 ἕως σήμερον ἡνίκα ἂν ἀναγινώσκηται Μωϋσῆς κάλυμμα ἐπὶ τὴν καρδίαν αὐτῶν κεῖται
ἐν χριστῷ καταργεῖται	ἡνίκα δὲ ἐὰν ἐπιστρέψῃ πρὸς κύριον, περιαιρεῖται τὸ κάλυμμα.

there is an horizontal parallelism and a vertical one, expressed by spacing.

The situation of Moses and the Israelites in ancient times, as described in vs. 13-14a, is not a matter of the past, for [1] it is still in existence "to this day" in the reading of the Law in the synagogues [2]. Just as Moses in his relation to the Israelites, when he gave the commandments of the covenant, had a veil over his head, so now a veil remains, when his work is repeated in the reading of the Law, because it has not been discovered that this covenant of the γράμμα—"written code"—has been replaced by the new one, announced by the prophets, inaugurated by Christ, and therefore has become "old". It is not said, that this veil has been removed by Christ; no, it is still there, it is only removed "in Christ", in the communion with Christ who made the new covenant (1 Cor. xi 25). This is the situation on the side of the "mediator"; the objective side. But neither has anything changed on the subjective side, among those who received the covenant; they do still live in the sphere of the γράμμα; there is still the hardening, here expressed

[1] For this meaning of γάρ see: W. Bauer, *Griechisch-deutsches Wörterbuch zu den Schriften des Neuen Testaments und der übrigen urchristlichen Literatur*, [5]Berlin 1958, Sp. 301, 1 e.

[2] Cf. Acts xv 21.

in the words: "a veil lies over their hearts", where "heart" is the organ of perception, as elsewhere in the bible [1]. They do not see the new situation, the new covenant brought by Christ.

This situation, where all is obscured by a veil, changes however, "when he turns to the Lord". Paul is clearly referring to Exod. xxxiv 34, though he does not give an exact quotation: M.T. הבוא-LXX εἰσεπορεύετο—Paul: ἐπιστρέψῃ, and: M.T. יסיר—LXX περιῃρεῖτο—Paul: περιαιρεῖται. Since in the context of Exod. xxxiv Moses' going is really a return, Paul's translation was "ad sensum" correct[2] and it may be remarked that ancient versions are very free in their translation of Hebrew tenses: the Hebrew "imperfect" could be taken as a present tense. At any rate this verse from the Exodus-story was extremely suitable for Paul's purpose: the veil is taken away by turning to the Lord [3]. So the Scripture said and that was a conclusive answer. Paul adds at this point an exegetical gloss such as one often finds in rabbinic exegesis: "the Lord" in this verse means "the Spirit" [4]. Why is the veil taken away by the Spirit? The nearest answer is: because He is the opposite of the γράμμα, the written code (cf. vs. 6 and 7 and Rom. ii 29, vii 6). The veil is taken away, because one does not cling to material, carnal things, but has direct contact with God: see 1 Cor. ii 12: "we have received ... the Spirit which is from God, that we might understand the gifts bestowed on us by God" (cf. also Rom. vi-viii passim).

If we now recall that the "covering with a veil" meant a.o. bondage (see p. 202), it is not surprising that in this passage the idea of "freedom" is mentioned; that may be surprising to us who do not attach the same meanings to the words as Paul and his contemporaries did, but for them it was implied in the notion of "uncovering the head or face". This notion of "freedom" has many applications for Paul, as appears from Romans and Galatians [5]:

[1] F. Baumgärtel - J. Behm in: Kittel-Friedrich, Bd. III, S. 609 ff.; Eph. i 18 "eyes of the heart".

[2] Both Windisch, a.a.O., S. 123 and Doeve, l.c., p. 99 refer to 1 Kings xxii 27 for the translation of the Hebrew *bo* by ἐπιστρέψαι.

[3] For Paul's personal experience see Gal. i 15 ἀποκαλύψαι τὸν υἱὸν αὐτοῦ ἐν ἐμοί.

[4] For this hotly debated question see the survey of B. Schneider, "*Dominus autem Spiritus est*" (*2 Cor. iii, 17a*). Romae 1951 with the conclusion: "ex contextu eruimus τὸ πνεῦμα, de quo sermo est in toto capitulo iii 2 Cor., est Spiritum Sanctum. Ὁ δὲ κύριος simpliciter repetit terminum κύριον in precedente v. 16, in quo profertur interpretatio sensus typici Ex. xxxiv, 34, cuius exegesis 2 Cor. iii 17a est ulterior elucidatio" (p. 159 s.).

[5] Cf. H. Schlier, "ἐλεύθερος", in: Kittel-Friedrich, Bd. II, S. 492 ff.; see Rom. viii 21 εἰς τὴν ἐλευθερίαν τῆς δόξης τῶν τέκνων τοῦ θεοῦ.

from the written code and its condemnation, from sin and death; it is there where the Spirit of the Lord reigns, for the Spirit is not one of slavery, but of adoption which gives the freedom of the children of God (Rom. viii 16 ff.). This freedom also implies "freedom from the judgement of other people" (cf. 1 Cor. ix 1, 19, x 29; Gal. ii 4). It characterizes Paul's life: as a slave of Christ he is free from men. In stead of being an alien element in the context of this section, it is exactly the culminating-point. The style of the sentence with that single word "freedom" at the end, is a marvelous display of Paul's oratorical gift. This is the joyful: "Quod erat demonstrandum". He had set out to prove that he, a minister of the new covenant, was entitled to use παρρησία, freedom of speech. In the Old Covenant there was no "openness of face", as is shown in the person of Moses himself; but in contact with the Spirit who reigns in the new covenant this uncovering of the face, this liberation takes place and has Paul received the freedom of speech.

But this παρρησία was not a personal quality of the Christian individual Paul; it was his form of expression as an apostle, a minister of the New Covenant. It did affect his relation to the Corinthian Christians, and they criticized him for that (see also ch. x 9 ff.). Does it widen the gulf between Paul and his hearers or is there communion?

It is striking that Paul here as in i 15 ff. discusses this issue not on subjective grounds or trivial arguments, but on the basis of what Christianity meant. This is the greatness of Paul that he shows the relevancy of God's work for very concrete daily troubles. In the present passage he deals not only with Moses in contrast with himself, but also with the attitude of the Israelites, then and now (vss. 14a, 15). And this side of the picture should not be forgotten. Both Moses and his people were covered with a veil; and we have seen, what that meant. What happens? "When he turns to the Lord, the veil is removed". It has always been a matter of dispute who is the subject of vs. 16. The context from which the verse has been taken, leaves no doubt; the subject is Moses, but since there is no expressed subject it could also be applied in a more general way: this happens to any individual among them upon whose (αὐτῶν) hearts the veil rests, that is: to anybody who enters into the new covenant of the Spirit. This was the case for the Christians who form the church of the New Covenant, see vs. 3. Not only for Paul has the veil been removed (παρρησία = unveiling of the face or head, vs. 12), but also for all Christians who live in Christ. Therefore vs. 18 is not an after-thought or casual appendix, but an essential part of the argument. Paul and his hearers stand in the same condition; for both parties the veil has been removed (ἡμεῖς δέ πάντες ἀνακεκαλυμμένῳ προσώπῳ) [1]. That is their fundamental unity; that gives freedom also in their relations to one another.

The puzzling vs. 18 does not deal with free access to God; that is expressed by προσαγωγή (Eph. ii 18). That stage is passed (ἀνακεκαλλυμένῳ, pt. pf.) [2]. Christians are in communion with God. They are therefore permanently in the same situation which Moses, according to Exod. xxxiv, only temporarily enjoyed. Not only did Moses see the glory of God, but his face itself was glorified. It had received the glory (cf. vs. 7 and Ex. xxxiv 30, 35). In this context it is pointless to translate κατοπτριζόμενος with "seeing", it must be "reflecting". This makes also good sense with the following ἀπὸ δόξης. The outward appearance of the Christians change; they now reflect the glory of God [3]. The N.T. does not offer a description of Paul, but in the "Acts of Paul" (end 2nd cent.) stands the curious portrait: "a man, little of stature, thin-haired upon the head, crooked in the legs, of good state of body, with eyebrows joining, and nose somewhat hooked, full of grace: for *sometimes he appeared like a man, and sometimes he had the face of an angel*" [4]. This last trait is the more striking, since the other features do not give a very flattering or imposing impression. An interesting parallel in the N.T. is Acts vi 15, where it is said of Stephen, a man "full of the Spirit" (vs. 5, 10): "all who sat in the council, saw that his face was *like the face of angel*", *i.e.* full of heavenly glory.

The reflection of the glory, however, does not fade away like that of Moses, but has quite the opposite effect: "we are being transformed into the same likeness". τὴν αὐτὴν εἰκόνα [5] is difficult; the interpretation generally applies it to Christ, but his "likeness" has not been mentioned before. In connection with the tenor of the whole passage (differences between Paul and the Corinthians)

---

[1] For this ἡμεῖς πάντες see Rom. iv 16 where Abraham is the "father of us all", viz. both parties mentioned in vss. 11 and 12.

[2] This idea in connection with 1 Cor. xi 2 ff. I hope to discuss elsewhere.

[3] In this connection I like to refer to E. Stauffer, *Die Theologie des Neuen Testaments*,[2] Geneva 1945, S. 30 ff., § 8 Geist und Antlitz des Dritten Geschlechts, though Stauffer takes his examples from a much later period.

[4] M. R. James, *The Apocryphal New Testament*, Oxford 1924, p. 273.

[5] For this accusative see the comments of Lietzmann, *i. l.*

and especially with ὑμεῖς πάντες it is better understood as: that which we all have in common [1]. We all with our different shapes are transformed into one εἰκών. This may be that of Christ Jesus, cf. Rom. viii 29 "to be conformed to the image of His Son" and 2 Cor. iv 4 "Christ who is the likeness of God". Even more relevant it seems to me is a reference to 1 Cor. xi 7, a passage which also deals with the covering of the head: "a man ought not to cover his head, since he is the likeness and glory of God" (εἰκὼν καὶ δόξα θεοῦ ὑπάρχων). Here Paul inserts into a reminiscence of Gen. i 27 the word "glory"; that and "likeness" clearly belong together in the *Christian* man. All Christians who reflect the glory are unified in likeness, which is ultimately also likeness with Christ. This process is one of realizing eschatology. What Jewish apocalyptics expected[2] for the heavenly future is already happening in the life of the Christians. The glory is continuously growing [3]: from the glory we have to a higher one, till it is finally consummated "first as we have borne the likeness of the man of dust, we shall also bear the likeness of the man of heaven" (1 Cor. xv 49). This process "comes from the Lord, who is the Spirit", given as a guarantee (i 22), and gives unity. V. 18 is not an alien element in the whole discourse, but its natural crowning: the Christian life is based on facts in the past, but directed towards the goal in the future. It is essentially connected with the preceding verses and the premises of Paul's Jewish-christian theology offer a sufficient explanation. There is no need to recur to hellenistic mysticism.

Our conclusion is that 2 Cor. iii 12-18 is not an insertion without connection to the preceding argument; that it is a coherent unit to defend Paul's "barefacedness" as a minister of the New Covenant in relation to his fellow-members of that New Covenant; that by basing his thought on the superiority of the New One over the Old and by means of the story of Moses and the Israelites, whose covering of face is interpreted in the symbolic language of the time, he proves his case and shows the fundamental unity between

[1] W. Bauer, a.a.O., Sp. 245, 4 a; cf. 2 Cor. xii 18 twice.

[2] Cf. Apoc. of Baruch li 3 "Also (as for) the glory of those who have now been justified in My law, who have had understanding in their life, and who have planted in their heart the root of wisdom, then their splendour shall be glorified in changes, and the form of their face shall be turned into the light of their beauty, that they may be able to acquire and receive the world which does not die", and other texts, referred to by Windisch, a.a.O., S. 128.

[3] See the commentaries on vs. 18.

him and his church in Corinth. Because exegesis has heretofore missed the notions contained in the key-word παρρησία with its aramaic background, it has not seen the real links and was led astray.

Now, it is also clear that ch. iv 1 ff. presupposes this section, and not only iii 6 ff. The next paragraph continues his apology: having been entrusted by God's grace with this high ministry, he is full of confidence and therefore does not lose heart, though the circumstances and men are against him; he has set aside τὰ κρυπτὰ τῆς αἰσχύνης = what is hidden for shame [1], because he has done away with the veil [2]; he does not use cunning (cf. ii 17), but commends himself (cf. iii 1) by an open statement of the truth. From there he proceeds to a new point, that the gospel he preaches is not accepted by all. His treatment of that point shows some parallelism with that in iii 12 ff., but is in itself a new topic.

If this interpretation is correct in its main lines, this passage gives us a deep insight in the mind of Paul [3]:

a) writing in Greek he can only be understood as thinking in his mothertongue;

b) his work is that of a minister of the New Covenant of the Spirit,—which is higher than that of Moses;

c) it rests upon a deep spiritual experience;

d) it shows his theology in practice, directly relevant to his relation with christians;

e) it brings to light the greatness and reforming force of belief in Christ, its freedom and guiding principle.

I hope that this paper[4] has succeeded in taking away the veil over this important, but obscure passage and that in carefully examining the words it has not missed the illumination of the *Spirit*.

---

[1] W. Bauer, a.a.O., Sp. 49 and 898.

[2] On the connection between "veil" and "shame" see my paper, quoted in p. 200, note 3, p. 15 ff.

[3] The question whether the Corinthians could follow the line of Paul's argument is of secundary importance; the data to answer it are lacking, but some reasons why the apostle's train of thought would not be completely unintelligible to the Corinthians are given in my *De semitische achtergrond*, p. 18 f.

[4] This paper was read to various theological seminaries and groups in U.S.A. during a lecture-tour, spring 1961.—In its published form it is dedicated to my friend, Professor D. Dr. K. H. Rengstorf D.D., as a mark of esteem for all his efforts to foster the relations between Judaism and Christianity, for his learning as a New Testament scholar and as a token of gratitude for the stimulus of his friendship.

ACTA

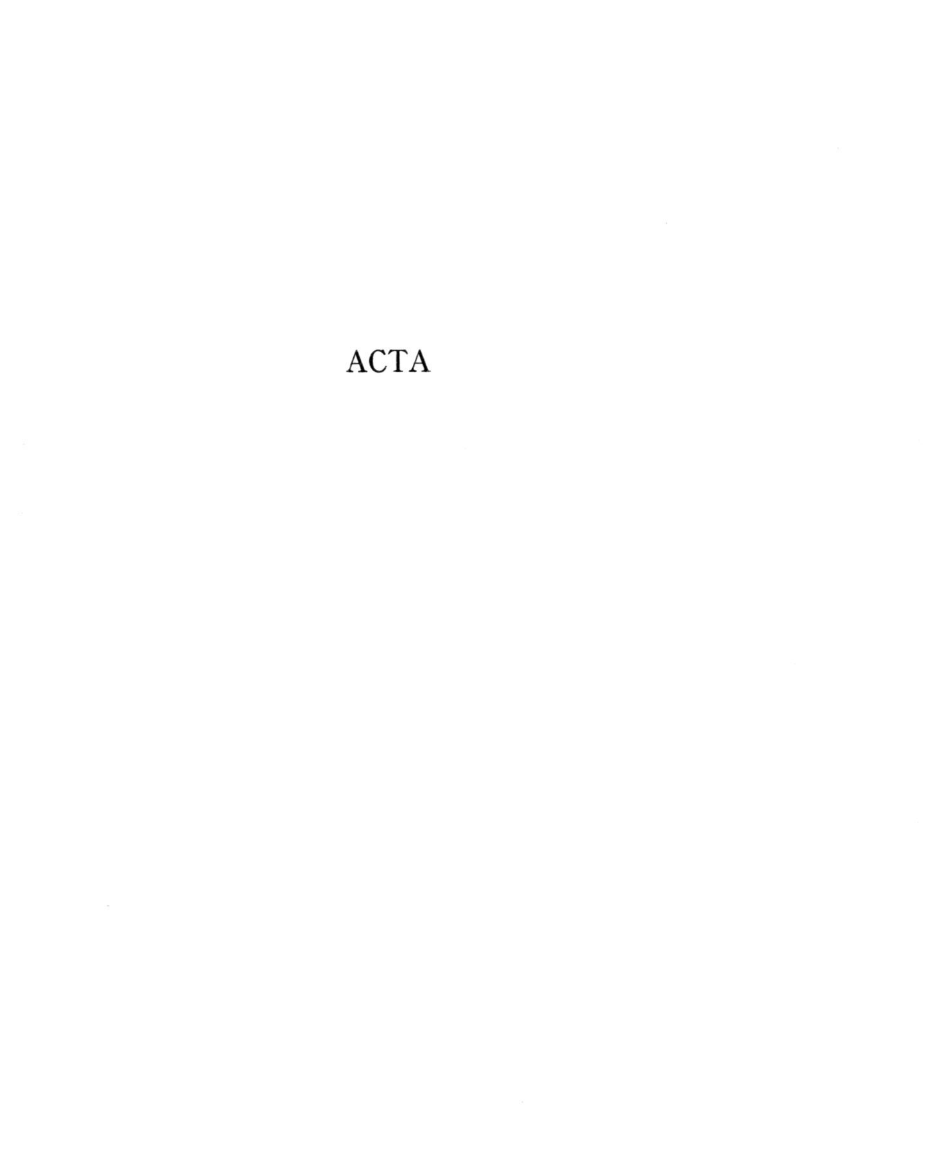

THE BACKGROUND AND SIGNIFICANCE OF ACTS X 4 AND 35 *

Introduction

In the Acts of the Apostles a considerable amount of space is occupied by the story of Peter's meeting with the centurion Cornelius, a man who "feared God". Chapter x which relates the actual event is the longest in the whole book and is devoted entirely to this single episode whereas other chapters deal with a number of events. Broadly speaking, the account relates how both parties, independently of one another, are brought to this meeting; how the apostle was received in the heathen homestead; what preaching took place and the wonder that occurred. But then, following upon this detailed description, chapter xi tells how Peter was called to account by them that were of the circumcision and how he, in defending himself, described the course of events from his point of view. The writer of the Acts takes twelve verses to recapitulate that which he had already described in chapter x. Even taking into consideration the fact that such repetitions are not infrequent in Acts, this is nevertheless highly remarkable and all the more so because xv 7 vv. contains a further allusion. The writer must therefore either have had some very good information at his disposal which he wished to communicate as fully as possible or he must have regarded his story as extremely important. In any case it can be said that he demands the reader's full attention for the story; "die weitläufige Ausführung zeigt den demonstrativen Character" (Weiszäcker) [1]. For Luke himself, this meeting must have constituted a decisive turning-point which is in itself sufficient reason for taking this episode very seriously. In this paper we wish particularly to apply ourselves to vs. 4 and 35 because these, forming as they do important points of departure, are of a conclusive significance and must therefore be examined in a somewhat different light than is customary.

---

* First appeared as "Achtergrond en betekenis van Hand. x 4 en 35" in *Nederlands Theologisch Tijdschrift* IV, 1949, p. 260-283, 336-354.

[1] C. Weiszäcker, Das apostolische Zeitalter der christlichen Kirche², Freiburg i. Br. 1892, p. 175. "the extended narrative indicates the demonstrative character".

The Present-day Exegesis of Acts x 4 and the Objections against it

The meeting with Peter is not arranged by Cornelius of his own initiative or wish. The impetus is provided by the message of the angel. But the command to have Peter sent for (with directions for his address in vs. 5-6) is introduced with an announcement in v. 4b: αἱ προσευχαί σου καὶ αἱ ἐλεημοσύναι σου ἀνέβησαν εἰς μνημόσυνον ἔμπροσθεν τοῦ θεοῦ, of which the following repetition is found in v. 31: εἰσηκούσθη σου ἡ προσευχὴ καὶ αἱ ἐλεημοσύναι σου ἐμνήσθησαν ἐνώπιον τοῦ θεοῦ.

When seeking for an explanation of this verse, the announcement in v. 4 is open to two lines of interpretation. Both of these are comprehensively given in the commentary of Wendt [1]. He writes: "Da bei d. LXX μνημόσυνον Übersetzung für die אזכרה ist (Lev. ii 2, 9, 16; v 12; vi 15; cf. Sir. xxxii 7, xxxviii 11, xlv 16), d.i. für denjenigen Theil des Speiseopfers, welcher verbrannt wird, um nach der ursprünglichen Opfervorstellung durch seinen Wohlgeruch eine heilbringende Erinnerung Gottes an die Opferenden zu bewirken, und da auch sonst Gebete und Almosen gern als Gott dargebotene Opfer gedacht werden (cf. Ps. cxli 2, Phil. iv 18, Hebr. xiii 15 ff.), so ist es wahrscheinlich, daß an u. St. die Gebete und Almosen ebenfalls als ein solches zu Gott aufsteigendes (ἀνέβησαν) Gedächtnissopfer vorgestellt sind ... Will man in εἰς μνημόσυνον diesen Opferterminus nicht finden, so muß man mit Mey. u. A. in den Worten die Angabe des Zweckes oder Erfolges von ἀνέβησαν sehen (cf. Matt. xxvi 13). Dann ist der Ausdruck gebraucht, weil die Gebete bildlich als aus dem Herzen und Munde zu Gott emporsteigend gedacht sind (cf. Gen. xviii 2, Ex. ii 23, 1 Macc. v 31) und nur zeugmatisch wäre er auch auf die Almosen bezogen." As a solace for those who know not what to choose, he adds: "Übrigens kommen beide Erklärungen auf denselben Gedanken heraus, daß nämlich Gott den Gebeten und Almosen des Corn. wohlgefällige Berücksichtigung geschenkt hat und ihn dem entsprechend belohnen will. S.V. 31." [2]

---

[1] H. H. Wendt, "Die Apostelgeschichte", in: H. A. W. Meyer, *Kritisch exegetischer Kommentar über das N.T.*[7-8], Göttingen 1888, pp. 240-241.

[2] "Since in the LXX ... is the translation for .. (refs.), i.e., for that part of the food offering that is burned so that, in accordance with the original naive conception underlying the offering, the pleasant odour will cause God to have a beneficent memory of the offerer. Since prayers and

If we study the meaning of μνημόσυνον according to its present-day interpretation, it becomes evident that there exists a strong tendency to stress a relationship with the "remembrance offering" (Bauer [1], De Zwaan [2], Brouwer and Moffatt[3] in their translations, Lake-Cadbury [4], Bauernfeind [5] and Grosheide[6] thought it very probable). At any rate an analogy with sacrificial terminology is present even if, with Keulers [7], "in remembrance" is understood in the sense: "dat God daardoor als het ware gedwongen is om aan Cornelius te denken en zijn bede te verhoren". O. Michel[8] alone does not speak of such a connection. He says that it must not be exclusively considered in the light of a spiritual event: "auch ein Wort oder eine Handlung kann den Gedächtnis dienen und zur Erinnerung ... werden"; in note 6 he refers to Mark xiv 9, Mat. xxvi 13, Acts x 4, 1 Cor. xi 24, Hebr. x 3 and comments:

---

alms were also wont to be seen as God-willed offerings (refs.) it is probable that in our text such remembrance offers ascending (...) to God are also intended ... If one does not wish to interpret this offer terminology in .... one must agree with Meyer and A. and see in the words a declaration of the purpose or success of ..... (refs). In that case the expression ..... is used because the prayers are metaphorically conceived as rising to God from heart and mouth (refs.) and he would have only zeugmatically related to the alms .... As it happens, both explanations come to the same idea, namely that God has favourably regarded C's prayers and alms and wants to reward him accordingly".

[1] W. Bauer, *Griechisch-deutsches Wörterbuch zu den Schriften des N.T.*[3], Berlin 1937, p. 870.

[2] J. de Zwaan, *De Handelingen der Apostelen*[2], Groningen-Batavia 1931, p. 100.

[3] A. M. Brouwer, *Het Nieuwe Testament met aantekeningen*, Leiden 1938 and J. Moffatt, "*The New Testament, a new translation*, London (followed by: F. J. Foakes-Jackson, *The Acts of the Apostles*", in: *The Moffatt Commentary*, London 1931, p. 87) on Acts 10:4.

[4] F. J. Foakes-Jackson and K. Lake, *The Beginnings of Christianity, part I, vol. iv*, English translation and commentary by K. Lake and H. J. Cadbury, London 1933, p. 113.

[5] O. Bauernfeind, "*Die Apostelgeschichte*", in: *Theologischer Handkommentar zum N.T.*, V, Leipzig 1939, p. 144.

[6] F. W. Grosheide, "*De Handelingen der Apostelen*", I, in: *Kommentaar op het N.T.*, V 1, Amsterdam 1942, pp. 327-328.

[7] J. Keulers, "*De Handelingen der Apostelen*", in: *De boeken van het N.T.* vertaald en uitgelegd, IV, Roermond-Maaseik 1937, p. 222. "through that, God is as it were, forced to think of Cornelius and to grant his prayer".

[8] O. Michel in: G. Kittel, *Theologisches Wörterbuch zum N.T.*, Stuttgart o.J., Bd. IV, p. 680. "a word or an action can also serve as a memorial, as a remembrance" .... "remembrance is accomplished in the word and in the action" .... "prayers and alms come before God and prepare the way for His intervention."

"Im Wort und in der Handlung vollzieht sich die Erinnerung". On the following page he briefly comes back to Acts x and designates the expressions in vs. 4 and 31 as "altertümlich" (archaic): "Gebete und Almosen treten vor Gott und bereiten sein Eingreifen vor".

When reviewing the interpretations at our disposal, we become aware of the following facts:

1. that Michel fails to elucidate wherein this "altertümliche" (archaic) character precisely lies; the concrete image is not revealed clearly;

2. that the thought: God remembers the prayers and alms of Cornelius is here circumscribed in a very curious fashion which must in some way or other be clarified. All the more so because this expression is without parallel and can therefore scarcely be regarded as a quotation or preaching terminology ("tale Kanaäns");

3. that the explanations which Wendt puts forward in the second place are not especially felicitous in the context because the zeugma is intertwined with "alms";

4. that Keuler's statement: "God als het ware gedwongen", by virtue of its very limitations is already suspect and because it does not properly fit into the biblical image of God;

5. that the use of ἀνέβησαν almost immediately suggests the idea of offerings because ἀναβαίνω = עלה is indeed frequently used in that context, whilst in cultic terminology the "remembrance offer" of Lev. ii is found for μνημόσυνον. Here the image at least becomes clear; it is an example of the spiritualisation of cultic terminology. Nevertheless it would seem from the hesitation this invites, that a certain difficulty is felt even if this is not said in so many words.

I am convinced that the formulation of v. 4 does indeed require a very concrete explanation; it needs as it were, a mental picture. Which picture, one may ask. The general tendency here is to envisage a supplicant offering to God his prayers and alms to propitiate Him.

It is undeniable that ἀναβαίνω, μνημόσυνον *can* in some circumstances have the postulated meaning: but does that necessarily mean that they *must*? The varied use which the LXX makes of both words leaves the matter open to speculation and therefore alternative possibilities should not be excluded. It is certain that the sacrificial cult was often spiritualised in New Testament times and that prayer was regarded as a spiritual offer [1], but can it be stated that this was invariably the case? The hesitation of some exegetes makes us cautious but does not help us on our way to a decision. In my opinion there are serious considerations which effectively once for all rule out any question of sacrificial terminology, i.e. the 'azkara', from Acts x 4.

My objections against this interpretation are as follows:

1. the given connection does not specifically call to mind an offering; a particular interpretation results in this being found in the words to discover subsequent corroboration in the texts itself. But the other phrase in v. 31 contradicts this definition;

2. In examining this expression, it is the use of language throughout the entire LXX which should be analysed. ἀναβαίνω means no more than "go up" and can be used in a cultic sense; but in itself it merely indicates a local shifting from lower to higher. In the LXX μνημόσυνον by no means always signifies "remembrance offer" (see below, pp. 218 ff.);

3. the suggested interpretation demands that εἰς be given the force of "as". Admittedly, the word εἰς is used from time to time in the New Testament for the predicative nominative[2] but almost exclusively with εἶναι and γιγνέσθαι. But is this likely in the case of a purely local verb as "go up"? To me, this seems exceedingly forced;

4. pointing to Lev. ii 2 e.e., only serves to confuse the issue and explain *obscurum per obscurius*. This becomes most obvious when reading the explanation given by De Wilde: "dat gedeelte van de mincha dat verbrand wordt is een gedenkoffer, dat tot gedachtenis opklimt tot God (Acts x 4)" [3], which results in purely circular reasoning! De Wilde furthermore quotes some other opinions and cites the view maintained by medieval Jewish commentators that God, through the going up of the offering, remembers the supplicant. The etymology and meaning of אזכרה are by no means established [4].

---

[1] See the monograph by H. Wenschkewitz, *Die Spiritualisierung der Kultusbegriffe Tempel, Priester und Opfer im N.T.*, Leipzig 1932 (Angelos-number 4).

[2] F. Blass - A. Debrunner, *Grammatik des neutestamentlichen Griechisch*[7], Göttingen 1943, § 145.

[3] W. J. de Wilde, *Leviticus*, Groningen-Batavia 1937, p. 72: "that part of the mincha which is burnt is a memorial offering that goes up to God for remembrance".

[4] L. Köhler, *Lexicon in Veteris Testamenti Libros*, fasc. 1, Leiden 1948, p. 24 s.v., gives four different possible explanations without deciding on one.

Buchanan Gray in his important work on Old Testament sacrifice, does not devote any particular attention to the word; as if in passing he says, when refuting an erroneous conception governing 1 Cor. xi 25: "אזכרה was an inconspicuous feature in the Jewish ritual; in the O.T. it is mentioned only in P." [1] It is certain that the word was only at a later date connected with the Hi of זכר as in the translation of the LXX and Targum (see also Is. lxvi 3 [2]). The real question is, however: where should the emphasis fall; upon the sacrifice that is offered or upon its effect; that is, the awakening of remembrance? Nor should it be overlooked that אזכרה is used not only with respect to the mincha-offering but is also mentioned in Lev. xxiv 7 in connection with the incense on the memorial bread (see also comments on p. 228).

The above reasons seem sufficient ground to me to eliminate any interpretation of Acts x 4 based on the terminology of sacrifice. The only possible way is to trace the meaning of μνημόσυνον.

Μνημόσυνον *in LXX*

Liddell and Scott[3] translate: 1. remembrance, memorial of a thing; 2. memorandum, reminder; 3. mark, scar; classifying Acts x 4 under 1.

Now these general indications leave many possibilities open. Thus it would be of significance that the application of the word as it appears in the LXX be traced. Here it is the translation of זכר, זכרון, אזכרה and זכר Ni. [4]

In *Exodus* the word is encountered on eight occasions. Three of these are irrelevant to our investigation since they deal with memorials amongst men (iii 15, xii 14, xiii 9). Although xviii 14 is also concerned with the same connection, its phrasing in part runs parallel to our text; for this reason it merits attention.

In xvii 14 after the battle with the Amalachites, Jahve said to Moses: κατάγραψον τοῦτο εἰς μνημόσυνον εἰς βιβλίον καί δὸς εἰς τὰ ὦτα Ἰησοῖ, ὅτι ἀλοιφῇ ἐξαλείψω τὸ μνημόσυνον Ἀμαλὴκ ἐκ τῆς ὑπὸ τὸν οὐρανόν; the tendency would be to translate in the first instance, "chronicle", "memorial book"; in the second, it refers to the remembrance amongst men of this godless people.

See also: J. Pedersen, *Israel, its life and culture*, London-Copenhagen 1940, vol. III-IV, pp. 368-369, 702.

[1] G. Buchanan Gray, *Sacrifice in the O.T.*, Oxford 1925, p. 396.

[2] See Köhler, a.a.O., under meaning 1.

[3] H. G. Liddell - R. Scott, *A Greek-English Lexicon*[9], ed. H. St. Jones, Oxford 1940, p. 1139.

[4] E. Hatch - H. Redpath, *A Concordance to the LXX*, Oxford, s.v.—the LXX is quoted in the edition of H.B. Swete.

It is remarkable that the remaining four places have hitherto never been used for the explanation of Acts x 4 since they contain a connection which has a striking correspondence; namely, the memorial before the face of Jahve.

xxviii 12 amongst the regulations governing the shoulder garment of the high priest is a stipulation that he must wear upon each shoulder a gemstone on which are engraved the names of the tribes of Israel. The following is said about these stones: λίθοι μνημοσύνου εἰσὶν τοῖς υἱοῖς Ἰσραὴλ καὶ ἀναλήμψεται Ἀαρὼν τὰ ὀνόματα τῶν υἱῶν Ἰσραὴλ ἔναντι κυρίου ἐπὶ τῶν δύο ὤμων αὐτοῦ, μνημόσυνον περὶ αὐτῶν (לפני־יהוה — לזכרון — אבני זכרון).

xxvii 23 (Hebr. and A.V. text v. 29) when describing the breastplate worn by the high priest, stipulates that the names of the twelve tribes of Israel be engraved on stones set into the breastplate so that Aaron shall always wear them when he enters the holy place μνημόσυνον ἔναντι τοῦ θεοῦ (לזכרון לפני יהוה תמיד).

xxx 16 prescribes that each Israelite must give an annual donation as a "ransom for his soul" (v. 12). This money is to be used for the service of the tabernacle καὶ ἔσται τοῖς υἱοῖς Ἰσραὴλ μνημόσυνον ἔναντι κυρίου, καὶ ἐξιλάσασθαι περὶ τῶν ψυχῶν ὑμῶν (לזכרון לפני יהוה).

xxxvi 14 (Hebr. and A. V. text xxxix 7) records that the command given in xxviii 12 has been fulfilled and repeats: λίθους μνημοσύνου τῶν υἱῶν Ἰσραήλ.

In *Leviticus* μνημόσυνον is mentioned on six occasions five of which refer to the already mentioned *azkara* whilst the word is used once in an entirely different context.

ii 2 the food offering is to consist of fine wheatmeal to which oil and incense are to be added; the priest must then take a handful of flour and, together with the incense καὶ ἐπιθήσει . . . τὸ μνημόσυνον αὐτῆς (namely, of the offering θυσία) ἐπὶ τὸ θυσιαστήριον. What remains is for the priests.

ii 9 contains similar instructions for the meat offering that is burned: ἀφελεῖ ὁ ἱερεὺς ἀπὸ τῆς θυσίας τὸ μνημόσνον αὐτῆς, καὶ ἐπιθήσει ὁ ἱερεὺς ἐπὶ τὸ θυσιαστήριον (in my opinion, De Wilde rightly comments that: "wierook wordt hier niet genoemd, maar stilzwijgend verondersteld" [1]); again, the remainder is for Aaron and his successors.

ii 16 lays down a similar ruling with regard to the first fruits of the harvest; in this case too, oil and incense are to be added καὶ ἀνοίσει ὁ ἱερεὺς τὸ μνημόσυνον αὐτῆς ἀπὸ τῶν χίδρων σὺν τῷ ἐλαίῳ καὶ πάντα τὸν λίβανον αὐτῆς.

v 12 in the rules on individual atonement-sacrifices it states that the poor may substitute fine oil for the animal offerings they cannot afford but without oil and incense, "for it is a sin offering" (v. 11) καὶ δραξάμενος ὁ ἱερεὺς ἀπ' αὐτῆς πλήρη τὴν δράκα, τὸ μνημόσυνον αὐτῆς

[1] De Wilde, *Leviticus*, p. 72. "incense is not named here but tacitly assumed".

ἐπιθήσει ἐπὶ τὸ θυσιαστήριον τῶν ὁλοκαυτωμάτων κυρίῳ, ἁμαρτία ἐστίν. With this the priest makes atonement for the sins which are then forgiven. As with ii 2, the remainder is for the priests.

vi 15 (Hebr. text vi 8) on the daily offering: καὶ ἀφελεῖ ἀπ' αὐτοῦ (the altar) τῆς θυσίας σὺν τῷ ἐλαίῳ αὐτῆς καὶ σὺν τῷ λιβάνῳ αὐτῆς, τὰ ὄντα ἐπὶ τῆς θυσίας, καὶ ἀνοίσει ἐπὶ τὸ θυσιαστήριον κάρπωμα ὀσμὴ εὐωδίας, τὸ μνημόσυνον αὐτῆς τῷ κυρίῳ, The rest is for the priests.

In all these texts it is remarkable how often μνημόσυνον αὐτῆς is said (as, incidentally in the Hebrew אזכרתה), that is, in the genitive case indicating θυσία. μνημόσυνον therefore did not have a fixed meaning "memorial offering"! The whole phrase should thus be translated "the memorial part of the offering" [1]. Is it perhaps a pars pro toto for the entire sacrifice, a "memorial offering" that is being enacted? For this reason I think Buchanan Gray was perfectly correct in devoting no further attention to this point; the so-called "memorial sacrifice" must be struck off the list of different types of sacrifices customary amongst the Israelites [2]. The LXX suggests strongly that a special type of sacrifice should not be assumed.

Lev. xxiii 24 as part of the Law controlling feast days, the following rule is stipulated for the first day of the seventh month (later called Rosch ha-schana): ἀνάπαυσις, μνημόσυνον σαλπίγγων. We shall deal further on with later Jewish concepts on this point.

Of the five relevant texts in *Numbers*, one (xvi 40, Hebr. text xvii 5) does not call for further examination since it deals with a memorial among men (Israelites). The remaining four texts are of interest.

The expression is mentioned thrice in connection with God's law on suspected adultery. If a man suspects his wife he must bring her before the priest with an offering for her of the tenth part of an epha of barley flour but no oil or incense. In xv 15 this is explained as follows: ἔστιν γὰρ θυσία ζηλοτυπίας, θυσία μνημοσύνου ἀναμιμνήσκουσα ἁμαρτίαν (cf. Lev. v 12; also the expression as used in I Kgs. xvii 18 at the death of the son of the widow of Zarephath εἰσῆλθες πρὸσ μὲ τοῦ ἀναμνῆσαι ἀδικίας μου). Then, the priest must place the woman before Jahve; uncover her head (loosen her hair) and in v. 18: καὶ δώσει ἐπὶ τὰς χεῖρας αὐτῆς τῆν θυσίαν τοῦ μνημοσύνου, (מנחת הזכרון) τὴν θυσίαν τῆς ζηλοτυπίας.

---

[1] One could think that the word as used here meant: that which the offerer brings to remembrance with Jahve, especially because it is frequently connected with incense, "the sweet savour"; but in my opinion v 12 directly contradicts this since there the sacrifice is an atonement offering and there is no incense!

[2] I gladly recommend a renewed investigation of אזכרה to Old Testament scholars.

After that, following the priest's pronouncement over the bitter water, he should take the jealousy offer from the woman herself, bring it before the altar and v. 26: καὶ δράξεται ἱερεὺς ἀπὸ τῆς θυσίας τὸ μνημοσυνον αὐτῆς (את־אזכרתה) καὶ ἀνοίσει αὐτὸ ἐπὶ τὸ θυσιαστήριον.

Thus we have here a parallel with Lev. v 12. Whatever the original meaning may have been can be left open [1]. In the text as read by the LXX authors, μνημόσυνον is understood to mean "memorandum" of the sacrifice (see above) in v. 26 whereas the two other verses obviously indicate a reminder to the woman to fix her attention on her (possible) sin.

xxxi 54 relates how, after the battle against the Midianites, the captains of Israel give precious objects from the booty as an offering "to make an atonement for our souls" (v. 50 ἐξιλάσασθαι περὶ ἡμῶν ἔναντι Κυρίου) and how Moses brought these into the tabernacle μνημόσυνον τῶν υἱῶν 'Ισραὴλ ἔναντι Κυρίου. Here is found the same context as in Exod. xxx 16: the sins which divide Jahve and Israel (cf. Is. lix 2)[2] are taken away (negative) and this gift (positive) is a remembrance to Israel.

Deuteronomy relates how Israel, as a punishment for forgetting its God, will be scattered by Jahve and that her remembrance shall cease from among men (xxxii 26 διασπερῶ αὐτούς, παύσω δὲ ἐξ ἀνθρώπων τὸ μνημόσυνον αὐτῶν.

Joshua iv 7 declares that the twelve stones erected after the crossing of the Jordan must always remain a memorial for the children of Israel of this mighty act of God.

Nehemia ii 20 at the decision to rebuild Jerusalem, Sanballat, Tobiah and Geshem are given no opportunity to participate: καὶ ὑμῖν οὐκ ἔστιν μερὶς καὶ δικαιοσύνη καὶ μνημόσυνον ἐν 'Ιερουσαλήμ (זכרון). Van Selms translates this as "naamsvermelding" [3] which he describes in the following words: "Zij hebben in de heilige stad geen rechtsbezit, rechtsaanspraak of iets dat ook maar een uitgangspunt daartoe zou kunnen worden." [4]

In *Esther* (LXX) the word is used on eight occasions. Three instances (ix 27-28, xvi 23) infer the Purim festival and the need to keep alive the memory of the salvation of Israel and the destruc-

---

[1] E.g. see A. H. Edelkoort, *Numeri*, Groningen-Den Haag 1930, pp. 100-104.

[2] Is. lix 2 LXX ἀλλὰ τὰ ἁμαρτήματα ὑμῶν διιστῶσιν ἀνὰ μέσον ὑμῶν καὶ ἀνὰ μέσον τοῦ θεοῦ, καὶ διὰ τὰς ἁμαρτίας ὑμῶν ἀπέστρεψεν τὸ πρόσωπον ἀφ' ὑμῶν τοῦ μὴ ἐλεῆσαι excellently formulates the conception of sin.

[3] "recording of names" . . . . "in the Holy City they do not legally own property, possess legal claims or anything which could lead to such."

[4] A. van Selms, *Ezra en Nehemia*, Groningen-Batavia 1935, p. 42, p. 104.

tion of the pagans. The other five places mention εἰσ μνημόσυνον, thus the same connection as Acts x 4.

i 15 after Mordechai has brought to light a plot against the king, καὶ ἔγραψεν ὁ βασιλεὺς τοὺς λόγους τούτους εἰς μνημόσυνον.

ii 23 after Mordechai has once again discovered a plot against the king, the traitorous eunuchs are hanged καὶ προσέταξεν ὁ βασιλεὺς καταχωρίσαι εἰς μνημόσυνον ἐν τῇ βασιλικῇ βιβλιοθήκῃ ὑπὲρ τῆς εὐνοίας Μαρδοχαίου; this is an extended paraphrase of the Hebrew ויכתב בספר דברי הימים לפני המלך, which does not use the word זכרון but mentions "chronicles". The last words of the Hebrew text (not translated into Greek) are characteristic when compared to texts such as Exod. xxviii 12, 23; xxx 16.

vi 11 recalls this fact: if the king (by God's will, LXX) is unable to sleep, καὶ εἶπεν τῷ διδασκάλῳ αὐτοῦ εἰσφέρειν γράμματα μνημόσυνα τῶν ἡμερῶν ἀναγινώσκειν αὐτῷ (את־ספר הזכרנות דברי הימים); in this case it is thus used purely adjectivally.

ix 31 Esther decreed the Purim regulations; these were not preserved through oral tradition but ἔγραφη εἰς μνημόσυνον; the Hebrew only mentions a book (vs. 32 ונכתב בספר).

x 2 concerning his power and his might, the wealth and greatness of his people ἰδοὺ γέγραπται ἐν βιβλίῳ βασιλέων Περσῶν καὶ Μηδῶν εἰς μνημόσυνον. In the LXX this is a reference to Ahasuerus; the Hebrew text speaks of Mordechai. In fact, it is a translation of על־ספר דברי הימים למלכים.

Thus it is seen that in the above Esther texts εἰς μνημόσυνον is again and again connected with a book, a chronicle which the king has at hand so as to know what has passed on similar previous occasions.

This feature is particularly conspicuous because everywhere else in the O.T. where there is a question of chronicles, the LXX translates literally: "the book of the days before the kings". In Ezra iv 15 where the original speaks of the "book of remembrance", ספר דכרניא, the translation runs ὑπομνηματισμοῦ. That the translation of the various books differs greatly in the LXX is a fact that is more than sufficiently known. In Esther, the word chronicle has not been used as a Hebraism but rendered more in accordance with the Greek by: εἰς μνημόσυνον. It is I think desirable, for a number of reasons, to keep in mind the context in which the word is used in Esther.

In both places where the word occurs in *Job* (ii 9b only in the LXX and xviii 17) the matter relates to name and fame amongst men (earth) and is in ii 9 more closely applied to Job himself and his children.

When the *Psalms* mention μνημόσυνον it is also an indication of fame on earth of either the name of Jahve or of men (LXX Ps. ix 7, xxxiii 17, ci 13, cxi 6, cxxxiv 13). One text in Psalms demands especial attention.

Ps. cviii (Hebr. text and A.V. cix) is a psalm of revenge. The poet invokes the wrath of God upon the family of his adversary. He wishes that the name of his enemy may be destroyed within the single generation of his children and that the iniquities of his fathers be remembered with Jahve continually and their "memory" be cut off γενηθήτωσαν ἔναντι Κυρίου διὰ πάντος καὶ ἐξολεθρευθείη ἐκ γῆς τὸ μνημόσυνον αὐτῶν.

In *Isaiah* lvii 8 "thy remembrance" means that of a heathen cult, perhaps in contradistinction to the mezuza[1]. With respect to lxvi 3 where incense is described as εἰς μνημόσυνον, a clear allusion to the ritual customs recorded in Leviticus, we draw the reader's attention to the relevant comment on p. 219: ὁ δὲ ἀναφέρων σεμίδαλιν ὡς αἷμα ὕειον, ὁ διδοὺς λίβανον εἰς μνημόσυνον ὡς βλάσφημος. It is possible that the translator of xxiii 18 also had this in mind: in the declamation against Tyre there is a prediction that the wealth accumulated by that city shall be holy to Jahve and that it shall be of benefit for them "that dwell before the Lord" φαγεῖν καὶ πιεῖν καὶ ἐμπλησθῆναι καὶ εἰς συμβολὴν μνημόσυνον ἔναντι . . = and a contribution as a remembrance before Jahve; i.e. that their money will not only be given to support the priests but also to give them incense. Or could this be a reflection on Exod. xxx 16? The question cannot be clearly decided and the Hebrew text has such an entirely different reading that it is of no avail for purpose of clarification.

Hosea xii 5 concerns the name by which God is to be invoked; xiv 8 refers to the name Israel shall have on earth after its restitution.

According to *Malachi* iii 16 there is not on earth any difference apparent between the godfearing and the wicked (the wicked even fare well); yet, on the day of the Lord, this shall come to the open. The prophet takes comfort for the present with the following words: ταῦτα κατελάλησαν οἱ φοβούμενοι τὸν Κύριον, ἕκαστος πρὸς τὸν πλησίον αὐτοῦ καὶ προσέσχεν Κύριος καὶ εἰσήκουσεν καὶ ἔγραψεν βιβλίον μνημοσύνου ἐνώπιον αὐτοῦ τοῖς φοβουμένοις τὸν Κύριον καὶ εὐλαβουμένοις τὸ ὄνομα αὐτοῦ. The matter in this case thus concerns a "book of remembrance"; a chronicle for God to remember the faithful with favour.

---

[1] Thus A. van der Flier, *Jesaja II*, Groningen-Den Haag 1926, p. 128.

There are many opinions prevalent concerning the correct meaning of these words. Certain is, however, that a heavenly book is indicated. Even if one does not agree with Horst's further exegesis, it is nevertheless of value to quote his comments on that heavenly book: "Inhalt der Aufzeichnung ist hier der in der direkten Anrede zugesprochene Willensentscheid Gottes über das künftige Geschick der Frommen und der Gottlosen (cf. Ps. cxxxix 16; Dan. x 21; xii 1), während anderwärts das Himmelsbuch gedacht ist als Namensverzeichnis der Frommen (Exod. xxxii 32 f.; Ps. lxix 29, lxxxvii 6; Ezech. xii 9) oder als Register menschlicher Taten (Jes. lxv 6; Neh. xiii 14). Eine einheitliche Herleitung dieser Vorstellung wird nicht möglich sein. Je nach dem Zweck des Himmelbuches mag bald das Vorbild der Bürgerlisten (cf. Jer. xxii 30), bald das der persischen Reichsannalen (cf. Esth. vi 1, ii 23) im Vordergrund gestanden haben; vor allem aber wird die akkadische Vorstellung von den "Schicksalstafeln" des höchsten Gottes Einfluß ausgeübt haben (cf. Hen. lxxxi:2 etc.; Meissner, *Bab. u. Ass.*, II, 1925, 124 f.)" [1]

The five texts in 1 *Maccabees* refer to a memorial amongst men (iii 7, 35; xii 53) and to a memorandum of confederacy (viii 22, xii 53).

2 *Maccabees* vi 31 calls the death of Eleazar an example of noble courage and μνημόσυνον ἀρετῆς καταλείπων.

In The *Wisdom of Jesus the Son of Sirach*, the word occurs many times. The manner in which it is used entirely corresponds with the rest of the O.T.: on the one hand there is the matter of fame on earth and, on the other, the ritual connection.

In the sense of "name and fame" it occurs in:

x 17 καὶ κατέπαυσεν ἀπὸ γῆς τὸ μνημόσυνον αὐτῶν on the punishment which the Lord has meted out to the godless rulers.

xxiii 26 states about an adulterous woman: καὶ καταλείψει εἰς κατάραν τὸ μνημόσυνον αὐτῆς.

xxiv 20 on the subject of Wisdom: τὸ γὰρ μνημόσυνόν μου ὑπὲρ μέλι γλυκύ cf. xli:1 ὦ θάνατε, ὡς πικρόν σου τὸ μνημόσυνόν ἐστιν, as its counterpart.

xxxviii 23 contains a warning against exaggerated mourning over a dead man because everyone will undergo the same fate: ἐν ἀναπαύσει νεκροῦ κατάπαυσον τὸ μνημόσυνον αὐτοῦ.

---

[1] T. H. Robinson - F. Horst, *Die zwölf kleinen Propheten*, Tübingen 1938, p. 266. "The contents of the entry depends upon the decision of God's will which is directly addressed here, concerning the future fate of the faithful and the godless (refs.) whereas otherwise, the heavenly book is conceived in terms of a record of names of the faithful (refs.) or a register of human deeds (Is. lxv 6; Neh. xiii 14). It would not be possible to trace a single origin for this idea. The example of the heavenly book may have either been the civil list (ref.) or that of the Persian imperial annals (ref.), the choice being dependent upon the purpose; the concept of the Accadian "tables of fate" of the highest God is most likely to have exercised the greatest influence".

xli:9 when singing the praises of the Scribe—of which this book is full—the text says that many shall praise his understanding and that he will not be forgotten in all eternity οὐκ ἀποστήσεται τὸ μνημόσυνον αὐτοῦ, καὶ ὄνομα αὐτοῦ ζήσεται εἰς γενεὰς γενεῶν.

lxiv 9 in the introduction to the paean on the fathers, the writer declares that many important men have lived on earth; some left behind a name for themselves but others have been forgotten: καὶ εἰσὶν ὧν οὐκ ἔστιν μνημόσυνον καὶ ἀπώλοντο ὡς οὐχ ὑπάρξαντες. But it is different for the godfearing; their righteousness shall not be forgotten. Amongst the great figures from Old Testament history, the μνημόσυνον of the following men is subsequently mentioned: Moses (xlv 1); the judges (xlvi 11); Josias (lix 1); and Nehemiah (xlix 13).

In a ritual context the allusion to facts in the Thora is obvious; three times the writer has the *azkara* in mind (the Hebrew text also uses this word) and thrice remembrance before Jahve.

xxxii(xxxv) 9 having dealt with the worthless offerings of the unrighteous, he describes the great significance of those who keep the Law and therefore bring offerings: θυσία ἀνδρὸς δικαίου δεκτὴ καὶ τὸ μνημόσυνον αὐτῆς οὐκ ἐπιλησθήσεται. The two clauses form poetic parallels. The incense which was added to this offering as *pars pro toto* (p. 220) is not worthless but acceptable to Jahve. Here therefore, the idea of "remembrance" is very much in evidence.

xxxviii 11 δὸς εὐωδίαν καὶ μνημόσυνον σεμιδάλεως (Hebr. **ניחוח ואזכרה חנש**); plainly reminiscent of Lev. ii.

xlv 16 in the enumeration of Aaron's privileges: ἐξελέξατο αὐτὸν ἀπὸ πάντος ζῶντος προσαγαγεῖν κάρπωσιν Κυρίῳ, θυμίαμα καὶ εὐωδίαν εἰς μνημόσυνον ἐξιλάσκεσθαι περὶ τοῦ λαοῦ σου, again reminiscent of Leviticus.

xlv 9 about the golden bells on the robe worn by the high priest which serve to ἀκουστὸν ποιῆσαι ἦχον ἐν ναῷ εἰς μνημόσυνον υἱοῖς λαοῦ αὐτοῦ; Ryssel was, I think, correct in here interpolating the little word "gnädig" (gracious). In his notes he comments quite rightly that this verse is related to Exod. xxviii 35 but that the purpose stated is a different one, namely that of Exod. xxviii 12 (see above, p. 219 [1]).

xlv 11 the stones upon which are engraved the names of the children of Israel εἰς μνημόσυνον ἐν γραφῇ κεκολαμμένῃ, referring to Exod. xxviii.

l 16 in the extensive description of the offering made by the high priest Simon τότε ἀνέκραγον υἱοὶ 'Ααρών, ἐν σάλπιγξιν ἐλαταῖς ἤχησαν ἀκουστὴν ἐποίησαν φώνην μεγάλην εἰς μνημόσυνον ἔναντι 'Υψίστου, whereupon all the people fell down to earth upon their faces; this recalls Numbers x 10 (see below).

From this survey of the material in Sirach the striking fact emerges that the word possess a variety of applications and that it would be a *petitio principii* to use merely a selection of these passages when explaining Acts x 4.

---

[1] V. Ryssel in: E. Kautzsch, *Die Apokryphen und Pseudepigraphen des A.T.*, Tübingen 1900, Bd. I, p. 453 and *Nt. g.*

In *Sapientia Salomonis* x 8 the word stands parallel with μνημεῖον (v. 7), a memorial for the progeniture. Less obvious is the expression in 1 *Baruch* iv 5 θαρσεῖτε λαός μου, μνημόσυνον Ἰσραηλ which Rothstein translates as: "die ihr Israels Namen tragt", adding in a footnote that this translation rests on assumption [1]. In their context, the words refer to the punishment which the nation, although it has not totally been destroyed, has undergone as a result of its turning away from God. The passage recalls Deut. xxxii with its account of apostasy and punishment. Furthermore, the use of μνημόσυνον, can here be viewed in relation to Deut. xxxii 26: a "remnant" remains and the "memorial" of Israel has not been eradicated.

Tobit xii 12 is of the outmost importance for our investigation, partly because this text is quoted by Lake-Cadbury in their explication of Acts x 4. A number of scholars such as Schmitz [2] and Wenschkewitz[3] follow Löhr in their translations and explanations, referring to a "Gebetsopfer" (prayer offering)[4]. Here then, there would be a first and a clear example of spiritualisation.

The text runs as follows: καὶ νῦν ὅτε προσηύξω σύ καὶ ἡ νύμφη σου Σάρρα, ἐγὼ προσήγαγον τὸ μνημόσυνον τῆς προσευχῆς ὑμῶν ἐνώπιον τοῦ ἁγίου, (according to cod. B; Sin. has a slight deviation: τῆς δόξης Κυρίου). In 1800, Ilgen already stressed a connection with the *azkara*, but Fritzsche questioned this in his famous commentary. Fritzsche did concede that μνημόσυνον is used in this sense, but he nevertheless thought it would be daring to attribute the meaning of "remembrance offering" to the word without further ado, "zumal hier, wo das Bild gar kühn wäre, wogegen μνημ. in der gewöhnlichsten Bedeutung (Erinnerung-Gedächtnis) gefaßt, den natürlichsten Sinn gibt" [5]. Schmitz, calling this an "etwas gewundene Argumentation" [6], points to the usage of word in Jesus Sirach and thinks that one is bound to admit that sacrificial terminology has been applied here to prayer; taking into consideration the close relation between sacrifice and prayer this metaphor is an obvious one which is in fact made here, in contrast to Jesus Sirach. Wenschkewitz further points to the verb προσήγαγον, which he explains in terms of ritual. As far as this last thesis is concerned, the comment

[1] W. Rothstein in: E. Kautzsch, *Apokryphen*, Bd. I, p. 222 and Note a. "who bear the name of your Israel".

[2] O. Schmitz, *Die Opferanschauung des spätern Judentums*, Tübingen 1910, p. 70.

[3] Wenschkewitz, a.a.O., p. 18-19.

[4] M. Löhr, in: Kautzsch, *Apokryphen*, I, p. 145.

[5] "particularly here, where the metaphor would even be bold whereas conceived in the simplest sense (memory-remembrance) gives the most natural meaning".

[6] "a somewhat tortuous reasoning".

must be made that προσάγω as a translation of הקריב can indeed have the connotation of "to offer" but only *on the basis of context*; taken on its own, it means nothing more or less that "to bring", "cause to approach". Schmitz's reasoning can scarcely be called a refutation of Fritzsche; nor does his main line of argument carry weight on account of the fact that Sirach also uses the word in other connections—Schmitz was only seeing the sacrifices! It is assumed that the words have a certain meaning which is then confirmed from the text.

In xii 12 there are references to the prayers of Tobit and Sara in Chap. 3. It is important to be aware of the issue. Tobit, in spite of the general apostasy from God, has remained faithful. He has fulfilled the rites of sacrifice as prescribed in the Law and, above all and despite the prohibition against this, he has buried the dead (this, with the giving of alms represented a most prominent expression of "good works" amongst the Jews as can be read in the detailed excursus of Billerbeck's work [1]. And yet, in spite of all his devotion to the Law, Tobit has become both poor and blind; his devoutness is mocked at as hypocrisy. In his prayer to the God who judges in righteousness he pleads: μνήσθητί μου καὶ ἐπίβλεψον ἐπ' ἐμέ. μή με ἐκδικήσῃς ταῖς ἁμαρτίαις μου, that God may deal with him as seems best to Him and deliver him from his ignominy. The prayer ends with the words: "turn not thy face away from me". These words remind us of the Psalms; those of a man in distress praying to his God. Sara is reviled because each of her seven bridegrooms has in turn been taken away by an evil spirit and she has no children to carry on the name of her father. She too longs for death and begs God to kill her or otherwise look down upon her with compassion ἐπίταξον ἐπιβλέψαι ἐπ' ἐμὲ καὶ ἐλεῆσαί με καὶ μηκέτι ἀκοῦσαί με ὀνειδισμόν. Then, in iii 16 καὶ εἰσηκούσθη προσευχὴ ἀμφοτέρων ἐνώπιον τῆς δόξης τοῦ μεγάλου Ῥαφαήλ, καὶ ἀπεστάλη ἰάσασθαι(in Sin τῆς δόξης τοῦ θεοῦ, καὶ ἀπεστάλη Ῥαφαήλ). The B text is almost certainly not in order; Sin probably retained the right sense althrough, though Löhr was right in remarking that a certain degree of diaskeuasis has been applied in this codex (p. 139 Note b). It should be observed, however, that this appeal to God is specifically mentioned and was not taken for granted. The book then continues by recounting how Raphael appears and comes to rescue the unfortunates. Afterwards, when everything has been resolved and Tobit wants to pay the "stranger", Raphael drops his incognito. At his departure he urges them to praise God. He assures them that prayer with fasting and alms and righteousness (alms in the Jewish sense) are good; these are worth more than gold and rewarded with a long life. The declaration in xii 12 is followed by the announcement that Raphael has also been present when Tobit practised his good works and finally, in xii 15: "I am Raphael, one of the seven holy angels", οἱ προσαναφέρουσιν τὰς προσευχὰς τῶν ἁγίων καὶ εἰσπορεύονται ἐνώπιον τῆς δόξης τοῦ ἁγίου. Nowhere do these texts in my opinion carry any suggestion of prayer as sacrifice. xii 12 should be translated: "I did bring the remembrance (thought) of your prayers before the Holy One". Tobit has prayed: "remember me"; is he heard? He must wait and see. Raphael who has knowledge of his good works, conveys them to God. The conceptions which are connected with this image are found elsewhere and will be discussed later on.

[1] H. L. Strack - P. Billerbeck, *Kommentar zum N.T. aus Talmud und Midrasch*, München 1928, Bd. IV, pp. 559-610: die altjüdische Liebeswerke.

When reviewing the material in the LXX it becomes clear that μνημόσυνον occurs in a double context:

a. on earth amongst men: here the name of God [1] is recorded or it concerns the righteous one whose remembrance remains alive or the godless, whose memory is obliterated as a punishment;

b. in the divine sphere: there man remembers his sins; there, through prayer, offerings, the names on the robe of the high priest and the offering of money, "remembrance" is evoked before God. It is worth noting that this "remembrance" sometimes expresses itself through the perpetuation of the name by word of mouth alone; but sometimes it is painstakingly inscribed upon a stone or in a book (Esther; Mal. iii 16).

Alongside with μνημόσυνον we would like to discuss a *parallel expression*, which occurs only a few times in the LXX, namely εἰς ἀνάμνησιν; especially because in Lev. xxiv 7 it serves as a translation of *azkara* [2] or has been connected with this.

Lev. xxiv 7 καὶ ἐπιθήσετε ἐπὶ τὸ θῆμα λίβανον καθαρὸν καὶ ἅλα, καὶ ἔσονται εἰς ἄρτους εἰς ἀνάμνησιν προκείμενα τῷ Κυρίῳ. This text differs very considerably from the Hebrew: והיתה ללחם לאזכרה אשה ליהוה "and thou shalt put pure frankincense upon each row, that it may be on the bread for a memorial, even an offering made by fire unto the Lord" (literally from A.V.). Since it is not our intention to examine the original significance of the bread, we can let these differences rest. However it should be pointed out, that in Hebrew, the incense functions as a *pars pro toto* for the offering (p. 220). As is obvious from the use of the neuter plural, the LXX takes incense and salt as the object of προκείμενα; it is curious that it does not state what should be done with the incense and salt. Incense and salt lie "for a remembrance" before Jahve. The number "twelve" which is also used in this connection clearly indicates that there is an allusion to the nation of Israel; this must be remembered before Jahve through the "memorial" of the bread and the stones on the robe of the high priest.

Numbers x 10 καὶ ἐν ταῖς ἡμέραις τῆς εὐφροσύνης ὑμῶν καὶ ἐν ταῖς ἑορταῖς ὑμῶν καὶ ἐν ταῖς νουμηνίαις ὑμῶν σαλπιεῖτε ταῖς σάλπιγξιν ἐπὶ τοῖς ὁλοκαυτώμασιν . . . καὶ ἔσται ὑμῖν ἀνάμνησις ἔναντι τοῦ θεοῦ ὑμῶν. This passage deals with the making and the use of trumpets. In seeking to explain these words, v. 9 should not be overlooked; when going to war, the trumpets must be blown καὶ ἀναμνησθήσεσθε ἔναντι Κυρίου καὶ διασωθήσεσθε ἀπὸ τῶν ἐχθρῶν ὑμῶν. Unusual here is the connection between the words "remember" and "saved"; as a result of war the nation is greatly harrassed; therefore it must recommend to the re-

---

[1] In later times this became one of the most important meanings of אזכרה, see: J. Levy, *Wörterbuch über die Talmudim und Midraschim*², Berlin-Wien 1924, p. 51 s.v.

[2] There is no connection with the use in I Cor. xi 24-25, see G. B. Gray, p. 395-396.

membrance of Jahve; [1] he will then bestow His aid. So it is interpreted in Numbers x 10 when the nation remembers and gives thanks for God's great deeds and commends itself for all perpetuity to His favour (see the second part of this article, p. 238 ff.).

Psalm xxxvii 1 and lxix 1 LXX εἰς ἀνάμνησιν as a translation of להזכיר. In modern interpretations of the Psalms there exists a tendency to draw a link here with the *azkara*-offering, (Valeton, H. Schmidt, De Groot) [2]. Böhl translates it as "ter schuldbelijdenis" ("confession of guilt"), thereby concurring with Mohwinckel on the basis of the content; but nevertheless he says that preference must be given to "with the remembrance offering" or "the incense offering" [3]. In my opinion the content of these psalms can scarcely be described as confessions of guilt. The poet gives a very vivid characterisation of the distress which he endures and cries out:. "Save me, O God" (xxxvii 23, lxix 2). Why this should lead to the assumption of an arbitrary connection with ritual sacrifice is not illustrated by the Psalms themselves and is merely prompted by the theory that these are cultic hymns. Indeed, this conception has been very useful in gaining a better understanding of the Psalms, but . . . does this of necessity imply that *all* psalms must be explained that way? I for one see no pressing need to do so. These prayers should be compared with Tobit iii (see above, p. 227): a deep need is revealed so that God may bring relief. That which in *Numbers* x 9 applies to Israel as a nation, here concerns an individual case. *Psalm* lxix 1 adds: εἰς τὸ σῶσαί με Κύριον. Or so at least, it was interpreted in later times.

Thus, the use of the term εἰς ἀνάμνησιν corresponds completely with point b. of the recaputulation given before (p. 228).

To examine all the places where μιμνήσκω or related expressions occur in the LXX would take us too far afield. But in connection with the exegesis of Acts x 4 the previous discussion was indispensible. However, with regard to point a., the comments of Pederson[4] should be mentioned: he remarks that "memorial" is practically synonymous with "name" and this must be continued, otherwise man is lost; "one makes a name alive by mentioning it". For more information on point b., see the article by O. Michel[5] from which the following may be quoted: "Vor allem ist in der LXX dieser

[1] Edelkoort, *Numeri*, p. 118-119.

[2] J. J. P. Valeton, *De Psalmen*, Nijmegen 1902, dl. I, p. 290; H. Schmidt, *Die Psalmen*, Tübingen 1934, p. 72; J. de Groot, *De Psalmen*, Baarn z.j.(?) (1942), p. 46.

[3] F. M. Th. Böhl, *De Psalmen*, Groningen-Batavia 1946, dl. I, pp. 88, 169.

[4] J. Pedersen, *Israel, its Life and Culture*, i-ii, London-Copenhagen 1926, pp. 254-257.

[5] O. Michel, a.a.O., pp. 678-679. "Above all this expression has become central to the biblical attitude to God in the LXX (God-Anschauung) . . . . . . God *remembers* certain people and thereby bestows upon them his mercy and compassion (refs.)".

Begriff für die biblische Gottesanschauung zentral geworden . . . Gott *gedenkt* bestimmter Personen und wendet ihnen dadurch seine Gnade und Barmherzigkeit zu (Gen. viii 1, xix 29, xxx 22; Exod. xxxii 13; 1 Sam. i 11, 19; xxv 31)". This creates a new situation; God particularly remembers the covenant with the fathers and renews the promise of mercy contained therein (Gen. ix 15-16; Exod. ii 24, vi 5; Lev. xvi 42; Ps civ 8, cv 45, cx 5; Ezek. xvi 60; 2 Macc. i 2). . . . "Weil Gottes Gedenken zwar ein unanschauliches, aber ganz konkretes und wirkliches Ereignis ist, kann sich der Glaube auch mit der Bitte μνήσθητι an ihm wenden (Ju. xvi 28; 2 Kings xx 3; Ps. lxxiii 2, lxxxviii 51 and many other texts). . . . Erinnert sich Gott seines Knechtes, so tritt eine Wendung der Lage ein und das Gebet ist erhört . . . Gott kann auch der Freveltaten der Feinde Israels gedenken und Rache üben, Ps xxiv 6-7, cxxxvi 7; Neh." [1].

On the basis of the context in Acts x 4, *we are principally concerned with the view expressed under point b.* Since the article of Michel gives only sporadic information on the view of later Judaism concerning "remembrance" and since he almost entirely fails to examine the concrete forms of this "remembrance" (as will become clear, it was not at all so "unanschaulich"—abstract—to them), it will be usefull to make some comments on this topic. The "memorial on earth", although the expression εἰς μνημόσυνον does occur in Matt. xxvi 13 = Mark xiv 9 in this sense [2], *will be left aside.*

Μνημοσύνον IN I ENOCH

In the book of Enoch there is a text which is of the utmost importance[3]. Its Greek version is only known since 1937. The expression we are discussing occurs there twice in succes-

[1] Since God's remembrance, although abstract, nevertheless is a fully concrete and real event, the believer can turn to him with the plea (refs). . . . If God remembers his servant, a change comes into his situation and the prayer has been heard . . . God can also remember deeds of outrage committed by the foes of Israel and exercise vengeance . . . ." (refs.)

[2] Various examples of this term in Billerbeck, I, p. 987. In the texts he mentions, T. B. Baba Bathra, fol. 21a and Sanhedrin, fol. 13b use the passive form; this may be taken as a *passivum divinum,* in which case it is God who remembers. See also N. A. Dahl, "Anamnesis. Mémoire et commémoration dans le christianisme primitif", in: *Studia Theologica* (Lund), I 1-2 (1947), p. 69-95.

[3] C. Bonner, *The last chapters of Enoch in Greek,* 1937. - G. Beer in: Kautzsch, *Apokryphen und Pseudepigraphen,* Bd. II, pp. 217-310.

sion, in a very significant context. Henoch 99:3 reads: τότε ἑτοιμάζεσθε δίκαιοι καὶ προέχεσθε τὰς ἐντεύξεις ὑμῶν εἰς μνημόσυνον, δίδοτε αὐτὰς ἐν διαμαρτυρίᾳ ἐνώπιον τῶν ἀγγέλων, ὅπως εἰσαγάγωσιν τὰ ἁμαρτήματα τῶν ἀδίκων ἐνώπιον τοῦ ὑψίστου θεοῦ εἰς μνημόσυνον καὶ τότε συνταραχθήσονται καὶ ἀνασταθήσονται ἐν ἡμέρᾳ ἀπωλείας τῆς ἀδικίας. This is said in the last part of Enoch (chap. 92 vv.), a book which is full of laments over the godless because of the approaching, imminent judgement. Enoch is referring to the days when the sinners will reveal their iniquities with ever-increasing audacity and says: "be prepared then, o righteous (men) and hold your prayers like petitions before you for remembrance; deliver them under oath to the angels so that they may bring the sins of the unrighteous before the highest God for remembrance".

This version is given because the well-known translations by Beer and Charles were made after the Ethiopian version and do not bring to light the characteristic aspect of this place in a sufficient way. The translation of Bonner (p. 90) is not quite precise: ἔντευξις, does not mean any prayer; it is, in fact, a "Bittschrift" (petition) [1]. On earth their complaints have not been heard (ciii 14); now they hold them out (this is a normal meaning of προέχω and Bonner was on the wrong track on p. 42 when he assumed an unfamiliar use of this verb because he had misinterpreted ἔντευξις) so that they will not be forgotten; i.e. as a memorandum. They deliver them to the angels under a very solemn oath [2] and these messengers bring them before God so that they will be remembered at the last judgement.

Perhaps it is allowed to ask whether those exegetes who connect Tobit xii 12 and Acts x 4 with the "remembrance offering", recognise a similar opportunity in this text. The answer leaves no doubt; it is, of course out of the question. μνημόσυνον here means a memorandum which, made in the present time, will later serve as evidence at the last judgement. This interpretation corresponds to other ideas in this part of Enoch [3]. Again and again the warning to sinners is heard that they should not deceive them selves and believe that they can perpetrate their misdeeds without being perceived and unpunished (cf. 96:4; 97:3-6: "What will ye do, ye sinners, and whither will ye flee on that day of judgement when ye hear the voice of the prayer of the righteous . . . And in

---

[1] W. Bauer, *Wörterbuch*, Sp. 445, s.v.

[2] See J. H. Moulton - G. Milligan, *The Vocabulary of the Greek Testament*, London 1930, p. 152, s.v.

[3] Cf. G. Beer, a.a.O., p. 304, Note f, referring to p. 285, Note h. — See below p. 238 ff.

those days the prayer of the righteous shall reach unto the Lord and for you the days of the judgement will come. And all the words of your unrighteousness shall be read before the Great Holy One." (Charles' translation); especially 98:6-8 where it is declared under oath that all their misdeeds are known in heaven for they mistakenly think that those deeds are not seen οὐδὲ ἀπογράφεται αὐτὰ ἐνώπιον τοῦ ὑψίστου· ἀπὸ τοῦ νῦν ἐπιγνῶτε ὅτι πάντα τὰ ἀδικήματα ὑμῶν ἀπογράφονται ἡμέραν ἐξ ἡμέρας μέχρι τῆς κρίσεως ὑμῶν. Therefore, there is no escape. Hence it can be said: "Woe to you, ye sinners, who live on the mid ocean and on the dry land μνημόσυνον εἰς ὑμᾶς κακόν" (97:7). For the righteous who are now suffering injustice and are murdered, it is different; for them, so Enoch has read on the heavenly tablets, joy and honour are prepared: καὶ χαρήσονται καὶ οὐ μὴ ἀπόλωνται τὰ πνεύματα αὐτῶν οὐδὲ τὸ μνημόσυνον ἀπὸ τοῦ προσώπου τοῦ μεγάλου εἰς πάσας τὰς γενεὰς τῶν αἰώνων (this applies to the period between death and the end; 103:2-4). For that reason they are promised under oath (104:1) ἄγγελοι ἐν τῷ οὐρανῷ ἀναμιμνήσκουσιν <ὑμῶν> εἰς ἀγαθὸν ἐνώπιον τῆς δόξης τοῦ μεγάλου (this last phrase is the well-known late Jewish description of God; with favour: see p. 236).

However, this conception is not limited to the last part of Enoch but occurs elsewhere too. Another characteristic place is found in:

47:1-4 "And in those days shall have ascended the prayer of the righteous and the blood of the righteous from the earth before the Lord of Spirits. In those days the holy ones who dwell above in the heavens shall unite with one voice and supplicate and pray and praise and give thanks and bless the name of the Lord of Spirits on behalf of the blood of the righteous which has been shed, and that the prayer of the righteous may not be in vain before the Lord of Spirits, that judgement may be done unto them, and that they may not suffer for ever. In those days I saw the end of Days when He seated himself upon the throne of His glory and the books of the living were opened before Him". (Charles' translation). Then there is joy because the prayer is heard and the blood of the righteous is avenged.

Sjöberg [1] justly shared the opinion of Johannesson in disputing that this could apply to the blood of the Son of Man, shed as a peace-of-

---

[1] E. Sjöberg, *Der Menschensohn im äthiopischen Henochbuch,* Lund 1946 (in: *Acta Reg. Societatis Humaniorum Litterarum Lundensis,* XLI), p. 130, note 43.

fering. "Vs. 4 zeigt ganz deutlich, worum es geht: das Blut ist vor dem Herrn der Geister 'aufgestiegen', d.h. in Erinnerung gebracht, nicht damit er seine sühnende Wirkung berücksichtige, sondern damit er die durch ihre Ausgiessung vollzogene Untat räche".[1] — See Gen. iv 10 for this relationship between the prayer of the oppressed and the blood of the slain.

81:2 "And I observed the heavenly tablets and read everything that was written thereon and understood everything, and read the book of all the deeds of mankind and of all the children of flesh that shall be upon the earth to the remotest generations .....
4 Blessed is the man who dies in righteousness and goodness, concerning whom there is no book of unrighteousness written, and against whom no day of judgment shall be found". (Charles' translation).

On the books mentioned here, see below p. 242 ff.

From the later apocalyptic writers two texts may be quoted, viz. 4 Ezra viii 28: the plea to God: "Think not upon that have walked in devious ways before Thee, but remember them that have willingly recognized Thy fear" [2], and Syr. Baruch 84:10 where the prophet gives a warning to the listeners to keep rigidly to the Law of God and continues: "And at all times make request perseveringly and pray diligently with your whole heart that the Mighty One may be reconciled to you, and that He may not reckon the multitude of your sins, but remember the rectitude of your fathers", for if God did not ordain according to his rich compassion, all would be doomed [3].

Remembrance in the Jewish New Year Festival liturgy

The liturgy proves that the concept we discussed so far does not represent an idea specific to apocalyptic writers but one which forms an integral part of normative Judaism.

In the *Morning Prayer for the New Moon Festival* and prayers for the afternoons of Easter and the Tabernacle Feast the following prayer is found:

---

[1] "V. 4 indicates the issue clearly: the blood has 'risen up' before the Lord of Spirits, i.e. brought to memory, not so that he may consider its expiatory effect but so that he may revenge the crime of its shedding".

[2] Translation by G. H. Box, in: R. H. Charles (ed.), *The Apocrypha and Pseudepigrapha of the Old Testament*, Oxford 1913, vol. ii, p. 595.

[3] Translation by R. H. Charles, l.c., p. 524.

אלהינו ואלהי אבותינו יעלה ויבא ויגוע ויראה וירצה וישמע ויפקד ויזכר זכרינו ופקדוננו וזכרון אבותינו וזכרון משיח בן־דוד עבדך וזכרון ירושלים עיר קדשך וזכרון כל־עמך בית ישראל לפניך לפליטה ולטובה ולחן ולחסד ולרחים ולחיים ולשלום ביום ... הזה זכרנו יי אלהינו בו לטובה ופקדנו בו לברכה והושיענו בו לחיים

"Our God and God of our fathers! may ascend, come, reach, be seen, be pleasing, understood, cherished and remembered our remembrance and our visitation and the remembrance of our fathers and the remembrance of the anointed One, the son of Thy servant David and the remembrance of Jerusalem, Thy holy city and the remembrance of all your people, the house of Israel, before Thee for preservation, joy, favour, love, compassion, life and peace upon this day of (name of feast). Have remembrance for us, Eternal, our God! on this day to the good, visit us thereupon with blessing and help us on this day to live!"[1]

Even more powerfully do the concepts which relate to "remembrance" emerge during the New Year Festival (*Rosh ha-schanah*). For Jews, this is no festival of joy but a day of grave repentance and self-contemplation; a preparation for the ten days that precede the Day of Atonement. The worshipper concentrates his thoughts on the judgement of God and "remembrance before God" constitutes one of the three main themes [2].

The fact that precise knowledge concerning this festival has to be drawn from late sources is a disadvantage. Data from the O.T. and subsequent centuries are excessively scarce: only in Talmudic literature do we find the first detailed information, especially in the Mishna-tractate *Rosh ha-schanah* and the connected Tosephta and Gemara. Eerdmans has pointed out that this New Year Festival must almost certainly date from a time prior to the exile and Snaith, in his study of the subject, agrees with this opinion. We are naturally not able to study the constituent parts and structure of the entire festival in this article. But on the basis of various discussions which the Talmud has preserved for us, it may be said according to Fiebig (p. 39 ff.) that: "Mindestens seit der Zeit Jesu sind die Grundzüge des jüdischen Neujahrsfestes der Synagoge in Palästina dieselben wie noch heutzu-

---

[1] Text in L. Wagenaar, *Gebedenboek met Nederlandsche Vertaling en Verklaring*, Amsterdam 1661-1901, pp. 180-182.

[2] For the Jewish New Year Festival and the liturgy, see Wagenaar, pps. 573-594; amongst others B. D. Eerdmans, *Alttestamentliche Studien IV, das Buch Leviticus*, Giessen 1912, pp. 78-80; N. H. Snaith, *The Jewish New Year Festival*, London 1947; P. Fiebig, *Rosch ha-schana (Neujahr)*, in: G. Beer - O. Holtzmann, *Die Mischna*, II, 8, Giessen 1914. - S. Y. Aqum, *Days of awe*. Being a treasury of traditions, legends and learned commentaries concern-Rosh ha-Shanah, Yom Kippur and the days between. Trans. from the Hebrew and edited by N. N. Glatzer, 1948, I could not consult.

tage". [1] Philo does not record the festival but does mention (*De spec. leg.* II. 188) the νουμηνία (for the benefit of his Greek readers?); according to him, the blowing of the shofar had the function of reminding Israel of the giving of the Law by Moses and of reminding the world, through the use of this military instrument, of God who gives peace. At any rate, the fact that "remembrance before God" was already associated with 1 Tishri, the date of the festival, in pre-christian times is proved by Jubilees xii: 16.

The New Year Day was regarded as the day of judgement. In *Mishna R.H.I* 2 is written that the world is judged on four occasions during the year, i.e. judgement is passed on the coming year. On New Year's Day all who come into the world pass before His countenance like sheep (this last word is not certain; Fiebig translates: as soldiers, see his note on this text). From statements made by early second-century rabbies, we learn that: "all are judged at New Year and their sentence is sealed on the Day of Atonement" [2]. By a tradition which dates back to the school of Shammai (thus from the N.T. era), there are on that day three books with, respectively, the names of the righteous, the godless and those who stand between these two classes; during the days of repentance preceding the Day of Atonement, this last category still has an opportunity to do good works so that they can still earn the merit required for admission in the book of life (otherwise they are doomed to death). On the Day of Atonement itself, the books are closed (*Talmud Babli R.H.*, fol. 16b-17a) [3]. That this is a time of deep gravity is evident from the fact that there is no singing at this time; in *Talmud Babli R.H.*, fol. 32b, a story by R. Abahu [4] is recorded that the service-angels once asked God why this was the case, whereupon the answer was given: "Is it then fitting that, whilst the King is seated upon the judgement chair and the books of the living and dead are open before Him, Israel should sing?"

On the basis of Lev. xxiii 24 and Num. x 10 the liturgy has three parts namely: Malkijoth (concerning the kingship of God); Zikhronoth (remembrances); and Schopharoth (blowing of trum-

---

1 Since at least the time of Jesus the main features of the Jewish New Year Festival as celebrated in the synagogues of Palestine have been the same as they are today.

2 *Tosephta R. H.*, I, 13, ed. M. S. Zuckermandel, Pasewalk 1882, p. 210 (in Fiebig, p. 42).

3 Quoted by Fiebig, p. 43-44; parallel in *Talmud Jerushalmi R. H.*, I, p. 57.

4 Cf. H. L. Strack, *Einleitung in Talmud und Midrasch*[5], München 1921, p. 140; Abahu 300.

pets)[1]. Each part consists of declarations and quotations from Scripture (usually ten) on these topics. In *Tos. R.H.* I, 12 we read: "Say Malchijjoth before him, that you recognise him as King over all his works; Zikhronoth, that your remembrance ascends before him for well-being, and Schopharoth, that your prayer ascends before him in the thunder of trumpets . . ." (זכרונות שיעלה זכרונכם לפניו לטובה ושופרות שתעלה תפלתך בתרועה לפניו); cf. also *T.B. R.H.*, fol. 16a: "Read before me the biblical texts about the kingdoms, the remembrances and the trumpets. About the kingdoms so that you recognise me as your King, about the remembrances so that your remembrances may ascend before me for well-being, namely, through the trumpets." זכרונות כדי שיעלו זכרוניכם לפני לטובה; the same in *R.H.*, fol. 34b). The text of *T.B. Sabbat*, fol. 131b [2] also teaches that the remembrance of Israel comes before God through the blowing of the shofar. A comparison of the preceding quotations shows that זכר = *the verb "to remember" is taken here in bonam partem* but that some feel it is necessary to state this more precisely by the word "for well-being" (see also p. 232).

The *Mishna R.H.* VI 2 emphatically stipulates that on this occasion no bible verses should be read which concern punishment and therefore are unfavourable to Israel; for although one is aware that God can be wrathful with His people, one must nevertheless not, says the Gemara (fol. 32b), mention this wrath at New Year. Only if these parts of the Scripture concern judgement over the nations of the world (של פורענות של עכו״ם), it is permitted!

From the daily liturgy we quote the following example. A section of the *afternoon prayer* (which is also continually repeated during the ten expiation-days) reads: "Remember us so that we may live, o king who takes pleasure in life and inscribe us in the book of life for Your sake, o God of life", following invocations such as: "Remember the deeds of your fathers" [3].

The *Musaphprayer* contains the Zikhronoth in its second part; there this theme is developed in many different ways: God remembers everything that has been done; God remembers men

---

[1] This is found in Fiebig, pp. 49-61 and Wagenaar, p. 577 ff.

[2] "The trumpet blowing on New Year Day brings the remembrance of Israel to their Father in the heavens."—according to Rabbi Isaak, this trumpeting served to confuse Satan (*Talmud Babli R.H.*, fol. 16a-b), the same idea therefore, as the connection drawn by the historians of religion, e.g. Eerdmans, a.a.O., pp. 79-80.

[3] See Wagenaar, p. 291 and 559.

in order to establish their future fate, but they who seek refuge with God will not be put to shame, "for the remembrance of all deeds has come before You" (כי זכר כל־המעשׂים לפניך בא); Noah is mentioned as an example of a man whom God has remembered with mercy when He punished man's sins through the flood but blessed Noah; the following bible texts are quoted: Gen. viii 1; Exod. ii 24; Lev. xxvi 42; Ps. cxi 4-5; Jer. ii 2; Ezek. xvi 60; Jer. xxxi 19; Lev. xxvi 45 and finally the prayer: "Remember us with a good remembrance before You" (זכרנו בזכרון טוב לפניך) appealing to God's covenant, Isaac's sacrifice and the word of Moses so that God will bestow mercy and salvation [1]. Even if the phrasing of this prayer is not ancient, it nevertheless conveys an excellent impression of the concepts which were associated with "remembrance". It becomes apparent that the word possesses a variety of shades: to recall to memory; to assess and to demonstrate compassion (remembrance to the good or with favour). The devout Israelite thus makes his plea on the basis of the Covenant and the virtues of the Fathers; if God remembers them on that account, they are entered into the book of life. In the case of the souls who stand between good and evil, where sin and righteousness balanced each other, this was not sufficient; as was made clear before, they had to do good works. In this context, the words of R. Isaak (c. 300) in *R.H.* fol. 16b. should be quoted: four things can cancel the sentence over man; i.e. alms, prayer, change of name and change of behaviour—a word that with small variations occurs so often that Moore speaks of a common place [2].

One single difference exists between the concepts that are linked up with the New Year Festival and those of the apocalyptic writers; a difference which soon becomes apparent: Enoch and similar writers always speak of the final judgement whereas the New Year liturgy is concerned with the coming year. Yet, this difference should not, in my opinion, be overrated. At the New Year Festival, a prelude to the last judgement is enacted; yet there is a chance to repent, but this judgement too, shall be sealed. The ideas both sides associated with this judgement and the allied concept of "remembrance" are of the same character.

---

[1] Texts in Fiebig, p. 53-58 = Wagenaar, p. 582-587.

[2] G. F. Moore, *Judaism in the first centuries of the Christian Era*, Cambridge (Mass.) 1927, vol. i, p. 230 with quotations (see also Billerbeck, I, p. 454).

"Remembrance before God" and the ideas connected therewith

After reading the material presented in the previous part of this article, we can now proceed towards a summary of the ideas connected with the "remembrance before God" which were set out there:

1. "*Remembrance* has been used in a *dual context,* namely"
   a. *in the general sense* of "to retain by memory" when applied to the deeds of man which can be either good or evil and will presently be judged;
   b. *qualified in a positive sense*; remember to the good (whereby "to the good" can easily be omitted), to succour now or ultimately; this concerns those who have a special (covenant) relationship with God: His people that must be remembered before Him through priests, the blowing of the shofar, the rewards of the fathers or the individuals who keep the Law and do good works.
2. *the events which happen in this world do not vanish without trace*; a residue is preserved and the "remembrance" goes up to God who dwells in heaven or is reported by angels.
3. this "remembrance" with God *sometimes* assumes *a very concrete form,* i.e. an *inventory in heaven* concerning what happens here, on earth. "Before" is also frequently used as indicative of reverence (ἐνώπιον, ἔμπροσθεν, ἔναντι as a translation of לפני; בעיני; קדם) [1]; God does not himself carry out an action but this is enacted before His face [2].

The conceptual world with which this brings us into contact becomes even more clear when certain aspects are examined in a broader context. Late Jewish theology offers ample opportunity to do this. In broad lines, we get a lucid and coherent image even if the constituent parts sometimes diverge. Since we have particularly dealt with the meaning of "remembrance" in the previous section of this article, we shall now concentrate on explaining the relationship of this with the term "before God".

---

[1] Blass-Debrunner, par. 214.
[2] G. Dalman, *Die Worte Jesu*², Leipzig 1930, pp. 171-174.

In one or two places, namely in the Pentateuch and the dependent texts in Sirach, the "remembrance before God" is evidently conceived in relation with the sanctuary on earth, i.e. the Temple as the dwelling-place of God [1]. But in later texts, as was already indicated, God's abode is generally envisaged in heaven or the heavens. However, as Palache illustrated so clearly in his thesis [2], we should not construe a controversy between these two concepts by designating the first as old and the second as young. Yet there exists no doubt that by New Testament times heaven was conceived as God's abode to such an extent [3] that "heaven" even became a common synonym for the name of God.

Late Jewish literature contains a number of descriptions of journeys through heaven (Enoch, Gr. Baruch, Test. XII Patr. Levi, T. B. Chagiga 12b, etc.) [4]. A reconstruction and comparative examination of this heavenly topography, however interesting in itself, cannot be included in the present article; nor can we enter upon the question of the number of heavens (e.g. three or seven) and the sights to be seen in each of them since we must restrict ourselves to that which is of immediate relevance to our subject. Thus, the following points must be taken into account:

1. *heaven is separated from this earth by a firm enclosing wall.* Whatever ascends from this world does not automatically enter into heaven but must gain special entry. Heaven is closed. For this reason we sometimes find the emphatic statement that the heavens were opened for this is specific evidence of God's mercy.

In my opinion insufficient attention has hitherto been devoted to the exceptional character of the "opening of heaven". A typical example is found in 3 Macc. vi 18 where the Jews, as a result of persecution are in great distress and cry out to God τότε ὁ μεγαλόδοξος καὶ παντοκράτωρ καὶ ἀληθινὸς θεὸς ἐπιφάνας τὸ ἅγιον αὐτοῦ πρόσωπον ἠνέῳξεν τὰς οὐρανίους πύλας ἐξ ὧν δεδοξασμένοι δύο φοβεροειδεῖς ἄγγελοι κατέβησαν (here it obviously represents a sign of help); hence also in Is. lxiv 1 ἐὰν ἀνοίξῃς τὸν οὐρανόν). It is recorded on the occasion of the baptism of Jesus, Matt. iii 16, Luke iii 21 and is considered in the nature of a very special revelation when occurring in a vision, Ezek. i 1; Test. Levi ii 6; Syr. Baruch xxii 1 Acts vii 55, x 11; Apoc. xix 11.

---

[1] There access to sanctity is discussed; see also A. J. Wensinck, *Semietische Studien*, Leiden 1941, p. 53 ff.

[2] J. L. Palache, *Het heiligdom in de voorstelling der semietische volken*, Leiden 1920, pp. 31-56.

[3] Moore, l.c., pp. 368-370.

[4] A number of texts are collected in Billerbeck, III, pp. 531-533.—W. Bousset, *Die Himmelsreise der Seele*, reprint Darmstadt 1960.

Much material that was borrowed from later Judaism has been preserved in the *Pastor of Hermas*. In *Vis.* I, 1, 4 we read: προσευχομένου δέ μου ἠνοίγη ὁ οὐρανός; he sees the woman with whom he is conversing; after that *Vis.* I, 2, 1 states: μετὰ τὸ λαλῆσαι αὐτὴν τὰ ῥήματα ταῦτα ἐκλείσθησαν οἱ οὐρανοί.

This enclosure of heaven consists of windows and doors [1], e.g. see Apoc. iv 1: καὶ ἰδοὺ θύρα ἠνεῳγμένη ἐν τῷ οὐρανῷ. These doors of heaven are frequently mentioned within as well as outside Judaism [2]. When these doors are opened there is contact between heaven and earth; but the doors are by no means always open. The rabbis spoke of "the portals of prayer" but from third century statements it appears that disagreements existed whether or not these doors were always open. According to R. Eleazar, they had been closed since the destruction of the Temple and there was an iron wall between God and Israel (Ezek. iv 3). R. Samuel b. Nachman in explaining Lam. iii 44 remarked that prayer is like a bath-house, sometimes open, sometimes closed, whereas repentance is like the sea which is always accessible. R. Anan however, believed the doors to be perpetually open because Israel is a nation close to God (Deut. iv 7) [3].

With these rabbinical pronouncements it should be borne in mind that what is said, is applied exclusively to the prayers of the Israelites.

2. The idea that Jahve is king also contributed towards forming the conception of heaven [4]. Heaven is as a palace (1 Hen. xiv 10 vv.) and God sits enthroned [5]. That which is admitted to heaven does not immediately reach Him; a number of different heavens must

---

[1] Apart from the text from *T. Jerusjalmi Sanhedrin* quoted on p. 242, nt. 1 see also: *Henoch* ci 2 ἐὰν ἀποκλείσῃ τὰς θυρίδας τοῦ οὐρανοῦ and civ 2 as a comfort for the oppressed αἱ θυρίδες τοῦ οὐρανοῦ ἀνοιχθήσονται ὑμῖν καὶ ἡ κραυγὴ ὑμῶν ἀκουσθήσεται; *T. Jer. Rosh Hashana*, II, 58a: "365 windows did God create in heaven to serve the needs of the world" and *Pesikta*, ed. Buber, fol. 156b (quoted by Moore, i, p. 530): "If ye repent, I will receive you and judge you favourably, for the gates of Heaven are open and I am listening to your prayer; for I am looking out of the windows, peering out through the crevices, until the sentence is sealed on the Day of Atonement" (this last refers to the ten days of penance between New Year and the Day of Atonement, see before p. 234 . and Moore, ii, p. 62-63).

[2] See J. Jeremias, in: Kittel, Bd. III, p. 176-177, *Himmelstür* (many texts).

[3] T. Bab. Berakot, fol. 32b (parallels in Billerbeck, I, p. 457).

[4] The Old Testament conception that Jahve is king is vividly alive in later Judaism and not exclusively in an eschatological sense, see Moore, i, p. 431 ff.

[5] See O. Schmitz, in: Kittel, III, pp. 160-167.

be crossed before the highest one, where God has His dwelling, is reached [1]. God is surrounded with an extensive *court of angels* (see I Kings xxii 19; Job 1-2; the messenger angels) [2]. These angels convey the offerings, prayers, good works and so on accomplished by man, to God. This is the conception we encountered in Tobit xii 12 vv. and in Henoch xcix 3 [3]. In the well-known passage from Gr. Baruch 11-15 this process is described in great detail: at that point the seer finds himself in the fifth heaven. The door is closed and will so remain until Michael descends to receive the prayers of men (ἵνα δέξηται τὰς δεήσεις τῶν ἀνθρώπων); the moment comes presently. Michael, the monarch of Israel bears in his hands a great dish which is explained as follows: τοῦτό ἐστιν ἔνθα προσέρχονται αἱ ἀρεταὶ τῶν δικαίων καὶ ὅσα ἐργάζονται ἀγαθά, ἅτινα ἀποκομίζονται ἔμπροσθεν τοῦ ἐπουρανίου θεοῦ. Thereupon the angels of the men draw near, some bearing baskets filled with flowers (the virtues of the righteous), others with half-filled or entirely empty baskets in proportion to the good works of the people to whom they are allotted. Then, when Michael has departed with the dish into which the contents of the baskets have been emptied, the doors are once again shut. Finally he returns to the waiting angels to convey to them the rewards granted to men [4]. A parallel concept is found in the image of heaven as a temple where angels function as priests and bring the offerings and prayers before God on the heavenly altar (Apoc. v 8, viii 3-4 [5]); it should however, be noted

---

[1] See, e.g. the well-known description in *Chagiga*, fol. 12b and F. Weber, *Jüdische Theologie auf Grund des Talmud und verwandten Schriften*[2], Leipzig 1897, p. 162-164.

[2] W. Bousset - H. Gressmann, *Die Religion des Judentums im späthellenistischen Zeitalter*[3], Tübingen 1926, pp. 320-331 and G. Kittel, in: *Kittel*, I, p. 79 ff.

[3] See also Henoch ix 3: the archangels say to each other ἐντυγχάνουσιν αἱ ψυχαὶ τῶν ἀνθρώπων λεγόντων· Εἰσαγάγετε τὴν κρίσιν ἡμῶν προς τὸν ὕψιστον. Billerbeck, III, p. 807: the angels receive the prayers of men and make of them a crown for God. —This thought is also met in the ancient Christian world, very clearly in Origines, *Contra Celsum*, V 4 προσάγοντες τὰς τῶν ἀνθρώπων ἐντεύξεις ἐν τοῖς καθαρτάτοις τοῦ κόσμου χωρίοις ἐπουρανίοις ἢ καὶ τοῖς τούτων καθαρωτέροις ἐπουρανίοις; other places in G. Stuhlfauth, *Die Engel in der altchristlichen Kunst*, Freiburg i. Br.-Leipzig-Tübingen 1897, p. 32.

[4] Ed. M. R. James, "Apocrypha Anecdota", II, in: *Texts and Studies*, V, i, Cambridge 1897. Cf. also *Apoc. Pauli* 7-10 (C. Tischendorf, *Apocalypses Apocryphae*, Lipsiae 1866, p. 37-40).

[5] Cf. the commentary of R. H. Charles, *The Revelation of St. John*, Edinburgh 1920, vol. i on v 8.

that this last idea was neither the only one nor the most prevalent!

In this connection we would also refer to the vivid story describing the prayer of the godless Manasse, the expansion of 2 Chron. xxxiii 19 in Palestinian tradition:

והיו מלאכי השרת מסתמיג את החלונות שלא תעלה תפילתו של מנשה לפני הקב״ה
והיו מלאכי השרת אומרים לפני הקב״ה רבונו של עולם אדם שעבד עבודה זרה
והעמיד צלם בהיכל אתה מקבלו בתשובה: אמר להון אים איני מקבלו בתשובה הוי
אני נועל את הדלת בפני כל בעלי תשובה

"the messenger angels closed the windows (of heaven) lest the prayer of Manasse ascend before the face of the Holy One—blessed be He—and the messenger angels said before the face of the Holy One—blessed be He—: "Lord of eternity; dost Thou receive the repentance of a man who has committed idolatry and has set up an image in the Temple? He said unto them: If I do not receive him in repentance, behold, then I close the door to all penitents". The story goes on to relate that God made a little hole under His throne and so heard the prayer of Manasse [1]. Here, in this case, the angels want to prevent the prayer from coming before God.

3. in heaven the deeds of men and everything the angels report is entered in a *book*. This too corresponds with the conception of heaven as a palace: just as King Ahasuerus had the events which took place put on record in chronicles, as we are told in the Book of Esther (see p. 222), so did the heavenly King. When discussing the word μνημόσυνον we already met this phenomenon in Malachi iii 16, in the book of Enoch and in connection with the Jewish New Year Festival. But elsewhere too in the O.T., after Exod. xxxii 32-33, in the apocryphal writings and in the N.T., the books of heaven are often mentioned [2]. Sometimes there is a full description:

---

[1] *T. Jer. Sanhedrin*, X, fol. 28c; there are a number of parallel renderings, see Moore, i, p. 524. In Targum on 2 Chron. xxxiii 11 (quoted by W. Lueken, *Michael*, Göttingen 1898, p. 8, note 2): "Ubi vero (Manasse) coram eo oravisset, e vestigio iverunt omnes angeli, quotquot praefecti sunt introitibus portarum orationis quae in coelis sunt, atque occluserunt propter eum omnes introitus portarum orationis quae in coelis sunt, ne susciperetur oratio eius: e vestigio autem convolutae sunt misericordiae Domini mundi". —On the different judgements expressed on the figure of Manasse in Jewish tradition, see R. H. Charles, *The Apocrypha and Pseudepigrapha of the Old Testament*, Oxford 1913, vol. ii, p. 515 note.

[2] E.g. Exod. xxxii 32-33; Is. iv 3; Ps. lxix 29; Dan. vii 10, xii 1; 1 Henoch passim; Jubil. xxx 20 vv.; Luke x 20; Phil. iv 3; Hebr. xii 23; Apoc. iii 5, xx 12.

the book of remembrance (Mal. iii 16; Targum Ps. lxix 29, cxxxix 16). Harnack, Beer and Billerbeck rightly pointed out[1] that a distinction must be made between the various books: a. the book of life or of the living, i.e. of those who are destined for eternal life (later, it was assumed that there was also a book of sinners); b. the book of the deeds of men into which good and evil were entered by the angels (later other figures such as Enoch, Metatron and Elijah were also named as recorders); c. the book of the fate of men (e.g. in the coming year, on earth); d. the heavenly tablets upon which are set out the whole history of the world and in particular that of Israel.

Billerbeck, from whom we borrowed this quadruple division, gives full documentation. Here follow some very telling examples:

Jubil. xxx 23 And on the days when the sons of Jacob slew Shechem a writing was recorded in their favour in heaven that they had executed righteousness and uprightness and vengeance on the sinners, and it was written for a blessing.

Syr. Baruch xxiv 1 For behold! the days come and the books shall be opened in which are written the sins of all those who have sinned, and again also the treasuries in which the righteousness of all those who have been righteous in creation is gathered. (Here we have two ideas, probably because the good deeds are regarded as something concrete, cf. the flowers in *Gr. Baruch*, whereas the evil deeds do not represent anything positive and can therefore only be noted down)[2].

Also see Enoch, pp. 230 ff.

Abot II, 1 pronouncement of Rabbi (135-219): keep three things before your eyes and will not come into sin: know what is above you: a seeing eye, a hearing ear and all your deeds are written in a book.

Slav. Enoch xix 5 (I saw) the angels who write all the souls of men, and all their deads, and their lives before the Lord's face.[3]

This image was also taken over by the Christians; see:

Act. Pauli 10 γνῶτε, υἱοὶ τῶν ἀνθρώπων, ὅτι πάντα τὰ πραττόμενα παρ' ὑμῶν καθ' ἡμέραν ἄγγελοι ἀπογραφόνται ἐν οὐρανοῖς.

Apocalypse of Elijah 3-4 Diese sind die Engel des Herrn, des Allmächtigen, die alle guten Werke der Gerechten nachschreiben auf seine Schriftrolle, indem sie . . . an der Pforte des Himmels. Ich aber pflege sie ihnen wegzunehmen und zu bringen vor den Herrn, den Allmächtigen, damit er schreibe ihren Namen in das Buch der Lebenden. Auch die Engel des Anklägers, der auf der Erde ist, auch sie wiederum schreiben nach alle Sünden der Menschen auf ihre Schriftrolle, auch sie sitzen an der Pforte des Himmels, sie melden dem Ankläger, daß

[1] A. Harnack, in: O. de Gebhardt - A. Harnack - Th. Zahn, *Patrum Apostolicorum Opera*, Lipsiae 1877, fasc. III, p. 13-14 ad *Hermas Vis.*, I, 3, 2; G. Beer in: Kautzsch, II, p. 263, Note o and p. 285, Note c and h; Billerbeck, II, pp. 169-176 (very extensive list of texts).

[2] The good works are regarded as treasures which are kept in the heavenly treasuries for eternity; see Billerbeck, I, p. 429-431.

[3] The translations are those of Charles in his *Pseudepigrapha*.

er sie schreibe auf seine Schriftrolle, damit er sie anklage, wenn sie herauskommen aus der Welt herunter hierher [1]. This is encountered in the most ancient Christian literature written after the New Testament. In I *Clement* the word μνημόσυνον is used twice; xxii 6 it is a quotation from Ps. xxxiii 17 but in xlv 8 οἱ δὲ ὑπομένοντες ἐν πεποιθήσει δόξαν καὶ τιμὴν ἐκληρονόμησαν ἐπήρθησάν τε καὶ ἔγγραφοι ἐγένοντο ἀπὸ τοῦ θεοῦ ἐν τῷ μνημοσύνῳ αὐτοῦ εἰς τοὺς αἰῶνας τῶν αἰώνων certainly conveys the idea of the book of remembrance. [2] *The Pastor of Hermas* with its typical incorporation of Jewish material, employs the image on five occasions: the sins are entered but so are the righteous deeds as fasting, abstinence and thorough repentance, see *Vis.* I, 2, 1; 3:2; *Mand.* VIII, 6; *Sim.* II 9; V 3, 8.

God pronounces His judgement on the basis of these books which lie before Him in which the "remembrance" is recorded. The certainty that things are kept in remembrance must give fear to the godless and solace to the righteous because the judgement of God means vengeance on sin and reward for keeping His commandments.

4. *as conditions for man to be remembered to the good by God are mentioned*: to beseech Him, to observe prayers in order to accumulate good works and to turn to Him. This applied to the individual. As long as the Temple existed, offerings had also to be brought but it is generally known that in later Judaism, these were not considered to be indispensible. After the fall of the Temple, religious life remained intact precisely because despite the fact that the place of atonement was destroyed, the "works of compassion" חסדים, according to the celebrated word of Johannan b. Zakai, sufficed. [3]

[1] G. Steindorff, *Die Apokalypse des Elias*, Leipzig 1899 (*Texte und Untersuchungen*, N.F., II, 3A), p. 39-41. See further Lueken, *Michael*, p. 85-86. "These are the angels of the Lord, the Allmighty, who write down all the good works of the righteous upon his scrolls in which they . . . at the Gate of heaven. I, however, am wont to take them away from them and bear them before the Lord, the Allmighty, so that he may write down their names in the book of the living. Also the angels of the accuser who is on earth, they too in their turn write on their scroll all the sins of men, they too sit by the gate of heaven, they report them to the accuser so that he may write them on his scroll so that he can accuse them when they come out of the world below."

[2] The text ἐν τῷ μνημοσύνῳ αὐτοῦ is certain on the basis of H.L.S.K., see the edition of K. Bihlmeyer, Tübingen 1924 in loco; only cod. A. read αὐτῶν which J. B. Lightfoot, *The Apostolic Fathers*, part i *St. Clement of Rome*[2], vol. ii, London 1890, p. 139, preferred on account of xxii 6 and the usage in the LXX but, as should have become apparent in our article, erroneously so. The two instances are not on the same level and the connection with ἔγγραφοι clearly indicates a book, the conception which we meet in a large number of places.

[3] Cf. Moore, i, p. 503.

This thought has already been met in the texts discussed before. Prayer is more than a mere plea; a prayer can be that but above all, it is a declamation in praise of God; an expression of gratitude for His mercies and an appeal that His kingship may become manifest. The prayer could be individually phrased but during the New Testament era it was laid down in fixed formulae [1]. Good works consisted in almsgiving (צדקה, literally: righteousness) and "works of compassion", such as visiting the sick, practising hospitality and providing for funerals whereby money played a less important role than the element of personal participation.

Also, whoever observed the Law (the above obligations were implicit) acquires treasures for himself as is written in the *Psalms of Solomon* ix 5: ὁ ποιῶν δικαιοσύνην θησαυρίζει ζωὴν αὐτῷ παρὰ Κυρίῳ [2]. These are considered as intercessors before God, expiate sin and guarantee a share in the coming world [3]. The return to God (repentance) was so highly rated that as a condition for forgiveness if may, according to Moore, "properly be called the Jewish doctrine of salvation".[4] Man must repent his sin before God with a contrite heart, turn away from the path of sin and bend to the laws of God. So may salvation be achieved even if this return takes place one hour before death (*Abot* ii 10); this however is valid exclusively for Israel and a heathen who has not become a proselyte is excluded[5].

No texts have been quoted as evidence for these ideas because they are so numerous forming as they do, part of the very core of Judaism. Besides, Billerbeck, Moore and Bonsirven have provided

---

[1] See Moore, ii, pp. 212-236 on "Prayer".

[2] On "accumulating treasures", see Billerbeck I, pp. 429-431.

[3] Extensive treatment of this in Billerbeck IV, pp. 536-610 on "die altjüdische Privatwohltätigkeit" (ancient Jewish private charity) and "die altjüdischen Liebeswerken" (ancient Jewish works of love), especially pp. 552-557. For צדקה = alms, charity, see J. Levy, *Wörterbuch über die Talmudim*, IV, p. 173 and Billerbeck I, p. 387-388, IV, p. 536, 555.

[4] Moore, i, p. 500 and cf. Kittel, IV, pp. 991-994.

[5] Cf. *Pesikta* 156a (Billerbeck, III, p. 83): "Es steht geschrieben: Jahve nehme auf dich Rücksicht (so der Midr Nu vi 26), und ferner steht geschrieben: Der keine Rücksicht nimmt Dt. x 17. Wer Buße tut, auf den nimmt er Rücksicht; etwa auf jeden? Die Schrift sagt lehrend Nu vi 26: "Auf dich" (also Israel), aber nicht auf eine andere Nation."—("it is written: Jahve looks upon thee (A.V. lift his countenance upon thee) (thus in the Midr Num. vi 26) and furthermore it says: Who does not look upon Deut. x 17. Whoever makes repentance, on him he shall look; on everybody? The Scripture says in its teaching "upon thee" (i.e. Israel) but not on another Nation") Billerbeck, III, p. 80-81 treats the different explanations of these two texts.

such a store of examples that it seemed superfluous to give illustrations.

The significance of Acts x 4

Now that we have become acquainted with the *Jewish conceptions* connected with the idea of "remembrance before God" it is evident that *all the elements present in Acts x 4 can be traced back* to them. The sentence can be translated into Hebrew תפלתיך וצדקותיך עלו לזכרוני לפנ אלהים and turns out to be entirely compatible with the Jewish conceptual framework. "Remembrance" is here expressed in the same qualified sense of "with favour" as in Acts x 31 and as it is elsewhere found in Luke (Luke i 54, 72; xxiii 42, as well as expressions already met in other texts; the other places in Luke have the connotation of remembrance or memory of men). Prayer and almsgiving were practised specifically to gain access to "favourable remembrance before God"—which, in the sense of the book can be expressed in a very concrete way. It thus becomes clear that the sentence under discussion has a well-defined and clear meaning and that an interpretative approach through "spiritualisation of sacrifice" and the dubious *azkara*-offering is a detour, both unnecessary and forced. For even the term ἀναβαίνω = עלה which is considered a sacrificial term, occurs in this context (p. 216)[1] and has no significance beyond "to ascend" in the spatial sense, just as προσάγω in *Tobit* xii 12 means nothing but "to convey" (see p. 216 ff.); a parallel is "to come"—בוא [2]. The translation of these verbs with "to offer" is superfluous embroidery in this case; it is in my opinion even very much the question whether this is not also the case with the O.T. because there this significance is drawn from the connection with offerings. On the basis of Jewish literature it is perfectly obvious that all sorts of things ascend to heaven: sacrifice; prayer; wailing (*Exod.* ii 23 [3], iii 9); remembrance;

[1] In *Tob.* iii 16 (p.227)the Aram. trans. for εἰσηκούσθη reads עלת; see R. H. Charles, *The Apocrypha and Pseudepigrapha*, i, p. 210 note.

[2] J. Schneider in: Kittel, I, p. 519 does list Acts x 14 but without any special comment and does not draw any particular connection with offerings; he speaks exclusively about the local meaning (pp. 516-519).

[3] *Exod.* ii 23-25 [23]Μετὰ δὲ τὰς ἡμέρας τὰς πολλὰς ἐκείνας ἐτελεύτησεν ὁ βασιλεὺς Αἰγύπτου. καὶ κατεστέναξαν οἱ υἱοὶ Ισραηλ ἀπὸ τῶν ἔργων καὶ ἀνεβόησαν, καὶ ἀνέβη ἡ βοὴ αὐτῶν πρὸς τὸν Θεὸν ἀπὸ τῶν ἔργων. [24]καὶ εἰσήκουσεν ὁ Θεὸς τὸν στεναγμὸν αὐτῶν, καὶ ἐμνήσθη ὁ Θεὸς τῆς διαθήκης αὐτοῦ τῆς πρὸς Αβρααμ και Ισαακ και Ιακωβ. [25]καὶ ἐπεῖδεν ὁ Θεὸς τοὺς υἱοὺς Ισραηλ καὶ ἐγνώσθη αὐτοῖς. *Henoch* ix 10 καὶ νῦν ἰδοὺ βοῶσιν αἱ ψυχαὶ τῶν τετελευτηκότων καὶ ἐντυγχάνουσιν

"the blood" (*Henoch* xlvii 1); good works [1]. All these stand on the same level and it is a mistake which confuses the whole issue to subtitle the last-named under the category of "sacrifice"; the offering can be a gift to God, just as prayer addresses Him with words and the remembrance comes to His knowledge. In view of the Jewish use of language it is not necessary to look to the zeugma for an explanation of this construction in Acts x 4, as was done by Wendt.

A reconstruction of the image (see p. 215) should be built up as follows: a man standing upon the earth who fulfills his prayers and gives alms and, above him, the firmament of heaven with its portals and shutters which could be closed but are now opened so that the news of that which is happening on earth can come before the face of God on His throne; v. 31 indicates this in an extremely clear way. The prayers are hearkened (or heard) [2] and the alms are entered in the remembrance-book of good works [3]. *The assurance of this remembrance (to the good) carries the implication that Cornelius may be sure of the aid of God now or in the future.* The command which follows, means that God will bring about a favourable turn at that moment.

Until now everything has been comprehensible and has fitted within the Jewish framework. At this point however, the following question arises: what is so special about this particular event? *Why is it stressed with so much emphasis,* both in the vision of Cornelius as well as in his rendering of it? We have seen that "remembrance with favour before God" means rescue from distress, either in the form of relief from present disaster as in the

---

μέχρι τῶν πυλῶν τοῦ οὐρανοῦ, καὶ ἀνέβη ὁ στεναγμὸς αὐτῶν καὶ οὐ δύναται ἐξελθεῖν ἀπὸ προσώπου τῶν ἐπὶ τῆς γῆς γινομένων ἀνομημάτων.

[1] Alms go to heaven where they are as treasures, see *Tos. Peah* 4, 18, ed. Zuekermandel, p. 24.

[2] See Kittel, in: Kittel, I, p. 222-223.

[3] Here the most concrete form of "remembrance" as it existed at that time, is given. -Billerbeck, II, p. 696 has not taken into account any of the places mentioned for this in his explanation of Acts x 4; he merely records *Targ. Esther* 6:1 end: "In dieser Nacht (vom 14. auf den 15. Nisan) kam das Andenken an Abraham, Isaak u. Jakob vor ihren Vater im Himmel על דכרן אברהם קדם אבותהון די בשמיא..., so daß aus der Höhe (Umschreibung für: vor Gott) ein Engel entsandt wurde, nämlich Mikhael, der Heerfürst Israels". (In that night (from 14th. to 15th. Nisan) the remembrance of Abraham, Isaac and Jacob came before their Father in Heaven ..... so that an angel was dispatched from on high (description for: before God) namely, Michael, the military chief of Israel.)

case of Tobit or, as with the apocalyptic writers and the New Year judgement, salvation from destruction in the eschatological future. But is there, in the case before us, any question of such a dangerous situation? The story itself does not say so in so many words and we would do just as well by not giving a modern meaning to the words by immediately thinking in terms of "a desire for spiritual help" or a plea for Light [1]. Yet the description given by Luke does offer some valuable indications.

Keulers remarked that God was as it were, compelled to think of Cornelius and hear his prayer on account of the prayers and alms; on p. 216 of this article this idea has already been refuted on the basis of general considerations. In the light of the texts it is certainly as unjustified as the view put forward by Bauernfeind: "Solche Gebete und solche Liebesbeweise, wie die des Cornelius, gelangen wirklich dorthin, wo sie gerichtet sind" [2]. This exactly was the point! As was apparent from the story of Manasse (p. 242) the windows of heaven could be so firmly closed that God had to undertake special steps to help him. Prayer was not always heard [3]. Now it is true that Manasse, as it happened, was an especially grave sinner (idolatry!), but he was an Israelite; his very sin lay in the fact that he had made himself equal to the heathens and therefore the gate was closed to him. *But were the doors of which the rabbis spoke (p. 239 f.) indeed open to Cornelius?*

In order to answer the questions raised above, attention must be given to the *manner in which Cornelius is characterised* and to his status implied in these words. V. 2 says that this centurion of the Italian band was εὐσεβὴς καὶ φοβούμενος τὸν θεόν. The first adjective, much used in the language of the time [4] does not occur in the Greek Bible with particular frequency; nor is it a word characteristic to Jewish circles (except amongst hellenized Jews as Josephus and Philo); the meaning is approximate to "pius". Thus εὐσεβὴς is not of great help, but φοβούμενος τὸν θεόν did have a clear and specific contemporary signifiance.

It is generally known that the expansion of Judaism in the

[1] The latter in Grosheide, op. cit., p. 327.

[2] Bauernfeind, a.a.O., p. 144. "Such prayers and such demonstrations of love as those of Cornelius really do attain to the place to which they are directed".

[3] See also *Henoch* xiv 4.

[4] W. J. Terstegen, ΕΥΣΕΒΗΣ *en* ΟΣΙΟΣ *in het Grieksch taalgebruik na de IVe eeuw,* Utrecht 1941.

ancient world had not only resulted in the conversion of many pagans, i.e. the *proselytes*, but also in bringing groups of interested people to the synagogues. They were called "Godfearing" [1]. They had not taken the final steps of full conversion; those who belonged to this category, although they honoured the God of Israel, had no part in the Covenant on the basis of baptism, circumcision and offerings. The Book of Acts mentions them on a number of occasions and they are also recorded in other sources. The fact that they find scant reference in rabbinical literature is not surprising since this dates from a later period when, through circumstances, the Jewish religion no longer excercised such a general appeal. Nevertheless, rabbinism recognises the distinction between the true proselyte (גר צדק) and the "sojourner" (גר תושב) [2]. Naturally, the question may be argued whether this was the technical appellation for a specific separate group or whether it was more indicative of a spiritual tendency. In any event, as is usually correctly remarked in connection with Acts x 2, Cornelius is characterised as such. The fact that he was a soldier is conclusive for, in practise, it was impossible to reconcile military service with a proper observance of the Thora [3]. Moreover, despite the introduction in v. 22 (ἀνὴρ δίκαιος καὶ φοβούμενος τὸν θεόν, μαρτυρούμενός τε ὑπὸ ὅλου τοῦ ἔθνους τῶν Ἰουδαίων), Peter, as is apparent from v. 28, regards him as a heathen (does v. 25-26 also indicate the attachment to paganism of Cornelius?)

Peter's assessment of the status of Cornelius is in full agreement with rabbinical tenets. *Talmud Jer. Jebamot* 8, 8 laid down the rule גר תושב הרי הוא כגוי לכל דבר "a ger-toshab is in every respect as a heathen". Whoever, whilst still a *ger-toshab*, did not have himself circumcised within one year's time, remained a heathen (*T.B. Aboda Zara*, fol. 65a). As Bamberger suggests [4], it may well have

[1] All works of history on the New Testament era mention something on this. We refer to Billerbeck, III, pp. 715-723; B. J. Bamberger, *Proselytism in the Talmudic Period*, Cincinnati 1939, pp. 134-140; J. Klausner, *From Jesus to Paul*, London 1946, pp. 40-45.

[2] See Billerbeck, III, p. 722 and Klausner, l.c., pp. 44-45 on this distinction.

[3] This point is illuminated by the statement which Josephus, *Antiq.*, XVIII, 3, 84 makes: at the time of the exile of the Jews from Rome under Tiberius, the consuls turned 40,000 of them into soldiers and sent them to Sardinia, πλείστους δ'ἐκόλασαν μὴ θέλοντας στρατεύεσθαι διὰ φυλακὴν τῶν πατρίων νόμων.

[4] Bamberger, l.c., p. 137. He also refers to a text which was discovered a short time ago (*Mischnat R. Eliezer*, p. 374): "Who is a *ger toshab*? Whoever

been possible that the rabbis had a special concern for those who sympathised with Judaism and were potential converts, but this did not alter the legal situation: even such *a "godfearing" man was and remained a heathen*! Up to the present, this consideration has never been used in the exegesis of Acts x and yet it is of the outmost importance since *this means that the prayers and alms of Cornelius were worthless according to Jewish concepts.*

From the Jewish point of view, a fundamental difference existed between Jews and heathens. The very key to an understanding of the Jewish religion lies in an appreciation of the fact that Israel was the chosen people [1]. This feature rules out any division between the nationalistic and the religious elements. Wherein did Israel's privilege lie? In the possession of the Thora [2]. Through the Torah the One, the true God was known and the Israelite was preserved from idolatry and learned His will. Circumcision was the outward manifestation of this allegiance to God's people [3]. All this, the heathen did not possess as long as he had not completely taken upon himself "the yoke of the kingdom of God" [4] and had not been wholly, that means also through circumcision, become part of Israel. At different times, a variety of conceptions were held concerning the relationship between Jews and Gojim, some of a more universalistic, others of a particularistic nature [5], but this did only affect the relationship in this world. The most important aspect is however the ultimate fate awaiting the heathen and this —granted a few exceptions—is not at all uncertain. They are destined for the Gehenna and have no share in the coming age, "for the uncircumcised are declared wicked by God and He shall make them descend into the Gehenna" [6]. The gentiles will be completely

is inclined (*nathan da'ato*) to convert and has rejected idolatry, but has not yet been converted. We wait for him twelve months."

[1] Cf. K. Kohler, *Grundriß einer systematischen Theologie des Judentums*, Leipzig 1910, p. 244: "der eigentliche Schlüssel zum Verständnis des Judentums liegt in dem Glaubenslehrsatz: '*Gott hat Israel zu seinem Volke erwählt*'." (the real key to understanding Judaism lies in the religious dogma: "God has chosen Israel to be his people".)

[2] Billerbeck, III, pp. 126-133.

[3] Billerbeck, IV, pp. 31-67.

[4] Billerbeck, I, pp. 176-178, 608; K. H. Rengstorf, in: Kittel, II, pp. 902-903.

[5] Cf. Billerbeck, III, pp. 139-155; Moore, ii, index s.v. *Heathen*; C. G. Montefiore, *Rabbinic Literature and Gospel Teachings*, London 1930, index s.v. *Particularism*.

[6] *Exodus Rabba* 19 in the explanation of Exod. xii 43: "no son of strangers

wiped out. But are there no virtuous pagans who observe the Torah? This question also has been discussed and settled in such a way that they could only follow the lighter duties but not the heavier obligations (e.g. circumcision) [1]. Therefore God will reward them by recompense in the present world but at the Last Judgement, they are doomed [2]. Even if a non-Israelite observes all kinds of laws, he still remains an outsider who mixes in affairs which do not concern him. Paul correctly reflects the general view when, in Eph. ii 12 he says about the circumcised: ἀπηλλοτριωμένοι τῆς πολιτείας τοῦ Ἰσραὴλ καὶ ξένοι τῶν διαθηκῶν τῆς ἐπαγγελίας, ἐλπίδα μὴ ἔχοντες καὶ ἄθεοι ἐν τῷ κόσμῳ.[3]

Cornelius too, could apply this to himself since he did not share in the covenant.

His prayers and his alms deserve special commendation but they can scarcely help this man, who is regarded as a Gentile, to gain part in the glorious future of Israel. As far as the prayer is concerned, there is a relevant text in *Deut. Rabba* 2 [4]. On the subject of Ps. lxv 3 it reads: David sprach vor Gott: "Herr der Welt, wenn die Völker der Welt zu dir kommen, um vor dir zu beten, so erhöre sie nicht, denn sie kommen nicht mit ganzem Herzen zu dir; sondern sie gehen zu ihrem Götzen, der sie nicht erhört, u. wenn sie dann sehen, daß ihre Not bleibt, dann kommen sie zur dir; da erhöre auch du sie nicht, wie es heißt: 'Sie schreien, aber da ist kein Helfer, zu Jahve, u. er antwortet ihnen nicht' " [5], Ps xviii 42. "Was heißt 'sie schreien'? Sie schreien zu ihrem Götzen, u. wenn sie dann zu dir kommen, da heißt es: 'zu Jahve, u. er antwortet nicht'. Aber

---

shall eat thereof", whereby a clear differentiation is made with the circumcised proselytes (see translation in Billerbeck, II, p. 704).

[1] Even in the so-called universalistic pronouncements of the rabbis, the thought is always present that the heathens shall attain salvation by joining Israel.

[2] For this difference between "light and heavy duties", see Billerbeck, I, pp. 901-903.

[3] In v. 11 the contrast between circumcised-uncircumcised is specially mentioned. This passage is full of "proselyte terminology", see Billerbeck, III, p. 585 ff.

[4] Billerbeck, I, p. 452.

[5] "Lord of the World, when the nations of the earth come to pray before you, then do not hear them for they do not come before you with a whole heart; for they go to their idol who does not hear them and when they then see that their distress remains, they come to you; then do you not hearken to them neither, for it is written: 'they cry out, but there is no help there, to Jahve and he does not answer them'."

wenn die Israeliten zu dir rufen, dann erhöre sofort unser Gebet" [1]. To gain an insight into the function of alms, it is interesting to note the long discussion between Johannan b. Zakai and his pupils on that topic where the general consensus is that "alle Wohltätigkeiten und Liebeswerke, die die weltlichen Völker üben, ihnen zur Sünde gereicht" [2] (*T.B. Baba Bathra*, fol. 10b). Johannan, to whom at first was attributed the opinion that charity brings reconciliation to the nations as did peace offerings to Israel, later came back on this opinion [3].

Even the "gate of teshuba" which could always in the final event rescue Israel (even Manasse!), was closed to the Goj. Moore was perfectly justified in stating: "The exhortations to repentance in the Scriptures and the promises of forgiveness and restauration are in the nature of the case addressed almost exclusively to Israel, and are correctly so interpreted. For the Gentile to participate in this promise, as in all others, the indispensible condition is the repentance or conversion, in which he abandons his false religion for the true, the heathenish freedom of his way of life for obedience to the revealed will of God and his Law: in a word, becomes a proselyte to Judaism" [4]. And precisely that, Cornelius had *not* done!

These "godfearing" people could perhaps, as Moore says[5] entertain hopes that they may participate in the privileges of Israel but did this represent more than wishful thinking? In this respect, there was no certainty! The rule prevailed: "a ger-toshab is in all respects as a heathen". And with this, we can answer the questions raised on p. 246 f. The distress in which Cornelius found himself was the prospect of the Gehenna. God was not at all obliged to hear him;

---

[1] What does that mean, 'they cry out'? They cry out to their idol and when they come to you they say 'to Jahve, and he does not answer'. But when the Israelites cry out to you, then hear our prayer at once.

[2] All the acts of charity and works of love which the worldly nations practise only serve them for sin.

[3] Billerbeck, I, p. 363.

[4] Moore, i, p. 329. On p. 352 Moore maintains that the discontinuation of idolatry was deemed sufficient, but Bamberger, l.c., p. 36, note 5 rightly calls this "haggada" and not a legal ruling and says on p. 32 that the rabbis "wisely refused to admit into the Jewish fold any who could not give unreserved allegiance to the Torah".

[5] Moore, i, p. 325. Cf. Klausner, l.c., p. 45, who quotes *Numeri Rabba*, VIII, 2: "The proselytes"—true proselytes (גר צדק)—"are like Israel", adding: "but God-fearers are not like Israel, either from their own standpoint or from that of Israel".

on the contrary, he could do as he pleased for ultimately in spite of all praising testimonies of the Jews, Cornelius was a heathen, a rejected heathen to whom the gate of heaven was closed.

This explains the particular emphasis with which this is stated: *Cornelius had no rights as had the children of the Covenant and could not plead upon the Covenant with the Fathers* [1], *but nevertheless the door of heaven opens to receive his prayers and alms*! That is the astonishing feature of this promise: that which Cornelius has done as a heathen, is treated as if he had been an Israelite. This results in "remembrance to the good before God" and will lead to help. The revelation which Cornelius receives is a miracle of God's mercy; he may have hoped but never could he have had any expectations. For that reason, it is brought to him in a "vision" by an angel. Considering the sore need in which Cornelius found himself, it is not surprising that the report of the matter in xi 14 speaks of σωθήσῃ.

THE MEANING OF ACTS X 35

When the significance of v. 4 has been recognised (that which Cornelius has done is counted as if he had been an Israelite), then the meaning of v. 34-35 also becomes clear. Peter makes a very solemn declaration as an introduction to his preaching[2]: ἐπ' ἀληθείας καταλαμβάνομαι ὅτι οὐκ ἔστιν προσωπολήμπτης ὁ θεός, ἀλλ' ἐν παντὶ[2] ἔθνει ὁ φοβούμενος αὐτὸν καὶ ἐργαζόμενος δικαιοσύνην δεκτὸς αὐτῷ ἐστιν. Zahn was surprised that Peter says with so much emphasis that God is no respecter of persons, since every Jewish child was aware of this [3]. Grosheide, however, accurately observed that the unusual aspect was that in contrast with the prevailing practice this no longer applied exclusively to Israel alone, but to all the nations [4]. Can we however agree with Grosheide, that v. 34 relates to the work of God (with a reference to xi 17; wrongly so, since this refers to x 44 vv.) and v. 35 to the human side of the work of salvation, whereby φοβούμενος is taken *de conatu* and not in precisely the same sense as v. 2? The use of δεκτός has

---

[1] Like Israel, see pp. 19-22. See *Lev.* xxvi 45, *Assumptio Mosis* 3:8-10, 4:5, 11:17 (Charles, *Apocrypha*, ii, p. 416-417, 424); *Zadokietische Fragmente* 1:4, 8:3 (ed. L. Rost, Berlin 1933, p. 7 and 14).

[2] On "opened his mouth" as an introductory formula, see E. Klostermann, *Das Matthäusevangelium*[2], Tübingen 1927, p. 33 on Matt. v 1 and Bauer, *Wörterbuch*, Sp. 118.

[3] Th. Zahn, *Die Apostelgeschichte des Lukas*[5], Leipzig 1922, Bd. I, p. 353.

[4] Grosheide, op. cit., p. 341-342.

particularly worried the exegetes because this seemed to open the possibility that salvation was possible without Christ and this they considered out of the question, reasonably enough, both in itself and in view of the rest of the books [1]. Wendt thus speaks of "nicht eine absolute Gottgefälligkeit, sondern eine solche, welche abzweckt auf die Antheilgabe am christlichen Evang." [2], but he makes this conclusion from the context and sheds no further light upon it. Bauernfeind takes it as an old slogan in the struggle over the Christian preaching to the gentiles; if people like Cornelius could be called "god-fearing", the resultant consequences should not be ignored. As distinct from this, he sees ἐργαζόμενος δικαιοσύνην, with this expression Luke underlines the moral attitude (cf. Ps. xv 2) and probably expanded the traditional watch-word, for the issue at stake concerned the very question whether "righteousness" could be established outside the Law. It is reminiscent of Rom. ii 11 (influenced by Paul or did Paul take over the war-cry from the older community?). [3] Lake-Cadbury give a note on the use of προσωπολήμπτης and treat the expression ἐργαζόμενος δικαιοσύνην as distinct from the rest; the latter they do not find clear because the very question was: what is the exact meaning of "righteousness". They think it conceivable that this relates to the differentiation between ceremonial and moral rules [4]. Other expositors keep the two expressions closer together in meaning: inner piety (Zahn even holds that it looked forward with "Sehnsucht" (longing) towards the completion of the revelation of salvation, but there is nothing in the text to corroborate this) and outward devoutness. De Zwaan remarked that the issue did not concern the fact of being a Jew, but of acting with righteousness but that the latter still represents the typically Jewish point of view; Peter still lays down the condition that one *had* to belong to the "god-fearing" [5]; the cursory nature of his explanation did not however admit further elaboration.

It is, I think, possible to arrive at a correct choice between these different opinions on the basis of the contemporary Jewish

[1] J. M. S. Baljon, *Commentaar op de Handelingen der Apostelen*, Utrecht 1903, p. 117; Keulers, op. cit., p. 232; Grosheide, op. cit., p. 343.

[2] Wendt, a.a.O., p. 249 "not an absolute pleasing of God but such as is aiming at participation in the Christian gospel."

[3] Bauernfeind, a.a.O., p. 249.

[4] Lake-Cadbury, l.c., p. 119.

[5] De Zwaan, op. cit., pp. 101-102.

use of language. After Peter has himself received a vision (v 10) which made clear to him that he had to revise his attitude towards the difference between "clean and unclean" and when he has heard of the wonderful promise which had been given to Cornelius (v. 31), he understands that God, in the fullest sense of the word [1], is no προσωπολήμπτης. Indeed, this was already written in the O.T., but according to the Jewish conception, this applied exclusively to Israel, for the attitude of Jahve towards the Gentiles was totally different from that towards His own people [2]. Now it appears, as a result of the word addressed to Cornelius, (v. 4, 31) that matters are different: someone like Cornelius too, can find an open door to heaven. Had there been any regard of persons, this heathen would not have received a hearing. δεκτός is the verbal adjective from δέχομαι, the suffix-τός can mean: *acceptus* and *acceptabilis* [3]. Grundmann [4] correctly pointed out that this word is frequently used in the LXX in a ritual context: if an offering is to be δεκτός to Jahve, it must be conform to certain rules, without mistake or blemish; it must not be unclean, etc. (see Leviticus passim). This terminology of ritual is extended to human beings; very clear so in Prov. xxii 11 LXX δεκτὸς δὲ αὐτῷ (Κυρίῳ) πάντες ἄμωμοι [5]. Here we find the positive confirmation of what Peter has said in v. 28 as a result of his vision. How Grundmann could say that the ritual connection has disappeared in this instance, is not entirely clear to me. The controversy thus hangs upon the question who is acceptable before God. In the commentary of Billerbeck [6], the Aramaic קבל is given as an equivalent; besides the examples mentioned by him, the story of King Manasse [7] which has already been used in another connection for our examination (p. 242) also provides a suitable reference since the same verb is used to describe "acceptance by God". Hence: who shall be *acceptabilis* and *acceptus*? Cornelius, who is according to v. 2

[1] Blass-Debrunner, *Grammatik*, par. 234, 7; R. Bultmann, in: Kittel, I, p. 244, sub 4; Moullon-Milligan, *Vocabulary*, p. 21.

[2] Billerbeck, III, pp. 79-83. Cf. above p. 248, note 2.

[3] R. Kühner - F. Blass, *Ausführliche Grammatik der griechischen Sprache*, I. Theil *Elementar- und Formenlehre*[3], Hannover 1892, p. 288-289.

[4] Grundmann, in: Kittel, II, p. 57-59.

[5] ἄμωμος is frequently used in the LXX in connection with pure offerings, e.g. Lev. xxii 19-25 and elsewhere; of people, e.g. Ps. xiv 2 LXX connected with ἐργαζόμενος δικαιοσύνην.

[6] Billerbeck, II, pp. 703-704.

[7] Cf. further e.g. *M. Berakot*, V, 5: *T. Jer. Jebamot*, 8, 8d; *Peshihta R.*, 161a.

εὐσεβὴς καὶ φοβούμενος τὸν θεόν, ποιῶν ἐλεημοσύνας (cf. the indication in v. 22 δίκαιος καὶ φοβούμενος τὸν θεόν). In this verse, vs. 35, it is said φοβούμενος αὐτὸν (God) καὶ ἐργαζόμενος δικαιοσύνην, an expression which is completely parallel. Namely, the last part is the translation of עשה צדקה and this is a well-known expression for "almsgiving" [1]. But "righteousness" can also have a wider meaning. In typically semitic fashion, the two meanings have here been welded together [2]. This does not, however, have any bearing on the Paulinic interpretation of the word [3]. Philo and Josephus often use the words δίκαιος and εὐσεβής (the typically hellenistic word that makes the "fear of the Lord" clear to their readers) in combination and they are distinguished in this way: εὐσεβὴς μὲν τὰ πρὸς τὸν θεόν, δίκαιος δὲ τὰ πρὸς ἀνθρώπους. In the N.T. corresponding combinations occur in Luke i 75, ii 25; Eph. iv 24 [4]. The combination of these two concepts has given expression to the two sides of Jewish religion in its highest form (see also how Jesus describes the "great commandment" in Matt. xxii 37-40). The true Israelite is characterised and distinguished as "godfearing and righteous".

The surprising aspect of Peter's declaration is that he now pronounces this ἐν παντὶ ἔθνει to be valid. The argumentation is as follows: the devout Jew, righteous and god-fearing, is *acceptabilis* before God as part of the nation who have been given the Covenant. Now, as proved by the promise made to Cornelius, this man who was called "god-fearing" and practised almsgiving = righteousness, is also—despite the fact that he is a Gentile—*acceptabilis* and accepted. He who through the word of the angel is now counted amongst Israel, is now also accepted by Peter as such. Now the fact that in v. 36 Peter speaks of ἀπέστειλεν τοῖς υἱοῖς Ἰσραήλ and in v. 42 τῷ λαῷ is easily understood. Precisely because Cornelius may now be numbered amongst "Israel", this preaching can be addressed to him; otherwise it would not have been understandable and would have meant to all of them: salvation is not for me!

---

[1] Billerbeck, I, p. 388, gives examples.

[2] A striking example of this is found in the story about King Monobazus in: *Tosephta Pea* 4, 18 (ed. Zuckermandel, p. 24), see: Billerbeck, I, p. 430.

[3] Cf. W. C. van Unnik, *De Verlossing I Petrus i 18-19 en het probleem van den eersten Petrusbrief*, Amsterdam 1942, p. 71 and 74.

[4] Josephus, *Antiq.*, IX, 11, 2, par. 236, see also A. Schlatter, *Die Theologie des Judentums nach dem Bericht des Josephus*, Gütersloh 1932, p. 37; G. Schrenk, in: Kittel, II, pp. 195-196.

The Place of Acts x in Relation to the Entire Book of Acts

The declaration in vs. 34-35 is the prelude to Peter's preaching which is followed by the outpouring of the Holy Ghost and baptism. In his "Apostolic Preaching and its developments" [1], Dodd remarked that this speech must refer back to an Aramaic source (as Torrey before him had also pointed out) and that it is a typical example of original Christian preaching; he indicates the same structure in other speeches. It is possible to go even further and say: *this part of Acts* x *contains exactly the same elements as Acts* ii *of which it is a repetition*: what was there preached to the Judaeans and the proselytes and led to their baptism and the receiving of the Holy Ghost (ii 38-41) is here re-enacted in the case of a godfearing man who is reckoned amongst Israel not by the people, but by the Almighty himself. Thus, the association which is drawn between Acts xi 15 and xv 8 and Acts ii is completely to the point.

In this way it becomes clear that Acts x relates in a coherent manner, an episode in the early development within the Church. An important step is taken towards preaching to the Gentiles and to all nations; but that does not yet represent what it meant to Paul. Here, in this case, the Gentiles still have to attain salvation in Christ by the way of Judaism; for Paul all men stand on the same level in judgement and mercy (Rom. i-iii). Here, the Gentiles reach the church by way of the synagogue; presently Paul will take the church out to the Gentiles [2]. On the basis of our exegesis, opinions such as held by Jülicher-Fascher[3] must be disqualified

[1] C. H. Dodd, *The Apostolic Preaching and its developments*², Cambridge 1944, p. 27. See also J. de Zwaan, *Inleiding tot het Nieuwe Testament*², Haarlem 1948, I, pp. 200-201, who counts Acts ix 31 - xi 18 as part of the "Palestinic tradition embodied in an Aramaic writing".

[2] Thus also, but without further evidence, De Zwaan, *Handelingen*, p. 102. K. Bornhäuser, *Studien zur Apostelgeschichte*, Gütersloh 1934, pp. 100-105 also concludes in this direction although he supports the right idea with insufficient explanation and mixes incorrect observations such as: a differentiation between "Glieder" and "Vollglieder" (members and full members) of the Christian community (p. 105), the theme: no professional obstacle can exclude from the community and the title: "der erste christliche Offizier des Römischen Heeres" (the first Christian officer of the Roman army) (the profession plays a very secondary role here as it does in the case of the eunuch in Acts viii; decisive is the relationship with "God's people").

[3] A. Jülicher - E. Fascher, *Einleitung in das Neue Testament*⁷, Tübingen 1931, p. 436, who believe that this chapter, in comparison with *Gal.* ii is

as totally wrong; their explication demonstrates that they have completely failed to grasp the point of Acts x. Luke gave excellent data in the right places and completely understood the bearing of this development. *Here a Gentile who sought the God of the Covenant and observed His will, but was excluded from the Old Covenant, becomes a member of the New Covenant.*

---

wrongly placed: for at the later "apostolic council", Peter still confines himself to the Jews and his heresy in Gal. ii 11 ff. would be impossible. This is however incorrect for here too, Peter limits himself entirely to the Jewish line; here it still concerns an interim phase (as in the first letter, as I showed in my study, mentioned p. 256 note 3. Good comments against Jülicher's further treatment of Petrine material in Acts (pp. 435-438) in S. Greijdanus, *Bijzondere Canoniek van de boeken van het Nieuwe Testament*, Kampen 1947, p. 290.

TARSUS OR JERUSALEM

The City of Paul's Youth *

Introduction

What took place on the road to Damascus (Acts ix 1ff and parallels) marks *the* big turning point in the career of the apostle Paul; from that moment onwards, the zealot for the Jewish Law was the "slave of Jesus Christ". In consequence, two clear-cut, separated periods in his development can be recognized: his life as a Jew and his life as a Christian. But however highly the importance of this division may be rated, for a correct insight into Paul's life and work it is desirable to take into account not two, but three periods. This becomes evident from his own autobiographical notes and from the reports in the book of the Acts when these are closely examined. There is, however, no express statement, and the matter remains in some obscurity since neither Paul nor Luke set out to furnish a biography.

There is still much uncertainty about the chronological determination of these periods [1]. For the purpose of this study it is not necessary to venture upon an attempt to clear this up or to add yet another to the already numerous calculations. A very general, rough outline is all that is needed; but, as will appear from what follows, it is indispensable. We make then these divisions:

(1) The period of Paul's youth, during which he studied and walked in the Jewish religion and which closed with his conversion. For lack of data the duration of this period of his life cannot be determined.

(2) His first years as a Christian, which he spent partly in Arabia and partly in Tarsus (Cilicia). About these years little is known, for Luke makes no mention at all of the stay in Arabia; and although he mentions the Cilician episode, he leaves us in uncertainty as to how many years elapsed between what is reported in Acts

---

* Translated out of the Dutch by George Ogg, London, Epworth Press, 1962, 76 p. (original publication, Amsterdam 1952).

[1] See, e.g., the table in D. Plooij, *De chronologie van het leven van Paulus* (Leiden, 1919), between pages 173 and 175; J. de Zwaan, *Inleiding tot het Nieuwe Testament* (2nd edn, Haarlem 1948), pp. xi-xii; P. Feine - J. Behm, *Einleitung in das Neue Testament* (9th edn, Heidelberg 1950), pp. 125-8.

ix 30 and what is reported in xi 25. In Galatians i 17-18 Paul himself reports that his stay in Arabia was of three years duration, and that thereafter, with a short break of fifteen days in Jerusalem, he went to Syria and Cilicia, where he preached the Gospel, and then returned to Jerusalem after fourteen years (Gal. i 21-ii 1). In this little piece of autobiography with its apologetic purpose, has he also in view that activity of his which is reported in Acts xiii? Without going closely into this ticklish question [1], we can certainly say that what is spoken of here is a fairly long period, assuredly one of at least ten years. About it nothing further is known to us, save that throughout the whole of it Paul the Christian lived and preached in the vicinity of Damascus and in the regions about Tarsus and Antioch. Lack of data makes this portion of time appear as a mere incident in Paul's biography, but because of its duration it cannot possibly be considered unimportant.

(3) The last period is that which Luke introduces with this special instruction of the Holy Spirit: "Set apart for me Barnabas and Saul for the work to which I have called them" (Acts xiii 2) [2]. This is the time within which Paul did his work of world-wide historical and theological importance. Within this period, which runs on to his death, fall his great journeys through Asia Minor and Greece, to Rome and perhaps to Spain; it is from these years that his epistles date; and it is to them that the information given in Acts almost exclusively refers. This last and most important portion of Paul's life comprises approximately eighteen years; and it is about the mature man of these years that we speak when we discuss "Paul"—a fact which we ought always to keep in view.

One part of the bulky complex of questions which Paul's biography sets us will here be submitted to a closer investigation, the question namely of the years of his youth, in particular the question whether he spent these years in Tarsus or in Jerusalem.

Although we shall come back to it in greater detail at the close of our study, the significance of this subject may for the present be indicated by the following considerations. Modern psychology has disclosed what a great role the environment and impressions

[1] On this see the various "Introductions" to the New Testament and commentaries on the Epistle to the Galatians.

[2] These words with which Luke particularly underlines the beginning of this period are quoted here because they are so striking. Paul does not himself speak of this happening. We do not wish, in mentioning this, to make any decision in the matter of the question referred to in the foregoing note.

of our youth, even of our very earliest years, play in the further development of our personality and in the shaping of our attitude towards our fellows and the outside world. Indeed it is superfluous to enlarge on this. Just here, where the data for the development of the apostle are very scanty, we must consider with special care the few points which appear to afford us some standing-ground.

Something more ought to be said about the specific environment indicated in our subject. In itself it may be worth while to ascertain where he, who later says of himself (1 Cor. ix 19 ff.) that to the Jews he has become a Jew and to the Greeks a Greek, acquired the first imprints of his multi-coloured life. Although the Roman rule imparted a certain measure of uniformity, there was nevertheless a perceptible difference in scope and mentality between places such as Rome and Athens, Alexandria and Corinth, Antioch and Tarsus, to name only a few centres of culture and to make no comparisons with small provincial towns and villages or with the countryside. But the question—Tarsus or Jerusalem?—confronts us not with a distinction in degree, a demographic or cultural distinction, but with one of a very specific kind; between the two names there yawned a wide and deep cleft. Tarsus was a typically Hellenistic city, favourably situated for trade and commerce, the intellectual centre of a flourishing Stoic school, from the religious point of view an instance of syncretism in its many-coloured variations. Almost fifty years ago, in a study that is still very valuable, Böhlig, not the first writer on the subject, but the most complete, delineated the intellectual life of this city so that it stands out clear before us [1]. Judaism, which was distinguished from all other religions principally by its monotheism[2], was indeed represented there, but only by a minority. Let us set by the side of this the picture of Jerusalem as it has been described, for example, by Joachim Jeremias [3]. It was a place unfavourably

---

[1] H. Böhlig, *Die Geisteskultur von Tarsos im augusteischen Zeitalter* (Göttingen 1913).

[2] See my contribution, "Het Jodendom in de verstrooiing", in J. H. Waszink - W. C. van Unnik - Ch. de Beus, *Het oudste Christendom en de antieke cultuur* (Haarlem 1951), Pt. I, pp. 544 ff.

[3] J. Jeremias, *Jerusalem zur Zeit Jesu* (2nd edn, Berlin 1958); see also the well-known works of Schürer, Bousset-Gressmann, Moore, and the contribution of P. A. H. de Boer to *Het oudste Christendom en de antieke cultuur*, Pt. I.

situated for trade, but was the mother-city of Judaism, to which the heart of every Jew in the Diaspora went out; syncretism secured no footing there and Hellenistic culture could force a way in only with difficulty and only very superficially; it was dominated by the temple of Jehovah, the only God, and its life was decisively defined by the law of Moses and its interpretation. Here one religion embraced the whole of life. In these two cities, two worlds stand over against one another, radically different, each with its own questions and its own stamp, with its own attitude to life and its own aims. No more need be said to make it clear that according as a life was fashioned in the one environment or the other, its development must have been different.

As has been said, we have at our disposal only a few reports about Paul's youth, and these will be closely discussed in the course of the argument. This scanty information affords investigators much room for the play of fancy, but needs to be interpreted with extreme caution. As will appear, plentiful use has so far been made of the former; but the latter, which ought to have precedence, has in my opinion been lacking.

The Present Position of the Inquiry

The reader who has to some extent, even if it be superficially, acquainted himself with modern Pauline research, in so far as it has referred to the question here put down for discussion [1], will perhaps be inclined to ask whether the decision about it has not been given long since. There is indeed no other point that one can mention about which, among scholars of divergent confessions and schools, such unanimity prevails as the one now before us. With few exceptions, all commentators and biographers, writers of articles in encyclopedias and of monographs, prefer Tarsus [2]. This preference finds very characteristic expression in the 'Symposium' which was published in 1951 on the occasion of the Greek commemoration of Paul. In it three very different writers give

---

[1] Since it is in the third period that we know Paul most of all, it is understandable that very many writings are especially occupied with it and do not treat of his youth.

[2] In Appendix II, pp. 318-320, there is listed in chronological order a number of references to modern literature. It has seemed to me better, for technical reasons, to place these in a separate addendum. Naturally the list is not complete, but it is, I believe, sufficiently representative to let it be seen that here we can speak of a *communis opinio*.

their opinion upon our subject, and each of them allows Paul to spend his youth in Tarsus in order that his removal to Jerusalem may be put later [1]. Similarly, A. Oepke, in a well-known study in which he deals with the *Probleme der vorchristlichen Zeit des Paulus* [2], passes by our subject in complete silence, apparently seeing in it no problem at all.

Our most detailed piece of information about Paul's youth is what we read in Acts xxii 3 [3]. This text, supplemented with a few other data from the Acts [4] and from Paul himself (Philippians iii 5 and the impression made upon us by his epistles with their peculiar mixture of Jewish and Greek elements), serves as basis for the description of his youth. Now Tarsus and Jerusalem are mentioned here, and these names serve as incentives to conjure up a picture. Thanks to the information which is at our disposal about life in these two towns, one may sketch, in outline or in some detail according to the available space, a picture of his development. Its course can be summarized as follows. He was born as a Jewish child in Tarsus where his father possessed the rights of a citizen, and he himself was also able to be proud of the fact that he was a *civis Romanus*. His family was rigorously legalistic-Jewish, and associated itself with the Pharisees. At home and in the synagogue of the diaspora-congregation he received his earliest instruction in the ancestral worship and also learned the speech of his people. At the same time, however, as he roamed on the streets and by the harbour, he got to know in his "most impressionable years" [5] the life of his Hellenistic native town. As a spiritual

---

[1] See *Paulus-Hellas-Oikumene (an ecumenical Symposium)*, published by the Student Christian Association of Greece (Athens, 1951): pp. 9-21, K. Adam, *Der junge Paulus*; W. H. P. Hatch, p. 93; W. F. Howard, p. 97.

[2] Article in *Theologische Studien und Kritiken*, CV, (1933), pp. 387-424. J. Dupont, *Les Problèmes du livre des Actes d'après les travaux récents* (Louvain 1950), is also silent on this subject.

[3] It is not necessary in the context of this study to consider the correctness of the tradition which appears in Hieronymus and for which especially Th. Zahn (*Einleitung in das Neue Testament* [3rd edn, Leipzig 1906], I, p. 48-50) has pleaded, that Paul's family originated from Gischala in Galilee.

[4] These will be discussed more closely in the course of the present study, pp. 296-301.

[5] T. Wilson, *St Paul and Paganism* (Edinburgh 1927), p. 40: "The environment in which a man spends the most impressionable years of his life leaves an indelible mark upon his character. It is therefore highly important that we should get a true estimate of the influence of Tarsus in the making of St. Paul"; cf. a similar statement, ibid., p. 29.

heritage from Tarsus he bore with him into his later life his easy mastery of the Greek tongue, his use of the Septuagint, and his whole manner of life—which cannot be called genuinely Jewish [1]. After sketching this heathen environment one passes on to a description of life in Jerusalem, since Paul also studied there under the celebrated jurist Gamaliel. This transition took place at a time of life "which we are left to conjecture" [2], but the great journey far from the parental home took place according to general conviction—even when there is no attempt to date it with close precision—at a time when Paul had already cast off childish ways and had given evidence of the excellent talent which seemed to foreordain him with his fervid nature for the rabbinate. When guesses are ventured, the datings run all the way from Paul's 8th to his 10th year (Zahn) on to his 13th year (Prat) and even to his 15th (Holzner, van Imschoot, Loewenich, Adam) [3]. But whatever his exact age, it is generally agreed that Paul, a Jew of the Diaspora, was at this time, to put it in Klausner's words, "grown up" but "still in the springtime of life".

In this manner Karl Adam has recently sketched a gloomy picture of Paul's youth, in which all sorts of general utterances in the epistles are interpreted as the outcome of experiences which he had in his parental home and at school. Did not this development provide an excellent preparation for him who was to be called to preach in the Hellenistic world the Gospel of Jesus Christ, the fulfilment of the Old Testament? Does it not present us with an explanation of the peculiar blending in him of all sorts of elements of Jewish and Hellenistic origin? The influences upon him of Hellenistic culture and of contact with heathen religious life were restrained for a time by rabbinical training, but after his conversion, when he knew that he had been called to be an apostle to the Gentiles, they burst forth with mighty power.

I will reproduce briefly the prevailing opinion in three quotations from investigators belonging to very different schools. Steinmann

---

[1] This is summed up briefly by Böhlig, *Die Geisteskultur von Tarsos*, pp. 142-52. It is also instructive, with the help of the index, to go through the passages in Wilson, loc. cit., in which the influence of Tarsus is mooted. We may also compare J. Klausner, *From Jesus to Paul* (London 1946), *passim*, in which Paul is delineated and explained as a typical Jew of the Diaspora.

[2] T. R. Glover, *Paul of Tarsus* (4th edn, London 1938), p. 15.

[3] For these references see Appendix II, pp. 318-320.

introduces his monograph on our subject with these words: "I have entitled my exposition '*Zum Werdegang des Paulus*' because I hold that Paul's native place, his home and the period of his youth had a fundamental and enduring influence on his development. These three factors are all found in Tarsus" [1]. In his résumé Bultmann writes: Paul "was born and grew up in Tarsus in Cilicía", whereas he considers the stay in Jerusalem even very doubtful [2]; and the excellent English New Testament scholar W. F. Howard says: Paul "was a Jew of the Diaspora, born and brought up in Tarsus, the chief city of the province of Cilicia, who had the advantage of being trained in the Jewish law in the school of the famous rabbi Gamaliel in Jerusalem" [3].

Tarsus thus came first, being the town of Paul's youth; Jerusalem came second, when he was somewhat older and of an age at which his mind was already formed. As interesting extra-biblical parallels to this order of things, as it is usually visualized, one may point to the journey which princes of the dynasty of Adiabene, who had gone over to Judaism, undertook to Jerusalem that there they might be instructed more fully [4], and to the story of the rabbi Hillel [5].

That something is wrong with this interpretation of Acts xxii 3 has been indicated in a remark of Deissmann, a pioneer in the

---

[1] *Zum Werdegang des Paulus, die Jugendzeit in Tarsus* (Freiburg i. Br. 1928), p. 4. This book of thirty-nine pages is wholly built up on this theme.

[2] R. Bultmann, "Paulus", in *Die Religion in Geschichte und Gegenwart* (2nd edn, Tübingen 1930), Vol. IV, cols. 1020-1.

[3] W. F. Howard, *Paulus-Hellas-Oikumene*, p. 97. Cf. Böhlig, *Die Geisteskultur von Tarsos*, p. 153: "As everything goes to prove that Paul acquired the fundamentals of his education and intellectual culture in Tarsus, so his epistles from beginning to end bear upon them the stamp of the Judaism of the Dispersion"; also A. E. J. Rawlinson, *The New Testament Doctrine of Christ* (London 1926), pp. 85-6: "St. Paul was a bilingual Jew from the Greek-speaking city of Tarsus in Cilicia—a Jew who, despite the fact that he had been *born and brought up* in the Diaspora was able to speak not only Greek, but Aramaic; . . . the youthful Saul, after having received in boyhood, perhaps from a Jewish *rhetor* of Hellenistic education a sufficient training in grammar and rhetoric . . . was sent to complete his studies at Jerusalem" [italics mine].

[4] Josephus, *Ant. Jud.*, XX, 3-4, §71: "and having besides sent his sons, five in number, and they but young also, to learn accurately the language of our nation, together with our learning" (trans. Whiston, n. edn, Margoliouth).

[5] H. L. Strack, 'Hillel', in *Realencyclopädie für protestantische Theologie und Kirche* (3rd edn, Leipzig 1900), p. 74; according to tradition he came when forty years of age from Babylon to Jerusalem to study there.

field of New Testament Greek, and more recently by Dibelius-Kümmel [1]. With reference to the phrase "brought up" (ἀνατεθραμμένος) they remark that it sounds as if Paul had already come to Jerusalem as a small child; "but in view of the Hellenistic elements in his thought that would be an improbable assertion" (Dibelius). This difficulty is got round by interpreting "brought up" with Deissmann as "thoroughly instructed in the law" [2], or by assuming with Walter Bauer[3] two nuances in ἀνατρέφω, namely a physical and an intellectual culture, or by defining with Grosheide[4] the difference between the two verbs in xxii 3b thus: the first refers to the physical, the second to the intellectual upbringing. Puukko, who relates in detail what Paul would learn as a Jew in the synagogue of his native town and what in addition to that he would receive at college in Jerusalem, says that it is not clear how long he studied under Gamaliel, but that ἀνατεθραμμένος 'is evidence of a longer stay' [5]. But although these statements are made, it is nevertheless the general opinion already outlined that is arrived at.

---

[1] A. Deissmann, *Paulus* (2nd edn, Tübingen 1925), p. 71: "That may best be taken to mean that Paul came to Jerusalem when still a small child. But to judge from the total impression which the Paul whom we know makes upon us, it is assuredly likely that this son of Tarsus spent his boyhood in his Hellenistic native town". Cf. also p. 74, note 10. — M. Dibelius - W. G. Kümmel, *Paulus* (Berlin 1951), p. 30; cf. also p. 28.

[2] R. J. Knowling ("The Acts of the Apostles", in *The Expositor's Greek Testament*, II, pp. 456-7) takes ἀνατεθραμμένος as "educated" and refers us to 4 Maccabees x 2 and xi 15. "Probably", he writes, "Paul went to Jerusalem not later than thirteen, possibly at eleven, for his training as a teacher of the law".

[3] W. Bauer, *Griechisch-deutsches Wörterbuch zu den Schriften des Neuen Testaments und der übrigen urchristlichen Literatur* (5th edn, Berlin 1958), col. 127, s.v. Very curious is the position of M. Goguel in M. Goguel - H. Monnier, *Le Nouveau Testament* (Paris 1929), p. 229: "Paul was brought up in Jerusalem .... The Greek word means literally *nurtured.* Accordingly it may indicate that the apostle received all his primary education in the Holy City. But doubtless the sense of the word ought not (*il ne faut pas*) to be pressed so far; and the thought is permissible that in Tarsus Paul acquired not only his knowledge of Greek but also his Hellenistic culture". He knows the exact meaning of the word, but tones it down to safeguard Paul's education in Tarsus. He does not give any philological reason for this treatment of the text, except his own assurance, '*il ne faut pas*', etc., and that can hardly be called good evidence.

[4] F. W. Grosheide, *De Handelingen der Apostelen* (Amsterdam 1948), Pt. II, p. 284, note 1. So also K. Lake - H. J. Cadbury in their commentary, *The Beginnings of Christianity, The Acts of the Apostles*, IV, (London 1933), p. 278.

[5] A. F. Puukko, "Paulus und das Judentum", in *Studia Orientalia Fennica*, II, (Helsinki 1928), p. 10 ff; the passage cited is on p. 23.

A similar line is taken by E. Jacquier [1]. He considers first the interpretation of ἀνατεθραμμένος = nurtured (Acts vii 20, Lk iv 16) and says: "That is the obvious meaning; the word then stands clearly over against πεπαιδευμένος which has Paul's intellectual education in view ..... If this meaning is accepted, Paul must have come to Jerusalem when little more than an infant". But Jacquier prefers to take the verb in the derived sense "to fashion the mind" (4 Mac x 2, xi 15) because "Paul apparently intended the term in this sense, for it was of little importance to the Jews to know that he had been nurtured in Jerusalem, whereas it gratified them that he had been brought up at the feet of Gamaliel, that there his understanding had been moulded and that as a result he had been imbued with his teaching". It remains to be seen whether this interpretation is valid in view of the philological facts (see below, Appendix I) and whether what Paul had done before his rabbinical training under Gamaliel was unimportant to the Jews (see p. 297).

The general opinion referred to above is so current among New Testament scholars that one such as my predecessor A. M. Brouwer [2], who is always ready to discuss the diverse standpoints on a specific question, mentions no disagreement on this matter. It should nevertheless not be left unnoticed that disagreement does exist, although only among individuals and without exercising any influence. Without giving names, Böhlig mentions the old opinion that Paul "was moved to Jerusalem when only a child"; he thinks, however, that the objections to this are insurmountable. According to him, ἀνατεθραμμένος is given further explanation in the words "at the feet of Gamaliel"; Paul wanted especially underline the fact that he had received a rabbinic education, and one was a scholar of the rabbis not when a child, but when a young man [3]. The English commentator Rackham, however, will have no such blending. In our text he distinguishes stages that are clearly different, but with this exegesis he does not combine any specific conclusions [4]. Very outspoken, also, was the French Protestant scholar A. Sabatier. He gave as the translation of ἀνατεθραμμένος "nurtured and brought up from his most tender

---

[1] E. Jacquier, *Les Actes des Apôtres* (Paris 1926), loc. cit.

[2] *Paulus de Apostel* (Zutphen 1934), Pt. II, "De Mensch en zijn tijd", pp. 115 ff.

[3] *Die Geisteskultur von Tarsos*, p. 151.

[4] R. B. Rackham, *The Acts of the Apostles* (14th edn), in *Westminster Commentaries* (London 1951), p. 423.

infancy", and added in a footnote: Paul "was not only instructed (πεπαιδευμένος) but also nurtured and brought up from his most tender infancy in Jerusalem (ἀνατεθραμμένος). All the conjectures that have been ventured regarding a Greek education of Paul should then disappear" [1]. This was a very definite and assured opinion. But the history of New Testament scholarship shows that in this point there has been no inclination to follow Sabatier. My fellow-countryman J. Keulers may perhaps be named here also. In a popular exposition he explains ἀνατεθραμμένος as indicating "that Paul had already come to Jerusalem as a young lad", and he points to Luke iv 16, but without giving any further indication of Paul's age or of his own position over against the prevailing opinion [2].

A. Loisy did not discuss the text, but, as appears from his translation, he preferred Jerusalem: "I am a Jew, born in Tarsus of Cilicia but brought up in this city—Jerusalem—educated at at the feet of Gamaliel in the strictness of the law". This, however, he regarded as a false statement introduced by the redactor of Acts [3].

The keenest opposition to the prevailing opinion is found, however, in what we read in Paul Feine's great study of Paul and in Norden's *Die antike Kunstprosa*. The former absolutely rejects any watered-down meaning of "brought up", but does so without furnishing any philological proof of the correctness of his own exegesis as against the one that is current. Further, referring to Acts xxvi 4-5, he maintains that Paul was already in Jerusalem "in his childhood" before he received rabbinic tuition. For that reason he declares that all accounts of impressions made on the receptive boyish mind of Paul by a Hellenistic environment are without foundation [4].

---

[1] A. Sabatier, *L'apôtre Paul* (Paris 1912), p. 31 and note 1.

[2] *De Handelingen der Apostelen*, in *de Boeken van het Nieuwe Testament* (2nd edn, Roermond-Maaseik 1952), Pt. IV, p. 362.

[3] A. Loisy, *Les Actes des Apotres* (Paris 1930), p. 813. A similar translation without commentary in O. Dibelius, *Die werdende Kirche* (5th edn, Hamburg 1953), p. 292: "I am a Jew born in Tarsus in Cilicia. Here in this city I spent the years of my youth. I sat at the feet of Gamaliel and carefully studied the ancestral law".

[4] *Der Apostel Paulus* (Gütersloh 1927), pp. 416-20. It is curious that here Feine has selected as the target of his attack J. Gresham Machen's *The Origin of Paul's Religion* (London 1921), p. 53, for when we read through that page we see how cautiously Machen has expressed himself: The words

Very remarkable is the opinion of the great and influential classical scholar Eduard Norden. In his important work, *Die antike Kunstprosa,* he also deals with Paul. He strongly protests against the method of interpreting the apostle by means of Greek rhetors and philosophers, and in this connection he says, "To the vain arguments there belongs the fertile appeal to Tarsus .... 'Tarsus' has on the whole for centuries been the slogan that has continually been thrown into the scales"; but he rejects this, the first of his arguments being Acts xxii 3 [1]. Although some scholars have maintained that this passage is not true to facts, Norden inclines to accept the information which it conveys on the ground that it contains certain details which could not have been invented [2]. The curious thing is that his judgement is never cited in references to Paul's youth. Has this book of his gone unnoticed by theologians to whom the author of *Agnostos Theos* [3] is by no means unknown? It is a pity that Norden merely states his interpretation of Acts xxii 3 and does not refute the opposite opinion by exegetical arguments.

Success has not in any form attended the attempt to combat the prevailing opinion. It seems indeed that the triumphant exclamation of Steinmann, "if at least Feine would account for Paul's absolute mastery of the Septuagint and of Greek" [4], contains a refutation that is in every respect decisive. It is only in a few

of Acts xxii 3 "might seem to suggest that Paul went to Jerusalem in early childhood, in which case his birthplace would be of comparatively little importance in his preparation for his lifework, and all the elaborate investigations of Tarsus, so far as they are intended to shed light upon the environment of the apostle in his formation years, would become valueless. But the Greek word 'brought up' or 'nourished' might be used figuratively in a somewhat flexible way". Machen thus leaves the matter open and has not reached a conclusion, since he omits a linguistic investigation of the meaning of the critical word. It is not clear to me why Feine has opposed precisely one who leaves the matter in such suspense; among German New Testament scholars he could have found, in sufficient number, supporters of the opinion which according to him is wrong.

[1] His translation is: "Born in Tarsus, *nurtured in Jerusalem, educated at the feet of Gamaliel according to the strictness of the ancestral law*" (*italics* by Norden).

[2] *Die antike Kunstprosa* (5th edn, Stuttgart 1958), II, pp. 492 ff.; the quotation is from p. 495 and note 3; he continues: "That Paul came to Jerusalem in his youth is indeed not at all extraordinary: there was in the synagogue there a company 'of people from Cilicia', Acts vi 9" (pp. 495-6). (This 5th edition is a reprint of the 2nd edition of 1909.)

[3] Pubd Leipzig, 1913, and which had a great influence, especially on Form-criticism.

[4] Steinmann, *Zum Werdegang des Paulus,* p. 30, note 1.

cases, especially in commentaries, that we find a measure of uncertainty, and nowhere are we given a clear presentation of the opinion held by the writer concerned [1]. Of the vast majority of the investigators—and here we have also in mind the most recent publications—it may be said that without any doubt they are of the opinion that the apostle spent the years of his youth in the parental home at Tarsus and that this Hellenistic-syncretistic environment gave to his life an indelible stamp.

It seems to me important to study this problem afresh, especially in view of the fact that, as is quite clear from the foregoing summary, the big question of Paul's attitude to Hellenism and to his life's

---

[1] The opinion of J. M. S. Baljon is *not clear*. In his *Commentaar op de Handelingen der Apostelen* (Utrecht 1903; p. 246) he writes (without any further elucidation or elaboration): "Although born in Tarsus, he grew up in Jerusalem and was brought up as a strict Jew"; but cf. his *Geschiedenis van de boeken des Nieuwen Verbonds* (Groningen 1901; pp. 2-3), where the "generally accepted" opinion is found. The same is true of the opinion of P. G. Kunst, *Joodsche invloeden bij Paulus* (Amsterdam 1936), (diss. Free University), pp. 124-5; of J. Leipoldt, *Jesus und Paulus, Paulus oder Jesus* (Leipzig 1936, p. 12): "It is not known up to what year of his life Paul remained in Tarsus. Was he there only as an infant? Or did he obtain there impressions from the Hellenistic world that proved important for his later life?"; see also pp. 29-30; of H. W. Beyer, "Die Apostelgeschichte" (4th edn), in *das Neue Testament Deutsch* (Göttingen 1947), (on Acts xxii 3 nothing is said about this matter, but on p. 149 on Acts xxvi 5 he writes: "It was in Jerusalem itself that he received the decisive impressions of youth"); of F. W. Grosheide, *De Handelingen der Apostelen* (p. 283: "thus young he came there" [i.e. to Jerusalem] and p. 363: "elsewhere we also get the impression that Paul came to Jerusalem at a fairly youthful age and remained there [Acts xxii 3]. An age cannot be given, but it was nevertheless such that the apostle does not count or hardly counts in what befell before his coming to Jerusalem and testifies that his life was spent in the capital city"; but at Acts xxvi 5 one may think of Cilicia [cf. p. 297 below, and on the distinction which Grosheide makes between ἀνατεθραμμένος and πεπαιδευμένος see p. 266 above]); of A. D. Nock, *St Paul* (London 1946), (p. 33: "Probably Paul had been at Jerusalem, as man if not as boy"; but the whole tendency of his second chapter [pp. 21-34] is of such a character that the influence of Tarsus is assumed, and for this reason we enter Nock's name in Appendix II). On Bauerfeind, see p. 283 below. The question is *not discussed* in the commentaries of E. Preuschen, *Die Apostelgeschichte* (Tübingen 1912); G. Hoennicke, *Die Apostelgeschiche* (Leipzig 1913); H. H. Wendt, *Die Apostelgeschichte* (Göttingen 1913); R. Knopf, "Apostelgeschichte", in *Die Schriften des Neuen Testaments* (3rd edn, Göttingen 1917), Vol. III; Lake-Cadbury, *The Beginnings of Christianity, The Acts of the Apostles* (although they decide for 'Cilicia' in Acts xxvi 5—see p. 297 below); H. J. Holtzmann, *Die Apostelgeschichte* (3rd edn, Tübingen-Leipzig 1901); A. W. F. Blunt, *Acts of the Apostles* (Oxford 1923), (Clarendon Bible); or A. Boudon, *Actes des Apôtres* (6th edn, Paris 1933), p. 486.

task as "the apostle of the Gentiles" is thought to be closely bound up with it. It is true that an impressive phalanx of New Testament scholars, whose number suggests that we might speak of certainty on this point, has declared itself for Tarsus, but it cannot be denied that some are in doubt. For this doubt there is, I think, good reason, when what follows is taken into consideration. In the last resort the whole construction rests upon one single text, which contains the only definite data about the years of Paul's youth, namely Acts xxii 3; for it is not clear that the rest (the Hellenistic elements in Paul's epistles) ought to be explained, without more ado, by reference to the city of his birth: that is nowhere stated in the New Testament and is but a hypothesis. Now in reading Acts xxii 3 we are faced with the fact that in the beginning of the verse nothing more is said than that Paul was *born* in Tarsus; yet according to Steinmann, Bultmann, and Howard, whom we have cited as clear exponents of the '*communis opinio*', we read that he was *born and grew up* there. The question is: where have the words "and grew up" come from; are they smuggled in to prove the case? An answer to this question, a question which never seems to be thought worth the trouble of putting, but which is nevertheless of decisive significance, is sorely lacking. But therewith the whole matter remains unsettled.

To this a second question which prompts us to make renewed investigation ought to be added. In the generally accepted sketch of Paul's youth he is first for a number of years in Tarsus, and thereafter in Jerusalem that he may study under Gamaliel. That explains the words "born" (γεγεννημένος) and "instructed" (πεπαιδευμένος) in Acts xxii 3, but what does one do with "brought up" (ἀνατεθραμμένος) that stands between them? Even though most translations of this passage give quite correctly two verbs, it appears from discussions of it that "brought up . . . instructed" is almost universally understood as a hendiadys—hence a rendering such as the one given with no beating about the bush by Oort: "I am a Jew born at Tarsus in Cilicia, but brought up in this town at the feet of Gamaliel according to the strict requirements of the ancestral law" [1]. But is this quite correct? It is most singular that very many authors do not touch upon this question with a single word and that others who certainly mention it—and this holds

[1] *Het Nieuwe Testament opnieuw uit den grondtekst vertaald* (Zaltbommel 1912), p. 285.

good of supporters and opponents of the current view—never give an accurate philological analysis of the notion ἀνατρέφω and the interpretation of this verse that results from it. The observations which we meet with scattered here and there are never supported by texts (cf. p. 266 and pp. 282-283).

This is, then, a peculiar and unsatisfactory situation: on the one hand certain words (and therewith a very significant thought) are added to the text without reasons being given; on the other hand a word which stands there is left practically unexplained. Renewed investigation is therefore required, and it will have to examine precisely that matter in which previous investigation has failed us, namely, the accurate determination of the content of ἀνατεθραμμένος. We must be mindful of the truth of Söderblom's dictum: "Philology is the eye of the needle through which every theological camel must enter into the heaven of divinity" [1].

Discussion of Acts xxii 3

Acts xxii reproduces the defence which Paul is supposed to have made in Aramaic before the Jewish multitude. In it he tells how he, a Jew by birth and upbringing who had devoted himself completely to the religion of his fathers, had yet been brought to see the Messiah in Jesus and to preach Him. Verse 3 is an independent account of the years of his youth, and the context is of no importance for its interpretation. The text is as follows: ἐγώ εἰμι ἀνὴρ Ἰουδαῖος, γεγεννημένος ἐν Ταρσῷ τῆς Κιλικίας, ἀνατεθραμμένος δὲ ἐν τῇ πόλει ταύτῃ παρὰ τοὺς πόδας Γαμαλιὴλ πεπαιδευμένος κατὰ ἀκρίβειαν τοῦ πατρῴου νόμου, ζηλωτὴς ὑπάρχων τοῦ θεοῦ καθὼς πάντες ὑμεῖς ἐστε σήμερον.

(1) No peculiarities calling for text-criticism present themselves here. But the question as to the correct punctuation certainly merits our attention for a moment. Should a comma be read after ἐν τῇ πόλει ταύτῃ or after παρὰ τοὺς πόδας Γαμαλιήλ? In other words, did the activity of the celebrated rabbi[2] extend over the παιδεύειν alone or did it extend over the ἀνατρέφειν as well? According to Wendt, the fact that each new participle can introduce a closer

---

[1] Quoted in J. M. van Veen, *Nathan Söderblom* (Amsterdam 1940), (diss. Groningen), p. 59, note 4.

[2] See H. L. Strack - P. Billerbeck, *Kommentar zum Neuen Testament aus Talmud und Midrasch* (München 1924), II, pp.636-9, and other commentaries on Acts v 34.

definition is in favour of the second of these views; but the fact that the sitting at the feet of Gamaliel belongs to the upbringing in the Law is material reason for the first [1]. The symmetry of the sentence requires, so Steinmann asserts, that the comma be read after "Gamaliel"; that, he admits, certainly seems to be a trifle, but, so he continues, to read it after ταύτῃ is to be guilty of "an exegetical misunderstanding", for then it would have to be gathered from the text that Paul had already come to Jerusalem as a little child, and that is impossible [2]. At the present time the comma is usually read after "this city", but according to Lake-Cadbury it can be said (to the relief of Steinmann?) that it does not make much difference, for although ἀνατρέφω usually refers to physical care, it can also be used of "education" like παιδεύω [3]. If then the first of the above-mentioned views is preferred, as hitherto it generally has been [4], the text says nothing other than that the apostle was born in Tarsus and was trained in Jerusalem, and that leaves ample room to allow of his coming to the city in his fifteenth year. If the punctuation now generally adopted is adhered to, the question of what ἀνατρέφω really means becomes an urgent one. The answer to it seems to be clearly given in the words of Lake-Cadbury. But on this point a decision cannot yet be reached. From the manuscripts no "decisive evidence" (Lake-Cadbury) can be expected, since they give no punctuation at all. Punctuation was introduced by the later editors and is thus a matter of exegesis. Consequently it is advisable to pass on to exegesis and to postpone a decision about the punctuation.

(2) We begin with an observation of a critical nature on the matter of style. In describing the first phase of Paul's development —it seems trivial to mention this expressly, but to do so appears to be necessary—Luke uses three verbs: γεγεννημένος in Tarsus, and ἀνατεθραμμένος and πεπαιδευμένος in this city (i.e. Jerusalem) [5].

[1] H. H. Wendt, *Die Apostelgeschichte*, on Acts xxii 3. Cf. also the edition of E. Nestle (Stuttgart 1953), loc. cit., the text of which is cited here, but without the doubtful punctuation. δέ has of course adversative force; οὗτος = this, see Bauer, *Griechisch-deutsches Wörterbuch zu den Schriften des Neuen Testaments*, col. 1182.

[2] *Zum Werdegang des Paulus, die Jugendzeit in Tarsus*, p. 29.

[3] Lake-Cadbury in their commentary, loc. cit.

[4] Of the publications of recent years only one has come under my notice which puts the comma after Gamaliel, namely the American *Revised Standard Version* of 1946.

[5] For a good formal parallel, reference may be made to Josephus, *Bell.*

Steinmann wrongly assumes a fourth, for he includes ὑπάρχων in the series [1]. In doing so he overlooks the fact that the first three verbs are in the perfect whilst the last is a present participle, which means a difference in the wording that ought not to be ignored. To rely here upon the rhythm of the sentence, as he does, is somewhat hazardous; the rhythm will have to accord with the meaning of the words. Finally—and this clinches the matter—he has not kept in view the fact that Luke's wording is not an accidental concatenation of verbs.

It is a remarkable fact that up to the present in not a single discussion of this text it has been pointed out that *this triad* forms *a fixed literary unit,* in which small variations in the wording are sometimes met with. A number of instances may be given here: [2]

PLATO, *Alcib.*, I. 122.B—The development of Alcibiades contrasted with that of the Persian royal children: "But about your birth (γενέσεως), Alcibiades, or nurture (τροφῆς), or education (παιδείας), or about those of any other Athenian, one may say that nobody cares, unless it be some lover whom you chance to have" [3].

Leg., VI.783.B—παίδων δὲ δὴ γένεσιν μετὰ τοὺς γάμους θῶμεν, καὶ μετὰ γένεσιν τροφὴν καὶ παιδείαν.

Leg., VIII.842.E—After the most important laws which treat περὶ γάμους ἅμα καὶ γενέσεις παίδων καὶ τροφάς, ἔτι δὲ καὶ παιδείας ἀρχῶν τε καταστάσεις ἐν τῇ πόλει there come the simple laws which treat of food.

Menex., 237.A—"Wherefore let us first of all praise the goodness of their birth (εὐγένειαν); secondly, their nurture (τροφήν) and education (παιδείαν)."

Epin., 973.D—The Athenian points out how diverse human life is, but that the main processes, namely τὸ γίγνεσθαι, καὶ τὸ τρέφεσθαι ἔτι καὶ παιδεύεσθαι, bring with them difficulties for all.

Crito, 50.D—The laws ask Socrates what complaints he has against them: "Are we not your parents? Was it not through

---

Jud., II.7.1. §101: "In the meantime there was a man, who was by birth a Jew but brought up at Sidon with one of the Roman freedmen".

[1] *Zum Werdegang des Paulus*, p. 29. From the instances given below it is evident that in some cases, where it appeared desirable for the story, the treble formula was amplified with terms which described life after the period of youth.

[2] It is of course not claimed that the list of instances given here is complete. The works of only a few writers have been scrutinized, but the result is amply sufficient to enable a conclusion to be built up.

[3] *Loeb Library* trans.

us that your father took your mother and begat you?"; or against those of them "that regulate the nurture (τροφήν) and education (παιδείαν) of the child (τοῦ γενομένου), which you, like others, received". If all that is true, may you then abandon us, the laws ask, "since you were brought into the world (ἐγένου) and nurtured (ἐξετράφης) and educated (ἐπαιδεύθης) by us"? (50.E.). 51.C—The laws address Socrates and have a right to speak, "for we brought you into the world (γεννήσαντες), we nurtured (ἐκθρέψαντες) you, we educated (παιδεύσαντες) you, we gave you a share of all the good things we could".

Compare also *Timaeus* 23.D, where the priest of the Egyptians, speaking about the origin of their peoples, says: "But, chiefly, for the sake of the goddess, your patron [1], foster-mother and tutress, and ours".

ISOCRATES, Περὶ τοῦ ζευγοῦς, ii (28)—Regarding Alcibiades, who as an orphan was brought up by Pericles: "For I count this also among his blessings that, being of such origin (ἐκ τοιούτων γενομένον), he was fostered (ἐπιτροπευθῆναι), reared (τραφῆναι), and educated (παιδευθῆναι) under the guardianship of a man of such character".

PHILO, *de Leg. alleg.*, I. 31. § 99, treats of the respect due to parents; the reason for it is ἐγέννησαν ἡμᾶς, ἔθρεψαν, ἐπαίδευσαν, πάντων αἴτιοι γεγόνασιν ἀγαθῶν.

In Flaccum, 19. § 158—Concerning Flaccus: ὁ γεννηθεὶς μὲν καὶ τραφεὶς καὶ παιδευθεὶς ἐν τῇ ἡγεμονίδι Ῥώμῃ.

De Somniis, II.21. § 147 — εἴτε δι' εὐμοιρίαν φύσεως[2] εἴτε διὰ τὴν τῶν τρέφοντων καὶ παιδεύοντων ἐπιμέλειαν.

Here there may be added for purposes of comparison *In Flaccum*, 7. § 46: The Jews consider the lands where they dwell in the Diaspora ἕκαστοι πατρίδας, ἐν αἷς ἐγεννήθησαν καὶ ἐτράφησαν: naturally the last member of the triad is omitted here, because for the Jews παιδεύω consisted in the teaching of the Law, and that of course could not be said of Gentile lands. With this there may also be compared the wording of Josephus, *Antiq.*, II.10.1. § 238, concerning Moses in Egypt, "when he was born (γεννηθείς) and brought up (τραφείς) in the foregoing manner and come to the age of maturity"; Josephus avoids παιδεύω on purpose (cf. pp. 291 f). Can Josephus, *c.Apionem*, II.25, also be mentioned here (cf. p. 294)?

Compare also pp. 288 f. on Philo's *Vita Mosis*, the beginning of

[1] H. G. Liddell-R. Scott, *A Greek-English Lexicon* (Oxford 1940), II, p. 1022.
[2] φύσις is here the nature, the character which we are given at birth.

which is built up on this theme, and Ezechiel Tragicus, cited on p. 292.

NICOLAUS OF DAMASCUS, *Vitae Caesaris* Prooemium (quoted by F. Leo, *Die griechisch-römische Biographie nach ihrer literarischen Form* [Leipzig 1901], p. 191): "I give an account of his descent and of his disposition, also of his parents (γεννητάς), from whom he received from infancy the nurture (τροφήν) and education (παίδευσιν) furnished with which he became the great man that he was". Leo adds: "This order is then followed in detail".

PLUTARCH, *Conv. disp.*, VIII. quaestio 7. (p. 727.B)—A Pythagorean from Etruria attempts with all sorts of proofs to show that Pythagoras originated from that land: "And he affirmed that Pythagoras was a Tuscan, not because his father, as others have said, was one, but because he himself was born (γεγονέναι), bred (τετράφθαι), and taught (πεπαιδεῦσθαι) in Tuscany" [1].

Quomodo adulator, 25. (p. 65.F)—To keep a strict eye on our own development is among other things a good means of withstanding the influence of flatterers, for thereby we get to know the flaws in our own life: ἅμα καὶ φύσιν καὶ τροφὴν καὶ παίδευσιν ἑαυτῶν ἀναθεωρῶμεν.

The Life of Numa, 5. (p. 63.B)—Numa does not suffer himself to be made king easily: he points to Romulus, who had many adversaries: "Yet Romulus is celebrated as a person of divine origin, as supernaturally nurtured, when an infant, and most wondrously preserved"; how much lower does he himself stand in the matter of origin: "But as for me, I am only of mortal race (γένος) and, as you well know, my nurture (τροφή) and education (παίδευσις) boast of nothing extraordinary". From this parallelism it is obvious that what is here referred to is the period of youth.

Comparison of Agis-Cleomenes with the Gracchi, 41. (p. 843.F)—Of those who hated the Gracchi no one dared to say that they had not had an excellent upbringing (they were brought up by Cornelia, who in antiquity was reckoned a supreme instance of the true mother) [2]. "Of all the Romans they were the most disposed by nature to virtue (εὐφυέστατοι), and they received a most excellent upbringing (τροφῆς) and education (παιδευσέως)".

Agis and Cleomenes also were by nature richly gifted, but in

[1] Goodwin's trans.

[2] See the dissertation of R. Boulogne (mentioned on p. 278 *infra*), p. 18, note 3.

their case the essentials of a right upbringing had been wanting: "Their disposition (φύσις) appears to have been more vigorous than theirs inasmuch they did not receive a sound education (παιδείας) and were trained (ἐκτραφέντες) to manners and customs that had corrupted the elders before them."

In the light of these passages[1] it can be shown that in its opening chapters the structure of the book *De liberis educandis*, which stands in Plutarch's name [2], is determined by this triple schema; for there in Chapters 1-3 problems are discussed which are connected with birth, Chapters 4-7 deal with life in the home and the upbringing which is received there under the guidance of foster-mothers and "pedagogues" (slaves, Chapter 7), and thereafter there comes as the third phase the instruction given by διδάσκαλοι. This last is introduced with these words: "And now I come to that which is a greater matter, and of more concern than any that I have mentioned", for in making choice of good teachers we must pay attention to the fact that the root and source of καλοκαγαθία is τὸ νομίμου τυχεῖν παιδείας (Chapter 7). The agreements between this writing and Quintilian, *Instr. Orat.*, I.1-2.4, have now for a long time attracted attention. The question has often been asked whether both do not go back to a lost work of Chrysippus. The possibility of that does not seem to me to be excluded, but apart from the general schema which is common to both—for in Quintilian also this trebling is found—agreements of a literary kind are not numerous. Be this as it may, for our investigation it is important to note that, so far as the development of youth is concerned, both works have as foundation a common schema comprising the three elements to the presence of which in other writers attention has already been called.

EPICTETUS, *Dissert.*, II.22.26—ἀλλ' ἐξέτασον μὴ ταῦθ' ἃ οἱ ἄλλοι, εἰ ἐκ τῶν αὐτῶν γονέων καὶ ὁμοῦ ἀνατεθραμμένοι καὶ ὑπὸ τῷ αὐτῷ παιδαγωγῷ.

The translation of D. C. Hesseling (*De Kolleges van Epictetus*, [Haarlem 1931], p. 194), "if they were brought up together and by the self-same tutor", does not seem to me to be entirely correct;

---

[1] Although these texts show a remarkable resemblance to Acts xxii 3, not one of them is mentioned in H. Almquist, *Plutarch und das Neue Testament* (Uppsala-Copenhagen 1946).

[2] See A. Sizoo, *De Plutarchi qui fertur de liberis educandis libello* (Amsterdam 1918), (diss. Free University).

it severs the triplet of words which are bound together by the double καί, and here ὑπό is followed not by the genitive but by the dative. One may translate thus: "If they were born of the same parents, were brought up together and under the same pedagogue". The parallelism with the rhetorical variation of ἐκ, ὁμοῦ and ὑπό then remains preserved. Nevertheless the question cannot fail to present itself whether in fact we have here to do with the triad which we have investigated. How ought ἀνατεθραμμένοι to be understood here? Ought we to understand it literally of the work of the foster-mother or ought we to take it, as Bauer[1] does, as referring to the training of the mind? The "pedagogue" was usually a slave and was employed in the upbringing of the child in the home; as the writings of Quintilian and Plutarch named above (see also p. 311, below) testify, he was mentioned together with the foster-mother as responsible for the direction of the child until the time when he was entrusted to a teacher [2]. In that case this passage of Epictetus refers to the two stages of the child's life in the home, and the triad for which we have looked is out of the question. In *Diss.* III.1.35, ἀνατρέφω in the expression φύεσθαι καὶ ἀνατρέφεσθαι refers without a doubt to nothing more than the work of the foster-mother, the general fashioning of a certain conduct in life, a fashioning from which the παιδεύεσθαι was of course absent in the case of the dandies mentioned there. Accordingly we include this passage in the series with due reserve.

Pseudo Dionysius of Halicarnassus, Τέχνη, 6 (as quoted in translation by A. Boulanger, *Aelius Aristide et la sophistique dans la province d'Asie au IIe siècle de notre ère* [Paris 1923], p. 318, note 1): "Since the funeral discourse is a eulogy of the dead, it must evidently draw from the same sources as eulogies of the living: native land, family, nature, education, deeds"; cf. also Boulanger, ibid., p. 319, note 1, who cites Menander, Περὶ ἐπιδεικτικῶν, pp. 419-20, Spengel: "Laudatory common-place topics: race, birth, natural qualities, education, instruction, manners, deeds".

---

[1] W. Bauer, *Griechisch-deutsches Wörterbuch zu den Schriften des Neuen Testaments* (5th edn), col. 124.

[2] Regarding the pedagogue, see R. Boulogne, *De plaats van de paedagogus in de Romeinse cultuur* (Groningen-Djakarta 1951), (diss. Utrecht); in this work, as its title indicates, special attention is paid to the Roman culture, but the picture that is drawn is also applicable to the Greek portion of the Empire.

Clement of Alexandria, *Strom.*, III.15.98.4 — τῷ γὰρ κατὰ λόγον τεκνοποιησαμένῳ καὶ ἀναθρεψαμένῳ καὶ παιδεύσαντι ἐν κυρίῳ. That for Clement this was a well-known type of formula may appear from the fact that he also applies it in connection with the "new birth", in *Paed.*, I.12.98.2, where it is said of Christ that "He regenerated man by water, and made him grow (αὐξῆσαι) by His Spirit, and trained him by His word to adoption and salvation, directing him by sacred precepts" [1] (we need not be surprised that here the verb αὐξῆσαι is used, for the meaning of τρέφω was somewhat plastic, and αὐξέω also appears in such contexts).

Jamblichus, *De vita Pythagorica*, 31. § 213—"That men madet heir own off-spring of no account, but begat children (γεννᾶν) rashly and by chance, in every way acting off-hand, and thereafter nurtured (τρέφειν) and educated (παιδεύειν) them most contemptuously."

Eusebius, *Historia Eccl.*, IX.10.1—in a comparison of Maximinus Daza with his fellow-administrators "who were in every respect his superiors, in birth, in training, in education (γένει καὶ τροφῇ καὶ παιδείᾳ), in worth, and in intelligence (ἀξιώματί τε καὶ συνέσει)". From the fact that the words are joined in a different way (note the transition with τε) it certainly appears that we have here to do with an established formula and that this formula has reference to the years of youth.

Pionius, *Vita Polycarpi*, 3: Polycarp was purchased as a slave by a devout woman; ἔστι δὲ τοῦτο (τὸ παιδάριον) τῷ γένει ἀπὸ ἀνατολῆς; of this woman it is said ἠγαλλιάσατο ἀνατρέφουσα κοσμίως καὶ παιδεύουσα τὴν ἐν Κυρίῳ παιδείαν.

Gregory Thaumaturgus, *Panegyric on Origen*, made when he was about to leave Caesarea in Palestine after having studied there for five years under the direction of Origen. In a ponderously rhetorical style he surveys the course of his life, which in such a wonderful way has brought him into touch with Origen, a contact which was decisive for the rest of it. He owes this guidance to a guardian angel, who, according to the word of Scripture in Genesis xlviii 15, was to him ὁ τρέφων με ἐκ νεότητός μου (IV. § 41) [2] and of whom he says (§ 44): πάλαι τε καὶ νῦν ἔτι ἐκτρέφει τε καὶ παιδεύει καὶ χειραγωγεῖ and (§ 46) ἄνωθεν τοῦτο (namely the meeting

[1] *Ante-Nicene Christian Library* trans.

[2] Divisions according to the edition of P. Koetschau, *Des Gregorios Thaumaturgos Dankrede an Origenes* (Freiburg i.B.-Leipzig 1894). Trans. of the *Ante-Nicene Christian Library*.

with his master) προμηθούμενος οἶμαι ἐκ πρώτης γενέσεως καὶ ἀνατροφῆς.[1] Of most importance for our investigation is the information about his youth which now follows (Chapter V. §§ 48-50): "For my earliest upbringing (ἀνατροφαί) from the time of my birth (γενέσεως) onwards was in the hand of my parents; and the manner of life in my father's house (πάτρια ἔθη) was one of error, and of a kind from which no one, I imagine, expected that we should be delivered; nor had I myself the hope of being so, boy as I was, and without understanding, and under a superstitious father. Then followed the loss of my father and my orphanhood"—he was then fourteen years old. After a digression that is without importance for our purpose, he proceeds (§ 56): "It seemed good to the only one of my parents who survived to care for me—namely, my mother—that, being already under instruction (ἐκπαιδευομένους) in other branches in which boys not ignobly born and nurtured are usually trained, I should attend also a teacher of public speaking, in the hope that I too should become a public speaker". In § 58 he says: "He came and suggested (an extension of my studies) to one of my teachers (διδασκάλων) under whose charge I had been put, with a view to instruction (ἐκπαιδεύειν) in the Roman tongue"; this teacher urged him on to the study of Roman law, cf. § 62: "for when, willingly or unwillingly, I was being well instructed (ἐξεπαιδευόμην) in these laws, etc".

That παιδεύειν and διδάσκειν are alike is also apparent from Chapter VII. §§ 105-6: περὶ ἑκάστων ἐδίδασκεν οὕτως . . . ἐξεπαιδεύετο. Here then it is also clearly apparent that the ἀνατροφή was linked to the sphere of the home and had to do with the ἔθη, that the παιδεύειν was entrusted to others, and that Gregory also used the well-known triad in describing his youth (especially in § 56). More evidence may be found in authentic or legendary biographies from antiquity, see, e.g., Gregorius Nyssenus, *Vita Macrinae*, ed. V. Woods-Callahan, *Gregorii Nysseni opera ascetica* (Leiden 1952), pp. 371-4, 383; also Suidas on Mani (quoted by A. Adam, *Texte zum Manichäismus* [Berlin 1954], p. 78): "Instructed (παιδευθείς) in all that concerned the Greeks, he favoured the school of Empedocles . . . he asserted that he had been born (γεγενῆσθαι) of a virgin and nurtured (ἀνατραφῆναι) in the mountains".

For the purpose of the present investigation it does not seem

[1] Cf. also Chapter II. § 11: "It is not his descent or physical training that I am about to praise".

to be necessary, seeing that this triad occurs in so many places in Greek literature, to look for parallels in Latin literature; we may, however, cite Seneca, *Benif.*, III.17.4: *apud quem non parentum qui debet, honor est, non educatoris, non praeceptorum* (in Acts xxii 3 the Vulgate reads *natus, nutritus, eruditus*). My colleague H. Wagenvoort has called my attention to Varro fr. 5: *educit obstetrix, educat nutrix, instituit paedagogus, docet magister.* This apparent division into four is actually a variant of the triad, for the work of the nutrix and that of the paedagogus belong together and are concerned with the same stage of the child's development. In this connection reference may be made to Plutarch, *Quomodo adolescens poetas audire debeat,* 14.(36.E). Plutarch argues there that, by the charm of their form, poems can help to make children familiar, if only slightly, with the thoughts of the philosophers, which are the highest aim of true upbringing; what children thus manage to hear from the philosophers is altogether different from what they most often learn at home, e.g. about happiness in life: the child's head is "confusedly full of the things he is always hearing from his mother and nurse—yea, sometimes too from his father and his teacher". This passage is also interesting for the reason that it lets us see how things went at home (cf. p. 311, below).

The occurrence (with variations) of these three notions as a connected whole in such writers as Plato and Isocrates, Philo and Josephus (?), Plutarch and Clement of Alexandria, Jamblichus and Eusebius, etc., men who all ply a literary Greek, certainly shows that we have here to do with a fixed formula (*topos*). From the use of it by Clement and Eusebius, who here deviate from Luke and so are not influenced by him, we see that it is a fixed schema; sometimes it is but a short formula, and on other occasions it is elaborated as a theme. It was the proper thing to describe the development of a man's youth in this way. That this style-motif was not unknown to Luke is evident from the fact that he makes use of it in another passage, namely Acts vii 20-22, where, with deviations from the LXX version but with striking parallels to Philo, the history of the youth of Moses in Egypt is given according to this schema (later on, pp. 288 ff, this passage will be considered separately, for it merits a more detailed discussion). A small but not unimportant peculiarity may here be noted: in Acts vii 22 and xxiii 3 the verb παιδεύω has the same meaning as it has in literary Greek, namely to "educate", whereas in the remaining places where it occurs in the New Testament it has the same meaning as in the LXX, namely "to chastise" [1]. Here, then, Luke obviously moves in the sphere of the literary Greek. This agrees completely with the character of his composition, which exhibits differences in small features of the kind [2].

In the light of these facts it seems to me unlawful to break this triad [3] and to treat its two last terms as if they had really about the same meaning. On the contrary, because we are concerned here with a consciously chosen literary motif, it is likely that each of the terms has a specific nuance and registers a definite stage on life's way. If this is so, then this difference ought of course to be fully shown both in translation and in interpretation. No one will dispute that "birth" is a special moment on life's way. That it is implied in this word, as is assumed over and over again in discussions of Acts xxii 3 (see p. 265 above), that it also relates to the years of youth, seems, in view of the texts that have been quoted, extraordinarily unlikely. But what is needed before everything else is a careful investigation of the difference between ἀνατρέφω and παιδεύω.

(3) This subject brings us on to the much neglected domain of New Testament synonyms. Fully thirty years ago F. Torm was obliged to complain that in this domain little had been done since the end of last century, and since then there has been no turn for the better [4]. In the older literature the pair of words here in question is not discussed. The more modern commentators, too, say practically nothing about it. A difference is registered, e.g. in Lake-Cadbury and Grosheide (cf. p. 266 above), but for an elucidation of it we seek in vain. Zahn has rightly objected that the difference between the two words should not be disregarded [5], but he too sheds no light upon it from the Greek usage. Instead he manages to account for it by making a connection with Acts xxiii 10-12. Paul must have had his home for a time with his older sister who

[1] Cf. W. Bauer, *Griechisch-deutsches Wörterbuch zu den Schriften des Neuen Testaments* (5th edn), col. 1197, and W. Jentsch, *Urchristliches Erziehungsdenken* (Gütersloh 1951), p. 142.

[2] J. de Zwaan, "The Use of the Greek Language in Acts", in *The Beginnings of Christianity* (London 1922), II, pp.30 ff.

[3] As, e.g., in the translation of H. Menge, and in that of H. W. Beyer, *Die Apostelgeschichte*, p. 134.

[4] *Hermeneutik des Neuen Testaments* (Göttingen 1930), pp. 90-1.

[5] *Die Apostelgeschichte des Lukas* (1st and 2nd edns, Leipzig-Erlangen 1921), II, p. 751.

dwelt in Jerusalem, and she must have charged herself with his "bringing up" after his eighth year (ἀνατεθραμμένος), after which there followed his training under Gamaliel to be a man learned in the law (πεπαιδευμένος). The insurmountable objection to this whole construction of Zahn is that what is reported in Acts xxiii took place at a much later time, namely after the great missionary journeys; all that Zahn relates about his sister is pure phantasy, for there is not a word in Acts to say that she was older than Paul or that her brother had stayed with her. If we were unable to discover anything about ἀνατρέφω with the help of Greek texts, we might perhaps take refuge in such a hypothetical explanation, but at present it is nothing more than idle talk. In what follows, the text, Acts xxiii 16 ff., will demand our attention, but at this point nothing is to be expected from it. The position of Bauernfeind is remarkable, not so much in the difference which he sees between the two words—"πεπαιδευμένος certainly refers to the actual study of the law, whilst ἀνατεθραμμένος will include the period of babyhood' (where, without philological proof, we have to put up with the uncertain "will")—as in the manner in which he continues: "Both the outposts of Judaism in the Diaspora and its citadel in Jerusalem were able to exercise their *full* influence on Paul". [1] In my opinion this continuation is rather unexpected and odd, especially if full weight is given to the word which I have put in italics; for if ἀνατεθραμμένος actually comprises the earliest years of childhood, it is inconceivable how Tarsus can have had such an influence that it can be called "full". Either the first or the second of Bauernfeind's statements must be incorrect, and meanwhile we are just as wise as we were. When finally we turn for philological help to Walter Bauer's *Wörterbuch* [2], we find in it a distinction between "physical nurture=to bring up, to care for" and "mental and spiritual nurture=to educate", and under the latter meaning Acts xxii 3 is cited. We observe, however, that according to Bauer ἀνατρέφω has the first of these shades of meaning in Acts vii 20 and the second in Acts vii 21, a verse which belongs to the same passage; and when we ask ourselves whether this is quite correct, we see that a closer investigation of the Greek texts is absolutely necessary before we can decide. Moreover, the recent work of Jentsch on '*Urchristliches Erziehungsdenken*' gives no further help in this

[1] *Die Apostelgeschichte* (Leipzig 1939), p. 252.
[2] 5th edn, col. 124.

respect, for it appears to concentrate wholly upon the notion παιδεύω; with the good qualities which the book displays, it is a noteworthy omission that it almost completely passes by τρέφω and the words related to it.

Besides the triad which has already been discussed, the pair of terms ἀνατρέφω and παιδεύω alongside one another is often met with in Greek literature. But from passages such as Plato, *Crito,* 54.A (in which the laws say to Socrates, "But you wish to live for the sake of your children? You want to bring them up and educate them (αὐτοὺς ἐκθρέψῃς καὶ παιδεύσῃς)? What? will you take them with you to Thessaly, and bring them up and educate them (θρέψεις τε καὶ παιδεύσεις) there? Will you make them strangers to their own country, that you may bestow this benefit on them too? Or supposing that you leave them in Athens, will they be brought up and educated (θρέψονται καὶ παιδεύσονται) better if you are alive, though you are not with them?"[1], Demosthenes, *ad Boeot.*, 50 (ἀπὸ τοῦ τόκου τῆς προικὸς καὶ τρέφεσθαι καὶ παιδέυεσθαι), and Plutarch, *Lycurgus,* 16.(50.A), (οὐδ' ἐξῆν ἑκάστῳ τρέφειν οὐδὲ παιδεύειν), or *de liberis educ.*, 7.(5.A), (ἐπειδὰν κακῶς μὲν θρέψωσι κακῶς δὲ παιδεύσωσι), not much can be gathered that serves to elucidate the difference between them. From these instances and those already given (pp. 274-280) it can be deduced with a fair degree of certainty that these two notions were not regarded as identical, but that a certain difference was felt between them. But what difference? I have not come upon a definition of these notions in classical antiquity, but I have come upon a very instructive instance of a pointed antithesis, one of the kind that, as R. C. Trench rightly observes [2], helps towards an accurate definition of notions.

In his great book *Against the Christians,* which as a whole is lost, [3] Porphyry made a violent outburst concerning Origen. This appears from a passage which Eusebius (*Hist. Eccl.,* VI.xix.7) has preserved. There it is said: "For Ammonius, being a Christian, and brought up (ἀνατραφείς) by Christian parents, when he gave himself to study and to philosophy (ὅτε τοῦ φρονεῖν καὶ τῆς φιλοσοφίας

---

[1] A few other passages in Liddell-Scott, *loc. laud.,* II.18 14*b*; Transl. of F. J. Church in *Golden Treasury Series.*

[2] *New Testament Synonyms* (8th edn, London 1906), p. xvii.

[3] Cf. A. B. Hulen, *Porphyry's Work against the Christians, Yale Studies in Religion,* Vol. I (New Haven, Conn., 1933).

ἥψατο) straightway conformed to the life required by the laws. But Origen, having been educated (παιδευθείς) as a Greek in Greek literature, went over to the recklessness of the barbarians" [1]. The historical correctness of this information is keenly contested by Eusebius (§§ 9-10), but in the present connection this matter does not need to be further investigated [2]. For our purpose it is sufficient that the two verbs now in question appear here in the same connection and in contrast. Let us set ourselves at the standpoint of the keen and sharp-witted opponent of the Christians, the philosopher who discerned in the Christian Origen a formidable rival, as it were the negation in person of his own position; for indeed, but for Origen, Porphyry would have been able, so he thought, to characterize Christianity as sheer folly below the level of culture, but because of Origen he was precluded from doing so. For Porphyry Greek philosophy was the highest ideal of life, and Christianity a "barbaric impertinence" [3]. It is within these limits that the lives of Ammonius Saccas, the founder of the Neo-Platonic school to which Porphyry also belonged, and Origen are measured. In Porphyry's judgement the former, in spite of a beginning made in his Christian parental home and foreboding little good, chose the good part when he came into contact with Greek philosophy, whilst Origen, in spite of his study and upbringing in Greek literature, fell among the barbarians.

From this passage the following conclusions may be drawn:

(*a*) ἀνατραφείς and παιδευθείς may not be put on the same footing or be construed as identical notions. On the contrary the context requires that, although both have to do with human development, the difference in level between the two must be as great as possible.

(*b*) The παιδεία stands higher than the ἀνατροφή; because of that, the growth of Ammonius, who attained παιδεία in spite of his Christian ἀνατροφή, is the more admirable, and the falling away of Origen, who was already acquainted with Greek παιδεία, the more to be disapproved and the more painful. We need not be surprised that Porphyry used this measuring rod.

[1] Transl. of the *Nicene and Post-Nicene Library of the Christian Fathers*.

[2] See on this question the interesting study of M. Hornschuh, "Das Leben des Origenes", in *Zeitschrift für Kirchengeschichte* (1960), pp. 13 ff.

[3] The contrast between "the way of life according to the laws" and a "barbarous audacity" cannot here be further discussed; see on this J. Jüthner, *Hellenen und Barbaren* (Wien 1923).

(*c*) The ἀνατρέφειν takes place in the parental home.

(*d*) The ἀνατρέφειν obviously refers to the *whole* life of the child up to a time of mental maturity (τοῦ φρονεῖν) when he proceeds to acquire a knowledge of philosophy, even if it be but a first beginning of it [1].

The import, as we have unfolded it here, and the mutual frontiers of these notions are not at all peculiar to Porphyry or to a late stage in the development of the words. They fit completely into the picture of Greek upbringing and education.

In Appendix I a closer investigation is set on foot as to the meaning of (ἀνα)τρέφω. Its results may thus be summarized. The (ἀνα)τρέφειν takes place in the parental home, and in it mother and father play the leading part. "To feed" in its original meaning, a meaning that always remained closely associated with the verb, is to lay the basis of child-life, but the word also covers all that is bound up with the initial stages of upbringing. The meaning moves very much in the physical sphere, as is understandable at this stage of development; but it does not remain limited to giving suck and supplying food. The beginning rests with the women, whether mother or fostermother (τροφός), who also through the stories which they tell the child give him an initial mental education. According to Chrysippus this period should continue to the third year. After that, responsibility for the care of the child passes over in a large measure to the father, who, especially in imperial times, if he had the means at his disposal, left it to a slave, the "pedagogue" [2]. On the father there rests especially the task of teaching the child to read. What the child learns at home relates to the tongue, the customs, the formation of character, and the elementary duties towards elders, the gods, and the State. Here example works powerfully, and therefore it matters supremely how parents conduct themselves and to whom they entrust their children. This continues until the child goes to school and is put into the hands of teachers who look after the παιδεύειν, the typical intellectual moulding of the spirit in virtue through instruction and in general culture by means of study.

[1] ἅπτομαι ≡ to attach oneself to, to undertake, to be engaged on; cf. Liddell-Scott, I, p. 231, and Plutarch, *De liberis educandis*, 20.(14.B): "Here we may take the example of Eurydice, who, although she was an Illyrian and so thrice a barbarian, yet applied herself (ἥψατο) to learning when she was well advanced in years, that she might teach her children".

[2] See Boulogne, *De plaats van de paedagogus in de Romeinse cultuur*, p. 31.

The Greek use of words for the guidance of child-life to the adult stage is in this respect constant from the time of Plato onwards. From this we may draw the following conclusions:

(*a*) When mention is made of (ἀνα)τρέφω, it is always the sphere of the parental home that is in view.

(*b*) There is no reason to assume two nuances for ἀνατρέφω, as Bauer did by distinguishing between physical and mental upbringing; the notion embraces both these aspects.

(*c*) Lake-Cadbury's and Grosheide's description of the difference between ἀνατρέφω and παιδεύω as being the difference between physical and mental training is insufficient, because that would make it possible for the two to take place at the same time, whereas from the texts it is apparent that these words indicate stages on life's way *that follow one another*, first a stage in the home and after that another stage under the guidance of teachers; the first is translated by "upbringing", the second by "education".

The triad of terms, about which we have already spoken (pp. 274 ff.) as an established series, has thus clear reference to three successive stages of human development up to the adult stage and registers the salient points which are decisive for it. Sometimes in a simple summing up and sometimes again as the thread for a more detailed discussion, as in Philo, Plutarch, and Quintilian [1], there are noted: the γένεσις (not merely the fact of the birth, but also the circumstances in which it took place and the tendency which it gave), the (ἀνα)τροφή (with its sphere in the home and the possibilities of growth) and the παίδευσις (the intellectual culture).

(4) That this schema was also known to Luke is evident from Acts vii 20-22, as has already been observed on page 281. It is desirable to look at this passage in still more detail. In the discourse of Stephen, the Hellenist (vii 20 ff.), it is said: "In which time Moses was born (ἐγγενήθη), and was exceeding fair, and was brought up (ἀνετράφη) in his father's house three months; and when he was cast out (ἐκτεθέντος δὲ αὐτοῦ), Pharaoh's daughter took him up, and brought him up (ἀνεθρέψατο) as her own son. And Moses was learned (ἐπαιδεύθη) in all the wisdom of the Egyptians". Here,

[1] It is possible that, under the influence of rhetoric, the originally short statement was used later as a '*leit-motiv*' for elaborate descriptions.

then, mention is made first of all of Moses' birth. Next we are told that he was brought up by his parents, and then, what may well appear impossible (cf. verse 19), that the daughter of Pharaoh took over the role of the parents. Luke uses here the typical term for "to expose a foundling" [1], and in illustration of his statements that Pharaoh's daughter adopted him and brought him up as her own son there may be cited these words of Boulogne: "One who took a foundling to himself fulfilled the whole task of a parent"—words written with reference to a passage in Suetonius but without any thought of Acts [2]. In view of the Greek usage, there is, then, not the least reason to import here two shades of meaning into the notion, as Bauer wished to do. Finally, there comes in verse 22 the third phase, the instruction in the wisdom of the Egyptians indicated by the typical παιδεία.

If we compare this description of Moses' youth with the version of it in the Old Testament (Ex. ii 1-10), the difference strikes us at once. There, for example, "instruction" is not mentioned at all, and here the use of παιδεύω (cf. p. 281 above) and ἐκτίθημι (see above) points to Hellenistic terminology. From this it may well be concluded that Luke has reproduced the story in a way that was current in his day and has made use of a schema that was familiar to Greek readers. Joachim Jeremias has pointed out that the idea of "instruction in Egypt" is to be found only in Hellenistic legends about Moses [3]. To me, however, it seems probable, not that we have here to do with a definitely fixed legend, but that in giving the history both Luke and Philo made use for the sake of their Hellenistic readers of the self-same sort of schema and style.

It will be interesting, with a view to the speech-usage, also to cite here for the purposes of comparison the versions of the youth of Moses given in Philo and Josephus.

PHILO, *de Vita Mosis*, liber I (divisions according to the edition of Cohn-Wendland, IV.120 ff.): "Moses", it is stated, "was by

---

[1] J. H. Moulton - G. Milligan, *The Vocabulary of the Greek Testament* (London 1930), p. 199, s.v., and Liddell-Scott, Vol. I, s.v.

[2] Boulogne, *De plaats van de paedagogus in de Romeinse cultuur*, p. 57. Bauer, *Griechisch-deutsches Wörterbuch zu den Schriften des Neuen Testaments* (5th edn), col. 124, cites Eutecnius, 4, p. 41.18: "he took Dionysus out of the small chest and brought him up"; cf. also Heliodorus, *Aethiopica*, X.iv.1: "for he adopted the exposed child and brought her up secretly".

[3] Μωυσῆς in G. Kittel, *Theologisches Wörterbuch zum Neuen Testament* (Stuttgart o.J., 1942), IV, p. 870 (an excellent article).

race a Chaldaean, but he was born (ἐγεννήθη) and brought up (ἐτράφη) in Egypt" (§ 5). We are then told why his forefathers had come to Egypt, and concerning his parents that "his father and mother were among the most excellent persons of their time" (§ 7). A new element is brought into the account with the words: "he was thought worthy of being brought up (τροφῆς) in the royal palace" (§ 8). Because of his beauty, his parents after his birth (γεννηθείς), scorned the command of the tyrant, and he was secretly suckled at home (γαλακτοτροφηθῆναι, § 9); when this appeared to be no longer possible, his parents exposed him with tears as a foundling (ἐκτιθέασι, § 10), and concerning the period during which they had kept him at home they say: ἀνεθρέψαμεν (§ 11). After that we are told in detail how the childless daughter of Pharaoh found him, recognized him as one of the Hebrew children and "took counsel with herself regarding his upbringing (τροφῆς), because she found it dangerous to bring him to the king at once" (§ 15). His mother then became his foster-mother (γαλακτοτροφηθῆναι: τροφεύσειν), thanks to the "providence of God who thus made the earliest upbringing (τροφάς) of the child to accord with the genuine course of nature" (§§ 16-17). When he was weaned, his μήτηρ ἅμα καὶ τροφός brought him to the princess, who feigned pregnancy and adopted him as her son (§§ 18-19). How he then fared in the palace is outlined in the following words: "Therefore being now thought worthy of a royal upbringing (τροφῆς) and attendance, he was not, like a mere child, long delighted with games and objects of amusement and laughter, even though those who had undertaken the care of him allowed him times for relaxation and never behaved in any stern way to him; but his deportment was modest and dignified, and he attended diligently to everything he heard and saw that could tend to the improvement of his mind" (§ 20). In § 21 we are then told that he obtained Egyptian and Greek teachers (note the transition: διδάσκαλοι δ' εὐθὺς ἀλλαχόθεν ἄλλοι παρῆσαν). His course of study, set out in §23, was typically Greek in composition (τὴν δ' ἄλλην ἐγκύκλιον παιδείαν), yet such that really everything that was to be known became his intellectual possession. His upbringing was now complete; "and when he had passed the bounds of the age of boyhood" (§ 25), he did not give himself over to the dissolute lusts to which his high position made it possible for him to yield himself, but was σώφρων (§§ 25-29). He was not puffed up with good fortune and did not look down upon his own people and their customs, as often happens [1]: for men "disdain their relatives and friends, and transgress the laws according to which they were born (ἐγενήθησαν) and brought up (ἐτράφησαν); and having departed from their accustomed mode of life, they overturn their national hereditary customs to which no just blame whatever is attached" (§ 31). But Moses "admired the education (παιδείαν) of his kinsmen and ancestors" (§ 32).

That ends Philo's version of Exodus ii 1-10. It is striking that here the triple schema is actually used twice: first in §§ 5-24 (namely, 5-7, birth; 8-20, ἀνατροφή in a double sense; 20-4, παιδεία), and secondly in §§ 31-2. It has been pointed out that in the case of Moses more is said of ἀνάμνησις than of μάθησις: here he is portrayed rather as a critical investigator of everything than as a pupil (§ 24). But in the violent outburst against the "lucky persons" who transgress the first principles of ἀνατροφή Moses is praised. In his case "birth, upbringing, and education" were all on the same footing, namely, that of the ancestral religion; he adhered to the Jewish παιδεία and not to that of the Egyptians [2]. This seeming contrariety in Philo's description has undoubtedly not only the potency of "an application of the sermon" but also that of a polemical spearhead; Moses was indeed initiated into all knowledge —but his παιδεία was essentially Jewish. Here a typical difference can be seen between this account and the one in Acts vii. In all circumstances Philo is an apologist for Judaism; in Acts vii 20 ff. this note is lacking.

JOSEPHUS (*Antiq. Jud.*, II.ix.3-x.1.§§ 210-38) gives quite a different paraphrase. According to him, the father of Moses was in great distress before the child's birth as to what he should do, but in a dream God reassured him, saying that the child whose birth the

---

[1] Behaviour which involved "the despising of the ancestral customs" was also for a Greek extremely contemptible: to learn these was in fact part of the rudiments of the domestic upbringing (cf. p. 312 below). For a Jew such behaviour signified the forsaking of the law of God. L. Cohn (*Die Werke Philos von Alexandria* [Breslau 1931], p. 229, note 2) sees here, probably quite correctly, a repercussion of happenings which had taken place in Philo's own family.

[2] See also what is said in the end of § 32: "Considering the things that were thought good among those who had adopted him as spurious, even though in consequence of the present state of affairs they might have a brilliant appearance, and considering the things that were thought good by his natural parents as at all events akin to himself and genuinely good, even though they might for a short time be somewhat obscure".

Egyptians feared would be his own child, but that he would escape from those who lay in wait for him, and having grown up (τραφεὶς δὲ παραδόξως) would deliver the Hebrews and obtain for himself an everlasting name. The circumstances under which Moses' *birth* took place are described in §§ 210-18. After that there follows an account of how he was brought up for three months in the parental home (§ 218: καὶ τρεῖς μὲν μῆνας παρ' αὐτοῖς τρέφουσι λανθάνοντες), and of how from sheer necessity but with trust in God's care his parents exposed him as a foundling. After that he was found by Thermouthis the daughter of Pharaoh (§§ 219-24), for "God had taken such great care in the formation of Moses, that He caused him to be thought worthy of being brought up and provided for by those who had made the most dreadful resolves, on account of their fear of his birth, to destroy the rest of the Hebrew nation" § 225). Moses refused the breastfeeding of Egyptian women, whereupon, without its being known, Moses' own mother appeared as his foster-mother (§ 227): "At the queen's desire the nursing (τροφήν) of the child was entirely entrusted to the mother". In § 230 there follows an account of how Moses was in understanding far in advance of his age and of what he showed in his games that contained a promise for the future. Of his third year, it is said in particular (cf. the advice of Chrysippus referred to on p. 311 below) that in it "God also made him wonderfully tall" (§ 231). As she was herself childless, Thermouthis adopted Moses as her son (§ 232 παῖδα ποιεῖται), in which connection along with other things she said: "I have brought up (ἀναθρεψαμένη) a child who is of divine form and of a generous mind". When she put Moses on Pharaoh's knees, he seized his crown, threw it on the ground and trampled upon it, an act in which the Egyptians saw a token of evil; but Thermouthis knew how to avert disaster. In § 236 it is then said: "He was therefore brought up (ἐτρέφετο) with great care"; the Jews were full of good hope, "but the Egyptians were suspicious of what would follow this his upbringing (ἀνατροφήν)" (§ 237). Josephus completes the account of the youth of Moses with the information: "Moses therefore (μὲν οὖν), when he was born, was brought up (τραφείς) in the foregoing manner, and came to the age of maturity" (§ 238).

It is surprising that in this account the "instruction" of the Egyptians is not mentioned with a single word. Where we should expect it, Josephus speaks of ἀνατροφή. At the end of his argument he tenders a noteworthy variant of the threefold formula [1]. This is of course not accidental, being connected not with the fact that the account in Exodus 2 does not mention this instruction, but with the apologetic purpose which Josephus pursues in his *Antiquities*. The true παιδεία is for him instruction in the Torah (the Law); see below. Finally, it may be pointed out that again (ἀνα)τροφή is clearly used not merely of bodily nutrition but of the whole stay in the foster-family (p. 287 above).

In this connection there may be cited a few lines of the Jewish tragic poet Ezekiel (second century B.C.) [2] which are preserved in Eusebius, *Praep. Evang.*, IX.28, and in which "upbringing" and "instruction" are mentioned side by side:

> So when my time of infancy was past,
> My mother led me to the princess' home,
> But first she told me all the tale, my birth
> And kindred, and God's gifts of old.
> The princess then through all my boyhood's years,
> As I had been a son of her own womb
> In royal state and learning nurtured me
> (τροφαῖσι βασιλικαῖσι καὶ παιδεύμασιν
> ἅπανθ' ὑπισχνεῖθ',)[3].

From Acts vii 20-22 it is, then, clearly apparent that for the writer of Acts also the ἀνατροφή took place in the sphere of the home and was certainly different from the παιδεύειν which was given by others.

(5) Before we apply to the interpretation of Acts xxii 3 what we have found about the meaning of the terms used by Luke, a few words ought to be said about the Jewish upbringing [4].

---

[1] Here he uses the word οὖν, cf. with regard to this my observations in "1 Clement 34 and the 'Sanctus'" in *Vigiliae Christianae*, V, (1951), pp. 221-2; this clearly registers a sort of conclusion from the foregoing, and a transition, on the basis of this conclusion, to what is new.

[2] On the date of Ezekiel Tragicus, see R. H. Pfeiffer, *History of New Testament Times* (New York 1949), p. 211.

[3] Transl. of E. H. Gifford. Cf. J. Wiencke, *Ezechielis Judaei poetae Alexandrini fabulae quae inscribitur* ΕΧΑΓΩΓΗ, Monasterii Westphalorum, 1931, p. 51 f.: "quibus de rebus (verses 34-5) nihil est in Sacra Scriptura, poeta autem haec narrat, ut Mosis mores—id quod prologi est—atque naturam accuratius pingat .... τροφαί sunt corporis victus cultusque. παιδεύμα ... id quod educatur ... deinde institutio vel disciplina".

[4] See on this E. Schürer, *Geschichte des jüdischen Volkes im Zeitalter Jesu Christi* (4th edn, Leipzig 1907), II, pp. 492-7; S. Krauss, *Talmudische Archäo-*

According to Josephus (*c. Apionem,* I.12.§ 60) the Jews applied themselves above all things to παιδοτροφία. Here there is mentioned first the task of the mother or wet-nurse; the giving suck continued for a long time, namely for two to three years [1]. After that the father imparted to the child the first rudiments of reading; instruction in the Law began as soon as possible, and in that instruction the teaching of Jewish customs had a special place [2]. It was also the duty of the father to teach his son a trade. Probably there were already schools in the time of the New Testament, but education in them was not compulsory [3]. In this connection it is striking that Luke relates of Jesus: ἦλθεν εἰς Ναζαρά, οὗ ἦν (ἀνα)τεθραμμένος (iv 16) [4]; nothing is said here about instruction in school, whereas in Acts Luke uses the "triad"; as comparison with the other Synoptists shows, this note is an observation of his own. Joshua ben Gamaliel is supposed to have established compulsory education, beginning with the sixth or seventh year [5]. Whoever wished could of course proceed after that to specialize further in the knowledge

---

logie (Leipzig 1911-12), II, pp. 1-23, III, pp. 199-239; G. F. Moore, *Judaism* (Cambridge, Mass. 1927), I, pp. 309 ff; W. Jentsch, *Urchristliches Erziehungsdenken,* pp. 117-39.

[1] Krauss, *Talmudische Archäologie,* II, p. 9. See 2 Maccabees vii 27: "My son, have pity upon me that carried thee nine months in my womb, and gave thee suck three years"; also the note of F. M. Abel, *Les livres des Maccabées* (Paris 1949), in loc., pp. 379-80; and cf. below, p. 311.

[2] Krauss, ibid., III, p. 229: "Among the Jews in all ages a principal means of education has been the training in customs and the guidance (חנוך) received in the parental home."

[3] Schürer, *Geschichte des jüdischen Volkes im Zeitalter Jesu Christi,* II, p. 494.

[4] The manuscripts have both readings; see the apparatus in Nestle, *Novum Testamentum Graece,* in loc.

[5] The statement of the Babylonian Talmud (*Baba Bathra,* fol. 21*a*) is well known: "Rab Judah said in the name of the Rabbi: Truly it may be remembered to this man's credit! Joshua ben Gamla is his name. If he had not lived, the law would have been forgotten in Israel. For at first, he who had a father was taught the law by him, he who had none did not learn the law .... Afterwards it was ordained that teachers of boys should be appointed in Jerusalem .... But he who had a father was sent to school by him, he who had none did not go there. Then it was ordained that teachers should be appointed in every province, and that boys of the age of sixteen or seventeen should be sent to them. But he whose teacher was angry with him ran away, till Joshua ben Gamla came and enacted that teachers should be appointed in every province and in every town, and children of six or seven years old brought to them". According to Schürer (*Geschichte des jüdischen Volkes im Zeitalter Jesu Christi,* p. 494) this Joshua lived as high priest c. A.D. 65. We see that the principal concern was the study of the Law.

of the Law under a rabbi. The sequence of study is known from the Mishna, *Pirke Aboth,* V. 21, a passage on the basis of which the statement is often made that Paul went to Jerusalem in his fifteenth year: "In the fifth year to the Bible, in the tenth to the Mishna, in the thirteenth to the commandments, in the fifteenth to the Talmud, in the eighteenth to marriage" [1].

In the nature of things, this course of upbringing, as can be clearly seen, was parallel to the Greek. First there was the parental upbringing, by which the child was trained in the ancestral customs and learned the rudiments of reading and writing. After that there was (possibly) a broadening of knowledge under professional teachers [2]. But so far as I know, no form of the triad as it appears in Greek literature occurs in the Old Testament or in the rabbinical writings.

It is indeed possible to recover this series, applied to the Jewish upbringing, in Philo, *Legatio ad Gaium,* 16.§ 115: "For he regarded the Jews with most special suspicion, as if they were the only persons who cherished wishes opposed to his and who had been taught, so to speak, from the cradle [3] by their parents, teachers, and those who brought them up, even before being instructed in the sacred laws and the unwritten customs, to believe in God the one Father and Creator of the world", and in Josephus, *c. Apionem,* II.25.§ 204: "Nay indeed, he (namely Moses) did not permit us to make festivals at the births of our children, and thereby afford occasions of drinking to excess; but he ordained that the very beginning of our upbringing should be immediately directed to sobriety. He also commanded us to teach (παιδεύειν) our children letters, and to make them acquainted with the laws and with the deeds of their forefathers—with the latter that they might imitate them, and with the former that growing up with them they might not transgress them nor have the excuse of ignorance" [4].

In the latter passage, however, it is not clear with whom the

[1] Ed. K. Marti - G. Beer (Giessen 1927), pp. 152-3.

[2] Schürer, *Geschichte des jüdischen Volkes im Zeitalter Jesu Christi,* pp. 384-6.

[3] Note that ἐξ αὐτῶν σπαργάνων = from the cradle. Cf. p. 314 below, where the same expression occurs in this connection. Cf. also 2 Timothy iii 15.

[4] The text followed here is that of Th. Reinach, Flavius Josèphe, *Contre Apion* (Paris 1930); cf. also Schürer, *Geschichte des jüdischen Volkes im Zeitalter Jesu Christi,* II, p. 492, note 18. Cf. with this the version which Josephus gives of the instruction in a letter of Artaxerxes to Ezra, 1 Esdras viii 23-4 (LXX): "Ordain judges and justices, that they may judge in all Syria and Phoenicia all those that know the law of thy God; and those that know it

παιδεύειν rests, whether with parents or with teachers. This points to a difference between Jewish and Greek upbringing. What Plato and Plutarch say about the difference, indeed the contrast, between education at home and education under teachers [1] cannot be said of Jewish instruction. Among the Jews the παιδεία did not move on a level different from that of the (ἀνα)τροφή. The whole of life from its very beginning, even at home, was defined by the Law and its application, and to that the instruction given by teachers imparted depth and breadth [2]. This secured continuity where the Greek '*paideia*' sometimes occasioned a break. Nevertheless it was of course also possible, especially when what was in mind was the continued study of the Law, to apply to the Jewish situation the two distinguishing notions of (ἀνα)τρέφειν and παιδεύειν.

(6) If now we read Acts xxii 3 in the light of the foregoing discussion of the linguistic usage, the following are the conclusions to which we must come:

(*a*) Luke here describes the course and development of Paul's life in a terminology which was familiar to his Hellenistic readers and which suited the Jewish situation.

(*b*) In this context ἀνατεθραμμένος can refer only to Paul's upbringing in the home of his parents from the earliest years of his childhood until he was of school age; πεπαιδευμένος refers to the instruction which he received in accordance with Eastern custom[3] "at the feet of" Gamaliel.

(*c*) This of itself solves the problem about the punctuation (see pp. 272-273 above). Greek readers, who knew the significance of ἀνατρέφω in such a context, would of course have regarded it as quite foolish to connect "at the feet of Gamaliel" with that word. This is not undone by any considerations about the rhythm of the sentence. The name Gamaliel in its third

---

not thou shalt teach. And whosoever shall transgress the law of thy God and of the king shall be punished diligently"=Josephus, *Ant. Jud.*, XI, §§129-30: "Teach those who are ignorant of it (the Law) that if any one of thy countrymen transgress the law of God or that of the king, he may be punished as not transgressing it out of ignorance, but as one that knows it indeed, but boldly despises and contemns it. And such shall be punished".

[1] See p. 281 and 311.

[2] For the instruction to parents to teach their children the commandments of the Law, see Deuteronomy iv 9-10. By doing so one acquired "wisdom"; cf. G. F. Moore, *Judaism*, pp. 312 ff., and W. Gutbrod, in Kittel, *Theologisches Wörterbuch zum Neuen Testament*, IV, pp. 1049-50.

[3] See on this the Commentary of Strack-Billerbeck, II, pp. 763-5.

member has probably been brought forward in order that full emphasis may fall upon it at once. Steinmann has rightly observed that although the matter of the punctuation appears to be a trifle, it is in fact very important for the interpretation; but in saying this he has passed judgement on himself, for he has not adequately investigated the range of the Greek verbs.

(*d*) From the contrast between Tarsus as the place of birth and Jerusalem as the city of the ἀνατροφή (upbringing in the home-circle) and the παιδεία (study under Gamaliel), it is clear that *according to this text Paul spent the years of his youth completely in Jerusalem*; not a single word is breathed about an upbringing in Tarsus. "I am a Jew, born at Tarsus in Cilicia, but my parental home, where I received my early upbringing, was in this city (Jerusalem); and under Gamaliel, a person well-known to you, I received a strict training as a Pharisee [1], so that I was a zealot for God's cause as ye all are today"—that is how, paraphrasing them somewhat, we ought to render the words of this verse [2].

Other Texts Connected with Paul's Youth

Besides Acts xxii 3, which, as has already been observed on p. 271, is the only text giving *concrete* data for Paul's youth, we have to examine a few other passages which are connected or are brought into connection with it.

(1) In Acts xxvi 4-5, in his defence before Agrippa, Paul brings forward for discussion the course of his life. The first point that he makes in his apologia is that the Jews, if they be willing, can testify concerning him that he has lived as a Pharisee [3], for they

[1] As my colleague J. H. Waszink, Leyden, has observed, the second portion of the sentence is chiastic in construction.

[2] The exegesis as proposed in the foregoing discussion is followed in the voluminous and important commentary of E. Haenchen (*Die Apostelgeschichte* [12th edn, Göttingen 1959], p. 554, note I), who summarizes the arguments, though he is rather sceptical with regard to the historical trustworthiness of Luke. It is also found, but without the argument of the literary schema, in J. Dupont (*Les Actes des Apôtres* [Paris 1954], p. 183), who adds in note *c*: "Paul lets us understand that he came to Jerusalem when still an infant". The right translation, but without comments, is also in F. F. Bruce, *The Book of the Acts* (Edinburgh 1954), p. 440, and C. S. C. Williams, *The Acts of the Apostles* (London 1957), p. 243.

[3] Cf. Acts xxii 3,6, Galatians i 13, Philippians iii 5. A. Schlatter, *Die Theologie des Judentums nach dem Bericht des Josephus* (Gütersloh 1932), p. 205: "The term ἀκρίβεια frequently denotes the aim of Pharisaism".

know him. This is expressed as follows: τὴν μὲν οὖν βίωσίν μου ἐκ νεότητος τὴν ἀπ' ἀρχῆς γενομένην ἐν τῷ ἔθνει μου ἔν τε Ἱεροσολύμοις ἴσασι πάντες Ἰουδαῖοι, προγινώσκοντές με ἄνωθεν, ἐὰν θέλωσι μαρτυρεῖν, ὅτι κατὰ τὴν ἀκριβεστάτην αἵρεσιν τῆς ἡμετέρας θρησκείας ἔζησα Φαρισαῖος. The wording is somewhat exuberant [1], but through its being so one point is heavily underlined, namely that the Jews have known him already for a long time. The Jews meant here are of course those present from Jerusalem (cf. xxvi 2 with xxv 7 and 14): the accusers must themselves appear as witnesses for the defence. (If Paul had spent the earliest years of his life in Tarsus, an appeal to Jews who had known him there would at this moment have been meaningless.) Paul says that these accusers have known him from his youth. The term νεότης can be used for "youth in general" [2], and here that meaning of it is indicated more precisely by ἀπ' ἀρχῆς and also by προγινώσκοντες ἄνωθεν. This ἄνωθεν does not mean simply "for a long time"[3] but is parallel to ἀπ' ἀρχῆς, and like the former phrase means "from the beginning" [4]. In other words, the Jerusalem Jews could survey Paul's life onwards from the earliest days of his youth. That agrees excellently with the exegesis given above of Acts xxii 3 and confirms it in an unexpected way. In this situation it would surely have been complete madness on Paul's part to have made this defence if it had referred only to his life after his tenth or fifteenth year [5], for then his argument could have been invalidated with the comment: "When you came to Jerusalem, you were already spoilt".

Everything then would be in complete agreement if there was

[1] Preuschen (*Die Apostelgeschichte*, p. 145) calls it intolerable without giving his reasons for doing so.

[2] Grosheide, *De Handelingen der Apostelen*, p. 363: "Not childhood years, but young years, 1 Timothy iv 12"; cf. Bauer, *Griechisch-deutsches Wörterbuch zu den Schriften des Neuen Testaments* (5th edn), col. 1061.

[3] So Lake-Cadbury (*Beginnings of Christianity*, IV, p. 315), although they also recognize that the two words can be synonymous. The reason for their judgement is not quite clear to me, and is apparently determined by their understanding of Acts xxii 3. Attention should also be paid to the prefix προ.

[4] See Luke i 3; Liddell-Scott, *A Greek-English Lexicon*, I, p. 169, s.v. II, and Bauer (5th edn), col. 153, sub. 2 (there does not seem to me to be the least reason for such a distinction as Bauer draws in *a* and *b*). An interesting parallel is afforded by Eusebius (*Praeparatio Evangelica*, VII.3.2): "For of all mankind these (the Hebrews) were the first and sole people who from the beginning (ἄνωθεν), from the first foundation of social life, . . ."

[5] As must be assumed on the usual understanding of Acts xxii 3, see p. 264 above.

not a tiny word, namely τε, in the expression ἔν τε Ἱεροσολύμοις, which seems to point in another direction. This can certainly be interpreted, as indeed it most often is interpreted, by the phrase "among my people and in Jerusalem", the first half of which points to Cilicia [1]. But although this fits in with the general opinion about the place of Paul's youth, it conflicts with the clear sense of the words of Acts xxii 3. Textually, however, this τε has no firm standing [2], although the oldest witnesses certainly point in a direction favourable to its retention. It is a conjunction for which Luke—as an exception, it may be said, among the New Testament writers—has a preference [3]. Moreover, as Zahn observes [4], since it creates an exegetical puzzle, it is more likely that it has been deleted by later scribes than that it has been added. The statement of Steinmann[5] that if "among my people" and "in Jerusalem" were connected, the words would lack cogency, is not convincing. No more satisfying is the observation of Zahn[6] that it is essentially foolish to add "in Jerusalem" to ἔθνος understood as "people", for which reason he gives to ἔθνος the meaning "eparchy"; for elsewhere in Acts this word in the mouth of Paul is used for "the Jewish people" (xxiv 17, xxviii 19) [7], and we cannot see why it should have another meaning here. With regard to the use of τε, it may be observed that many a time it is used in Greek without any special reason [8], and that it "is used in descriptions of particular places or things, when attention is called to their peculiar or characteristic features" [9]. In the New Testament reference may

[1] So Zahn and Lake-Cadbury in their commentaries, in loc.

[2] See J. H. Ropes in his edition of Acts, *The Beginnings of Christianity*, III (1926), p. 234.

[3] See the concordance, s.v. τε, and F. Blass - A. Debrunner, *Grammatik des neutestamentlichen Griechisch* (7th edn, Göttingen 1943), p. 201.

[4] Zahn, *Die Apostelgeschichte*, p. 797.

[5] Steinmann, *Zum Werdegang des Paulus, die Jugendzeit in Tarsus*, p. 28. It may be observed here that through beginning his discussion of Paul's youth with an exegesis of Acts xxvi 4-5 and not of xxii 3—one of several blunders in his interpretation—Steinmann has landed on a wrong track.

[6] Zahn, *Die Apostelgeschichte*, p. 797.

[7] Cf. K. L. Schmidt in Kittel, *Theologisches Wörterbuch zum Neuen Testament*, II, p. 366; Josephus also uses the word ἔθνος regularly for the "Jewish people".

[8] L. Radermacher, *Neutestamentliche Grammatik* (2nd edn, Tübingen, 1925), pl 5.

[9] Liddell-Scott, *A Greek-English Lexicon*, II, p. 1764.B.8. An interesting example of the use of τε in Josephus, *Contra Apionem*, I.15.§98: "not to be injurious to the Queen, the mother of his children (τὴν βασιλίδα μητέρα τε τῶν τέκνων); see § 100, which proves that the same person is meant.

be made, for example, to Acts vi 7, xi 21, xv 39, where its use is explicative ("yes indeed", and "certainly"; cf. also Hebrews ix 1). That fits in here exactly. It was possible to check the course of Paul's life from its very first beginning, not merely among his own people who lived scattered everywhere, but actually [1] in Jerusalem itself. In consequence the Jews from Jerusalem could not fail to do so. On closer examination, then, there appears to be no reason at all to assume a contradiction between xxii 3 and xxvi 4-5. When we consider this part of Paul's reasoning before Agrippa, we find that its content agrees wonderfully well with the information given in Chapter xxii.

(2) In Acts ix 11 Paul is referred to as "a man of Tarsus", and to this in xxi 39 he himself, in introducing himself to the chiliarch, adds "a citizen of a city of Cilicia that is not without renown". These passages are often brought forward in discussions of Paul's youth, but they say nothing more than what is said in xxii 3, namely that he was born in Tarsus. It is not said that in the days of his youth he had lived there for more than ten years. It may indeed well be assumed that especially in Jerusalem he was also known as "Saul of Tarsus", since of course there were other men there who bore the name Saul. With this we may compare Simon the Cyrenian (Mk xv 21 = Mt xxvii 32 = Lk xxiii 26), the name of a man who came from the fields and so was a dweller in Jerusalem, but who continued still to bear the name of the land of his origin. This parallel stands out in still stronger relief in the light of Acts vi 9: ἀνέστησαν δέ τινες τῶν ἐκ τῆς συναγωγῆς τῆς λεγομένης Λιβερτίνων καὶ Κυρηναίων καὶ Ἀλεξανδρέων καὶ τῶν ἀπὸ Κιλικίας καὶ Ἀσίας συζητοῦντες τῷ Στεφάνῳ. Exactly how this text ought to be divided (have we to do here with one, two, or five synagogues?) does not concern us here [2]. What is important for our investigation is that it appears that all sorts of men of non-Palestinian birth or descent, among whom with others Cyrenians and Cilicians are named, had synagogues of their own in Jerusalem. Later on, as one standing by Stephen's opponents, Paul also is named (vii 58).

The fact that Paul, when confronted with the occupying Roman power, appealed to his right as a citizen of Tarsus (xxi 39), to his

[1] So also Beyer and Bauernfeind, who (in their commentaries, in loc.) translate "and indeed".

[2] See the commentaries on this question and Strack-Billerbeck, *Kommentar zum Neuen Testament aus Talmud und Midrasch*, II, pp. 661-5.

right as a Roman citizen by birth[1] (xxii 25-8; cf. also xvi 37-40), and to his derivation from the province of Cilicia (xxiii 34, before Felix) is not to the purpose so far as our problem is concerned. Being regarded at the time as a rebel (cf. xxi 38), he proceeded to make what in my opinion was an entirely lawful use of the citizen-right which he possessed. His doing so does not affect the question whether he was in Tarsus for a long or a short time. Whether or not he spent his youth in Jerusalem is altogether irrelevant; though to confess that he had done so would have done him harm in the eyes of the Romans rather than good [2].

(3) The information given in Acts xviii 3 that by trade Paul was a σκηνοποιός has been connected with his Tarsus origin, because Cilician wool was worked up in Tarsus. If we ignore all dispute about what this trade was (tentmaker, or leather-worker as Grosheide and Zahn [3] explain it), this verse, taken by itself, would provide perhaps a little evidence to suggest that Paul spent the years of his youth in Tarsus. But he could just as fittingly have learned this trade elsewhere; or he might have been taught it by his father who was perhaps himself a tentmaker who had learned his trade in Tarsus. This passage has no evidential value for the problem handled here.

(4) Acts xxiii 16 is used by Zahn (see p. 282 f. above) to outline further the picture of Paul's youth. Apart from what has already been said about this, it should be regarded as settled that we do not know how Paul's sister came to Jerusalem or that she herself lived there [4]. The verse says nothing against the view that Paul's

---

[1] See on this A. Souter, "Citizenship", in Hastings, *Dictionary of the Apostolic Church* (Edinburgh 1915), I, pp. 212-13.

[2] This paragraph, which was already in the first edition, offers, I think, a sufficient explanation of the difficulties expressed by B. Rigaux in his extensive and stimulating commentary, *Saint Paul, Les Epîtres aux Thessaloniciens* (Paris-Gembloux, 1956), p. 5. It is true that, as Rigaux remarks, Paul's return to Tarsus (Acts ix 30; cf. xi 25) shows that his origin there "was more than a nominal connection with that city of Cilicia". But I fail to see that this fact tells against my exegesis of Acts xxii 3. Paul's connection with Tarsus may have been very strong, and he was a citizen there; but that does not exclude the possiblity that he lived from his earliest boyhood in Jerusalem, and that is what Acts xxii 3 says.

[3] See their commentaries, in loc.

[4] So correctly, A. Steinmann, *Die Apostelgeschichte* (4th edn, Bonn 1934), p. 270: It cannot be made out whether the sister lived in Jerusalem or was there on a pilgrimage, or whether the son studied in Jerusalem or was there for other reasons.

youth was spent in the parental home in Jerusalem. If it be assumed that the sister did indeed live in Jerusalem as a married woman, it is precisely our view that Paul's family moved there in his youth which makes such an assumption reasonable and likely.

(5) In the autobiographical portion of Galatians I, only verse 15 refers to Paul's youth, and it throws no light on the present question, no more does Philippians iii 5. These verses do not conflict with the proposed explanation of Acts xxii 3 any more than they speak in its favour.

Conclusion and Perspectives

The starting-point of our investigation was the question of where Paul spent the years of his youth. On the basis of the clear witness of Acts xxii 3, confirmed by xxvi 4-5 (other data are not at our service), only one answer is possible: *in opposition to the prevailing opinion about this, it must be concluded that although Paul was born in Tarsus, it was in Jerusalem that he received his upbringing in the parental home just as it was in Jerusalem that he received his later schooling for the rabbinate.* When and why his parents removed to Jerusalem remains concealed from us because of lack of data. But the use of the word ἀνατεθραμμένος necessitates the supposition that this removal took place quite early in Paul's life, apparently before he could peep round the corner of the door and certainly before he went roaming on the street.

Here the comment may perhaps be made that this information, as appears from the wording, comes from the pen of Luke. Is his report to be trusted? What here ought to be in the forefront is the fact that no other texts are at our disposal. According to Joh. Weiss and Knopf the fact-content of this passage is "unassailable".[1] An objection, such as that of Bultmann,[2] to Paul's training in Jerusalem, on the ground that this would conflict with Galatians i 22, is hardly tenable, for Paul speaks there about a later time, and it can hardly be assumed that in a city like Jerusalem everyone would know definitely all the pupils of the rabbis (besides in Galatians i 22 it is "the churches of Judaea" that are mentioned); in this objection no account at all is taken of the realities of everyday life. The witness of Acts

[1] Joh. Weiss, *Das Urchristentum* (Göttingen 1917), p. 131; R. Knopf, "Apostelgeschichte", in *Die Schriften des Neuen Testaments* (3rd edn), p. 125.

[2] In *Religion in Geschichte und Gegenwart* (2nd edn), Vol. IV, cols. 1020-1.

xxii 3, xxxiii 6 and xxvi 5 agrees here with that of Philippians iii 5.[1] Indeed it can be said in general that the present assessment of the trustworthiness of Luke as a writer of history is high.[2] It cannot be deduced from the mere fact that, like ancient historiographers generally, he puts into the mouth of his characters speeches which they are thought to have delivered on certain occasions [3], that in matters of fact the content of these speeches has been invented. Some time ago H. Bolkestein pointed out that Livy's account of the Bacchanalia in Rome "is altogether correct and trustworthy so far as matters of fact are concerned, and that he has also reproduced with excellent judgement the purport of the measures that were taken", as is apparent from an inscription that has been recovered [4]. Moreover, we cannot see for what reasons Luke would have invented this report and why he would so readily have constructed a close connection between Paul at the outset of his life and Judaism [5]. Assuming that the writer of Acts was a travelling companion of the apostle—and I see no reason to doubt that—he very probably had good information at his disposal about Paul's history, and this is the more likely since the details he gives cannot have been derived from the epistles. After consideration of all sorts of possibilities, it is not clear to me on the ground

---

[1] The wording is, however, so different and so much more detailed in Acts that we cannot assume that it has been deduced from Philippians iii 5. C. G. Montefiore (*Judaism and St Paul* [London 1914], p. 90) also calls in question Paul's stay in Jerusalem; against that see W. D. Davies, *St Paul and Rabbinic Judaism* (London 1948), p. 2.

[2] See Feine-Behm, *Einleitung in das Neue Testament*, pp. 86 ff., and other works on "problems of introduction".

[3] Cf. H. J. Cadbury, K. Lake, F. J. Foakes Jackson, "The Greek and Jewish Traditions of writing History", in *The Beginnings of Christianity*, II, pp. 7 ff., especially p. 15: "In Acts the elaborate, homogeneous and schematic speeches suggest, if not the rhetoric, at least the free composition of the speeches in Greek and Roman histories". See also Dibelius, "Die Reden der Apostelgeschichte und die antike Geschichtsscheibung" in *Aufsätze zur Apostelgeschichte* (Göttingen 1951), pp. 120 ff.

[4] H. Bolkestein, *De houding van den Romeinschen staat tegenover nieuwe en uitheemsche godsdiensten in den tijd der Republiek*, in *Mededeelingen der Nederlandsche Akademie van Wetenschappen*, Literature Section, New Series, Pt. IV, 2. (Amsterdam 1941), p. 22.

[5] This also against G. Bornkamm who in his recent article "Paulus", in *Die Religion in Geschichte und Gegenwart* ([3rd edn, Tübingen 1961], Vol. V, cols. 167-8), says that Paul grew up in Tarsus. Acts xxii 3 could, he says, betray a tendency to set Paul in a very close contact with Jerusalem from the outset; he seems to be very suspicious about ἀνατεθραμμένος ("according to xxii 3 he ought 'to have grown up' there"), but accepts the fact that he had lived there for some time.

of what *texts* anyone would be prepared to nullify the clear statement of Acts xxii 3 and xxvi 4-5. I shall have something to say presently about the general views expressed in Paul's epistles and the impressions made by them from which it is deduced that he must have had, as a mark of his culture, so great an acquaintance with Greek and Hellenism that he can have acquired it only in the years of his childhood in Tarsus. Such arguments are entirely inconclusive.

As a counter argument, it cannot be put forward, as it is by Findlay and Böhlig [1], that on the interpretation given here Paul must have known Jesus. According to them that is quite impossible. But is that so certain? The answer to this question is especially bound up with the interpretation of 2 Corinthians v 16, a verse from which completely opposite conclusions have been drawn; according to some Paul says there that he did indeed know Jesus in the time of His earthly life, according to others that he never saw Him [2]. It seems to me unlawful procedure to turn down with the help of a doubtful text of this kind a statement which in itself is as clear as crystal. One ought rather to argue that Acts xxii 3 provides support for the view that in 2 Corinthians v 16 Paul does in fact allude to an acquaintance with Jesus in the time of His earthly life.

If then we may safely assume that in matters of fact Luke's report is correct and that Paul had his early upbringing and his education in Jerusalem, there arises the question, with which we shall grapple in conclusion: *What approaches does this open up for Pauline research*? I may be permitted to indicate briefly a few points.

In the first place, then, it must be taken as settled that all the fine dissertations about Paul's youth in Tarsus, about the experiences that he may have had there and what he took away from there as indelible youthful impressions, dissertations which at present usually constitute the opening chapter of his biography, must be relegated to the realm of fable. The texts have not been read correctly, and something has been smuggled into them.

---

[1] G. G. Findlay, "Paul the Apostle", in J. Hastings, *Dictionary of the Bible* (Edinburgh 1900), III, p. 698*b*; Böhlig, *Die Geisteskultur von Tarsos im augusteischen Zeitalter*, p. 152.

[2] Cf. H. Windisch, *Der zweite Korintherbrief* (9th edn, Göttingen 1924), in loc.

In the second place, in biographies of the apostle all emphasis ought to fall on the fact that he grew up in the centre of Judaism, where the Torah prevailed in the home and in the street and determined both thought and action, in a strictly Pharisaic-religious environment, and that he, as it were, imbibed that atmosphere. He grew up not as a typical Jew of the Diaspora cut off from all that—it was as such a Jew that Klausner wanted to portray and explain him [1]—but as a man for whom there was only one possibility, one ideal and one delight, namely the fulfilment of the law and will of the Lord.

It is also implied—here is the third approach—that the tongue in which Paul learned to express himself in the days of his youth was not Greek but Aramaic. That he was bilingual is indeed assumed [2], but in general we fail to see that this is taken seriously into account. It is of importance to be able to determine that Aramaic was the tongue in the use of which he was brought up, and that he did not as a child use Aramaic merely in his parental home and Greek in the world outside it—as is supposed by those who assume a long-continued stay in Tarsus—but that Aramaic was also the tongue spoken on the street and in school. It may be that people in Jerusalem also learned and spoke a little Greek (it has been assumed that this was so among the members of the groups which are mentioned in Acts vi 9 [see p. 299 above], and which may therefore be compared to the Walloon Reformed Congregations in Holland) [3]; but Greek was to them a foreign language and Aramaic was their own. Here we may let this complicated problem rest [4]. But it can safely be said that Aramaic was his earliest and principal tongue. It is my conviction that his epistles

---

[1] *From Jesus to Paul* (London 1946) is entirely constructed on this theme.

[2] On the strength of Philippians iii 5 "a Hebrew born of Hebrews", see, e.g., Deissmann, *Paulus*, pp. 71-2; Windisch, *Der zweite Korintherbrief*, p. 351; M. Meinertz, *Einleitung in das Neue Testament* (5th edn, Paderborn 1950), p. 70; A. Wikenhauser, *Die Apostelgeschichte und ihr Geschichtswert* (Münster i. W. 1921), p. 177.

[3] In particular S. Greydanus (*Het gebruik van het Grieksch door den Heere en Zijne Apostelen in Palestina* [Kampen 1932]), has laid much stress on the bilingual condition of Jerusalem and Palestine. But the material collected by him and his evaluation of it, which cannot be discussed here, cannot possibly explain away the fact that Aramaic was the spoken tongue of the land (cf. Josephus, p. 265, note 4, above). See also H. Windisch, Ἕλλην, in Kittel, *Theologisches Wörterbuch zum Neuen Testament*, II, pp. 508-9.

[4] Especially in its relation to the question whether Paul belonged to a Cilician synagogue, as we assumed on p. 299 above.

testify that he thought in this tongue even when he expressed his thoughts in Greek [1]. In any case it will no longer be possible to start investigations about the tongue which the apostle used with the statement that he learned Greek from the beginning and also a little Aramaic. Instead, serious account will have to be taken of the fact that the development proceeded the other way round. It is not sufficient to register only elements of Hellenistic speech and style that are found in his epistles; one must also take other factors into account. Moreover his epistles date from the last period of his life after he had already spent some decades in a Greek environment, and he had Greek collaborators.

Finally, as the fourth and most important approach, we may consider what significance the result of our investigation has for the weighty theme, Paul and Hellenism. One of the principal elements in the discussion of his youth in Tarsus has been the acquaintance which he exhibits with the Greek tongue and culture, and his sovereign command of the Septuagint. The use which is made of this element is not always the same; sometimes it is a matter that is *explained* by his childhood years in Tarsus, and sometimes it functions as an *argument* ("where would Paul have managed to acquire this knowledge if he had not done so in Tarsus before his fifteenth year?"). It is thus made to appear as if the later apostle had only once in his life had a chance of coming into touch with Hellenism, namely in his youth. It does not seem to be realized that this assumption shows that one has already become the victim of a false historical picture—a picture which is not less false because it *seems* to be furthered by the peculiar composition of Acts or because at present it is generally accepted. For—and here we turn back to some observations which we made at the beginning, and set our subject in the great framework of Paul's life—no account at all is taken of the fact that there was a period of at least ten years after his conversion (our second period, pp. 259-260) of which little or nothing is known, but which cannot for that reason have been of small importance. For the most part Paul spent this time in Tarsus, Cilicia, and Antioch. At that time he had

[1] See my articles, "Aramaeismen bij Paulus", in *Vox Theologica*, XIV, (1943), pp. 117-26; "Reisepläne und Amen-sagen, Zusammenhang und Gedankenfolge in 2 Korinther i 15-24)", in: *Studia Paulina in honorem Johanni de Zwaan* (Haarlem, 1953), pp. 215 ff; "With unveiled face, the exegesis of 2 Corinthians iii 12 ff., in *Novum Testamentum*, V, (1961); all these articles are reprinted in this volume.

ample opportunity for contact with Hellenistic culture in all its forms [1]. If we see contact at that time, full justice is then done to Acts xxii 3 and to the Greek component in Paul.

Perhaps there now arises the question: Strictly speaking, does it matter much whether Paul was first in Jerusalem and thereafter in Tarsus, or, as is generally believed, was in these places the other way round? It certainly matters a great deal. In the first place the question has been raised from which of these cities Paul received his earliest impressions, and in view of the great difference that there was in their manner of life (see pp. 261-262 above) a right conclusion about the order that was followed is here of significance. But in the second place it follows, and is of outstanding significance, that according to our representation of events Paul's main knowledge of Hellenism was gathered in his second period, that is to say *after his conversion,* and thus from the beginning it was seen in the light of the revelation in Christ. It makes a radical difference whether he was, as it were, drenched through with Hellenism *unconsciously* in his early years, as (contrary to Acts xxii and xxvi) is most often suggested, or *consciously* learned to see it first with the eyes of a Jew learned in the law and after that with the eyes of a Christian.

To put the problem of Paul's contact with Hellenism on the map of his youth in Tarsus is impossible. Historically, psychologically and theologically, this problem should in my opinion be handled with much more delicacy than it is treated at present. In this study I have tried to determine more clearly an important factor connected with it. I hope that in doing so I have made a contribution to the solution of this problem.

APPENDIX I

The Use of τρέφω and its Derivatives in Connection with Upbringing

It is evident that for a correct explanation of the triad found in Acts xxii 3 and elsewhere (see pp. 274 ff.) a closer investigation is needed of the conceptual content of the word τρέφω and its derivatives. In particular, the sphere covered by this word must be

[1] For the rest, the fact is not overlooked that Paul built up his theology on the basis of Judaism.

accurately defined over against that covered by παιδεύω and its derivatives. Until now we have lacked an exact terminological analysis of the words which in the Greek tongue were used to describe upbringing in the widest sense. A few points may be found scattered here and there in the wellknown work of Marrou and in the recent, more restricted study of Jentsch [1]; but these writers address themselves more particularly to *paideia* and do not discuss the synonyms of the Greek terminology of upbringing. Nor do the lexicons of Passow-Pape and Liddell-Scott (9th edn) give any further help. Kittel's *Theologisches Wörterbuch zum Neuen Testament* has not dealt with the question [1]. Within the limits of this study we can only point to the existence of this lacuna; the investigation which it necessitates cannot be made here. But it seems to me necessary to give very summarily and on the basis of a number of texts an analysis of the concept (ἀνα)τρέφω.

From a comparison of the passages given on pp. 274 ff. it is at once clear that the simple τρέφω and the composite ἀνατρέφω were used as synonyms [3]. Alongside of them ἐκτρέφω may also be named. It is not clear how far differences existed between these words in the living idiom or why one writer has a preference for one word and another for another (the LXX, e.g., has a strong preference for ἐκτρέφω), but this matter must here be left without further discussion. In any case the differences were not very great. That can be seen from a comparison of a few passages from the LXX with the renderings of them in Josephus.

JOSEPHUS, *Ant. Jud.*, VII.149—paraphrase of Nathan's parable of the poor man's lamb: ταύτην μετὰ τῶν τέκνων αὐτὸς ἀνέτρεφε = 2 Samuel xii 3 (LXX): ἐξέθρεψεν.

Ant. Jud., VIII.201: ἐξ ἧς υἱὸς αὐτῷ γενόμενος τοῖς τοῦ βασιλέως παισὶ συνανετράφη = 1 Kings xi 20 (LXX): καὶ ἐξέθρεψεν αὐτὸν Θεκεμίνα ἐν μέσῳ υἱῶν Φαραώ.

Ant. Jud., VIII.216: καλέσας δὲ τὰ μειράκια τὰ συντεθραμμένα=

---

[1] H. I. Marrou, *Histoire de l'éducation dans l'antiquité* (Paris 1948), (the best general outline of the subject); W. Jentsch, *Urchristliches Erziehungsdenken* (Gütersloh 1951), (especially on the notion '*paideia*'). Further literature may be found listed in these books and in the dissertation of Boulogne (see p. 278 note 2).

[2] G. Bertram, 'παιδεύω', in G. Kittel - G. Friedrich, *Theologisches Wörterbuch*, VI, pp. 569 ff.

[3] See also Heliodorus, *Aethiopica*, X.13.7, θρέψας, and X.14.1, ἀναθρέψας.

1 Kings xii 8 (LXX): καὶ συνεβουλεύσατο μετὰ τῶν παιδαρίων τῶν ἐκτραφέντων μετ' αὐτοῦ.

Ant. Jud., IX.125: παίδων ἑβδομήκοντα, τρεφομένων δ'ἐν Σαμαρείᾳ = 2 Kings x 6 (LXX): ἐξέτρεφον.

Ought it to be concluded from this that Josephus gave a paraphrase merely because a Greek writer of history had to render his sources not literally but in his own words [1], or was ἀνατρέφω to his mind a more attractive word?

Whatever the answer to this question, it is clear that in respect of substance there was absolutely no difference between the words. ἀνατρέφω is one of the composites which later Greek preferred to it [2].

As our investigation relates to the ἀνατρέφω of men, passages which treat of plants and animals are not included in our discussion. Texts in which τρέφειν and words connected with it stand for "physical feeding", "nutriment", and so on, are also left out of consideration. We consider that in the preliminary investigation initiated here we are entitled to make such a limitation. Nevertheless account ought constantly to be taken of the fact that this physical, we may almost say "vegetative", conception is and remains firmly bound up with the notion. In the later Greek this original meaning did not fade away as it has done, for example, in the English word "education", which in the seventeenth century meant the process of nourishing or rearing.

The (ἀνα)τροφή takes place *in the parental home* through mother and father.

Plato, *Pol.*, IX.572.C—"The history of his origin was, I believe, that he had been trained up (τεθραμμένος) from early years under the eye of a parsimonious father".

Plato, *Pol.*, V.449.D—in connection with the joint possession of women and children the question arises: πῶς θρέψουσι.

Demosthenes, *In Nicostratum*, 1252 *ad fin.*—"For she brought up (ἐξεθρέψατο) Cerdon from the time he was a small boy".

---

[1] See on this H. J. Cadbury - K. Lake - F. J. Foakes Jackson in their contribution cited on p. 308, note 3.

[2] Cf. Blass-Debrunner, *Neut. Grammatik*, §116.1: "The Koine prefers the compound verb where the classical speech can make do with the simple one", and there ἀνατρέφω is given as an instance. According to J. H. Moulton - W. F. Howard (*A Grammar of New Testament Greek* [Edinburgh 1929], II, p. 296) we can in this case as in various other compounds perceive in the ἀνα "a distinctly perfective force": "to bring up".

PLUTARCH, *Pyrrhus*, 9.(388.A)—"And all being skilled in arms, he brought them up (ἐθρέψατο) ... even from their birth ...."

PLUTARCH, *Tib. Gracchus*, 8.(827.D)—the poor, expelled from the land, no longer enlisted "or attended to the upbringing (ἀνατροφῆς) of their children".

EPICTETUS, *Diss.*, III.22.68—in a city of wise men cynism is not necessary: the wise man marries "for his wife will be another person like himself ... and his children will be brought up (ἀνατραφήσεται) in the same fashion".

PHILO, *Vita Mosis*, I.§11, see p. 289 above; it is striking that both parents say ἀνεθρέψαμεν, whilst of the mother γαλακτοτροφεῖν is used; in Josephus (see p. 291) the daughter of Pharaoh, who assumes the role of the parents, also says ἀναθρεψαμένη.

PAUL, Ephesians vi 4—among rules of conduct for fathers in their dealings with their children: ἐκτρέφετε αὐτὰ ἐν παιδείᾳ καὶ νουθεσίᾳ κυρίου [1].

HERMAS, *Pastor*, *Visio*, III.9.1—an address to children: "I brought you up (ἐξέθρεψα) in much simplicity and guilelessness".

JUSTIN MARTYR, *Apol.*, 29.1—Christians marry ἐπὶ παίδων ἀνατροφῇ.

PORPHYRY, *ad Marcellam*, 1—"and your own children, if one day, when we have brought them up (ὑφ' ἡμῖν ἀνατρεφόμενα), they apprehend the true philosophy".

ORIGEN, *c. Celsum*, I.47—James is the brother of Jesus "not so much on account of their relationship by blood, or of their being brought up (ἀνατροφήν) together, as because of his virtue and doctrine".

The basis of this is the purely physical tie, the fact that "nutrition" is a child's first need. This outward meaning of the word continues for the time being to predominate, although, as will appear later, it is not the only one. Because this is the aspect that preponderates, the word can also be used of the maintenance of slaves, to whose lot assuredly the real *paideia*, which belonged to freemen, could not fall.

[1] Jentsch (*Urchristliches Erziehungsdenken*, p. 26) wrongly connects this passage with texts from Plato where παιδεύω and τρέφω appear alongside one another. The connecting of ἐκτρέφω with παιδεία clearly indicates that the second word must here have the same meaning as it has in the LXX, namely "discipline"; where in classical Greek the two notions appear side by side, they stand, as will be seen, on quite different levels and παιδεία has always "intellectual culture" in view.

Plato, *Leg.*, X.887.D—of little stories "which they have heard as babes and sucklings (ἐν γάλαξι τρεφόμενοι) from their mothers and nurses".

Plutarch, *Pericles*, 24.(165.C)—concerning Aspasia "bringing up (τρέφουσαν) slave girls as prostitutes".

Plutarch, *Phocion*, 38.(759.B)—"and was in love with a slave girl who was being brought up (τρεφομένης) in the house of a brothel-keeper".

Hermas, *Visio*, I.1.1—"He who reared (θρέψας) me had sold me to one Rhoda in Rome".

For other passages referring to slaves, see Liddell-Scott, *A Greek-English Lexicon*, Vol. II, s.v.

From the association of "cattle" and "slaves" in Liddell-Scott, it may be deduced that these were put on the same footing. In theory and practice this may often have been done. As regards τρέφω, the fact is not to be overlooked that Josephus uses this word of Samuel who as a boy dwelt with Eli (*Ant. Jud.*, V. 347: "So Samuel dwelt and was brought up (τρεφόμενος) in the temple"), and of princes who moved in foreign courtcircles (*Ant. Jud.*, XIX. 360: "At this time Agrippa was being brought up (τρεφόμενος) with Claudius Caesar"—he was 17 years of age, §354; XX.64: τέθραπτο γὰρ ὑπ' αὐτοῦ).

See also the passages from Appian cited on p. 317 below. Τρέφομαι then acquires the meaning "to have one's abode". But here also it refers to the sphere of the home. We can thus distinguish the nuances: to feed, to provide food and shelter, to allow to live in the family.

It follows that the τρέφειν in the most literal sense of the word fell at the outset to the charge of the mother or fostermother; later it passed over to the father and became his care (or he passed it on to a "pedagogue")[1]. The special duty of the latter was to teach reading, γράμματα[2] as it was called. This τροφή was not limited to feeding. Those who in this period busied themselves with the child brought him forward in all sorts of ways to the point where the philosopher's task began.

Plato, *Leg.*, X.887.D—see above, p. 310.

---

[1] See Boulogne, *De plaats van de paedagogus in de Romeinse cultuur*, p. 31.

[2] On γράμματα see Schürer, *Geschichte des jüdischen Volkes im Zeitalter Jesu Christi*, II, p. 492, note 18.

DEMOSTHENES, *In Aeschinem*, 249—"The mother . . .brought up these many, whilst the father taught them reading".

LUCIAN, *Anach.*, 20.(2.901)—Solon gives his vision of the nature of the state. In it upbringing plays a large part; "their early breeding (ἀνατροφήν) we leave to their mothers, nurses and tutors, who are to rear them in the elements of a liberal education" [1].

Cf. also his *Pseudol.*, 18.(3.176)—it avails nothing to pass yourself off as other than you are: the citizens of your own city ἴσασιν ἐκεῖνοι τὰς πρώτας σου τροφάς.

PLUTARCH, *Quomodo adolescens*, 14—see p. 281 above.

According to QUINTILIAN, *Inst. Orat.*, I.1.16, Chrysippus would have wished the change-over to take place in the third year (see also p. 293 above): "nevertheless he held the formation of the child's mind on the best principles to be a part of their duties"; but Quintilian himself (§15) held that the teaching of reading should not be delayed to the seventh year.

This continues until the child has reached an age of some understanding, and then he is handed over to teachers whose care is the real παιδεία.

PLATO, *Menex.*, 238.B—concerning the land—"And when she had herself nursed (θρεψαμένη) them and brought them up to manhood, she gave them gods to be their rulers and teachers (διδασκάλους)".

PHILO, see p. 289 above.

LUCIAN, *Abdic.*, 9.(2.167): τοῖς ὅτε ἠγνόουν ἀναθρεψαμένοις—the ἀνατροφή thus refers to the period of ἄγνοια.

CLEMENT OF ALEXANDRIA, *Paed.*, III.12.97.3: "But it is not my province, says the Instructor, to teach these any longer. But we need a Teacher of the exposition of these sacred words, to whom we must direct our steps. And now, in truth, it is time for me to cease from my instruction, and for you to listen to the Teacher. And He, receiving you who have been trained in excellent discipline (ὑπὸ καλῇ τεθραμμένους ἀγωγῇ), will teach (ἐκδιδάξεται) you the oracles" [2]. The fact that Clement applies this spiritually detracts nothing from the illustrative character of this passage.

Cf. *Paed.*, III.12.87.1: "What has to be observed at home, and how our life is to be regulated, the Instructor (ὁ παιδαγωγός) has abundantly declared. And the things which He is wont to say to children by the way, while He conducts them to the Master (τὸν διδάσκαλον), these he suggests" [2].

---

[1] Trans. of H. W. Fowler and F. G. Fowler.

[2] *Ante-Nicene Christian Library* trans.

QUINTILIAN, *Inst. Or.*, I.2.1: "but the time has come for the boy to grow up little by little, to leave the nursery, and tackle his studies in good earnest" [1], after which in §§2-4 the "*praeceptores*" are discussed.

This change-over probably took place at the age of seven, see Ps. PLATO, *Axiochus*, 366.D—every period of life has its own troubles; first the under-age child is discussed; then "when he reaches the age of seven years, he endures many toils; pedagogues, schoolmasters, and gymnastic masters are appointed who govern him absolutely, and, as he grows up, critics, geometricians, and tacticians, a great multitude of despots".

What the child learns at home has reference to tongue, customs, the formation of character, the most elementary laws of life, and this all comes under the notion ἀνατροφή (cf. also p. 315 below). PLATO, *Protagoras*, 341.C—"brought up (τεθραμμένος) in a foreign tongue".

Cf. also *Apol.*, 18.A—"if I speak in the language and manner in which I was brought up (ἐτεθράμμην)".

Leg., I.625.A—"as you have been trained (τέθραφθε) in these institutions".

Pol., IX.572.D—concerning a weakling: "Well then . . . figure to yourself that this man has grown old in his turn, and that a young son is being bred up (τεθραμμένον) again in his habits".

ARISTOTLE, *Eth. Nicom.*, X.ix.11—"He who is to be good must be brought up (τραφῆναι) and trained well".

ARISTOTLE, *Pol.*, VII.6—ἐν ἄλλοις τεθραμμένοι νόμοις.

PHILO—see p. 289 above.

JOSEPHUS, *c. Apionem*, I.269—"nor would they love laws quite contrary to those of their own country, and to those in which they had been bred up (ἐνετράφησαν) themselves".

QUINTILIAN, *Inst. Or.*, I.1.9—"Their misconduct (that of the pedagogues) is no less prejudicial to morals. We are, for instance, told . . . that Leonides, Alexander's *paedagogus*, infected his pupil with certain faults, which as a result of his education as a boy clung to him even in his maturer years when he had become the greatest of kings" [2].

QUINTILIAN, *Inst. Or.*, I.1.17—"Why, again, since children are

---

[1] *Loeb Library* trans.
[2] *Loeb Library* trans.

capable of moral training, should they not be capable of literary education?"

PLUTARCH, *Comp. Gracch. c. Ag. et Cleom.*—see p. 276 above.

JUSTIN MARTYR, *Apol.*, 61.10—after he has spoken about birth, Justin says: "We were brought up in bad habits and wicked training (ἀνατροφαῖς)".

Dial. c. Tryph., 93—"and being debased by upbringing (ἀνατροφῆς), by wicked customs, and by sinful institutions, they lost their natural ideas".

EUSEBIUS, *Praeparatio Evangelica*, IV.2.13: "in whom what I most admire is how, after being brought up (τραφέντες) in the customs of the Greeks, and being taught even from the cradle, son from father, that those of whom we speak are gods, they have not been easily caught".

That is why it is of such importance that, as parents for instance, people should conduct themselves well, and why the utmost care ought to be taken in selecting the foster-mothers and "pedagogues" to whom the work is entrusted (in connection with this, the above-mentioned tracts of Plutarch, *de liberis educandis*, and Quintilian are of special importance). It was here assuredly in the circle of the home that the foundation was laid, and Plato has voiced the common mind in the words: "The most important part of education (παιδείας) is right training in the nursery (τροφήν)" (*Leg.*, I.643.C).

The (ἀνα)τροφή *is thus that portion of a child's development which takes place in the sphere of the home, and which ought to instil into him a knowledge of the elementary laws of conduct in life and attitude to it.* After it—sometimes in the seventh year—there took place the change-over to typical instruction, when strangers began to act as teachers (the teaching of Socrates, see p. 284 above, that the τροφή and the παιδεία should rest with one person is exceptional and has its origin in the fact that he himself was a philosopher). In its main features, probably with necessary variations in details, this schema remained the same throughout antiquity [1].

It is thus clearly evident that the (ἀνα)τροφή *has a physical and a*

[1] Cf. Marrou, *Histoire de l'éducation dans l'antiquité*, p. 200: "Education properly so called, παιδεία never begins until seven years have gone past, the age at which the child is sent to school. Up to that time it is entirely a question of upbringing, (ἀνα)τροφή"; but as appears in the present appendix there is something more to be said. For the Roman world see Boulogne, *De plaats van de paedogogus in de Romeinse cultuur, passim.*

spiritual aspect, and these two sides of it belong together. There is no reason at all to make such a division as we come across in Bauer (see p. 283 above); on the contrary, to do so would indeed mutilate the remarkable character of this notion.

This also holds good for a few passages from the Jewish Hellenistic literature which are mentioned in Bauer. Besides those that have already been discussed on pages 288 ff. there may be noted:
Wisdom vii 4 describes birth, which is the same for all men: "in swaddling clothes was I nursed (ἀνετράφην) and with watchful care".

(Cf. PHILO, *Leg. ad Gaium,* see p. 294 above).

2 Maccabees vi 23—Eleazer refused to dissemble, expressing an opinion which became his age and his "conspicuous life as a citizen and his excellent upbringing (ἀνατροφῆς; but some MSS read ἀναστροφῆς, manner of life) from a child, or rather the holy laws of God's ordaining".

4 Maccabees x 2—Under tortures the second son cried: "Know ye not that the same father begat me and my brothers that have died, and the same mother bore us, and in the same beliefs was I nurtured (ἀνετράφην)?"[1] The reference in this last clause is to the rules for the conduct of the Jewish life which were communicated to children from their earliest youth (cf. ix 1—"for we are ready to die rather than transgress the commands of our fathers").

4 Maccabees xi 15—The youngest son says: "Being born and brought up (τραφέντες) for the same end, we should also die in like manner for the same cause".

4 Maccabees xvi 8—Lament of the mother whose seven sons have been brought to death: her pregnancies have been senseless, and to her sorrow has she given suck (xvi 7). "In vain did I endure for you, my sons, my many pangs, and the still more anxious cares of your upbringing (ἀνατροφῆς)"; whereupon she proceeds to speak about their adolescence.

JOSEPHUS, *Ant. Jud.*, IX.142—Rescue of the later king Jehoash by his aunt: "Finding Jehoash . . . who was not above a year old, concealed with his nurse, and taking him with her into the store-room for the beds, she shut him up there, and she and her husband brought him up (ἀνέθρεψαν) privately . . . six years".

Le livre de la prière d'Asenath (2nd version), *Studia Patristica,* ed. P. Batiffol, I, (Paris 1889)[1] 41: "Now Asenath's large apartment,

---

[1] Trans. of C. W. Emmet.

in which (till her eighteenth year) her maidenhood continued to be fostered (ἐτρέφετο), had three windows".
The meaning ot (ἀνα)τροφή which we have sketched above receives yet sharper definition when we consider a number of passages in which the notion is found alongside that of παιδεία. For in addition to the very striking instances discussed on pp. 274 ff, there are others in which these notions are met with repeatedly alongside and as contrasts to one another.

As early as in Plato a few passages are met with which throw light on the contrast. In *Pol.*, VII.534.D he writes: Children of marriageable age should not be allowed, "and certainly, if you ever had the actual training of these children of yours, whose training and education you are theoretically superintending, I cannot suppose that you would allow them to be magistrates in the State with authority to decide the weightiest matters, while they are as irrational (ἀλόγους) as the strokes of a pen"; cf. Plutarch, *Eumenes*, I: although Eumenes was of low origin, τραφῆναι δὲ ἐλευθερίως ἐν γράμμασι. Here the difference is clearly apparent: if the παιδεία is lacking, the children are still ἄλογοι even although they know the letters. In *Leg.*, IX.854.E, where there is discussion as to whether offences against the highest and most elementary commands to respect the gods, parents, and the State should be reckoned as serious when committed by strangers as by citizens, it is determined that "if any citizen is ever convicted of such an act—that is, of committing some great and infamous wrong against gods, parents, or State—the judge shall regard him as already incurable, reckoning that, in spite of all the training and nurture (παιδείας τε καὶ τροφῆς) he has had from infancy, he has not refrained from the worst inquity" [1]. Here τροφή is certainly mentioned to accentuate the seriousness of the situation. Not the παιδεία alone but also the τροφή from childhood which precedes it ought to inculcate something different in citizens. The τροφή thus begins earlier and comprises spiritual guidance, namely the inculcating of the elementary rules of conduct. In *Prot.*, 327.D, where the relativity of all things is spoken about, it is said: "In like manner I would have you consider that he who appears to you to be the worst (ἀδικώτατος) of those who have been brought up in a law-abiding society (ἐν ἐννόμοις ἀνθρώποις) would appear to be a

[1] *Loeb Library* trans.

just man and an artificer of justice if he were to be compared with men who had no education (παιδεία) or courts of justice". The position then is this, that a man who is regarded as altogether unrighteous in a normal society—i.e. in a developed community such as was considered ideal not only by Plato but also by the culture of the time of the Caesars—nevertheless appears to the uncivilized to be righteous as compared with a savage, because he has been brought up among ἔννομοι ἄνθρωποι. Among barbarians there is of course τροφή but no παιδεία; the ἀδικώτατος from a normal society, where there is also παιδεία, certainly lacks the latter, but he has received such a dowry from the ἔννομοι ἄνθρωποι that he can appear δίκαιος in the abnormal circumstances. Here, then, τρέφω refers to the stage before that of the παιδεία, but appears to comprise more than mere feeding; it imparts a certain manner of life, a certain behaviour.

In this connection it may be observed that πεπαιδευμένος is usual for "perfectly well-bred" (see instances in Liddell-Scott, *A Greek-English Lexicon*, II, p. 1287, s.v.); there τεθραμμένος cannot be substituted for it since it always indicates a lower level, cf., e.g., Plutarch, *Caius Gracchus*, 8. (838.C): Livius Drusus "a man who in birth and upbringing (τεθραμμένος) was not behind any of the Romans", and 19. (843.E), where Cornelia, who found "how much goodness of disposition and noble birth and upbringing (τετράφθαι) help to secure for us freedom from grief", is contrasted with those who expected παιδεία alone to give it; *Cicero*, 48. (885.D)—when they came to murder Cicero they found "a young man, whom Cicero had instructed (τεθραμμένον) in the liberal arts and sciences", who repaid this benefit with treachery.

From Isocrates, *Areopagiticus*, 41, it may be concluded on a first reading that here τρέφω and παιδεύω are parallel notions, but in the light of the foregoing this appears not to be so, and this passage is brought into sharper relief. For a right ordering of the State, so Isocrates argues, the law must be, not external, but ἐν ταῖς ψυχαῖς, for, so he proceeds, "it is not by legislation, but by morals, that States are well directed, since men who are badly reared (κακῶς τεθραμμένους) will venture to transgress even laws which are drawn up with minute exactness, whereas those who are well brought up (καλῶς πεπαιδευμένους) will be willing to respect even a simple code" [1]. Those then who have received as dowry

[1] *Loeb Library* trans.

from their homes only a manner of behaviour snap their fingers at the written laws; those on the other hand whose upbringing has been completed through schooling do not consider themselves to be exalted above the laws by their παιδεία, but are willing to abide by the elementary ones. Here also a difference in level is clearly perceptible; τεθραμμένος covers a sphere other than that of πεπαιδευμένος, and consequently something different is to be expected.

Worthy of note also for a correct idea of the ἀνατροφή is a comparison of two clauses in Appian, *Historia Romana*, VIII.37: In an emergency Hannibal sends messengers for help to Massinissa "reminding him of his early life (διατριβῆς) and education (παιδεύσεως) at Carthage", and later it is added in explanation that he "had in fact been brought up (τεθραμμένος) and educated (πεπαιδευμένος) at Carthage". Here then, ἀνατροφή stands, as also does διατριβή (his stay) [1], over against the intellectual culture, which he had also received in Carthage; cf. also VIII.79: "the very ground on which he had been nurtured and educated (ἐτράθη καὶ ἐπαιδεύθη)".[2]

Finally, as an instance that sums everything up, reference may be made to a usage in Herodian, *Ab excessu divi Marci*, I.2.1, that is especially instructive. After it has been related that there were born to Marcus Aurelius several daughters and two sons, the following is said about these latter: "The second died when quite young .... The one who survived, Commodus by name, the father brought up (ἀνεθρέψατο) with the utmost care, engaging at salaries that were by no means contemptible the most notable in learning among the nations to attend his son continually and educate (παιδεύοιεν) him". From this more can be deduced than the meaning "moral and spiritual nurture, to educate", which is all that is deduced from it, for example, by Bauer (col. 127). From the distinction drawn between the sons, one of whom died in infancy, it appears that Marcus Aurelius surrounded the other who survived with great care; this care had of course reference to what was physical as well as to what was mental, and comprised the whole life of the child. Here again the ἀνατροφή is carried out by the father in the sphere of the home, the medium used, namely

---

[1] Liddell-Scott, *A Greek-English Lexicon*, Vol. I, s.v.

[2] See also Lucian, *Somnium*, 12, where Paideia says: "Now Socrates himself, who had been trained to the art of statuary, as soon as he perceived what was better ran away from it and deserted to me".

Marcus' personal exertions, being underlined (he did this himself and did not hand it over to "pedagogues", as was all too customary in imperial times) [1]. The παιδεύειν is clearly distinct from this: for it the help of strangers is called in. παιδεύειν refers then to school instruction, to typical intellectual culture.

The results of the foregoing investigation are gathered together on pp. 285 f. above.

APPENDIX II

(see p. 262, note 2)

Alphabetical List of Names in Chronological Bibliography

Chronological Bibliography

1 W. Beyschlag - C. H. van Rhijn, "Paulus", in E. Riehm - C. H. van Rhijn, *Bijbelsch Woordenboek* (Utrecht 1894), Pt. II, pp. 338-41.

[1] On this see Marrou, *Histoire de l'éducation dans l'antiquité, passim,* and Jentsch, *Urchristliches Erziehungsdenken*, pp. 25 ff.

2 G. G. Findlay, "Paul the Apostle", in J. Hastings, *Dictionary of the Bible* (Edinburgh 1900), III, pp. 697-9.

3 J. M. S. Baljon, *Geschiedenis van de boeken des Nieuwen Verbonds* (Groningen 1901), pp. 2-3.

4 C. Clemen, *Paulus, sein Leben und Wirken* (Giessen 1904), II, pp. 60 ff.

5 W. Wrede, *Paulus* (Halle 1904), pp. 5-7.

6 H. Böhlig, *Die Geisteskultur von Tarsus* (Göttingen 1913), pp. 151-3.

7 G. C. Montefiore, *Judaism and St Paul* (London 1914), p. 90.

8 J. Weiss, *Das Urchristentum* (Göttingen 1917), pp. 131 ff.

9 A. van Veldhuizen, *Paulus en zijn brief aan de Romeinen* (2nd edn, Groningen-Den Haag 1918), p. 5.

10 J. Stalker, "Paul", in J. Hastings, *Dictionary of the Apostolic Church* (Edinburgh 1918), II, pp. 144-5.

11 A. Wikenhauser, *Die Apostelgeschichte und ihr Geschichtswert* (Münster i.W. 1921), p. 177.

12 Th. Zahn, *Die Apostelgeschichte* (1st and 2nd edns, Erlangen-Leipzig 1926), II, pp. 750-1 (giving earlier publications of his in which he has presented the same opinion).

13 A. Deissmann, *Paulus* (2nd edn, Tübingen 1926), pp. 71-4.

14 E. von Dobschütz, *Der Apostel Paulus* (Halle [Saale] 1926), pp. 2-3.

15 B. W. Robinson, "Influences leading toward the conversion of Paul", in *Festgabe für Adolf Deissmann* (Tübingen 1927), p. 109.

16 T. Wilson, *St Paul and Paganism* (Edinburgh 1927).

17 A. Steinmann, *Zum Werdegang des Paulus, die Jugendzeit in Tarsus* (Freiburg i.Br. 1928), (also his commentary, *Die Apostelgeschichte* [Bonn]).

18 A. F. Puukko, *Paulus und das Judentum* (Helsinki 1928), pp. 11-23.

19 R. Bultmann, "Paulus", in *Religion in Geschichte und Gegenwart* (2nd edn, Tübingen 1930), Vol. IV, cols. 1020-1.

20 A. Jülicher - E. Fascher, *Einleitung in das Neue Testament* (7th edn, Tübingen 1931), pp. 33-4.

21 J. de Zwaan, *De Handelingen der Apostelen* (2nd edn, Groningen-Den Haag 1931), p. 142 (cf. also his *Inleiding tot het Nieuwe Testament* [2nd edn, Haarlem 1948], Pt. II, p. 14).

22 A. M. Brouwer, *Paulus de Apostel*, Pt. II, *De mensch en zijn tijd* (Zutphen 1934), pp. 85-118.

23 W. Bauer, *Griechisch-deutsches Wörterbuch zu den Schriften des Neuen Testaments* (3rd edn, Berlin 1937), col. 1062.

24 M. S. Enslin, *Christian Beginnings* (New York 1938), p. 180.

25 T. R. Glover, *Paul of Tarsus* (4th edn, London 1938), pp. 15-24.

26 P. van Imschoot, "Paulus", in *Bijbels Woordenboek* (Roermond z.j.), col. 1237.

27 A. D. Nock, *St Paul* (2nd edn, London 1946), pp. 21-34.

28 J. Klausner, *From Jesus to Paul* (London 1946), pp. 308-9.

29 M. Goguel, *La naissance du christianisme* (Paris 1946), pp. 231-5.

30 G. Ricciotti, *Paolo Apostolo* (Rome 1946), pp. 213-19.

31 W. K. M. Grossouw, *St Paulus en de beschaving van zijn tijd* (Nijmegen-Utrecht 1947), pp. 4-5.

32 J. Holzner, *Paulus* (2nd edn, Voorhout 1948), pp. 30 ff.

33 P. Pratt, *La théologie de St Paul* (38th edn, Paris 1949), I.20.

34 W. von Loewenich, *Paulus, sein Leben und Werk* (Witten 1949), pp. 31 ff.

35 R. Liechtenhahn, *Paulus, seine Welt und sein Werk* (2nd edn, Basel, o.J.), p. 35.

36 R. Knopf - H. Lietzmann - H. Weinel, *Einführung in das Neue Testament* (5th edn, Berlin 1949), pp. 335-6.

37 M. Meinertz, *Einleitung in das Neue Testament* (5th edn, Paderborn 1950), pp. 70-1 (Paul was "already in his early youth . . . in Jerusalem", nevertheless it was Tarsus that urged him on to acquaint himself with Hellenism).

38 M. Dibelius - W. G. Kümmel, *Paulus* (Berlin 1951), pp. 28-30.

39 G. J. D. Aalders, *Paulus en de antieke cultuurwereld* (Kampen 1951), p. 17.

40 J. N. Sevenster, "Paulus", in J. H. Waszink - W. C. van Unnik - Ch. de Beus, *Het Oudste Christendom en de antieke cultuur* (Haarlem 1951), Pt. II, p. 262.

41 S. G. F. Brandon, *The Fall of Jerusalem and the Christian Church* (London 1951), pp. 16, 62, 130.

42 *Paulus-Hellas-Oikumene* (*an ecumenical Symposium*) (Athens 1951), with the articles by Karl Adam, W. H. P. Hatch and W. F. Howard referred to in note 1 on p. 263 above.

43 W. H. P. Hatch, "The Life of Paul", in *The Interpreter's Bible* (Nashville 1951), VII.190.

44 W. Bauer, *Griechisch-deutsches Wörterbuch zu den Schriften des Neuen Testaments* (5th edn, Berlin 1958), col. 1263: "Born . . . in Tarsus, he certainly grew up there".

45 A. Wikenhauser, *Einleitung in das Neue Testament* (Freiburg i.Br. 1953), p. 250 (Paul came to Jerusalem at the age of eighteen to twenty).

46 H. J. Schoeps, *Paulus, die Theologie des Apostels im Lichte der jüdischen Religionsgeschichte* (Tübingen 1959), p. 5. He mentions the Dutch edition of the present study in a footnote, but does not discuss its argument; Paul came from Tarsus to Jerusalem as a νεανίας (Acts vii 57) when sixteen or seventeen years old.

ONCE AGAIN: TARSUS OR JERUSALEM *

In the fine book which Dr. J. C. A. Fetter published recently on "Paul, the Believer", he devotes, as a matter of course, some attention to the question where the apostle sojourned during the period of his youth[1].

According to the Author, the issue whether Paul moved to Jerusalem with his parents whilst still a child or first lived in Tarsus to be sent to Jerusalem for his education, is still an unresolved matter. Quite justifiably, attention is drawn to the entirely different atmospheres which predominated in the two cities and the consequent influences to which a sensitive young mind could have been subject. Dr. Fetter writes as follows on this theme: "Whereas the second (i.e. a childhood in Tarsus, v.U.) is generally assumed, it has recently been attempted to prove on the basis of certain data drawn from the Bible itself, that the first (i.e. a Jerusalem childhood, v.U.) is not only possible but indeed, probable. The *effort* expended on this, is *indubitably* linked with the *tendency* of many to seek an *unquestioning* derivation for *everything* that is connected with the earliest Christianity from Judaism and to exclude *totally* all aspects of Hellenism". He concludes: "For the time being, I find the evidence put forward in favour of an early sojourn in the Jewish capital too *weak* to pay much regard and continue to maintain the *hypothesis* that the apostle grew up in the hellenistic city of Tarsus as a child and youth" [2].

These utterances urge me to a brief reaction which can scarcely come as a surprise to anyone who is acquainted with my study: "Tarsus or Jerusalem, the city of Paul's youth" [3]. Although Dr. Fetter does not in fact, mention me by name—which was not necessary within the framework of his book—and does not quote my paper in his "list of books consulted" (p. 256-257) [4], it is neverthe-

---

* First appeared as "Nog eens: Tarsus of Jerusalem" in Nederlands Theologisch Tijdschrift VIII, 1954, p. 160-164.

[1] J. C. A. Fetter, *Paulus, de Gelovige*, Arnhem 1953, see p. 68-70.

[2] The italics are mine.

[3] W. C. van Unnik, *Tarsus of Jerusalem, de stad van Paulus' jeugd* (T. or J., the city of Paul's youth), in: *Mededelingen der Koninklijke Nederlandse Akademie van Wetenschappen*, afd. Letterkunde, Nieuwe Reeks vol. 15, no. 5, Amsterdam 1952. In this vol. p. 259-320.

[4] It is not clear to me whether Dr. Fetter studied the dissertation cited

less completely obvious that he had the tenet I defended, namely, that Paul lived in Jerusalem during the formative years of his childhood and youth, presumably with his parents, in mind whilst refuting the same. I, at least, have yet to encounter a recent study on Paul [1] in which, against the generally prevailing opinion, this fact is taken into account.

May I therefore be permitted to come back on this matter. I have two reasons for so doing: 1. to consider whether the proposition developed by me is erroneous; 2. to study the point of view pursued by Dr. Fetter in his argument—whereby the latter question be the principal.

The design of my argument was as follows. Firstly, it was attempted to put the question as simply as possible, thus, stripped of all embroidery. This comes down to the fact that we possess but one text, Acts xxii 3, which presents any concrete information on the youth of Paul. Furthermore, the question has been raised whether in this particular case text and explication correspond which' in my considered opinion, must be answered in the negative (see above p. 262-272, especially p. 271 f). Whereas the view that Paul certainly spent the first ten to fifteen years of his life in Tarsus is generally accepted by New Testament scholars, it seemed to be my task to elucidate thoroughly the discrepancy between text and the given explanation and, in addition, the related accounts thereto attached. Thereupon, arriving at the exegesis of Acts xxii 3, it became imperative and inevitable to institute a careful terminological examination of the words used by Luke: "born, brought up, taught" (above, pp. 273 ff., 306 ff.). Up to that time a study on this subject was lacking. Finally, on p. 301-306, I traced whether other data in the New Testament were in conclict

in Note 3 himself or whether he is merely acquainted with it through the *Studia Paulina in honorem Johannis de Zwaan*, Haarlem 1953, p. 233. On the basis of a comparison between p. 69 of his book with p. 2-3 of my study (above, p. 261 f), the first alternative strikes me as probable.

[1] After "Tarsus of Jerusalem" appeared, I found out that A. Sabatier, *l'Apôtre Paul*[4], Paris 1912, p. 31, Note 1, presents the same point of view as mine with the differentiation between *anatethrammenos* and *papaideumenos* of which the first is rendered: "dès sa plus tendre enfance", without, however, offering philological material as substantiating evidence. Sabatier adds: "Dès lors s'evanouissent toutes les conjectures que l'on a faites sur une education grecque de Paul". But research of the last 40 years has not brought about that this correct interpretation is accepted as the right one, just as that of Feine (the reference to Sabatier, I owe to Prof. Dr. A. S. Geyser of Pretoria).

with the conclusion reached in the foregoing exegesis; namely, that Paul was in Jerusalem during his youth and what consequences this exegesis could have on Pauline research. So much for the "effort" to which Dr. Fetter alludes. I believe that a scientific argument cannot afford to overlook exhaustive reasoning of this nature lest it be alleged that the case is one of assumptions based on insufficient evidence.

Now Dr. Fetter does not explain this "effort" by the fact that my result ran contrary to general opinion and caution was therefore a prerequisite, nor by the fact that a philological investigation into the content of the crucial text did not exist and had thus to be supplied. No; Dr. Fetter asserts that all this exertion is connected with the tendency to attribute everything (excusez un peu!) in oldest Christendom to Judaism and to repudiate entirely (yes, entirely!) any influence of Hellenism. This, to Dr. Fetter, is not merely a supposition, but "undoubted". In other words; when I put myself to the study of Acts xxii 3, I did so with the premeditated intention to discover—coûte que coûte—the connections with Judaism and to exclude those pertaining to Hellenism.

The powerful tenor of his language will undoubtedly serve to impress upon the reader the above-mentioned supposition; but nevertheless, I would be pleased if Dr. Fetter would care to verify these *words* through *evidence*. Since this could naturally, not be divulged in a popular book, I should be glad to invite him to deliver it in, for example, this journal. Certainly, it is most rewarding when someone makes us aware of unexpressed—and even subconscious—existing tendencies. Still, I must declare that it is not possible for me to recognise the indicated bearing as correct. The given connection with that particular tendency is, in fact, not only unacceptable to me in general but particularly so in this connection.

In general: because I do not claim to have completely solved the problem of the relationship between Jewish, Hellenistic and specifically Christian elements in Paul and most ancient Christianity [1]. The problem is really a little too complicated to make any other assertion. A predilection to explain everything—remark: everything—on the basis of Jewish tradition; also, therefore,

[1] I am gladly prepared to take into full consideration a discourse such as that of W. K. M. Grossouw, for example in: *Sint Paulus en de beschaving van zijn tijd,* Nijmegen-Utrecht 1947.

Paul's youth, I do not possess [1]. But also if this were the extraordinary case, the explanation would not work as can be ascertained from the motivations which prompted my study and which I hereby feel compelled to restate.

It is not so that I consciously set out to make an investigation into the years of Paul's youth as, for instance, a preliminary study for a biography of the apostle. The subject crossed my path by pure chance—it chanced upon me. At the time no reasons existed for me to doubt the correctness of the current view which I had, without personal research—for one cannot oneself pursue every little detail—accepted. The matter began to get moving in August 1951 [2]. Whilst working on a contribution to de Haan's "Wereldgeschiedenis" (world history) [3], I one evening came to the part on Origines. The wish to quote the precise words of Porphyrius on the great Alexandrine prompted me to consult the text in Eusebius, *Hist. Eccl.* VI 19. In the perusal of this passage I was suddenly struck that there, in describing the contrast between Ammonius Saccas and Origines, a very sharp distinction is drawn between the verbs *anatrephoo* and *paideuoo* as a result of which the report of Porphyrius assumes its full significance [4]. These were the very two words which—and that made me wonder—are also found side by side in Acts xxii 3. Since semasiology and synonyms have always held a great attraction for me, the question arose whether Porphyrius' use of the words could perhaps be applied to the exegesis of Acts xxii 3. Of course, the chance that this over-exposed place had already long since been used for this purpose, was great. An instant if somewhat cursory investigation into the dictionaries and commentaries proved that this was not the case and that, moreover, the difference between the two verbs was either overlooked altogether, glossed over or not clearly described. Even so, it seemed worthwhile, also with an eye to the possible consequences,

---

[1] May I be allowed to refer to a small essay in: *Zeitschrift für die Neutestamentliche Wissenschaft* XLIV (1952-'53), p. 250-55 and to my article on "The teaching of good works in 1 Peter".

[2] After completing the manuscript of my paper on 6 March 1952, I sketched on a small piece of paper how the matter had come into being. I base the following information upon that.

[3] W. C. van Unnik, *De opkomst en ontwikkeling van het Christendom in de antieke wereld* (the rise and development of Christendom in the ancient world) in: J. W. Berkelbach-van der Sprenkel - C. D. J. Brandt - F. L. Ganshof, *Wereldgeschiedenis*, Utrecht 1952, pt. II, p. 217-267.

[4] See *Tarsus of Jeruzalem*, p. 20-21 (above p. 284 ff).

to put the matter under the microscope. Upon closer examination it turned out that on this point there existed practically unanimous agreement amongst this scholars and that my first impression had been correct. On the basis of several texts in Philo where the words "born, brought up and taught" occur in a regular sequence—and in a formulation almost identical with the trio of words in Luke—a second question developed. Had we come upon a definite stylistic figure to indicate the three stages of life between infancy and adulthood? The study of a number of Greek authors in which I was aided by my assistant, Mr. A. Jonkers of Utrecht, confirmed that this was indeed the case [1]. In addition, this study enabled us to delineate the very clear distinction in nuance between (*ana*)-*trephoo* and *paideuoo*. If one were now to read Acts xxii 3 in the light of contemporary Greek use of words [2], as is requested in the preface, then this entailed that the generally held conception concerning the youth of Paul was untenable and that he must have passed his youth in the parental home in Jerusalem. This was the to me astonishing result of the investigation into the philological *factual material* drawn from all kinds of Greek writers which corroborated the conjecture prompted by the reading of Porphyrius. The fact is that from this description by Luke, which would have been perfectly clear to any Greek and which is open to one interpretation only, no *evidence* can be deducted that the use Paul made of Greek language and the LXX during his later years is any proof that the apostle spent a prolonged period in Tarsus during his childhood. But these facts could find sufficient explanation in the, as far as we are concerned, mysterious years immediately following his conversion—as indicated on p. 305 of "Tarsus or Jerusalem".

It may be mentioned in passing this conclusion, gained only by the reading of Acts xxii 3 corresponds very well with other indications—e.g., that Aramaic was the apostle's mental language. Nonetheless, this was but the *conclusion* reached in the investigation

[1] To the examples quoted in my study, (p. 274-281) the following can be added: (Plato) *Epinomis* 937d and Gregorius Nyss., *Vita Macrinae*, ed. Jaeger, p. 371-374 and 383 (thus two examples in the same work).

[2] The fact that here, as well as in other places in Acts moves in Greek literary spheres should be kept in mind so that the clause: attribute everything in oldest Christendom to Judaism and to repudiate entirely any influence of Hellenism, may be fully assessed.

but not the *aim*. May it in any event be quite clear that there is not the slightest reason for Dr. Fetter's "undoubtedly".

The theory that the house in which Paul spent the years of his childhood should be situated in Jerusalem, is based entirely upon the single text which relates something about the youth of the later apostle. Dr. Fetter is pleased to call the arguments in favour of this as "weak" without, however, mentioning Acts xxii 3 by as much as a single word or even indicating my argument with a single sentence. He must not hold it ill against me when "for the time being" I still fail to recognise the weakness. Is the *text* of an author who is apparently highly rated by Dr. Fetter (see p. 14) really so much weaker than the *hypothesis* (Dr. Fetter's own word) in which refuge must be sought otherwise? The qualification "weak" remains a loose term when Dr. Fetter neglects to demonstrate: a. that my exegesis of Acts xxii 3 does not work—in which case he will have to produce not general assertions but the necessary textual material; or b. that the testimony of Luke is unreliable in this concrete matter (cf. the comments in my study, p. 302-303). Maybe Dr. Fetter would be good enough to reveal at which point in his opinion, an argument does become sufficiently strong to merit his attention.

One more point remains on which I am not clear. How did Dr. Fetter manage to arrive at a conclusion equating my philological exposition with a certain tendency [1]? Did he a priori exclude the possibility that it would be possible even without a tendency, to come to a divergent opinion merely on the basis of linguistic usage in Greek? It appears to me—to put it mildly—somewhat strange that he should wish to push aside an argument, fully corroborated by evidence, with the aid of such bulldozer methods. Granted that his book is written for the "general public"—and I am glad that someone like Dr. Fetter should have published such a book—and that he believes that a certain point of view should be rejected; then big words should not be employed—especially if the readers must be left content with that and do not get a shadow of proof. Are we to infer from Dr. Fetter's manner of formulation that he really deems a striving towards scientific

[1] Incidentally, I also wonder whether one can say, in view of modern Pauline research, that "many" possess the tendency to attribute "everything" to Judaism and to "entirely" exclude Hellenism; this fact seems highly doubtful.

objectiveness, also in theology, to be impossible? And that the only exegetical motivation he can envisage is only conditioned by certain tendencies; except, that is, by the one tendency which is in my opinion permissible: to know what is written?

The remarks of Dr. Fetter so in no respect affect the evidence set forth in "Tarsus or Jerusalem". When and until such a time comes that the contrary is shown on philological and historical grounds, the fact is that in considering the biography of Paul, it will have to be maintained that he spent his childhood years and received his earliest impressions not in Tarsus, but in Jerusalem. Dr. Fetter would oblige me in providing his scientific solution to the points of controversy.

DER BEFEHL AN PHILIPPUS *

Die Geschichte von Philippus' Unterredung mit dem äthiopischen Eunuchen und dessen Taufe fängt nach gewöhnlicher Auffassung an mit den Worten: Act viii 26-27a Ἄγγελος δὲ κυρίου ἐλάλησεν πρὸς Φίλιππον λέγων· ἀνάστηθι καὶ πορεύου κατὰ μεσημβρίαν ἐπὶ τὴν ὁδὸν τὴν καταβαίνουσαν ἀπὸ Ἰερουσαλὴμ εἰς Γάζαν· αὕτη ἐστὶν ἔρημος. καὶ ἀναστὰς ἐπορεύθη. καὶ ἰδοὺ ἀνὴρ Αἰθίοψ κτλ. Diese Eingangsworte dienen dann einfach als Übergang zwischen den beiden Erzählungen über Philippus' missionarische Wirksamkeit. An sich sind die Sätze ganz klar mit Ausnahme von zwei für die ganze Geschichte eigentlich nicht sehr wichtigen Worten. Die Verse geben eine Anweisung, wo Philippus seinem Gesprächspartner begegnen wird. Formell betrachtet, rechnen sie zu dem Rahmen der eigentlichen Geschichte, und es gehört ein wenig zur exegetischen Praxis, solchen Rahmenbemerkungen nicht zuviel Aufmerksamkeit angedeihen zu lassen.

Ob das richtig ist, sei vorläufig dahingestellt; am Ende dieses Aufsatzes wird es wahrscheinlich besser möglich sein, dies zu entscheiden. Jedenfalls sind hier noch immer zwei kleine ungelöste Probleme vorhanden, über die die Übersetzer und Erklärer noch keine „communis opinio" gebildet haben. In beiden Fällen gibt es zwei Möglichkeiten, zwischen denen einen klaren Entscheid zu treffen anscheinend unmöglich ist [1].

1. Was heißt κατὰ μεσημβρίαν? Entweder a) zur Mittagszeit oder b) nach dem Süden. Für a) hat Nestle hingewiesen auf den Gebrauch der LXX, wo μεσημβρία, das an sich beides bezeichnen

* Erschienen in *Zeitschrift für die Neutestamentliche Wissenschaft* XLVII, 1956, S. 181-91.

[1] Verglichen wurden die Kommentare zur Apostelgeschichte von H. H. Wendt ([6-7]1888), H. J. Holtzmann ([3]1901), J. M. S. Baljon (1903), E. Barde (1901, holländische Übersetzung), R. B. Rackham ([6]1912), E. Preuschen (1912), G. Hoennicke (1913), R. Knopf ([3]1917), Th. Zahn (1922), J. de Zwaan ([2]1931), F. J. Foakes-Jackson (1931), K. Lake - H. J. Cadbury (1933), A. Steinmann ([4]1934), O. Bauernfeind (1939), F. W. Grosheide (1942), H. W. Beyer ([4]1947), J. Keulers ([2]1952), A. Wikenhauser ([2]1953), J. Dupont (1954), F. F. Bruce (1954). [Während des Druckes erschien der Kommentar von E. Haenchen, Göttingen 1956, der jedoch nicht zu Änderungen nötigte.]

kann[1], immer als Zeitangabe gebraucht wird[2]; man vergleiche auch die einzige Stelle, an der Lukas [3] das Wort noch gebraucht, xxii 6, wo es zweifelsohne „Mittag" bedeutet. Hoennicke bemerkte dazu: „Dadurch soll markiert werden, daß die Gegend, welche er durchzog, menschenleer war". Steinmann wählte diese Bedeutung, weil „nach dem Süden" überflüssig wäre, da Jerusalem nördlich von Gaza lag. Neben dem durchgängigen Gebrauch in der LXX weist Grosheide noch auf zwei Motive: es war fremdartig und sollte deshalb gesagt werden; Philippus sollte den genauen Zeitpunkt kennen. Für b) entschied man sich, weil man im Osten um die Mittagszeit nicht reist[4] und kein Reisender unterwegs ist. Lake-Cadbury urteilen, „Mittag" gäbe „so improbable a sense in this passage that it must be rejected".

2. Was bedeutet der Zusatz αὕτη ἐστὶν ἔρημος? Handelt es sich um ein Wort des Engels oder eine erklärende Zufügung des Lukas? Bezieht das Wort sich a) auf Γάζα oder b) auf ὁδός? Für a) weist man darauf hin, daß der Weg von Jerusalem nach Gaza[5] nicht durch die Wüste führt und deshalb nicht ἔρημος heißen kann; man findet hier eine Bemerkung über die Situation der Stadt, entweder als Andeutung, daß „Alt-Gaza" gemeint ist, oder einen Anachronismus, weil es aus Josephus bekannt ist, daß Gaza 66 n. Chr verwüstet worden ist[6]. Dagegen kann man natürlich nicht mit Hoennicke sagen, daß ein Anachronismus oder eine geographische Glosse (Baljon) von vornherein ausgeschlossen ist. Wohl aber darf man sagen, daß eine Bemerkung über die Stadt in der Geschichte ganz belanglos ist, ja nichts mit der Sache zu tun hat, weil das Gespräch unterwegs stattfindet. Wenn man ἔρημος in der Bedeutung b) auffaßt, spricht man von einem Wege in der Wüste oder erklärt ihn für menschenleer, damit Philippus sich ruhig

---

[1] Vgl. H. G. Liddell - R. Scott, *A Greek-English Lexicon*[9], Oxford 1940, vol. ii, p. 1105-1106.

[2] E. Nestle, „Πορεύου κατὰ μεσημβρίαν Act viii 26", in: *Theologische Studien und Kritiken*, LXV (1892), S. 335-337; vgl. auch die Bemerkungen dazu von C. H. van Rhijn, „Ga tegen het Zuiden", Hand. viii 26, in: *Theologische Studien* 13 (1895), blz. 484-485.

[3] Der Name „Lukas" wird hier nur als Verfassername gebraucht.

[4] Keulers verweist dagegen auf xxii 6 und spricht von einer Ausnahme, die die Regel bestätigt.

[5] Die Kommentare weisen darauf hin, daß es zwei Wege von Jerusalem nach Gaza gab.

[6] Vgl. die Daten für die Geschichte Gazas bei Preuschen im Exkurs und die Literatur in: W. Bauer, *Wörterbuch zu den Schriften des Neuen Testamentes und der übrigen urchristlichen Literatur*[4], Berlin 1952, Sp. 270.

und ungestört mit dem Äthiopen unterhalten kann, oder bloß um anzudeuten, daß es ein ,,verlassener" Weg, kein vielbegangener war.

Wie man auch aus den modernsten Kommentaren und Bauers Wörterbuch, s.v., sehen kann, stehen eigentlich noch alle diese Möglichkeiten offen zur Diskussion und ist kein zwingender Grund für eine Entscheidung in die eine oder andere Richtung gefunden. Man ist wohl einig darüber daß diese genauen Anweisungen gegeben werden, damit Philippus seinen Mann treffen kann, selbst in dieser einsamen Gegend. Weiter bemerkt man dann noch, daß der Befehl des Engels ein Semitismus קום לך ist, und Grosheide weist auch mit einer kurzen Bemerkung auf den Gehorsam des Philippus hin.

Rein grammatisch[1] hat sich kein Ausweg aus den oben genannten Möglichkeiten gezeigt, weil beide Worte verschiedene Möglichkeiten der Übersetzung haben und die Satzkonstruktion keine einzige Möglichkeit zur Sicherheit erhebt. Jedoch wäre es m.E. möglich gewesen weiter zu kommen, wenn man eine kleine Andeutung des Lukas nicht vernachlässigt hätte.

In der bisherigen Exegese hat man immer v. 26 für sich betrachtet und nicht darauf geachtet, daß es in v. 27 weiter geht mit: καὶ ἰδού. Das Wörtchen ἰδού wird, so oft es auch in der Bibel vorkommt, meistens gänzlich übersehen. Es wird gewiß wortgetreu mit ,,Siehe" übersetzt und man weist daraufhin, daß es ein Semitismus ist, aber es wird schwer sein, in den Kommentaren überhaupt eine Stelle zu finden, wo es die Exegese tatsächlich beeinflußt. Auch in den Handbüchern der Hermeneutik wie z.B. dem von F. Torm[2] wird es nicht in seiner Bedeutung gewürdigt. An und für sich mag das Wörtchen nicht sehr wichtig sein, es ist für das Ganze einer Erzählung wie die Musikzeichen in den Noten. Es ist jedoch mehr als eine Interjektion, die auch ebensogut weggelassen werden kann. Der Erzähler will auf etwas besonderes die Aufmerksamkeit lenken. Es hat den Wert unseres Ausrufungszeichens. Sehr richtig bemerkt Bauer [3], daß es dazu dient, um die Aufmerksamkeit der Hörer oder Leser zu erregen, ,,um etwas Neues einzuleiten . . . auch gänzlich Unerwartetes". Es ist ein für die ganze Art des

---

[1] Cf. Bruce: ,,grammatically either alternative is possible".

[2] F. Torm, *Hermeneutik des Neuen Testaments*, Göttingen 1929.

[3] W. Bauer a.a.O., Sp. 672, vgl. L. Köhler - W. Baumgartner, *Lexicon in Veteris Testamenti libros*, Leiden 1953, S. 238-239, wo u.a. gesagt wird: ,,וְהִנֵּה führt ein unerwartetes, neues Moment ein".

erzählenden und nicht-räsonnierenden Denkens bezeichnendes Wort. Es erübrigt sich, Beispiele hierfür zu geben. Wenn man die Stellen, die Bauer z.B. angibt, nachschlägt und die Geschichten unter diesem Gesichtspunkt liest, spürt man plötzlich, wie lebendig und kraftvoll alles wird, wie die Erzähler nicht nur eine graue Masse von Einzelheiten schildern, sondern ein Bild mit Hell und Dunkel. Das sollte verwertet werden und sich auch in der Exegese zeigen!

Wenn man nun in unserem Falle das Auftreten von καὶ ἰδού in Rechnung zieht, entdeckt man, daß die Begegnung mit dem Äthiopen etwas ganz Unerwartetes ist. Aber dann bekommt auch v. 26 ein etwas anderes Aussehen. Man liest den Vers meistens so obenhin, weil man die nachfolgende Geschichte kennt; ist das aber richtig, bekommt man so den vollen Ton des Umschwungs, den das überraschende καὶ ἰδού andeutet, zu hören? Man soll es doch so hören, wie der erste Erzähler es seinen Hörern vorgebracht hat: ein Befehl des Engels; ein Akt des Gehorsams des Philippus, sehr einfach durch Wiederholung der Verba mitgeteilt ... und dann plötzlich, da tat das Unerwartete sich auf.

Ist das Unerwartete nun die Anwesenheit des schwarzen Mannes? Oder steckt nicht auch im Befehl des Engels etwas, das den Umschwung desto größer macht? Man hat wohl gesagt, daß die Besonderheiten im Befehl gegeben werden, „damit er seinen Mann nicht verfehle und unbehelligt mit ihm verhandeln könne" (H. J. Holtzmann). Das kann sein, aber was im Sinne des Engels war, scheint mir für Sterbliche schwer zu entscheiden und wird nur gefolgert, weil man den Ablauf kennt. Welchen Eindruck aber hat der Befehl auf die Hörer gemacht, auf Philippus bzw. die Leute, denen die Geschichte erzählt wurde oder die sie lasen, ohne das Ende zu wissen? Waren das nur geographische Notizen? Aber was bedeutet das? Denn der Engel sagt nur, daß Philippus irgendwohin gehen soll, fügt aber nichts über eine Begegnung oder so etwas hinzu! Hier kann das Faktum des plötzlichen Eintretens von etwas Unerwartetem weiter helfen. Kann nicht in ἔρημος etwas stecken?

Es scheint mir, daß man zunächst die Beziehung von ἔρημος auf Gaza ruhig beiseite schieben kann; das wäre, wie richtig bemerkt worden ist, eine überflüssige, ganz belanglose Notiz, und allein, wenn es überhaupt unmöglich wäre, es anderweitig zu beziehen, kann man dem Lukas so etwas zutrauen, denn sein Stil ist eher wortkarg als überschwänglich. Die Auffassung von ἔρημος als „Wüste" ist durch die Bemerkung, daß diese Bezeichnung für diesen Weg nicht zutrifft, erledigt. Es ist auch nicht deutlich, welche Texte eigentlich den Unterschied zwischen dem einen oder dem anderen Weg — so daß der eine als „verlassen" bezeichnet werden konnte — motivieren. Ist er nur von den Exegeten auf Grund unserer Stelle erschlossen? Der kleine Hauptsatz sagt etwas Besonderes über diesen Weg. Zahn sagt[1], daß αὕτη ἐστὶν ἔρημος nicht zur Engelrede gehören kann, weil man dann ἥτις erwarten würde. Das trifft m.E. nicht zu. αὕτη ist mit Anaphora gebraucht [2]. Nichts deutet an sich auf eine Bemerkung des Erzählers. Ist es möglich, es als Engelswort zu verstehen? Ich glaube ja. Das Charakteristikum des Weges, das hervorgehoben wird, ist dies: er ist menschenleer [3]. Das ist etwas Auffälliges, denn dabei soll man bedenken, daß dies ohne weiteres im Befehl zu Philippus gesagt wird. Man weiß noch nicht, was geschehen wird; man weiß nur, daß Philippus eine große Predigttätigkeit in Samaria entfaltet hat (vgl. viii 6, 12, 14). Dieser Mann (später wird er „Evangelist" genannt xxi 8) wird plötzlich in die Einsamkeit geschickt; ob sie „zu dem im folgenden erzählten Zusammentreffen sehr geeignet" ist (Knopf)? Das kann sein, war aber dem Philippus nicht bekannt, denn es wird nichts weiter gesagt. Eine Straße, wo es keinen Menschen gibt, ist doch nicht eben die Stätte, wo Evangelisten ein fruchtbares Arbeitsfeld finden? Es ist eigentlich ein widersinniger Befehl, aber dann tritt auch das Unerwartete (καὶ ἰδού!) ins rechte Licht: da wo er keinen Menschen erwartet, sieht er plötzlich einen und welch einen!

Die Richtigkeit dieser Auffassung wird noch durch eine weitere Beobachtung bestätigt. Eine Hilfe für die Exegese im Kontext ist völlig verkannt worden, weil man sich eine unrichtige Abteilung der Episoden gemacht hat: die erste (Philippus in Samaria) wird mit v. 25 abgeschlossen; die zweite (Philippus und der Äthiope) läßt man mit v. 26 anfangen. So machen es die neueren Kommentare und Bibelübersetzungen mit Perikopeneinteilung; so wird es auch durch die Satzeinteilung in Nestle suggeriert. Woher das stammt,

---

[1] In seinem Kommentar z. St., im Widerspruch zu seiner *Einleitung in das Neue Testament,*[3] Leipzig 1907, Bd. II, S. 445, wo er die Meinung, daß die Worte zur Engelsrede gehören, verteidigt.

[2] F. Blass - A. Debrunner, *Neutestamentliche Grammatik*[7], Göttingen 1943, § 491.

[3] Vgl. Liddell-Scott, l.l., i p. 687; Bauer, a. a. O., Sp. 558-559; die Grundbedeutung ist nicht — das soll ausdrücklich bemerkt werden — Wüste.

ist mir unbekannt, aber diese Einteilung ist meiner Meinung nach grundfalsch aus dem einfachen Grund, daß man die syntaktische Konstruktion völlig zerbricht und außer acht läßt. Wenn man v. 25 und 26 zusammen nimmt, liest man: οἱ μὲν οὖν διαμαρτυράμενοι καὶ λαλήσαντες τὸν λόγον τοῦ κυρίου ὑπέστρεφον εἰς Ἱεροσόλυμα, πολλάς τε κώμας τῶν Σαμαριτῶν εὐηγγελίζοντο, ἄγγελος δὲ κυρίου ἐλάλησεν πρὸς Φίλιππον κτλ. Diese Konstruktion ist gut griechisch und steht in Acta nicht einzigartig da, sondern ist sehr häufig, wie man aus den Konkordanzen sehen kann. Mit οἱ μὲν οὖν nimmt der Verfasser den Faden wieder auf[1] und darum ist mit μὲν . . . δέ, wie gewöhnlich im Griechischen [2], ein Gegensatz ausgedrückt (vgl. z.B. ii 41-43, v 41-vi 1, viii 4-5, xi 19-20, xii 5). In Kap. viii wird die Arbeit von Philippus in Samaria geschildert; es kommen (v. 14 ff) Petrus und Johannes auch nach Samaria zu ihm und danach findet die Auseinandersetzung mit Simon Magus statt. Dann wird in vv. 25-26 gesagt, wie es mit diesen Boten Jesu weiter geht. Aber da findet sich eine Gegenüberstellung: οἱ μέν, das können nur Petrus und Johannes sein, die wieder nach Jerusalem, woher sie gekommen sind, zurückkehren; dem Philippus aber widerfährt etwas anderes [3]. Dabei hätte man erwartet, daß gesagt würde: Φίλιππος δέ, aber das ist nicht der Fall. Plötzlich tritt ein Engel auf [4]. Petrus und Johannes handeln selbst, tun, wie man erwarten kann; Philippus jedoch wird vom göttlichen

[1] C. F. D. Moule, *An Idiom book of New Testament Greek*, Cambridge 1953, p. 162-163.

[2] Das ist doch so geläufig (Liddell-Scott, l.l., ii p. 1101-1102; F. Blaß - A. Debrunner, a. a. O., § 447), daß man nicht einsieht, weshalb man es an diesem Punkte völlig übersieht; daß es, wie bemerkt wird, im NT nicht sehr häufig ist, kann doch kein Grund dafür sein, es da, wo es zu finden ist, zu vernachlässigen. Oder aber hält man immer noch v. 25 ein, weil man mit v. 26 etwas Neues anfangen läßt? — In meiner Erklärung *Commentaar op de Heilige Schrift*, Amsterdam 1956, S. 1047, bin ich, weil es sich um eine populäre Erklärung handelt, der gewöhnlichen Perikopeneinteilung gefolgt.

[3] Wie man jeweils auf den Gedanken gekommen ist, daß Philippus zusammen mit Petrus und Johannes nach Jerusalem gegangen ist, begreift man im Lichte der Grammatik nicht; es ist wieder eine Folge der falschen Perikopeneinteilung.

[4] Die Engelerscheinung ist natürlich, wenn man den Zusammenhang richtig festhält, in Samaria gedacht. Dann erklärt sich auch, wie erst von einem Engel (v. 26) und dann vom Geist (v. 29) die Rede ist. Man hat dies als einen Widerspruch oder als unklare Ausdrucksweise des Verfassers angemerkt. Es handelt sich aber dabei um zwei verschiedene Szenen (erst in Samaria — dann auf dem Weg) und um zwei verschiedene „Personen" (der ἄγγελος ist der Gottesbote für spezielle Fälle — das πνεῦμα ist die dem Philippus von Gott gegebene Ausrüstung, cf. VI 3 ff.).

Boten gelenkt und ausgesandt. Nun wird in dieser Gegenüberstellung nicht einfach gesagt, daß die Apostel zurückreisen, sondern daß sie eine große Predigtaktivität entfalteten (N.B. die Imperfekta ὑπέστρεφον — εὐηγγελίζοντο). So etwas möchte man auch von Philippus erwarten, aber — eben in Zusammenhang mit dem, was im vorangehenden Vers gesagt ist, fällt der Kontrast desto stärker auf — er bekommt den Befehl, auf eine menschenleere Straße zu gehen!

Von zwei Seiten, vom Vorangehenden (v. 25) und vom Folgenden (v. 27) her wird die Sonderbarkeit des Engelwortes also klar beleuchtet. Jetzt ist es auch möglich, die Deutungsschwierigkeit κατὰ μεσημβρίαν [1] zu beheben und die Worte in Übereinstimmung mit dem Kontext zu erklären. Wenn das heißen sollte: „nach dem Süden" von Samaria aus (Bruce; Zahn: nicht nach dem Norden oder in Samaria), dann hätte es keinen Zweck: nicht nur liegt der Gazaweg dort, so daß er doppelt genannt würde, sondern — und hier rächt sich, daß man v. 26 und v. 25 voneinander gelöst hat — auch die beiden Apostel Petrus und Johannes gingen südwärts! Im Gegensatz aber zu ihnen, die das zu Erwartende tun, bekommt Philippus etwas Unerwartetes zu hören, auch in diesen Worten. Eben dort, was Preuschen gegen die Auffassung von μεσημβρία als „Mittag" anführte, nämlich die an sich richtige Bemerkung, daß „um die Mittagszeit kein Reisender unterwegs ist", paßt vorzüglich zu dem ganzen Bilde. Die Auffassung von μεσημβρία als „Mittag" ist nicht nur in Übereinstimmung mit xxii 6 und mit dem Gebrauch in LXX, die dem Autor gut bekannt war, sondern auch mit dem Zusammenhang: die Reise zur Mittagszeit ist im Gegensatz zu menschlicher Berechnung und erklart ihrerseits das ἔρημος (weil es eben Mittag ist).

Der Befehl des Engels ist in zweifacher Hinsicht höchst sonderbar: erstens weil Philippus zur „Mittagszeit" gehen soll, da jeder ruht und keiner reist; zweitens weil er eine Karawanenstraße aufsuchen soll, von der gesagt wird, daß sie „menschenleer" ist, so daß ein Prediger des Evangeliums dort nichts zu suchen hat. Deshalb ist das καὶ ἰδού so sehr am Platze; was danach kommt, ist das menschlich Unerwartete, die göttliche Überraschung: er begegnet auf der einsamen Straße einem Mann, der das Heil sucht und dem er Jesus als

[1] Bauer, a. a. O., 736 und 737 stellt sowohl die räumliche als die zeitliche Deutung von κατά zur Wahl. Für die zeitliche Nuance siehe Act xvi 25, xxvii 27.

den Heiland predigen kann. Vielleicht darf man auch noch darauf hinweisen, daß hier wieder das, was Lukas sagen will, mit zwei Zügen gezeichnet wird. Das entspricht einer Eigentümlichkeit des lukanischen Stiles, welche von Morgenthaler [1] richtig, vielleicht etwas zu stark, unterstrichen worden ist.

Wichtig scheint es mir auch, die Verba des Befehls und die Tat des Philippus ins Auge zu fassen. Das wird meistens in den Kommentaren überhaupt nicht oder mit einer sehr kurzen Bemerkung (Semitismus — so Preuschen und Grosheide über: ,,stehe auf und reise") getan. Die Formulierung ist imperativisch: ἀνάστηθι καὶ πορεύου — die Antwort sagt nicht: ,,und er tat, wie ihm befohlen", sondern wiederholt, um den Gehorsam auszudrücken, die Verba: καὶ ἀναστὰς ἐπορεύθη. Das ist typisch für LXX. Das Verbum ἀνίστημι ist in sehr vielen Fällen mit einem Verbum des Gehens verbunden als Übersetzung für hebräisches קום [2] und des öfteren findet man dort den Gehorsam durch die Wiederholung der Worte des Befehls ausgedrückt. Einige Beispiele werden genügen, das zu zeigen: Gen. xxxv 1-3 Gott sagt zu Jakob ἀναστὰς ἀνάβηθι εἰς τὸν τόπον Βαιθηλ . . . ; darauf sagt Jakob zu seinem Hause: καὶ ἀναστάντες ἀναβῶμεν εἰς Βαιθηλ. — Gen. xliii 13-15 Jakob sagt seinen Söhnen: ἀναστάντες κατάβητε πρὸς τὸν ἄνθρωπον . . . 15 καὶ ἀναστάντες κατέβησαν εἰς Αἴγυπτον[3] — Jdc. ix 32-34 καὶ νῦν ἀνάστηθι . . . καὶ ἐνέδρευσον ἐν τῷ ἀγρῷ . . . καὶ ἀνέστη Αβιμελεχ καὶ πᾶς ὁ λαὸς ὁ μετ'αὐτοῦ νυκτὸς καὶ ἐνήδρευσαν . . . I Reg xix 5-6 ἀνάστηθι καὶ φάγε . . . καὶ ἀνέστη καὶ ἔφαγεν, cf. auch 7-8. Drei meiner Meinung nach bedeutende Parallelen möchten sich an diese allgemeinen Bemerkungen, die den Gebrauch dieser Formulierung illustrieren, anschließen:

> I Reg xvii 8-10 καὶ ἐγένετο ῥῆμα κυρίου πρὸς Ηλιου· 'Ανάστηθι καὶ πορεύου εἰς Σαρεπτα τῆς Σιδωνίας . . . καὶ ἀνέστη καὶ ἐπορεύθη εἰς Σαρεπτα. Diese Geschichte wird von Lukas — und nur von Lukas! — im Ev iv 25-26 angeführt. Rackham hat darauf hingewiesen, daß es in unserer Philippusepisode verschiedene Reminiszensen an Elia gibt[4].

---

[1] R. Morgenthaler, *Die lukanische Geschichtsschreibung als Zeugnis*, Zürich 1948.

[2] Vgl. E. Hatch - H. A. Redpath, *A Concordance to the Septuagint*, Oxford 1897, vol. i, p. 102-105.

[3] Es zeigt sich dort gut, daß ἀνίστημι nicht ,,aufstehen", nachdem man gesessen hat, bedeuten muß, sondern ganz wie קום ,,sich aufmachen" oder ,,bloß zur Veranschaulichung eines Vorganges beigefügt" wird (L. Köhler - W. Baumgartner, a. a. O., S. 831).

[4] Nicht alle sind überzeugend, aber doch im ganzen illustrativ. Diese formelle Parallele hat er aber nicht vermerkt.

Ez iii 22-23 καὶ ἐγένετο ἐπ' ἐμὲ χεὶρ κυρίου καὶ εἶπεν πρός με· 'Ανάστηθι καὶ ἔξελθε εἰς τὸ πεδίον, καὶ ἐκεῖ λαληθήσεται πρὸς σέ. καὶ ἀνέστην καὶ ἐξῆλθον εἰς τὸ πεδίον, καὶ ἰδοὺ ἐκεῖ δόξα κυρίου εἱστήκει.

Jo i 1-3 καὶ ἐγένετο λόγος κυρίου πρὸς Ιωναν . . . λέγων· 'Ανάστηθι καὶ πορεύθητι εἰς Νινευη . . . καὶ κήρυξον ἐν αὐτῇ . . . καὶ ἀνέστη Ιωνας τοῦ φυγεῖν εἰς Θαρσις ἐκ προσώπου κυρίου, und dann wieder 3 1-3 καὶ ἐγένετο λόγος κυρίου πρὸς Ιωναν ἐκ δευτέρου λέγων· 'Ανάστηθι καὶ πορεύθητι εἰς Νινευη . . . καὶ κήρυξον . . . καὶ ἀνέστη Ιωνας καὶ ἐπορεύθη εἰς Νινευη, καθὼς ἐλάλησεν κύριος.

Diese Stellen zeigen, daß Lukas sich hier wie anderswo an Formulierungen der LXX anschließt [1]. Die drei letztgenannten Stellen sind wichtig, weil sie im Leben von Propheten vorkommen, durch göttlichen Befehl unmittelbar Berufenen. Besonders die Jonageschichte ist eine interessante Erläuterung. Mit der doppelten Berufung in fast gleichem Wortlaut ist es nicht nur ein Buch mit universalistisch-missionarischen Tendenzen, sondern auch eine Geschichte, wie Gott mit seinem widerspenstigen Propheten handelt [2]. Es steht in Jo i 3 so seltsam und erschreckend καὶ ἀνέστη 'Ιωνας, d.h. er fängt an zu tun wie ihm befohlen, dann folgt aber . . . τοῦ φυγεῖν [3]. Das soll dem Leser zum Bewußtsein bringen, daß der Gehorsam gegen den göttlichen Befehl nichts Selbstverständliches ist, sondern das auch ausgewählte Werkzeuge Gottes der Versuchung ausgesetzt sind und unterliegen, selbstgewählte Wege zu gehen. Könnte das auch nicht im Falle des Philippus zutreffen?

Das Besondere, das Lukas hervorhebt, ist hier, daß der Prediger des Evangeliums Philippus tatsächlich, obwohl er einen widersinnigen Befehl bekommt, gehorsam ist [4].

[1] W. K. L. Clarke, "The use of the Septuagint in Acts", in: *Beginnings of Christianity*, ed. K. Lake - F. J. Foakes Jackson, London 1921, vol. ii, p. 66-105 hat darüber gehandelt; die uns hier interessierende Beobachtung erwähnt er nicht; was er p. 101 über die Abhängigkeit sagt, in der Act viii 26 ff. von Zephanja stehen soll, ist m. E. weit hergeholt.

[2] Das letzte Moment wird — es sei nebenbei bemerkt — in den modernen Kommentaren viel zu wenig in Rechnung gezogen.

[3] Das erinnert an die Erzählungsart in Gen iii 5 (das Wort der Schlange): διανοιχθήσονται ὑμῶν οἱ ὀφθαλμοί, καὶ ἔσεσθε ὡς θεοὶ γινώσκοντες καλὸν καὶ πονηρόν und dann iii 7 nach dem Essen καὶ διανοίχθησαν οἱ ὀφθαλμοὶ τῶν δύο, καὶ ἔγνωσαν ὅτι γυμνοὶ ἦσαν — auch hier Wiederholung der Anfangsworte mit plötzlicher Wendung.

[4] Die Fragen, wie die Begegnung mit dem Eunuchen stattfand; ob viel Zeit zwischen dem Moment des Gehens und des Sehens verlaufen ist; wo Philippus lief oder stand, als er den aus Jerusalem zurückkehrenden Äthiopen sah, können nicht beantwortet werden. Für die Erzählung sind sie nicht von Wichtigkeit; da werden nur die charakteristischen Momente in kürzester Fassung mitgeteilt. Vielleicht darf man auch auf vv. 39-40 hinweisen.

Und er teilt es mit in den lakonischen Worten der Wiederholung. Sapienti sat! Dieser Gedanke, den man beim Lesen im Lichte des Kontextes deutlich sieht, charakterisiert Act viii 26; es ist mehr als nur eine Einleitungsphrase zur folgenden Geschichte, die lediglich die Absicht hätte zu erklären, wie Philippus dem Eunuchen begegenen konnte. Das wird natürlich auch gesagt, aber war Philippus noch unverständlich. In seiner Person steht man vor der Problematik: widersinniger göttlicher Befehl — Gehorsam oder nicht. Wenn man die Verbindung vv. 25, 26, 27a und einen gewissen Abstand zwischen vv. 27a und b sieht (vgl. S. 333 Anm. 4), bekommt die Befehlsszene eine, natürlich relative, Selbständigkeit und Bedeutung.

Die Richtigkeit der oben gegebenen Exegese wird dadurch bestätigt, daß diese Elemente der Problematik in der Apostelgeschichte nicht vereinzelt dastehen, sondern zur Thematik des Buches gehören. Bis heute hat man zu wenig — um nicht zu sagen: fast gar nicht — darauf acht gegeben, daß die Darstellung in Acta von bestimmten theologischen Themata beherrscht wird, weil man das Buch in Einzelgeschichten zerlegte und nicht auf die große Linienführung des Autors gesehen hat. Im Rahmen dieses Aufsatzes ist es natürlich unmöglich, diese Thematik allseitig und ausführlich darzustellen. Dafür sei hingewiesen auf meine englischen Vorlesungen ,,The Book of Acts the confirmation of the Gospel'', (s. den nächsten Aufsatsz, unten S. 340 ff.) Hier sei nur an einigen Beispielen erläutert, wie die Themata dieser Verse sich auch anderswo finden.

1. Der ,,widersinnige Befehl'' findet sich in Acta auch z.B. an folgenden Stellen:

a) v 20, denn es ist doch nicht natürlich, daß, wenn die Apostel aus dem Gefängnis durch das Eingreifen des Engels befreit worden sind, sie eben wieder in die Höhle des Löwens (ἐν τῷ ἱερῷ) gehen.

b) Die letzte Reise des Paulus nach Jerusalem: xx 22, 23 καὶ νῦν ἰδοὺ δεδεμένος ἐγὼ τῷ πνεύματι πορεύομαι εἰς Ἰερουσαλήμ, τὰ ἐν αὐτῇ συναντήσοντα ἐμοὶ μὴ εἰδώς, πλὴν ὅτι τὸ πνεῦμα τὸ ἅγιον κατὰ πόλιν διαμαρτύρεταί μοι λέγον ὅτι δεσμὰ καὶ θλίψεις με μένουσιν und dann damit verbunden die selbstverständlichen Ratschläge der Christen in xxi 4, 11 ff. (παρεκαλοῦμεν ἡμεῖς τε καὶ οἱ ἐντόπιοι τοῦ μὴ ἀναβαίνειν αὐτὸν εἰς Ἰερουσαλήμ, das ist begreiflich!).

c) Besonders wichtig ist x 13 ff. (cf. xi 7 ff.). Da ergeht an Petrus in einer Vision die Stimme ἀναστάς, Πέτρε, θῦσον καὶ φάγε; Petrus aber ist ungehorsam: μηδαμῶς (sehr stark!), κύριε, ὅτι οὐδέποτε ἔφαγον πᾶν κοινὸν καὶ ἀκάθαρτον. Das geschieht dreimal (auch ein bezeichnender Zug, vgl. Morgenthaler a.a.O.). Dann folgt, daß Petrus darüber in Zweifel gerät τί ἂν εἴη τὸ ὅραμα ὃ εἶδεν und ἰδοὺ οἱ ἄνδρες κτλ. Dieser Befehl ist so ganz und gar dem jüdischen Gesetz entgegen, das Petrus, der sich an die Thora hält, nicht geneigt ist, ihm zu gehorchen, auch nicht, als ihm gesagt wird, daß ἃ ὁ θεὸς ἐκαθάρισεν σὺ μὴ κοίνου, und das geschieht dreimal. Dieser Vorgang ist darum so wichtig, weil er die Einleitung zur Aufnahme des Kornelius in den neuen Bund darstellt [1]. Diese steht parallel zu Act viii 25 ff, denn auch in der Geschichte des Äthiopen handelt es sich um die Aufnahme eines dazu Unfähigen in die neue Gottesgemeinde [2]. In beiden Fällen wird die Initiative ganz und gar von Gott aus ergriffen; der Apostel bzw. Evangelist hat nur die Anweisungen zu befolgen und beide Male steht das Wort κωλύειν bei der Taufe: viii 36 τί κωλύει με βαπτισθῆναι — x 47 μήτι τὸ ὕδωρ δύναται κωλῦσαί τις τοῦ μὴ βαπτισθῆναι τούτους; jetzt gibt es kein Hindernis mehr, weil Gott selbst den für Menschen unvorstellbaren Weg zum Heil geebnet hat.

2. Philippus ist ohne weiteres gehorsam; Petrus in Kap. x gerät — die Sache war da auch schwieriger, weil es sich um einen Widerspruch zwischen Himmelsstimme und Gesetz handelte — in Zweifel, aber am Ende geht er doch den Weg Gottes. Damit ist ein zweites wichtiges Thema in der Apostelgeschichte berührt: „Gehorsam unter der Leitung Gottes oder Widerstand". Auch hierfür einige Beispiele:

a) Die Verhandlungen zwischen den Aposteln und dem Sanhedrin drehen sich eben um diesen Punkt: iv 19, 20 εἰ δίκαιόν ἐστιν ἐνώπιον τοῦ θεοῦ, ὑμῶν ἀκούειν μᾶλλον ἢ τοῦ θεοῦ; οὐ δυνάμεθα γὰρ ἡμεῖς ἃ εἴδαμεν καὶ ἠκούσαμεν μὴ λαλεῖν — v 29 πειθαρχεῖν δεῖ θεῷ μᾶλλον ἢ ἀνθρώποις — v 32-33 καὶ ἡμεῖς ἐσμεν μάρτυρες τῶν ῥημάτων τούτων, καὶ τὸ πνεῦμα τὸ ἅγιον, ὃ ἔδωκεν ὁ θεὸς τοῖς πειθαρχοῦσιν αὐτῷ und daß das Letzte kein dogmatischer Lehrsatz ist, sondern eine Predigt „ad hominem", zeigen die anschließenden Worte: οἱ δὲ ἀκούσοντες διεπρίοντο — v 39 in der Gamalielrede μήποτε καὶ θεομάχοι εὑρεθῆτε.

---

[1] Vgl. W. C. van Unnik, „De achtergrond en betekenis van Handelingen x 4 en 35", in: *Nederlands Theologisch Tijdschrift* III (1949), blz. 260-283, 336-354, speziell blz. 343 vv. In this vol. 259 ff.

[2] Wie man in den meisten Kommentaren richtig gesehen hat, ist Act viii 27 ff. nur verständlich auf dem Hintergrund von Deut. xxiii 1 und Jes. lvi 3-4.

b) vii 51 die „Applicatio" der Stephanusrede: σκληροτράχηλοι καὶ ἀπερίτμητοι καρδίαις καὶ τοῖς ὠσίν, ὑμεῖς ἀεὶ τῷ πνεύματι τῷ ἁγίῳ ἀντιπίπτετε usw. cf. v. 54 ἀκούοντες δὲ ταῦτα διεπρίοντο ταῖς καρδίαις wie v 33.

c) In der ganzen Missionsgeschichte Widerstand, wie xiii 45 ἰδόντες δὲ οἱ Ἰουδαῖοι τοὺς ὄχλους ἐπλήσθησαν ζήλου καὶ ἀντέλεγον τοῖς ὑπὸ Παύλου λαλουμένοις βλασφημοῦντες κτλ. — auch dies ist thematisch, speziell im paulinischen Teil des Buches; vgl. auch v. 41.

d) xxix 19 οὐκ ἐγενόμην ἀπειθὴς τῇ οὐρανίῳ ὀπτασίᾳ, unter diesem Gesichtspunkt wird die ganze Aktivität des Paulus gesehen.

e) xxviii 24 als Paulus in der jüdischen Gemeinde in Rom predigt: οἱ μὲν ἐπείθοντο τοῖς λεγομένοις, οἱ δὲ ἠπίστουν und danach klingt das Buch aus mit der drohenden Prophetie des Jesaja und den hoffnungsvollen Worten der Psalmen.

Zusammenfassend läßt sich sagen, daß die Verse Act viii 26-27a nicht eine blasse, unbedeutende Einleitung zur eigentlichen Geschichte sind, sondern daß eine genaue grammatikalische und psychologische Exegese der Einzelheiten aus dem Kontexte heraus die Deutungsschwierigkeiten behebt und das Ganze bedeutungsvoll in die Thematik der Apostelgeschichte einfügt. Dieses Beispiel zeigt m.E. auch, daß für ein verstehendes Zuhören Lukas mehr sagt als die einfachen Worte beim ersten Lesen vermuten lassen.

THE "BOOK OF ACTS" THE CONFIRMATION OF THE GOSPEL *

Introduction

The following contribution contains the text of two lectures which I was privileged to deliver in Cambridge University, january 1955, at the kind invitation of its Faculty of Theology, and afterwards in Durham and Manchester. They were not published at that time, because I hoped to expand them into a book. Lack of time has prevented the execution of this plan. Meanwhile various fresh studies about Acts have appeared, the most notable of which is Professor Haenchens great commentary. In connection with the "Lucan theology" in general more attention is paid to the theme of these lectures than before. But since the conclusion to which I was led, and the way in which it was arrived at, have not been proposed by other scholars, the publication of my solution seemed to be justified. For these reasons it will be understood that the original form of the lectures was kept.

I. The Problem of the Purpose of Acts

It was a most remarkable day in the history of Christianity when a certain man, called Luke, made and began to execute his plan to write a second [1] book as a sequel to his gospel. In it he gave to the church a picture of the very beginnings of its existence, scenes from its first expansion into the world; he showed, how the message of salvation spread and was received in a great part of the Roman empire. This was remarkable, because no other religion of his time has done the same to the great regret of the students of the history of religions. Not even one of his fellow-christians, as far as we know, had tried it before. In writing his gospel Luke had his predecessors, because, as he himself confesses, "many had undertaken to compile a narrative of the things which had been accomplished among us" (Ev. i 1). Here he found a certain set form and kept himself within its limits, but nothing has survived of any attempt to write about the apostolic age, to the great regret of all New Testament scholars who miss the chance of a new "Synoptic Problem". And although a flourishing branch of litterature sprung up in the "Acta Apostolorum Apocrypha" of the 2nd century, these acts of Peter, Thomas, Paul etc. are so different in

* Appeared in *Novum Testamentum* IV, 1960, p. 26-59.

[1] There are no valid reasons to doubt the correctness of Acts i 1.

character and contents that they cannot be compared with Luke's second volume. Even if it could be maintained that the name πράξεις ἀποστόλων is authentic [1], the fact that there apparently existed a kind of πράξεις-literature among the Greeks and Romans[2] does not allow us to say that Luke imitated that *genre*. Luke's Acts is a unique achievement within and outside the borders of Christianity.

In continuing his story of Jesus by that of the first stages of the church he made it clear once for all that Christianity was a missionary religion, an apostolic message to the world with a task extended "to the end of the earth" (i 8) under the inspiring Spirit of the risen Lord. The legacy of this book remained a "pattern which was shown on the mountain" though it has not always been so understood. The present situation of the Christian church has opened our eyes —it may be better than before—to see the task, to feel the inspiration and to experience the comfort flowing forth from these pages. It was a remarkable day when the plan of this book was conceived, but like so many other important days in the history of our faith and of our world it remained unnoticed though its effect made itself felt afterwards right up to the present time.

In the preceding introductory paragraphs I have spoken about this book and its plan in a very general way as it is done so often. But it does not seem out-of-place or far-fetched to ask somewhat more precisely: what was in the author's mind when he started this new venture? He has brought together in his book much material of highly varying character, but what was his scheme and *purpose*? Or was he just compiling stories and speeches at haphazard?

This question of the purpose is always important because it brings to light the perspective in which the writer wants us to see his information. But in the case of Acts it is the more significant, since he wrote this book as a companion-volume to his gospel. Now it is generally agreed that the gospels do not contain a biography of Jesus, but proclaim the good news about Jesus, the *kerygma*. John's explicit declaration: "these are written that you may believe that Jesus is the Christ, the Son of God, and that

---

[1] Cf. P. Feine - J. Behm, *Einleitung in das Neue Testament*[9], Heidelberg 1950, S. 77.

[2] A. Wikenhauser, *Die Apostelgeschichte und ihr Geschichtswert*, Münster i.W. 1921, S. 94 ff.

believing you may have life in his name" (xx 31), can be applied to the synoptics as well. What Luke offered his readers in his gospel was *kerygma*, but what was he doing in giving them this continuation? Was this just a piece of pious church-history, some stories and sayings of highly respected founders of the church —in other words: was this really a "metabasis eis allo genos"— or had it something to do with the *kerygma* of the gospel? The answer to this question is, I think, of great value for the exact interpretation of Acts and may bring to light an essential feature of this interesting and puzzling book.

In these lectures I propose to discuss with you this question of the purpose of Acts, its character and its connection with the message of the Gospel.

This theme in itself is not a new one. In the last century it was hotly debated, largely because of the so called "Tübingen"-position. But since that position ceased to be defended any longer, the interest flagged. It is a matter of course that whereas Luke himself did not give a definite declaration, many scholars have tried to find an answer. In every commentary and every textbook of "Introduction" one will find some lines or pages about this question. But it is a curious fact that, apart from these books which are bound to pay some attention to it under penalty of incompleteness, so little has been published about it in recent years. When Mac Giffert gave his sketch of "Historical Criticism of Acts in Germany"[1], he remarked at the end of his abstract from Johannes Weiss' *Über die Absicht und den literarischen Charakter der Apostelgeschichte* that this book of 1897 was "the last elaborate discussion of the purpose of Acts". These words were written more than 30 years ago, but in the meantime the situation has not considerably changed. Many of you will have read Hunter's instructive book *Interpreting the New Testament* 1900/1950[2] and have noticed that in the section on Acts this problem of the purpose is dealt with in a very few lines,—while all attention is given to criticism of text and sources, authorship and historical trustworthiness.

This sketch of the present situation is fully confirmed by the Belgian scholar Jac. Dupont in his indispensable book *Les problèmes*

[1] In: F. J. Foakes Jackson - K. Lake, *The Beginnings of Christianity*, Part I, *The Acts of the Apostles*, vol. ii, London 1922, p. 389.

[2] A. M. Hunter, *Interpreting the New Testament* 1900-1950, London 1951, p. 105 ff.

du livre des Actes d'après les travaux récents [1]. In this survey of more than a hundred pages only somewhat more than one page is allotted to our problem! A monograph *The Purpose of Acts* by B. S. Easton[2] stands there "auf einsamer Höhe". So it cannot be called superfluous, if we submit the question to a fresh investigation at this moment, when, as was said by Paul Schubert recently, "new life has come to the study of Luke-Acts" [3]. In handling this subject the great respect due to previous generations of scholars and contemporary fellow-students bids us first see in what ways solutions have been sought for. This former lecture will be devoted to a survey of the keys put into our hands and to testing them. This will help us to discover more precisely the kind of lock by which the door is closed. For I must confess that in spite of much labour bestowed upon this question the problem has not yet been solved in a satisfactory way. Having thus cleared the point at issue I shall humbly submit to your judgement a suggestion for a new solution in my second lecture. In the present one we shall discuss: *the problem of the purpose of Acts.*

In reading the first sentence of Acts it seems as though these well-known words will give us the clue: "In the first book, o Theophilus, I have dealt with all that Jesus began to do and teach" (Τὸν μὲν πρῶτον λόγον ἐποιησάμην περὶ πάντων, ὦ Θεόφιλε, ὧν ἤρξατο ὁ Ἰησοῦς ποιεῖν τε καὶ διδάσκειν) i 1. The author addresses himself and therewith dedicates his book to the same person as his Gospel (Ev. i 1). In a few words he summarizes the contents of his former volume. It is clear that this phrase forms a very strong link between the two books: they are parts of one work. Luke does not say: once upon a time I wrote something about Jesus Christ, but he continues his story in one way or another. The whole passage is encumbered with all sorts of difficulties, set out quite recently by Menoud in the *Bultmann-Festschrift* [4]. But though they may be admitted, the solution which Menoud following Lake and Sahlin,

---

[1] J. Dupont, *Les problèmes du Livre des Actes d'après les travaux récents*, Louvain 1950, p. 19-21.

[2] B. S. Easton, *The purpose of Acts*, 1936, now reprinted in his: *Early Christianity*, ed. F. C. Grant, London 1955, p. 33 ff.

[3] P. Schubert, "The Structure and Significance of Luke 24", in: *Neutestamentliche Studien für Rudolf Bultmann*, Berlin 1954, p. 165.—(This has also effected the present subject in the course of the last years; but see Introduction).

[4] Ph. Menoud, "Remarques sur les textes de l'ascension dans Luc-Actes", in: *Bultmann-Festschrift*, p. 148 ff.

proposes, viz. that this introduction was a later intrusion when Acts was admitted into the canon, and that Luke-Acts once formed one work without a break, not in two volumes, but in one, I cannot accept. The Gospel as a special form was too well-fixed and it is impossible to see the contents of Acts brought into it. That the end of the former and the beginning of the latter book are related is not startling and I doubt whether the so-called conflicting statements are really so. This manner of connecting separate parts of the same work is in accordance with the literary habits of ancient authors. A new book opens with a short survey of the preceding part (the so-called ἀνακεφαλαίωσις) and announces what may be expected in the following pages (the προέκθεσις). Besides the examples adduced by Norden[1] we may compare the beginning of the second book of Josephus *contra Apionem* II 1, 1-2 which is very appropriate because Josephus is a younger contemporary of Luke: διὰ μὲν οὖν τοῦ προτέρου βιβλίου, τιμιώτατέ μοι Ἐπαφρόδιτε, περί τε τῆς ἀρχαιότητος ἡμῶν ἐπέδειξα τοῖς Φοινίκων καὶ Χαλδαίων καὶ Αἰγυπτίων γράμμασι· πιστωσάμενος τὴν ἀλήθειαν καὶ πολλοὺς τῶν Ἑλλήνων συγγραφεῖς παρασχόμενος μάρτυρας, τὴν τ' ἀντίρρησιν ἐποιησάμην πρὸς Μανέθων καὶ Χαιρήμονα καί τινας ἑτέρους. Ἄρξομαι δὲ νῦν τοὺς ὑπολειπομένους τῶν γεγραφότων τι καθ' ἡμῶν ἐλέγχειν κτλ. The first paragraph is a clear analogy to Luke's first sentence and the second shows what we might have expected from Luke. Had he given this προέκθεσις in a sentence with δέ which had been prepared by the hope-giving μέν, all would have been in order. But the trouble is, as many commentators have acutely remarked that this second clause with δέ is missing! In contrast with the beautiful preface of the gospel with its classical structure, and in contrast with the good start, the sequence is in absolute disorder [2]. *Hinc lacrimae*! It does not matter much whether some unknown Redactor spoilt the original writing, as Norden thought, or Luke himself went astray and has not properly finished the sentence (so most commentators), the opening paragraph does *not* reveal the object Luke had in view. A clear objective statement is not given here nor anywhere else; henceforth the chase for the great Unknown is open.

Since it is an established fact that μέν and δέ introduce either

---

[1] E. Norden, *Agnostos Theos*, Leipzig 1913, S. 312.

[2] See K. Lake, in: *Beginnings of Christianity*, vol. V, p. 1 ff.; Feine-Behm, a.a.O., S. 77 speak of "der stylistisch verunglückte Anfang".

half of a sentence containing a contrast, many commentators tried to reconstruct the "missing" words by an exegesis of the words in the first verse assuming that this contrast-working would yield good results. The word "began" in the clause "that Jesus began to do and teach" is underlined and it is then said that Luke wanted to explain in Acts what Jesus continued to do after His resurrection and ascension through His Holy Ghost by His disciples. This position is however open to criticism for the Book of Acts does not tell that Jesus *continued* to do and teach. In some places He acts directly as in the conversion of Paul and in some visions, but in many other places He is not mentioned at all. Missionary work, that is so prominent in Acts, is inspired by the Spirit, but if one would say that behind the Spirit Jesus stands, it must be observed that in many instances the progress of the Gospel comes about through persecution (ch. xiii-xvii). Sometimes the angel of the Lord takes action, giving his command to Philip or liberating Peter out of prison. The teaching of the apostles in their speeches is *concerning* Jesus, but that is not identical with His teaching. And it is rather mysterious, how the very long story of Paul's captivity in Jerusalem, Caesarea and his voyage to Rome which altogether occupies a quarter of the whole, can be explained in that way.

Before we now turn to other answers to our question it will be useful to put before us a table of contents. Since there is no clear and unambiguous statement of Luke, we shall have to look in the book itself and try to find out if its composition betrays its purpose and if the great Unknown has left some fingermarks. Unfortunately the way of comparing his account with that of others and thereby detecting his handling of the material, as can be done in long stretches of his gospel with their parallels in Mark and Matthew, is impracticable. At any rate it will be clear that the author's aim should be formulated in such a way that it explains how and why these stories and speeches suited his purpose and that a definition by which only part of the material is covered should be dismissed or at least be brought into a wider context. It is also clear that the goal is not reached by a rather vague and summarizing definition, such as: "the spread of the gospel from Jerusalem to Rome", for in that way we do not get an insight into the complicated and somewhat puzzling selection of the material. And that is exactly the interesting point! For our purpose it is better not to be content with a short formula, but to see the whole in its constitutive parts.

In following the description of Luke we see this series of pictures:

I. Introduction: Jesus' intercourse with His disciples after the resurrection, His last commandment and His ascension; the disciples remain in Jerusalem and choose a new apostle in Judas' stead.

II. Pentecost: the gift of the Spirit and Peter's speech showing the fulfilment of Joels prophecy; preaching Christ, rejected and raised; ending with a strong appeal of conversion; the effect of this sermon and the life of the new Christian community.

III. The healing of a lame man in the name of Jesus which is explained to the crowd; Peter and John therefore being arrested give their witness to the saving power of Christ and are released because the fact is undeniable, on condition of their silence; together with the other Christians they pray for boldness and their prayer is visibly answered. Then follows a short sketch of the "communism" of the community with the outstanding deed of Barnabas which introduces the story of Ananias and Sapphira. In a short passage the "signs" of healing by the apostles are mentioned, which leads to a new imprisonment of the Apostles, their liberation by an angel, their second examination before the Sanhedrin and their release through the advice of Gamaliel, closed with the information that they "did not cease teaching and preaching Jesus as the Christ".

IV. The choice of the 7 deacons from the Hellenistic part of the Church, among whom Stephen is the outstanding figure. These deacons are not concerned so much with the poor, but they are preachers—"evangelists" (xxi 7). Stephens' long discussions with the Jews whom he accuses of permanent rebellion against God from their own history; his martyrdom. Dispersion of the congregation leads to the spreading of the gospel; Philip comes to Samaria, controversy with the famous Simon Magus; the conversion of an Ethiopian eunuch.

V. Conversion of Paul on his way to Damascus as a persecutor of the Christians; his first work in Damascus and Jerusalem after some time of suspicion; his flight ultimately to Tarsus.

VI. Peter healing Aeneas and raising up of Tabitha in the coastal districts; his dealings with the "godfearer" Cornelius under divine guidance and his defence before the Jewish brethren.

VII. Spreading of the dispersed brethren to the North; the gospel reaches Antioch where Barnabas comes in company with his protégé Paul; their mission to Jerusalem in connection with a famine.

VIII. King Herod against the apostles; Peter escaped from prison by divine help—Herod is struck to death by an angel at the height of his glory.

IX. Under the guidance of the Spirit Paul and Barnabas are sent out to missionary work; they do it in Cyprus (conflict with Elymas at the court of the proconsul) and in the southern part of Asia Minor (preaching in the synagogue of Antioch of Pisidia—jealousy of the Jews; preaching to the gentiles; mistaken for pagan Gods because of a healing; way back to Antioch and institution of churches).

X. The conference in Jerusalem on the salvation of the Gentiles without circumcision; this is accepted by the Jerusalem circle which sends out a letter, the only condition being the upholding of some commandments for intercourse with Jewish christians.

XI. Judas and Silas are commissioned with this letter; quarrel between Paul and Barnabas, the latter going to Cyprus, the former to Asia Minor, visiting first the churches of the previous journey and continuing his way to the West coast; Pauls own plans cannot be carried out; a vision shows him the way to Europe—work in Macedonia (Philippi: conversion of Lydia, healing of a slave girl and imprisonment where the fetters are broken through an earthquake; conversion of the jailor and release of the apostles with all sorts of excuses because they as Roman citizens have been maltreated); Thessalonica and Berea (driven from one place to the other by conflicts with the Jews)—Athens (conflict with contemporary philosophy); Corinth (activity of $1\frac{1}{2}$ years in and outside the synagogue after Paul's break with the Jews—he is comforted by a heavenly vision—attack of the Jews before the proconsul Gallio)—Paul leaves Corinth, passes through Ephesus and sails for Palestine—after a short visit to Jerusalem (which is not mentioned by name) he goes to his place of departure Antioch.

XII. A new journey through Asia Minor to Ephesus.—This story is suddenly interrupted by some information about Apollos at Ephesus and his voyage to Corinth after being fully instructed.—Paul in Ephesus baptizes disciples of John the Baptist, preaches in the synagogue but withdraws from there and continues his preaching in the school of Tyrannus, more than two years. His healing-power brings a conflict with some Jewish Exorcists who are overcome by the name of Jesus—the magic power is broken, but Paul comes into conflict with the power of the state-cult in Ephesus. —After that he goes again to Macedonia and Greece to visit the churches—on his way back he spends a week in Troas and heals Eutychus on a Sunday during the service of "breaking of the bread". On his way to Palestine he bids farewell to the elders of Ephesus in a long speech: a defence of his behaviour as an apostle, a warning for coming dangers.

XIII. Paul goes to Jerusalem while "the Holy Spirit testifies in every city that inprisonment and afflictions await" him; some examples of it being given a.o. by Agabus. Paul is gladly received by the brethren in Jerusalem and asked to fulfil a requirement of the Jewish law to stop the slander of his adversaries. While in the temple he is the cause of an outburst of Jewish hatred, he is arrested and the rest of the book tells of his apologies before the Jewish people and leaders, before the highest Roman officers and king Agrippa; his Roman citizenship helps him because it entitles him to appeal to Caesar; in spite of the fact that his innocence is acknowledged he is sent to Rome; he reaches the capital of the empire after a long and dangerous journey which is told in great detail; in Rome he finds a Christian group—he has again discussions with the Jews; to them he applies the well-known words of Isaiah vi 9, 10 for they reject the salvation while the gentiles will hear. He lived in his own house during two years "preaching the kingdom of God and teaching about the Lord Jesus Christ quite openly and unhindered". That is the somewhat unexpected end of the book.

In trying to understand the purpose of Luke we must read his book *as a whole*. I often have the feeling that this has not been done sufficiently, that commentators investigate it piece-meal looking for what is told about the church in Jerusalem, the controversy of Paul and the Judaizers etc. But then its unity is broken to pieces and we do, I think, a grave injustice to its author. For there are strong indications, as we shall see, that Luke wants us to see the book in its entirety. If we take it such as it is and read it from beginning to end, there are several facts which attract our attention:

1) there is, as Harnack showed, a great unity in style and choice of words [1]. One has not the idea of reading a history covering a

[1] A. Harnack, *Neue Untersuchungen zur Apostelgeschichte und zur Abfassungszeit der synoptischen Evangelien*, Leipzig 1911, S. 1 ff.

space of 30 years, but it is a more or less continuous story. Only in fixing the dates, so far as it goes, one discovers how long a period it describes; only by critical investigation it comes to light that the unity of the picture is not so strong as it appeared at first.

2) some parts of the story are told with great detail, while these drawings are connected with one another or are alternated by very general remarks such as: there they preached the gospel, or: they comforted the disciples etc. While the healing of the lame man in ch. iii is told in exact terms the description of the church in Jerusalem is given in very broad outlines which are of uncertain interpretation. Paul's stay at Ephesus lasted three years, but apart from two or three remarkable incidents in the apostle's conflict with paganism Luke is practically silent about the inner life and growth of the church there. This fact could be illustrated by scores of examples. If it is allowed to characterize his literary habit with an anachronistic comparison: Luke makes me think of a lecture with lantern-slides; the pictures are shown one after another illustrating the story the lecturer wants to tell while he makes the transition from one plate to another by some general remarks. It has struck me that in most commentaries these summaries and transitions are treated in a fairly perfunctory manner. Read e.g. the explanation offered at the passage where Luke describes the activity of the apostles (v 12-16); very little is said about it, but does that mean that it is something that can be neglected? Or take the verses about Paul's behaviour after his conversion (ix 23 ff.); there it is pointed out that this account largely differs from the information furnished by Paul himself (Gal. i, ii). But was that important for Luke? He says twice that Paul spoke with "boldness" (παρρησία) and introduces a key-word of the book. In my opinion these transitions are highly important to understand the train of thought in Acts and they deserve a special treatment.

3) in these last two examples Luke uses the words σημεῖα καὶ τέρατα and παρρησία respectively. This leads to another observation. In running through its passages we discover in Acts again and again the same words, motives and ideas. For the moment it will be sufficient to mention some of them: μάρτυς-σωτηρία—"signs and wonders"—jealousy of the Jews, παρακαλέω, visions at decisive points, a sentence like this: "But the word of God grew and multiplied", which sounds like a chorus, etc. In the second lecture we will return to this point, because it is highly significant. Ancient

books were written to be read aloud, for hearing, not for silent reading [1]. The audience was trained to take it up by the ear and not by the eye. It is like music, when one hears the themes returning in various passages and moments. If one begins with marking these "motives", it suddenly becomes clear what Luke wants us to hear.

4) we will try to understand the "mens auctoris", but then it is an urgent need to make a clear distinction. We have before us the story as told by Luke, but that is not the same thing as the factual event itself; it may be that even between the fact and Luke stands a long time of transmission. Dibelius applied his method of "Formgeschichte" also to this book [2], but I wonder if this helps us to understand Luke's work, because this reconstruction is largely, if not wholly hypothetical and dissolves the unity of the literary structure. It is of course possible to deal with Acts as a historical account and then it turns out that there are many difficulties which are duly discussed by the commentators; then it may be that even the speeches which are largely Luke's own work do not fully serve the purpose of the moment as Dibelius pointed out [3]. It is, however, the question whether Luke wanted to be a historian in the first place; it may be that his story is composed to convey a message. Therefore it is not so important to see where he is contradicting Paul or even himself, if we only hear this message.

5) it is clear that this book shows many gaps from the point of view of history. If it were not for the detailed information of Paul we would not guess that between ix 30 and xi 24 more than 10 years have elapsed. What became of Simon Magus, the Ethiopian and Cornelius? How was Christianity brought to Rome, not to say a word on the absolute silence about Egypt; can we trust a doubtful reading of codex D in xviii 25, according to which Apollos learnt something of the Christian faith in Alexandria, but then who preached it there? Why does Peter so suddenly disappear? Why does Luke not tell anything about the adventures of Paul as related in 2 Cor. xi 23 ff.? Nothing is said about Paul's letters nor about the troubles in Corinth. And on the other hand: why is that story of Cornelius told twice over at great length, while so

[1] Cf. M. Hadas, *Ancilla to classical reading*, New York 1954, p. 51.

[2] M. Dibelius, *Aufsätze zur Apostelgeschichte*, Göttingen 1951, S. 9 ff.

[3] M. Dibelius, a.a.O., S. 141.

many other interesting items are passed by silently or in general terms? Why do we hear so much about the two deacons who do the work for which they are not elected, while the apostles like John, Thomas and others do not enter into the scene? Why that long story of the shipwreck, interesting though it be, while in other cases the journey is just indicated? This list can be made longer at liberty. There is no sign that Luke tried to cover these gaps. He just ends a certain story and passes over to a different subject. It cannot be maintained that these gaps are due to lack of sources, because we do not know anything about the sources of information Luke had at his disposal. The question whether Luke possessed no more or did not wish to tell more cannot be decided either way. The problem of the historical value of his material is different from that of the purpose with which we are concerned at present. He must have had his reasons for his, even if one takes into account that the arrangement of the material in many ancient writings is a weak spot.

6) we must further consider that Luke is often very short in his description leaving his readers to read between the lines. Let us take that scene in the house of Philip with the prophetic sign of Agabus and the brethren trying to restrain Paul from going to Jerusalem (xxi 10-14). The highly dramatic tension of that moment is not fully described, but just hinted at in the words of Paul:"What are you doing, weeping and breaking my heart?" It is sometimes said that Paul's interview with Felix and Drusilla (xxiv 24, 25) is not very pauline and is not an exposition of the Christian faith; words like δικαιοσύνη and ἐγκράτεια read as if a teacher of Hellenistic philosophy and ethics is speaking; but then the situation is misunderstood. In realizing what kind of fine company Paul was addressing, that low Felix and that noble Jewess Drusilla, one suddenly sees that Paul preaches here in a very concrete way *ad hominem*, and it is clear that Felix "was alarmed" hearing about the κρίμα τὸ μέλλον (not only future, but imminent).— The missionary activity of Paul at Thessalonica and Corinth is briefly told: "he argued with the Jews from the scriptures, explaining and proving that it was necessary for the Christ to suffer and to rise from the dead, and saying: "This Jesus, whom I proclaim to you, is the Christ" (xvii 3, cf. xviii 4, 5). If we want to know how Paul argued, we have to turn to chapter xiii and even to the speeches of Peter in ch. ii, iii. Much knowledge is always presupposed,

to many subjects only a passing reference is given; it is only mentioned so far as it suited the plan.

At this point something must be said about the closing chapter of the book, because it has sometimes been argued that it is defective. It is a wrong argument to say that neither the final judgement about Pauls trial nor his martyrdom is mentioned and that they alone could give a real conclusion. This is only true, if it was Luke's aim to give a biography of Paul in which the martyrdom was the goal or if his real interest was in the trial, but this supposition cannot be proved, is a fallacious hypothesis and a wrong standard of comparison, because it starts from false presumptions. On the other hand we find several important themes of the book here together (23 διαμαρτυρόμενος τὴν βασιλείαν τοῦ θεοῦ — πείθων τε αὐτοὺς περὶ τοῦ Ἰησοῦ out of the Scriptures; the dissension among the Jews, their judgement in the words which all the gospels use in the same way, and τὸ σωτήριον τοῦ θεοῦ to the gentiles; vs. 31). In a *grande finale* the book finds its end.

7) another characteristic fact we cannot pass by is this that Luke does not seem afraid of contradictions such as in the story of the "communism" in Jerusalem or—most remarkably—in the conversion-narratives of Paul (n.b. twice in speeches!) on the one hand, while on the other his "report" of the preaching of Peter and Paul shows a great conformity. These typical defects from the historical point of view once more signalize the fact that the message prevails over historical accuracy.

We have reviewed these aspects of the working-method of Luke, because they seem to me essential for an adequate understanding of his book. What was the thread by which this mixture of detailed information and summaries, of speeches, healing-stories, travels and conflicts are bound together? Or—in other words—what was the purpose of Acts?

This problem has been, says Dr. Foakes Jackson in his commentary[1] "the subject of much controversy". "Two views of this", he continues, "may here be mentioned as characteristic of modern conjectures on the subject". As such he discusses the irenic and the apologetic motive which he both rejects. The former alternative maintains that Luke wrote to reconcile adherents of a Petrine-judaistic party and the followers of Paul's gospel free

[1] F. J. Foakes-Jackson, *The Acts of the Apostles*, London 1931, p. xvi f.

from the Law. Once the favoured solution of the so-called school of Tübingen, it does not find anymore supporters among modern scholarship. It may be convenient in this connection to quote Hunter again. Among the three conclusions on which in his opinion most scholars would agree the second one is: "Luke's primary purpose in writing Acts was not to produce some 'Tübingenesque' *eirenikon*, but to record how Christianity spread from Jerusalem to Rome, under the power of the Spirit and the leadership of St. Paul. It is also widely held that Luke had in his writing a secondary apologetic purpose—to show that the new religion was not politically dangerous and to commend it to the Roman world" [1]. As far as my knowledge of modern literature goes, this statement is a fair presentation of the situation, although it is not complete. But it may be asked, if these answers hold good. Therefore we shall subject them to a critical test.

1. *Description of the spread of Christianity from Jerusalem to Rome*

This solution usually takes its starting-point in i 8 "and you shall be my witnesses in Jerusalem and in all Judea and Samaria and to the end of the earth", which at the same time reveals the plan of the book [2]. It is true that Jerusalem is the first centre in Acts and Rome is the final station, but if we look closer into the matter this answer is unsatisfactory. To begin with it is nowhere said in i 8 that Rome is the suitable end; in that way an eschatological term "to the end of the earth", derived from the prophets has lost its full force and is changed into a geographical term of doubtful interpretation, because Rome was perhaps the centre of the world, but certainly not "the end of the earth" (ἕως ἐσχάτου τῆς γῆς) [3]. In the second place the book nowhere shows a special interest for the capital of the Imperium Romanum; if this book was to show "der Siegeslauf des Evangeliums" (Wikenhauser)[4] to Rome, one would have expected that more about the effect of the preaching would have been recorded. In the third place if it was Paul who was to bring the gospel there, we must say

---

[1] A. M. Hunter, l.c., p. 111 f.

[2] So e.g. Feine-Behm, a.a.O., S. 75, 80.

[3] Cf. the quotation from Is. xlix 6 in Act. xiii 47, and Is. viii 8, lxii 11; the parallel in Luc. xiv 47 f. has: εἰς πάντα τὰ ἔθνη, ἀρξάμενοι ἀπὸ Ἱερουσαλήμ. ὑμεῖς μαρτύρες τούτων.

[4] A. Wikenhauser, *Die Apostelgeschichte*[2], Regensburg 1951, S. 8.

that he "missed the bus", because there *was* a Christian *ekklesia* before his coming and Luke is fully aware of that (see xxviii 15). If Luke really wished to tell this story of the spreading of the Gospel, it is not clear why he did not tell something more about the missionaries of the dispersion (xi 19 ff.), about Egypt so important with its large Jewish colonies, why he did not tell more about the other apostles. Why that lengthly report of Pauls imprisonment, its discourses before Felix and Festus? Besides that it does not explain the selection of the material and the special features of the composition we sketched before.

2. *Missionary motive*

Then i 8 is read as a command to go out into the world which is fulfilled by the disciples. It must, however, be noticed that the phrasing of this verse is quite different from that in Matth. xxviii 18. On this assumption it is interesting to see that the disciples are not obedient to their Lord, because they remain in Jerusalem, even after Pentecost, and that the persecution (viii 1 ff.) is necessary to remind them of their task. They are witnesses, but not immediately missionaries. Paul does not rush off to missionary work, but is specially called (xiii 1), in spite of the voice at his conversion. In this connection we may also dismiss the idea that Luke wanted to demonstrate the *transition from Judaism to Gentile Christianity*. It should be observed that although Paul officially separates himself three times from the Jews (xiii 46 ff.; xviii 6; xix 9), he is always going to the synagogue first in the next town. It is true that the salvation is also preached to the pagan population, but the gentiles are incorporated while the Jews become divided (Luke is here in the same line as Paul, Rom. ix-xi). Had he wished to show this, why did he not tell more about Philip and his companions?

3. *Apologetic motive*

Under this heading one points to the favorable or neutral reactions of the many Roman officials which figure in these pages; their attitude is in flat contrast with that of the Jewish authorities; in their eyes Paul is innocent and the author stresses his roman citizenship[1]. It is either an apology for Paul or for Christian-

---

[1] See xvi 35 ff., xxii 25 ff., xxiii 29, xxvi 31 f., xxviii 18, also the attitude of Gallio in xviii 14 ff.

ity as a whole being presented as a *religio licita*. As we heard from Hunter this is only a secondary motive. That is right, for it manifestly cannot explain such stories as that of Ananias and Sapphira. Would it be a recommendation of the Christianity for Roman officials if they read that one should be more obedient to God than to men? The picture of the Roman magistrates is at the highest neutral, but not extremely favourable.

4. *Anti-jewish motive*

The only author who in recent years underlined this element was Klausner in his interesting book *From Jesus to Paul*. According to him Luke wanted to recommend Christianity to the expense of Judaism after 70 A.D.: the Jews are always the black sheep. Against this opinion we may say that the links with the Jewish people are always upheld. They are called "brethren" who crucified Jesus in ignorance (iii 17); the apostles go out to win the Jews and Paul goes everywhere first to the synagogues, in spite of bad experiences at former occasions, see also xiii 26, xxii 1, xxiii 1, 5, even in the very last chapter there is an intimate contact xxviii 17 in Rome. Is it historically beside the mark that they opposed against Christianity, since it was in their circles that the new faith arose?

5. *Instruction and edification*

Either of the individual Theophilus or of the church in general. This was the solution of Foakes Jackson and Dupont who referring to Kümmel said: "il a écrit dans un but missionaire, les Actes sont destinées au communautés chrétiennes et à leur catéchumènes" [1]. This is quite simple, but in my opinion this is exactly the place where the unsolved problem itself begins: how did these materials serve the purpose? These words are open to so many interpretations that they hide the real question instead of answering it.

6. *Preaching*

This was specially brought to the fore by Dibelius in one of his *Studien zur Apostelgeschichte*. It is written in order to bring the readers "to acknowledge in adoration what the gospel is and how it conquers

[1] Dupont, l.c., p. 20.

men" [1]. It is interesting to notice that Dibelius ends by calling Luke a preacher in his article on "the first Christian historian".— Although I agree that this book has its aim in preaching and not in history for its own sake, and although the great learning of Dibelius has given us a wealth of many excellent observations, here arises the big question to which he gave us no answer: why was it necessary to write this book as a sequel to the gospel? was the gospel in itself not sufficient? for what reasons did Luke act as an historian of the early church? Or let me formulate it in another way: was it a mistake of the later generations that this "first christian historian" had to leave the name "Father of Church-history" to Eusebius while he had to share the name "evangelist" with three other men?

We have analysed these various solutions one by one, but it must be understood that most authors give a combination of them because of the complexity of the problem. But since they point in different directions and are not a sufficient explanation of the whole book or are based on incomplete exegesis, it will be not out of place if we try another track. It goes without saying that the motives we discussed did not grow out of nonsense; a certain amount of acute listening to the text is underlying them and we must take full account to that. At the same time we will pay due attention to the method applied by Luke, more than is generally done. It may be that we can raise our answer beyond the level of "conjectures", as Foakes Jackson called it[2], because it offers a clue to the problem: why has Luke compiled this complex mass of material in this form to serve as a second part of his gospel?

II. The Scope of Acts

The problem we shall try to solve is: what purpose was in Luke's mind, when he started to add this second volume to his Gospel; was it a book of a different character or not; how did the complex material he used serve his intentions?

It is not only for the sake of curiosity, neither for merely literary reasons that we look out for an answer. The writings of early Christianity have their place in the life of the church, their "Sitz im Leben", to say it with an expression coined by Dibelius. They are not written for the joy of writing, but have a task in the edifica-

[1] M. Dibelius, a.a.O., S. 117.
[2] F. J. Foakes Jackson, l.c., p. xvi.

tion of the church or in the propagation of the gospel. Their publication is an expression of the faith in order to build up that of other people.

That this general characteristic of early Christian literature can also be applied to our specific problem, is apparent from an article which the German scholar Käsemann published under the title "Das Problem des historischen Jesus" [1]. According to Käsemann the very fact that this continuation was written signalizes a complete change in the spiritual atmosphere of the early church, because this history of the apostles was possible only on condition that the eschatology out of which the first circle of Jesus' disciples lived had been replaced by quite another outlook. "Man schreibt nicht die Geschichte der Kirche, wenn man täglich das Weltende erwartet". Primitive eschatology was substituted by a history of salvation ("Heilsgeschichte"), because the expected parousia did not come and historical continuity was to be reckoned with. The work of Jesus becomes the "initium christianismi" and Acts shows the pictures of the sacred past [2]. In reading this one is reminded of the word of Loisy, that the Kingdom of God was announced in the Gospel, but that the church came into existence [3]. This view of Käsemann is shared by various scholars in Germany. It is the idea developed by an influential author like Bultmann in his *Theology of the N.T.* [4] and forms the basis of the research which Conzelmann published in his *Die Mitte der Zeit, Studien zur Theologie des Lukas* [5]. The answer to our question has a bearing upon much wider issues, upon the whole course of theological thinking and Christian living in the N.T.

Although it can be appreciated that here Gospel and Acts are not separated, but taken in their unity, it must be said that I have several grave objections against this evaluation of Acts. The "via negativa" of their exposition will be a suitable path to our object.

[1] E. Käsemann, "Das Problem des historischen Jesus", in: *Zeitschrift für Theologie und Kirche* LI (1954), S. 125 ff.

[2] E. Käsemann, a.a.O., S. 136 ff.

[3] A. Loisy, *Autour d'un petit livre*², Paris 1903, p. XXV: "l'Evangile, qui annonçait le prochain avènement du royaume de Dieu, a produit la religion chrétienne et l'Eglise catholique".

[4] R. Bultmann, *Theologie des Neuen Testaments*, Tübingen 1953, S. 462 f. in a chapter on "die Wandlung des Selbstverständnisses der Kirche".

[5] H. Conzelmann, *Die Mitte der Zeit, Studien zur Theologie des Lukas*, Tübingen 1954 (a 3rd revised edition appeared in 1960).

1) Käsemann defines Acts as a "pattern of what the Church should be and may be" [1]. This hardly covers the ground, where as a matter of fact so little is said about the church and so much about certain persons in the church. When does it appear that Luke contrasts the sacred past with this own times?

2) Käsemann started with the preconceived idea that Luke wished to write a *history* of the apostolic age. Of course he uses historical material, but did it serve the aim of showing "wie es eigentlich gewesen ist" or is Luke a "laudator temporis acti"? If we think that Luke primarily was a historian, we must naturally give some explanation of this fact. But before this issue is settled as to what he wanted to do with his stories, we are wise to abstain from such far-reaching conclusions. Unfortunately the professor of Göttingen (now Tübingen) does not give us a clue. If it were true that this is church-history it may be said that it is bad church-history, because there are too many gaps (see p. 350 f.).

3) The signal points of the "motives" are not taken into account. Only two of them are hinted at. According to Käsemann Luke looks back on the apostolic times as the "period of great miracles" [2], but why? The world of Luke within and outside the churches believed in and saw miracles everywhere; they in themselves were not so miraculous and distinctive of a special period. If Luke draws attention to the "signs and wonders", it has a particular reason to which we shall return later on. More important still is the other point: Luke puts the "history of salvation" in the place of the eschatology, so reads his main thesis. The use of words like σωτηρία, σῴζω etc. is conspicuous in Acts, but is it there the same idea as is expressed by "salvation" (German: Heil, Seligkeit)? I must confess that I do not understand what Käsemann exactly means by "Heil", but from the antithesis we may deduce that it is not eschatological and therefore has that somewhat vage idea of happiness and blessedness which is so often found in Christianity. Neither he nor Conzelmann gives an analysis of the word in Acts; had they done so, they would have discovered that σωτηρία is

---

[1] E. Käsemann, a.a.O., S. 137: "ein Modell dessen, was es um Kirche sein soll und sein darf".

[2] E. Käsemann, a.a.O., S. 137: the time of the apostles "tritt nun der eigenen Gegenwart des beginnenden Frühkatholizismus als heilige Vergangenheit, als die Epoche der grossen Wunder, des rechten Glaubens und der ersten Liebe entgegen".

strongly bound up with eschatology and that therefore the whole antithesis falls to the ground.

4) This leads us to the point which is most important of all: the complete underestimation of eschatology. Käsemann holds that Luke reduced this element to a somewhat general expectation of "the Last Day" at a rather uncertain date in future. But the eschatological element is far stronger, is decisive, as will be seen if one has got accustomed to Luke's manner of writing, in listening to his "undertones". He does not speak explicitly about the "Kingdom of God", but it is significant that it is mentioned in the first and the last chapter. It forms an essential part in the summary of Philip's message (viii 12) and of Paul's argument with the Jews (xix 8), the latter even addressing his audience as people "among whom I have gone about preaching the kingdom" (xx 25). How strong this idea was for Luke may be seen from xiv 22 with its remarkable first person plural: "through many tribulations we must enter the kingdom of God" (δεῖ ἡμᾶς εἰσελθεῖν εἰς τὴν βασιλείαν), strongly recalling sayings of Jesus. In the gospel much had been said about this kingdom that is here presupposed. What is rejected in ch. i 6 ff. is not the idea of the Kingdom, but the idea of Jewish nationalism and apocalyptic computation of the day. Gods kingdom is the βασιλεία over the whole world and His σωτήριον must extend to the end of the earth (xiii 47 cf. i 8). But the Kingdom is there as an eschatological factor. We may also point to other facts.—The outpouring of the Spirit in ch. ii is explained by the quotation of Joel which is the starting point for Peter's speech and fundamental for the whole book: "this is what was spoken by the prophet Joel: "And in the last days, it shall be" etc. (ἐν ἐσχάταις ἡμέραις). This is the perspective of Acts: they are living in the last days. The Holy Spirit is not a variation, a more divine edition of our human spirit, but it is the gift of the new age, the proleptic "atmosphere" so to say of the Kingdom, the signal of the new and eternal covenant. The fulfilment of the O.T. prophecy is seen in the healing of the lame man and the incorporation of an euneuch in the church. Of this eschatology the resurrection of the dead and future judgment was part and parcel; this is the *real* point in the famous speech on the Areopagus (xvii 31). It was the stimulating power behind the call for repentance because it was imminent (xxiv 15-25 μέλλειν). In Acts as *a whole* the eschatological element is strong, but the early Christian church had a

somewhat different idea of the "Naherwartung" than many N.T. scholars of the present time. The primitive church saw the daybreak of the New Age, but in stead of counting the hours they set out to proclaim the Gospel.

It may be true that one does not write history of the Church when one expects the final day every moment, but—was Luke really writing church-history? This again brings us to our problem.

Our first attempt to lift the veil from Luke's purpose was, as you will remember, a discussion of the opening verses. We saw that the beginning rouses our hope, but discovered that the outcome is disappointing, because the crucial phrase is missing. The usual completion by saying that "Jesus continued His work" in Acts does not stand the test of the facts as appearing in the book itself. Since this way leads to nothing, there are commentators who drop this explanation and hold that ἤρξατο here is pleonastic, for which they refer to the usage in later Hebrew and Aramaic; so *e.g.* Walter Bauer [1]. Then this verse simply means: what Jesus did and taught. Though this pleonastic use of ἄρχομαι—שרי may be found in some places, this explanation cannot be accepted here, because this relative clause is too closely connected with the πρῶτος λόγος. It would only be acceptable, if there is no other way-out. Is there a third possibility which opens the road to an understanding of the following book while attaching the full force to the words? As far as I am aware it has never been considered; yet it seems to me that *tertium datur*.

If Luke does not offer any help, it must be looked for elsewhere. If it is to answer the requirements, it ought to be a statement about something which was initiated by Jesus' activity (ὧν ἤρξατο ὁ Ἰησοῦς ποιεῖν τε καὶ διδάσκειν) and was carried on. That is found in the Epistle to the Hebrews [2]. Many difficult problems of this

---

[1] W. Bauer, *Griechisch-deutsches Wörterbuch zu den Schriften des Neuen Testaments und der übrigen urchristlichen Literatur*[5], Berlin 1958, s.v. ἄρχω 2aβ.

[2] It will be remembered that already Clement of Alexandria observed certain similarities between Acts and Hebrews; the words of Eusebius, *Hist. Eccl.* VI 14, 2 are as follows: "And as for the Epistle to the Hebrews, he says indeed that it is Paul's, but that it was written for Hebrews in the Hebrew tongue, and that Luke, having carefully translated it, published it for the Greeks; hence, as a result of this translation, *the same complexion of style* is found in this Epistle and Acts" (tr. of H. J. Lawlor - J. E. L. Oulton, London 1927, i, p. 188). As far as the historical circumstances are concerned, this was of course mere guesswork, but Clement saw certain parallels in style between the two books.

λόγος τῆς παρακλήσεως (xiii 22) can be left aside. For the present moment it is sufficient to recall that it is directed to people who are wavering in their faith and run the risk of loosing it (see especially x 26 ff.). According to the author the decisive phase of world-history has come since God ἐπ' ἐσχάτου τῶν ἡμερῶν τούτων spoke to us in the Son (i 1), who through His sacrifice "once for all at the end of the ages" (ix 26) brought the new and eternal covenant. Soon the judgment day will come and the readers are exhorted to be steadfast in the Christian faith, in order that they may enter the kingdom of God and not be doomed (x 19 ff.). In ch. ii he makes an urgent appeal on the conscience of his audience; with a "conclusio a minori ad maius", so typical a feature in this letter, he says referring to the O.T. law: "If the message declared by angels [1] was valid (βέβαιος) and every transgression or disobedience received a just retribution, how shall we escape if we neglect such a great salvation" (ii 2-3), namely that decisive one brought by Christ (cf. vi 4-6). Of this salvation—σωτηρία—the following further explanation is given: ἥτις ἀρχὴν λαβοῦσα λαλεῖσθαι διὰ τοῦ κυρίου ὑπὸ τῶν ἀκουσάντων εἰς ἡμᾶς ἐβεβαιώθη, συνεπιμαρτυροῦντος τοῦ θεοῦ σημείοις τε καὶ τέρασιν καὶ ποικίλαις δυνάμεσιν καὶ πνεύματος ἁγίου μερισμοῖς (ii 4, 5).

The following facts make this text interesting for our problem:

a) ἥτις ἀρχην λαβοῦσα λαλεῖσθαι ὑπὸ τοῦ κυρίου is parallel to Acts i 1 περὶ πάντων . . . ὧν ἤρξατο ὁ Ἰησούς ποιεῖν τε καὶ διδάσκειν. Here the work of Jesus is also the beginning of salvation.

b) This text combines a number of elements which are also "motifs" of Acts: σωτηρία - συνεπιμαρτυροῦντος - σημεία καὶ τέρατα - πνεύματος ἁγίου μερίσμοι (cf. before p. 35 f).

c) The activity of God as described here strongly recalls Acts xiv 3 "speaking boldly for the Lord τῷ μαρτυροῦντι ἐπὶ τῷ λόγῳ τῆς χάριτος αὐτοῦ, διδόντι σημεῖα καὶ τέρατα γίνεσθαι διὰ τῶν χειρῶν αὐτῶν.

d) The σύν—in the compound verb[2] draws attention to the fact

---

[1] Cf. Acts vii 53; in ch. 1 the author has explained why the angels are inferior to the Son of God (vss. 4 ff.).

[2] It is a double compound, where both ἐπιμαρτυρέω and συμμαρτυρέω also exist (see Bauer, a.a.O., Sp. 585 and 1541); with regard to the verb συμμαρτυρέω Bauer remarks: "Schon für Solon 24, 3 D[2] hat das συν- höchstens noch die Bedeutung der Verstärkung", but in such a double compound as we have here the συν- has its full force "together with . . .", as may be seen from 1 Clem. xxiii 5 and xliii 1 and other double compounds verbs as συμπαρακαλέω, συμπαραμένω, συναναπαύομαι, συνεισέρχομαι, συνεπιτίθημι etc.

that there are other witnesses too; this must refer to the preceding verb ἐβεβαιώθη. Οἱ ἀκούσαντες—Jesus' disciples—are indicated as μάρτυρες which exactly corresponds to the task Jesus bequeathed to them Acts i 8 "and you shall be my witnesses" [1].

e) This salvation which is expected (ix 28) took its beginning in the preaching of Jesus with which His suffering and ascension is closely connected (passim); therefore He is the ἀρχηγὸς τῆς σωτηρίας (ii 10, cf. Acts iii 15, v 31); it is made sure (ἐβεβαιώθη)[2] to these people who have not seen nor heard Him by those who heard Jesus, His disciples.

To sum up: our text says that *there is a solid bridge between the saving activity of Jesus and people living at a distance who have had no personal contact with the incarnate Lord.* The solidity of this bridge consists in the *confirmation* of the salvation by the apostles, sanctioned by God through miraculous gifts. But it is possible to reject this eternal salvation in Christ through unbelief, disobedience and sin (cf. ch. iii, iv). The exhortation of this letter is a call to firmness in the faith.

If we now return to Acts i 1 and the question of the link between the Gospel and Acts, it is obvious that the passage in Hebrews gives an excellent explanation. Not only the word ἤρξατο must be emphasized, but the whole clause: "what Jesus began to do and to teach". These last words are a common Greek expression for allround activity. Jesus' activity is saving, "for the Son of men came to seek and to save that which was lost" (Ev. xix 10). His coming to the world is announced by the message of the angel —familiar to us all—: "I bring you good news of a great joy which which will come to all the people: for to you is born this day in the city of David a Savior, who is Christ the Lord". The aged

[1] See p. 367 ff. about the prime importance of this idea of "witness".

[2] See the comments of J. Moffatt, *Epistle to the Hebrews*, Edinburgh 1924, p. 19: "If the Sinaitic Law ἐγένετο βέβαιος, the Christian revelation was also confirmed or guaranteed to us . . . ἐβεβαιώθη. It reached us, accurate and trustworthy. No wonder, when we realize the channel along which it flowed. It was authenticated by the double testimony of men who had actually heard Jesus, and of God who attested and inspired them in their mission".—The word βέβαιος is a favorite one in Hebrews iii 6, 14; vi 19; ix 17; the verb also xiii 9 and the substantive vi 16. H. Schlier, in his article on βέβαιος in: G. Kittel, *Theologisches Wörterbuch zum Neuen Testament*, Bd. I, Stuttgart 1933, S. 600 ff., says: "Im ganzen tritt also bei dem Begriff βέβαιος im NT wieder der ursprüngliche Charakter, daß etwas *fest* ist *im Sinne eines festen Grundes*, hervor, bekommt aber in Verbindung mit bestimmten Substantiva den Ton von *gültig*" (S. 602).

Simeon said: "Mine eyes have seen thy salvation . . . a light for revelation to the gentiles and for the glory to thy people Israel" (ii 30-32). It is significant that the quotation from Isaiah xl 3 ff. in Luke's version is longer than in Mark-Matthew and ends with the words: καὶ ὄψεται πᾶσα σάρξ τὸ σωτήριον τοῦ θεοῦ (iii 6). In all the Gospels this tone of salvation is heard, but in Luke very markedly [1]. Here the great salvation Israel and the world had longed for took its beginning. "All things which Jesus began to do and teach", described in the first book were not just words and actions of a certain man Jesus, but a showing forth of His saving activity. This "Good News" was proclaimed by telling who Jesus was; not in the wearisome, boring way of some people who thrust their opinions upon you, who wish to be clear by repeating the same words, but by simply telling what He did and said. This salvation is proclaimed in the world.

Dr. Dodd has so lucidly demonstrated that the *Kerygma* underlying the speeches of Acts is also the basis of the gospel [2]. The Gospel of salvation (in its eschatological sense) is the great gift to the world, made sure by His disciples, the "witnesses", and "the signs and wonders" of God, meeting on its way belief and unbelief, obedience or disobedience.

These words in the second half of this passage of the Epistle to the Hebrews may fittingly be used as a heading of Luke's second volume. I am firmly convinced that here we have found the scope of Acts, the angle under which we must see it to find the right perspective, or you may say: the hidden thread holding together the string of pearls.

It will be my present task to prove this thesis in confrontation with the contents of the book. These "motifs" will enable us to do so and will be discussed more in detail, but since such heavy words as σωτηρία and μαρτύς are playing a part in it, these details will more or less look like gentle hints, for otherwise I should have to read out five or six monographs and Eutychus would have many followers in this place.

1) The leading idea is σωτηρία - σῴζω. Peter's speech at Pentecost opens with a quotation from Joel. The outpouring of the

---

[1] I may refer here to my article: "L'usage de ΣΩΖΕΙΝ 'sauver' et ses dérivés dans les évangiles synoptiques", in: *La Formation des Evangiles*, Bruges 1957, p. 178 ff. In this vol. p. 16 ff.

[2] C. H. Dodd, *The apostolic preaching and its developments*, London 1936.

Spirit is a sign that the last days "before the day of the Lord comes" have dawned: the day of judgment and doom. "And it shall be that whoever calls on the name of the Lord shall be saved" (ii 21). This Lord, Peter continues, is Jesus who was rejected by the Jews, but exalted by God. He can be appealed to as the Saviour (v 31), for everyone who believes in him receives forgiveness of sins through his name" (x 43). A summary of Peter's urgent appeal is: "Save yourselves from this crooked generation" (ii 40) and the new community of the believers are called "those who are being saved". The preaching of the Crucified and Risen Lord is always a call to turn to Him the Saviour. The message Peter will bring to the house of Cornelius will be one "by which you will be saved, you and your household" (xi 14) and this message was exactly that *kerygma* about Jesus. Paul in giving a sermon called a "word of exhortation" (xiii 15) shows how the line of Israel's history leads up to the Saviour; then after this historical introduction he directly addresses his hearers: "Brethren, sons of the family of Abraham and those among you that fear God, to us has been sent the message of this salvation" (xiii 26) ὁ λογος τῆς σωτηρίας ταύτης ἐξαπεστάλη (if ὁ λόγος . . . ἐξαπεστάλη are really taken from Ps. cvii 20, as Nestle indicates, it is remarkable that the words "of this salvation" are inserted by Luke, see also p. 363 on Ev. iii 6) and gives the *kerygma* about Jesus, ending with the words: "Let it be known to you therefore, brethren, that through this man forgiveness of sins is proclaimed to you".—This saving message is not confined to one people; the words of the prophet Isaiah xlix 6 about the "light for the gentiles" receive a new meaning when the Jews reject it. It is significant that this prophecy is quoted in the middle and at the end of the book (xiii 47 and xxviii 28), at a turning-point and the conclusion of the work. Under this point of view Luke sees also the famous discussion of the conference at Jerusalem. The issue is the question whether the men from Judea with their teaching: "Unless you are circumcised according to the custom of Moses you cannot be saved" (xv 1) are right or not, and the answer of Peter is: "we believe that we shall be saved through the grace of the Lord Jesus, just as they will" (xv 11) and that is accepted under *proviso* of some regulations for the intercourse with the jewish brethren. Paul is called by the girl slave one who proclaims the ὁδὸς σωτηρίας (xvi 17) and this way is shown to the jailer. He asking in a critical situation: "what must I do (cf. ii 37 the question of the Jews!) to be saved", receives the reply: "Believe in the Lord Jesus, and you will be saved" (xvi 30-31). Here the salvation is always the core of the message.

There are two interesting passages however where the word has a somewhat different aspect. In ch. iv the disciples are examined by the Sanhedrin for the healing of the lame man in the name of the Lord. Peter asks with that bit of humour that is sometimes found in Acts, if this good deed of healing is a reason for examination. He calls the man ὑγιής and then suddenly says: "there is salvation in no one else (sc. than Jesus), for there is no other name under heaven given by which we must be saved". This transition from ὑγίεια to σωτηρία in itself is not strange[1], because the latter word can mean in Greek: bodily health[2]. But the remarkable thing is that σωτηρία combines here the two meanings, which we usually separate. This healing of the lame is a sign of the messianic era; this healing of the body visualizes the totality of Christ's saving power. The second passage is the famous story of the shipwreck which has always puzzled the scholars. Why did Luke give this story with such great detail? Presumably not to give students of ancient history who are delighted by this information a chance of reading the Scriptures. Did Luke use a piece of novel-writing [3] to make his history more thrilling and did he intersperse it with some Christian remarks? Even if this could be proved, the question remains: why does it stand here in such an elaborate form? According to others[4] its purpose was to show how many dangers Paul had to pass before he reached his goal: preaching of the gospel in Rome. Harnack[5] pointed to xxviii 14 "and so (οὕτως) we came to Rome", but according to Luke himself there was no hurry to reach Rome; they took things easily and in the meantime something had happened, οὕτως refers to the journey as a whole. If however the chapter is read with that double meaning of σῴζω in mind it is striking that this stem is used seven times (xxvii 20, 31, 34,

---

[1] In the Synoptic Gospels it is very frequently connected with healings, see my article quoted in p. 363, n. 1.

[2] Cf. H. G. Liddell - R. Scott, *A Greek-English Lexicon*[9], Oxford 1940, II, p. 1751a.

[3] E. Norden, a.a.O., S. 313 f. gave a number of parallels; cf. also the opinion of Wellhausen, discussed by Wikenhauser, *Geschichtswert*, S. 413.

[4] So e.g. F. W. Grosheide, *De Handelingen der Apostelen* II, Amsterdam 1948, p. 415.

[5] A. Harnack, *Die Apostelgeschichte*, Leipzig 1908, S. 7.

43, 44, xxviii 1-4); this note of salvation, obscured by a translation like R.S.V. "escaped", is strong, as appears from the repetition in xxvii 44 and xxviii 1. It should be taken into consideration that the sea was an anti-divine power for the ancients; some demonic power in the service of Δίκη, Justice (xxviii 4). The heart of the story however is the vision of the angel: "Do not be afraid, Paul, you must stand before Caesar, and so, God has granted you all those who sail with you. So take heart, men, for I have faith in God that it will be exactly as I have been told" (xxvii 24-25). About the purpose of Paul's journey we will speak presently, but here it must be noticed that God who also graciously spares Paul's companions, will let him reach the goal in spite of the anti-divine power and great danger, even the bite of a viper (with which compare the words to the disciples Luke x 19: "I have given you authority to tread upon serpents and scorpions and over all the power of the enemy, and nothing shall hurt you").

This salvation is the eschatological, ultimate activity of Jesus Christ; they alone who are believing in Him will escape the coming judgment of the "great and manifest day" of the Lord. The gentiles do not know God and walked "in their own ways" (xiv 16), in ἄγνοια serving idols (xvii 29 f.); the Jews transgressed because they rejected Him who was promised. Therefore they are called to "turn from these vain things to the living God" (xiv 15) and to repentance. That Jesus is the One appointed by God is manifest in His resurrection. "God, having raised up his servant, sent him to you first, to bless you in turning every one of you from your wickedness" (iii 26), is said to the Jews and for the philosophers in Athens the real message is: "The times of ignorance God overlooked, but now he commands all men everywhere to repent, because he has fixed a day on which he will judge the world in righteousness by a man whom he has appointed, and of this he has given assurance to all men by raising him from the dead" (xvii 30-31). The background of all this is the O.T., the prophetic message and not a Hellenistic belief in saviour-Gods, the eschatological setting making all the difference. All the preaching in Acts serves this end, to make known what God has done in Christ Jesus and what will happen, since the "last days" are here. Luke uses a great many synonyms to describe this message (εὐαγγελίζομαι - λαλεῖν τὸν λόγον - κηρύσσω - καταγγέλλω - διαμαρτύρομαι). It is the "word of life" etc. It has often been noticed that the speeches show a great similarity in train of thought; although there is some variation every time according to the audience. Ultimately all these sermons serve to insist upon the same fact: the need of salvation, the Man of Salvation, the way of salvation: rejection of God, the Saviour Christ, repentance and baptism. In this connection the observation of Dibelius [1] is very much to the point, where he says that it is interesting to notice that the speeches in Acts are in the *oratio recta* and not *obliqua*, as often in pagan historiography; they are not a record of the message only, but a direct message itself.

If one reads Acts a great part of the material can immediately be subsumed under this heading: all *kerygmatic* passages are not Christological *in se*, but within this scheme: why He is the ultimate saviour; all conversion stories find here their place. This σωτηρία as an eschatological fact rests upon the resurrection of the rejected One and the gift of the Spirit. Step by step it becomes clear that "all flesh shall see the σωτήριον τοῦ θεοῦ": it comes to the Jews, but also to the Gentiles, the door of faith (xiv 27) is opened. The reality of this salvation becomes manifest in the healing of men, because it is the great restoration. Therefore the healing-stories can all be seen in this perspective: the saving name of Jesus. This σωτηρία is the determining and decisive factor of the book both in places when it is explicitly mentioned or indicated through the general pattern and parallelism of thought (e.g. the liberation of Peter (ch. xii)).

But can men be sure about it? Is the enthusiasm of the Spirit no drunkeness (ii 13); was He who "hung upon the tree" not doomed (v 30); was the resurrection not a laughable story, rejected by leading Jews the Sadducees, the Greek philosophers (xvii 33) and Roman officials (xxvi 24)?

2) These questions are answered by a second fundamental conception: the *Witness* (μάρτυς). The following related words are used: μαρτυρία - μαρτύριον - μαρτύρομαι - διαμαρτύρομαι - ἀμάρτυρος.

Many studies have been devoted to it, especially in connection with the later development to "martyr" in its specific sence [2].

---

[1] M. Dibelius, a.a.O., S. 144.

[2] R. Schippers, *Getuigen van Jesus Christus in het Nieuwe Testament*, Franeker 1938 (thesis Free University, Amsterdam); H. Strathmann, μάρτυς in: G. Kittel, *Theol. Wörterbuch*, Bd. IV, Stuttgart 1942, S. 477 ff., who also mention other literature. H. von Campenhausen, *Die Idee des Martyriums in der alten Kirche*, Göttingen 1936, S. 30 ff.

Except in these cases where it is used for somebody who is a man of good repute (vi 3, x 22, xvi 2, xxii 12) it is always connected with the revelation in Jesus the Christ. The word has its background in the legal sphere, but is not confined to that. The best general definition of it is: to give an authentic statement concerning the truth, in this case: concerning Gods salvation in Christ. Jesus had bequeathed to his disciples the task of being His witnesses (Luke xxiv 47-Acts i 8) and this commandment of the Lord stands as a frontispiece of the book. One passage of Peter's speech to Cornelius shows the full force of its meaning: after having spoken about the man Jesus Christ by whom the good news of peace is brought he continues: "and we are witnesses to all that he did both in the country of the Jews and in Jerusalem. They put him to death by hanging him on a tree; but God raised him on the third day and made him manifest, not to all the people but to us who are chosen by God as witnesses ... and he commanded us to preach to the people and to witness most clearly that he is the one ordained by God to be judge of the living and the dead. To him all the prophets bear witness, that every one who believes in him receives forgiveness of sins through his name" (x 39 ff.); 5 times in these 5 verses!

People who hear the message can be sure about it, because it is guaranteed by the prophets as a promise of the coming salvation and the actuality of the resurrection by those who saw it. In a specific sense the apostles are the people who can bear witness, because they were eyewitnesses of the resurrection (i 22, iii 15, v 32). Their work is διαμαρτύρεσθαι, that Jesus is the Christ, the Anointed One (xviii 5) by the argument of the Scriptures and their fulfilment. So Peter acts; in the same way Stephen is called "thy witness" (xxii 20), because he has seen Jesus in glory (vii 56). So the work of Paul is characterized. In his own words it is expressed: "to teach you in public and from house to house, διαμαρτυρόμενος Ἰουδαίοις τε καὶ Ἕλλησιν τὴν εἰς θεὸν μετάνοιαν καὶ πίστιν εἰς τὸν κύριον ἡμῶν Ἰησοῦν, it was the διακονία he had received from the Lord Jesus διαμαρτύρασθαι τὸ εὐαγγέλιον τῆς χάριτος τοῦ θεοῦ (xx 24). In accordance with his own statement (1 Cor. ix 5) Paul is regarded here as a witness, because he has seen the risen Lord. It is from this point of view that the long-winded story of Paul's trial in Jerusalem and Caesarea must be looked upon. Obviously these chapters xxi-xxviii the end of the book(!) do not contain much about the σωτηρία, but they are an assurance of Paul's activity.

It is the typical discharge of his task which does not end with death in Jerusalem as he had expected (xx 22 ff.). In the first conversion-story his task is defined by the words: "a chosen instrument of mine to carry my name before the gentiles and kings and the sons of Israel" (ix 15); in the second account it reads: "you will be a witness for him to all men of what you have seen and heard"; in the third report he relates the words of Jesus: "for I have appeared to you for this purpose, to appoint you to serve and bear witness to the things in which you have seen me and to those in which I will appear to you" (xxvi 16). This is done before the Sanhedrin, the Roman governors and Agrippa. What he has done, was no evil, but the accomplishment of his task: "as I stand here testifying (διαμαρτυρόμενος) both to small and great, saying nothing but what the prophets and Moses said would come to pass: that the Christ must suffer and that, by being the first to rise from the dead, he would proclaim light both to the people and to the gentiles" (xxvi 22, 23). He brings this testimony even before the highest court in Rome. That happens most clearly as a work not of men, not even of Paul himself, but of God's will. In the beginning of his imprisonment at Jerusalem the Lord appeared to him in a vision; saying: θάρσει· ὡς γὰρ διεμαρτύρω τὰ περὶ ἐμοῦ εἰς Ἱερουσαλήμ, οὕτω σε δεῖ καὶ εἰς Ῥώμην μαρτυρῆσαι (xxiii 11). This is the deciding factor, the heading of the whole story.

What Jesus "had done and taught" (i 1) reflects itself in the witness of the apostles who are bound to speak "what they have heard and seen" (iv 20, xxii 15). Because it is the saving revelation of God They speak with παρρησία [1], this frankness which is a standing characteristic of their preaching and a special gift of God (iv 29-31, ix 27 f.). Quite plainly these uneducated men speak before the Jewish leaders (iv 13), quite plainly they reveal the plan of God (xiii 46-xiv 3). In the persons of these witnesses there is a remarkable parallelism with the work of their Lord (healings - opposition), most obviously in the death of Stephen, Mt. x 24, Joh. xiii 16, xv 20, Luke vi 40 [2].

[1] H. Schlier, παρρησία, in: G. Kittel - G. Friedrich, *Theol. Wörterbuch*, Bd. V, Stuttgart 1954, S. 869 ff.

[2] The parallelism between the death of Jesus and that of Stephen has often been observed, see *e.g.* H. von Campenhausen, a.a.O., S. 146 f.—The theme "the apostle as imitator of his Lord" is a recurring one in Acts; a treatment of it must, however, be postponed to a later occasion.

This element of the "testimony" by the witnesses and its importance in the work of Luke comes to light in quite a different manner namely in a formal characteristic of this book. The interesting parallelism between Peter and Paul has always attracted the attention of scholars (the same preaching, even with the same proof-texts; conflict with the magicians; healing of a lame man; defence against the Jews). But this is not a special feature of these two. There is much of this kind. From the 7 deacons two are mentioned because of their preaching. Paul makes his first journey with Barnabas, later he chooses Silas. The eye once being struck by this fact discovers everywhere this repetition e.g. three times Pauls conversion is told—twice the history of Cornelius; there are scores of such double texts. Morgenthaler has made a careful study of this phenomenon in his: "Die lukanische Geschichtsschreibung als Zeugnis" [1] to which I may refer. He aptly sees behind it the rule of the Torah, Deut. xix 15: "at the mouth of two witnesses, or at the mouth of three witnesses shall a matter be established", quoted elsewhere in the N.T.[2]. The whole book is meant as a witness to the truth! And it will be remembered that Luke himself declared it his aim ἵνα ἐπιγνῶς περὶ ὧν κατηχήθης λόγων τὴν ἀσφάλειαν (R.V. the certainty). He used the historical material for it according to the standards of his time, as they are expressed by Josephus in his *Contra Apionem* [3].

3) This witness is strong, because it is not only given by men, but it is *brought by God Himself.* This comes to light in several features of Acts. In the light of Hebr. ii 4 the most important evidence of it consists in the "*signs and wonders*". They are announced in the prophecy of Joel, wrought by Jesus as signs of the "last days" (ii 22). Peter and his company did them (v 12) but they are not done by the disciples themselves, their power and piety (iii 12); they are a response to their prayer: "And now, Lord, look upon their threats, and grant to thy servants to speak thy word with all boldness, while thou stretchest out thy hand to heal, and signs and wonders are performed through the name of thy holy servant

---

[1] R. Morgenthaler, *Die lukanische Geschichtsschreibung als Zeugnis,* Zürich 1948, 2 volumes.

[2] These texts have been discussed by H. van Vliet, *No single testimony,* Utrecht 1958 (thesis Utrecht).

[3] See my article: "Opmerkingen over het doel van Lucas' geschiedwerk", in: *Nederlands Theologisch Tijdschrift* IX (1955), blz. 323 ff. (see above pp. 6 ff.)

Jesus" (iv 29, 30). These signs are a confirmation of the word, as appears also in xiv 3 "speaking boldly for the Lord, who bore witness to the word of his grace, granting signs and wonders by their hands" (cf. xv 12). This is the other side [1] of the miracle-stories in Acts.

The gift of the Spirit is also a manifestation of Gods activity (ch. ii, x). It is not man's design but God's that realizes itself and men cannot stop it. The progress of the missionary work is not planned by the disciples, but pushed along by God. The disciples have to wait (i 8) before they can proclaim the mighty deeds of God. They are not leaving Jerusalem to preach abroad, but a persecution is necessary (viii 1 ff.). Paul's great work does not take place immediately after his conversion, but at least 10 years later and a special and solemn instruction of the Spirit commands to send him out and at the end "he declared all that God had done with them" (xiv 27, xv 4) [2]. God was with them (cf. xi 26) as He was with Christ (x 38) and Joseph (vii 9). The experience of Paul (Rom. viii 28): "we know that in everything God works for good with those who love him, who are called according to his purpose" is confirmed here. Persecution, opposition and threats of the Jews serve to the furtherance of the gospel (cf. ch. xiii-xiv, xvii-xviii). It is God who adds to the church (ii 47 par.). Through heavenly visions, also foretold as a sign of the "last days", the disciples are encouraged (xviii 9, xxiii 11-27) and the way is shown to them (ch. x very conspicuous - xvi). The plan of God is unfolded—again and again δεῖ is used: in the life of Christ and in that of his disciples[3].

4) The fourth point is the *reception of this message*. When it is proclaimed and manifests itself people are called to a decision; a division between men who reject and who accept it is to be seen (ii 12-13, xvii 4-5, 32, xiv 4, xxviii 25). On the one hand the admonition of Gamaliel not to fight against God does not do any good. The speech of Stephen is one continuous charge against the Jews because of their disobedience which showed itself in the types of

[1] They have of course also the character of demonstrating the saving power of Jesus' work, see p. 51.

[2] Since the delivery of these lectures I investigated this expression in: "Dominus Vobiscum, the background of a liturgical formula", in: *New Testament Essays, studies in memory of T. W. Manson,* ed. A. J. B. Higgins, Manchester 1959, p. 270 ff. (see vol. 3).

[3] E. Fascher, "Theologische Beobachtungen zu δεῖ", in: *Neutestamentliche Studien für Rudolf Bultmann,* Berlin 1954, pp. 228 ff.

Christ, Joseph and Moses: "You, stiffnecked people, uncircumcised in heart and ears, you always resist the Holy Spirit" (vii 51). The jealousy of the Jews against Paul, their plots against his life are prominent in the second part. In the sphere of paganism the opposition comes from the magicians, from the philosophers and the religion of the city-god, yea it comes from the church itself (xv 20). On the other hand there is a tone of gladness running through these pages: in Samaria when the word is preached there, and when they later on hear the reports of the growth of the gospel; when the gentiles receive the word (viii 14, xiv 27). The apostles are examples of obedience: Peter immediately after his liberation goes to the temple to preach—Philip follows up an in itself silly command to go to the deserted place where nobody could be expected (viii 26) and Paul declares: "I was not disobedient to the heavenly vision" (xxvi 19). It leads to growth in spite of the opposition, for mighty men like Herod are only straw in the hands of God; they die but the Word multiplies. This opposition is a strong temptation and therefore the churches are warned, admonished (παρακαλέω) and strengthened by various visits.

The two volumes of Luke's work show: this is the way of the Word in this world, the Word of God, the Word of Salvation. These various motifs are not separate lines of thought, but various aspects of *one* great fact: God's plan of σωτηρία, how it came to the world in Jesus Christ and how it built the solid bridge across to them who did not see Jesus incarnate. Acts is the confirmation (βεβαίωσις) of what God did in Christ as told in the first book. The gospel is not the "initium christianismi", as Käsemann held[1], but the ἀρχὴ σωτηρίας and Acts confirms it as the word for the world.

Both Gospel and Acts are dedicated to a certain Theophilus who is an unknown figure, perhaps a Roman official (κράτιστος). Some years ago my compatriote Mulder tried to make it plausible from Acts that this Theophilus was a φοβούμενος τὸν θεόν [2], a man who was on the brink of Christianity and wanted to have certainty. Our analysis of the book would excellently fit this theory, especially if we assume that this Theophilus lived in Rome, though we have

---

[1] E. Käsemann, a.a.O., S. 137.

[2] H. Mulder, "Theophilus de 'Godvrezende' ", in: *Arcana Revelata, een bundel Nieuw-Testamentische studiën aangeboden aan Prof. Dr. F. W. Grosheide*, Kampen 1951, blz. 77 ff.

no external evidence to make this certain. It may be that Luke compiled his book for people like those in Hebrews who were wavering in their faith. At any rate Luke calls on history as a sure foundation for the message: in these last days there is salvation for all who believe in Jesus Christ!

In these lectures I have strictly confined myself to the task of elucidating the purpose of Acts. We did not enter into the problems of historical criticism important though they are for a further study of the book. I hope that my conclusion: *this book is not a "metabasis eis allo genos", but a legitimate sequel and complement to Luke's gospel because it formed its confirmation,* may meet with your approval. For if it can be accepted it is not only a gain for N.T. theology, but also for the preaching of the gospel to-day.

DIE ANKLAGE GEGEN DIE APOSTEL IN PHILIPPI *
(Apostelgeschichte xvi 20f)

Die Apostelgeschichte im Neuen Testament ist neben anderen Dingen auch ein besonders wichtiges Dokument für die ältesten Beziehungen zwischen „Antike und Christentum", und zwar in zweifacher Hinsicht. Erstens ist das Buch als Ganzes ein interessantes Zeugnis für die Weise, in der der Verfasser Art und Verbreitung der christlichen Botschaft in der alten Welt seinen hellenistisch-gebildeten Lesern vorstellte. Die Frage ist hier, wieweit Lukas[1] in der Darstellungsform und auch inhaltlich „hellenisiert" hat. Daneben aber wird in mancher Einzelgeschichte die Auseinandersetzung, das Aufeinanderprallen von Christentum und antiker Kultur und Religion uns plastisch vor Augen geführt. Annäherung und Distanzierung sind bezeichnende Merkmale des Prozesses, der sich in der Apostelgeschichte kundgibt.

Dem verehrten Jubilar, der sich um die Erforschung der Beziehungen zwischen „Antike und Christentum" so hochverdient gemacht hat, möchte ich in dieser Festschrift eine Dankesgabe darbieten, die einer dieser Einzelgeschichten gewidmet ist.

In der Erzählung der Erlebnisse Pauli und seiner Mitarbeiter in Philippi (Act. xvi 11 ff.) beschreibt Lukas einen Zusammenstoß der Jünger Jesu Christi mit dem „Heidentum". Dabei wird eine Anklage der „Römer" gegen die Christen erhoben, die als eine der ersten ihrer Art einer Untersuchung wert ist.

Als Paulus und Silas mehrere Tage von einer wahrsagenden Sklavin verfolgt wurden, so erzählt Lukas, wird ihm dies lästig und Paulus treibt den Geist aus dem Mädchen. Ihre Besitzer verklagen deswegen Paulus und Silas bei den Stadtbehörden mit diesen Worten: οὗτοι οἱ ἄνθρωποι ἐκταράσσουσιν ἡμῶν τὴν πόλιν, Ἰουδαῖοι ὑπάρχοντες, καὶ καταγγέλλουσιν ἔθη ἃ οὐκ ἔξεστιν ἡμῖν παραδέχεσθαι οὐδὲ ποιεῖν Ῥωμαίοις οὖσιν. Diese Anklage wird nicht untersucht, sondern die Apostel werden ohne weiteres gegeißelt und ins Gefängnis geworfen.

---

* Erschienen in *Mullus, Festschrift für Th. Klauser,* Jahrbuch für Antike und Christentum, Erg. Bd. I, Münster 1964, S. 366-373.

[1] Der Name „Lukas" wird in diesem Aufsatz bequemlichkeitshalber gebraucht, ohne damit etwas über die Verfasserfrage zu entscheiden.

Diese Anklage ist deshalb so interessant, weil sie in der Apostelgeschichte einzigartig dasteht. Zwar verweist die Textausgabe von Nestle-Aland „in margine" auf Act. xvii 6 und xxiv 5 als Parallelen. Da werden die Apostel auch als Unruhestifter angeklagt, aber sowohl die Gegner als die Begründung sind ganz andere. In diesen beiden Fällen sind es Juden, die die Klage erheben und nicht Römer wie in xvi 20 f.; im ersten Falle werden die Apostel der Revolution gegen den römischen Kaiser bezichtigt, weil sie einen anderen βασιλεύς predigen; im zweiten Falle wird Paulus denunziert als ein Mann, der das Judentum in der ganzen Welt in Unruhe versetzt. Hier in xvi 20 f handelt es sich um Unruhen unter Römern und um die Einführung neuer Sitten. Das ist auch eine andere Formulierung als in Act. xix 27, wo die Anklage auf Untergrabung der städtischen Religion lautet.

Beim Vergleich mit den anderen Anklagen zeigt sich noch eine Besonderheit: die anderen lassen sich direkt als eine Reaktion auf die uns bekannte Predigt des Apostels verstehen, während die in Philippi jedoch schwerlich damit zusammengebracht werden kann.

Die Merkwürdigkeit dieser Beschuldigung wird auch ersichtlich, wenn man sie vergleicht mit den Verdächtigungen, die später von den „Heiden" gegen die Christen geäußert wurden. Wenn diese in der christlichen Apologetik des 2. und 3. Jh. hörbar werden, vernimmt man allerhand Vorwürfe, dabei spielt aber das Thema der Sitten keine Rolle. Man kann also nicht sagen, daß Lukas hier ein Motiv der christlichen Apologetik aufnimmt, besonders nicht, weil diese Anklage nicht Ausgangspunkt für eine Verteidigung wurde; die Sinnlosigkeit dieser Beschuldigung wird — in typisch lukanischer Weise — wie im Vorübergehen in Vs. 37 ἀνθρώπους Ῥωμαίους ὑπάρχοντας — dargelegt, wo Paulus sich über die Mißhandlungen, nicht über die Falschheit der Anklage beschwert.

Die Formulierung dieser besonderen Anklage stellt uns vor einige Fragen, die m. E. bisher in den Kommentaren nicht genügend beachtet und genau beantwortet worden sind. Seit dem 17. Jh. wird meistens gesagt[1], daß es sich hier um die Einführung

---

[1] Von den Kommentaren wurden zu Rate gezogen: von den älteren Casaubonus, Grotius und Pricaeus, in den „Critici Sacri"; Wettstein; von den neueren: de Wette - F. Overbeck (1870), H. H. Wendt [6-7] (1888), H. J. Holtzmann[3] (1902), J. M. S. Baljon (1903), R. J. Knowling (o. J., ca. 1910), E. Preuschen (1912), R. B. Rackham[6] (1912), G. Hoennicke (1913), R. Knopf[3] (1917), A. Loisy (1920), Th. Zahn (1921), E. Jacquier (1926), F. J. Foakes Jackson (1931), J. de Zwaan[2] (1931), K. Lake - H. J. Cadbury

von neuen Göttern handelt, daß es den Römern nicht erlaubt war, diese anzunehmen[1], daß das Judentum zwar eine „religio licita" war, aber keine Proselyten machen durfte. Dazu kann man sagen, daß diese Bemerkungen an sich zwar richtig sein können — das brauchen wir hier nicht zu untersuchen —, aber eben der Anklage, so wie sie dasteht, nicht gerecht werden, denn diese sagt nichts über neue Götter oder[2] einen neuen Gott, sondern spricht von der Einführung unerlaubter ἔθη. Wenn man das eine gemeint hat, weshalb hat man dann etwas anderes gesagt? Dabei sollte man auch die religiöse Lage in der „Colonia Augusta Julia Philippinensis" beachten. Das wird meistens in den Büchern und Aufsätzen, die sich mit „Philippi im Neuen Testament" befassen, nicht getan[3]. Bei den sehr umfangreichen Ausgrabungen[4] hat man nicht nur viele deutliche Zeugnisse für die Verehrung römischer und einheimisch-thrakischer Götter aus dem 1. Jh. n. C. gefunden, sondern auch — und zwar innerhalb der Stadt — solche für den Kult des kleinasiatischen Gottes Men und der ägyptischen Götter in einem Isaion. Diese Götter hatte man in Philippi also tatsächlich aufgenommen; dadurch wird natürlich die Verbindung von Gesetzen gegen fremde Götter mit unserem Text eine ziemlich fragwürdige Sache.

(1933), A. Steinmann[4] (1934), O. Bauernfeind (1939), H. W. Beyer[4] (1947), F. W. Grosheide (1950), O. Dibelius[5] (1951), J. Keulers[2] (1952), A. Wikenhauser[2] (1953), F. F. Bruce (1954), G. H. C. Macgregor (1954), C. S. C. Williams (1957), L. Cerfaux - J. Dupont[2] (1958), E. Haenchen[13] (1961), G. Stählin (1963).

[1] Man verweist dann auf Cicero, De Legibus 2,8: Separatim nemo habessit deos neve novos neve advenas nisi publice adscitos privatim colunto; Julius Paulus, Sent. 5, 21, 2: qui novas et usu vel ratione incognitas religiones inducunt ex quibus animi hominum moventur honestiores deportantur, humiliores capite puniuntur; Servius ad Aen. 8, 187: cautum fuerat et apud Athenienses et apud Romanos, ne quis novas introduceret religiones; unde et Socrates damnatus est, et Chaldei vel Judaei urbe depulsi (ist das letzte ein Nachklang von der Geschichte, die wir später besprechen werden, s. S. 383)?

[2] Das hat Grosheide richtig bemerkt ohne jedoch daraus weitere Konsequenzen zu ziehen.

[3] Eine Ausnahme bilden die Kommentare von M. Jones und F. W. Beare zum Philipperbrief.

[4] G. Picard, Les dieux de la colonie de Philippes vers le Ie siècle de notre ère d'après les ex-voto rupestres: Revue de l'Histoire des Religions 86 (1922) 117/201; P. Collart, Philippes, ville de Macédoine depuis les origines jusqu'à la fin de l'époque romaine (Paris 1937) 2 vols. (thèse de Génève); P. Lemerle, Philippes et la Macédoine orientale à l'époque chrétienne et byzantine 1/2 (Paris 1945) (= Bibl. Ecoles françaises d'Athènes et de Rome, fasc. 158).

Auch die Frage, ob das Judentum „religio licita" war, hat, wie Steinmann richtig bemerkte, mit dem Anklagepunkt nichts zu tun. „Denn die Apostel werden nicht deswegen angeklagt, weil sie Juden sind, sondern weil sie als Juden durch ihre Propaganda die öffentliche Ruhe stören. Diese Ruhe störten sie durch die Verkündigung einer neuen Lebensordnung". Ob das etwas mit der Vertreibung der Juden aus Rom durch Claudius zu tun hat, wie Steinmann annimmt, ist fraglich; das wird jedenfalls hier nicht erwähnt (im Gegensatz zu Act. xviii 2). Aber worin liegt dann eigentlich der Grund für diese Anklage? Weshalb wird gesagt, daß die Einwohner von Philippi als Römer die jüdischen „Sitten" nicht annehmen und ausüben dürfen, und weshalb ist diese neue Lebensordnung so gefährlich? Daß durch die Vertreibung des πύθων die Römerwürde der stolzen Stadt verletzt wurde, wie Bauernfeind behauptet, ist nicht recht einzusehen und wird auch nicht gesagt: die Herren bringen etwas vor, was ihrer Meinung nach viel wirksamer ist. Haenchen meint, daß die für die Römer unannehmbaren Sitten sich nicht näher bestimmen lassen; es wird sich zeigen, daß dies eine unnötige Resignation bedeutet. Richtig bemerkt er, daß Paulus wohl nicht die Beschneidung gepredigt hat, aber wie er dann auf die Vermutung verfällt, daß es vielleicht die Sitte des „heiligen Kusses" sei, ist recht sonderbar.

Oft wird auch gesagt, daß durch diese Anklage der Antisemitismus heraufbeschworen wurde, da unter den Römern eine stark anti-jüdische Gesinnung lebte. Gewiß mag diese vorhanden gewesen und durch die Anklage angefacht worden sein, aber eigentlich ist davon doch nicht die Rede, denn es handelt sich hier nicht um latente oder öffentliche Stimmungen, sondern sehr klar um etwas, was nicht legal, was unerlaubt (οὐκ ἔξεστιν) ist.

Rackham hat darauf hingewiesen, daß „these customs interfered, for instance, with services in the army and with the various ceremonies connected with the public state worship". Wenn er dann aber fortfährt: „Without inculcating specifically Jewish customs, St. Paul certainly turned away his converts from idols, and therefore from the worship of Rome and the Augustus", sucht er wohl einen Grund, sagt aber mehr als hier steht und es läßt sich fragen, ob diese Folgerungen wirklich das Richtige treffen [1].

---

[1] Noch weiter geht F. W. Beare, Philippians (London 1959) 12: "Abusive and unjust as they are, the words clearly presuppose that the apostles have not confined themselves to chats with a few women by the riverside or to

Ist es möglich, diese Geschichte, so wie sie dasteht, als eine geschlossene Einheit zu verstehen, natürlich unter der Voraussetzung, daß Lukas bestimmte Dinge, die für seine Leser selbstverständlich waren, kurz andeutet, während wir, moderne Leser, diesen Hintergrund mühevoll rekonstruieren müssen?

Es ist an sich bemerkenswert, daß in dieser Erzählung nichts gesagt wird über eine Predigt des Apostels an die „Heiden". Es wird nur gesagt, daß er ein und abermal zu der „Gebetsstelle" geht (V. 13, 16), wie er zu Frauen predigt und von einer „Gottesverehrerin" Lydia aufgenommen wird. Die Beziehungen zu der (kleinen) jüdischen Gruppe sind nicht gestört. Im Gegensatz zu anderen Geschichten in den Acta wird hier nichts gesagt über einen Streit zwischen den Juden und den Aposteln; sonst wird dann immer erzählt, daß Paulus, nachdem die Juden sein Zeugnis verworfen haben, zu den „Heiden" geht. Davon ist hier jedoch nicht die Rede. Als Paulus wieder zur Gebetsstelle geht, wird ihm von einer wahrsagenden Sklavin nachgerufen; das ist der erste und einzige Kontakt mit dem „Heidentum". Als Paulus die Sklavin durch einen Machtspruch (Vs. 18) geheilt hat, kommt die Anklage. Natürlich konnten die Herren der Sklavin weder ihre Gewinneinbuße noch die Heilung als Grund eines Einschreitens gegen die Apostel vorbringen, denn diese waren an sich nicht strafwürdig. Wie kommen sie aber zu dieser Anklage in dieser Formulierung?

Die Apostel werden der Unruhestiftung bezichtigt. Daß sie „Juden" sind, steht ohne weiteres fest, da sie zum Gebetsplatz gegangen sind. Ob sie ein besonderes „Judentum" predigen oder aber was sie als „Christen" verkündigen, wird nicht gefragt, und ist hier eigentlich irrelevant.

Ist das Judentum dann an sich revolutionär? Das wird nicht gesagt, denn die Beschuldigung lautet nicht einfach, daß sie Unruhen verursachen, da sie Juden sind, sondern fährt mit einem zweiten Satzteil fort, der mit dem ersten durch καί verbunden wird. Dieses καί soll man epexegetisch verstehen[1], jetzt wird der eigentliche Grund angegeben, was „diese" Juden tun: „und zwar

---

quiet prayermeetings in the house of Lydia. They would be utterly pointless, if they did not rest upon the common knowledge that Paul and his company had been publicly seeking converts among the Gentiles". Davon wird eben nichts gesagt! Und solche Hypothesen ohne Textgrundlage sind „pointless", denn Lukas ist hier sehr explizit.

[1] W. Bauer, Wb.[5] 776 s. v. καί 3.

verkündigen sie Sitten, die wir nicht annehmen oder üben dürfen, da wir Römer sind".

Der Gegensatz ist hier also nicht, wie oft in der antiken Welt, „Griechen — Barbaren", sondern „Juden — Römer", und dabei spielen die ἔθη eine Rolle. Folgende Fragen müssen dabei beantwortet werden:

1) Was sind diese ἔθη, welche den Unterschied zwischen Juden und Römer ausmachen?

2) Weshalb haben die jüdischen Gewohnheiten solch eine staatsgefährdende Wirkung?

3) Weshalb war es den Römern nicht erlaubt, sie anzunehmen?

4) Woher stammt diese Anklage, die doch in der Geschichte nicht vorbereitet zu sein scheint?

1) In den Acta wird das Wort ἔθος noch fünfmal gebraucht für die jüdischen Sitten, die entweder im mosaischen Gesetz oder in der Tradition gegeben waren (vi 1; xv 1; xxi 21; xxvi 3; xxviii 17). Dazu gehörte die Beschneidung (xv 1; in xxi 21 nebeneinander). Die Bedeutung ist jedoch nicht nur auf jüdische Gewohnheiten beschränkt. In xxv 16 wird das Wort auch im Zusammenhang mit den Römern für die Regel des Prozeßverfahrens gebraucht.

Mehr Licht in dieser Sache empfängt man bei Lukas' Zeitgenossen, dem jüdischen Historiker Josephus; denn da findet man viele Stellen, die über die ἔθη als Reibungspunkt zwischen den Juden und ihrer Umgebung handeln. In diesem Zusammenhang ist es nicht möglich, das ganze Material zu besprechen; das würde zu weit führen und ich hoffe anderswo dazu Gelegenheit zu haben. Im allgemeinen kann man wohl sagen, daß diese Kategorie bei ihm eine bedeutende Rolle spielt in den Beziehungen zwischen Juden und Nicht-Juden; dadurch zeigt sich der besondere Charakter des jüdischen Volkes, und Übergang zum Judentum bedeutet Annahme jüdischer Sitten [1].

Hier seien nur einige Beispiele zur Erläuterung angeführt. Sehr aufschlußreich sind die Erlasse, die römische Autoritäten an kleinasiatische Städte gerichtet haben; Josephus gibt diese in Ant. 14, 10 in einer langen Reihe wieder zum Beweis für die Ehrungen, die das jüdische Volk von Seiten der Römer genossen hat [2].

---

[1] z.B. erwähnt Josephus auch die „Sitten" in Erzählungen von erzwungenen oder freiwilligen Übertritten zum Judentum (Ant. 13,9,1; 20,2/4; 20,7).

[2] Vgl. darüber Schürer 3, 13 ff (aus der Zeit von etwa 40 v. C.).

Ant. 14, 10, 12 Dolabella an Ephesus: „... daß seine Bürger (des Hyrkan) nicht Kriegsdienst leisten könnten, weil sie weder Waffen tragen noch marschieren dürften an den Sabbattagen noch ihre heimischen und gewohnten Nahrungsmittel sich verschaffen könnten. Daher befreie ich sie ... von allem Kriegsdienst und gestatte ihnen, ihren heimischen Bräuchen (πατρίοις ἐθισμοῖς) zu folgen und sich zu versammeln zu Opfern und Gottesdiensten ... sowie Geld für die Opfer beizutragen ..." [1].

Ant. 14, 10, 17 Lucius Antonius an Sardes: „Da die Juden, die unsere Bürger sind, mich angegangen und mir erklärt haben, sie hätten nach ihren heimischen Gesetzen von Anfang an eigene Zusammenkünfte und einen eigenen Platz, wo sie ihre Angelegenheiten und ihre inneren Streitigkeiten entscheiden ließen, so bestimme ich, daß ihnen das zugestanden werde ...".

Ant. 14, 10, 20 Archonten von Laodicea an den Konsul Gaius Rabilius: „... es möge ihnen gestattet sein, ihre Sabbate zu halten und die übrigen Feste nach ihren heimischen Gesetzen zu feiern".

Ant. 14, 10, 23 Beschluß von Halicarnassus: „... daß es allen Juden, ... Männern wie Frauen, freisteht, sowohl die Sabbate zu halten wie auch die Opfer nach den jüdischen Gesetzen darzubringen und ihre Gebetsstätten (προσευχαί) am Meer nach der heimischen Sitte (πάτριον ἔθος) zu errichten" [2].

Ant. 14, 10, 25 Beschluß der Epheser: „... niemand soll in der Beobachtung des Sabbattages behindert noch deswegen bestraft werden; es soll ihnen freistehen, alles nach ihren eigenen Gesetzen zu tun".

In Ant. 16, 2, 3 wird erzählt, wie die Juden von Jonien, als Agrippa und Herodes dort verbleiben, sich beklagen, weil sie in der Ausübung der väterlichen Gesetze gehindert, an heiligen Tagen vor Gericht geladen und des heiligen, für Jerusalem bestimmten Geldes beraubt würden. Deshalb hielt Nicolaus eine Verteidigungsrede für die Juden, aus der folgende Sätze angeführt seien: „Wollte man aber diese fragen, was sie lieber von diesen zwei Dingen verlieren wollten, ihr Leben oder ihre heimischen Bräuche (τὰ πάτρια ἔθη), die Festzüge, die Opfer, die Feste ..., so weiß ich gewiß, daß sie lieber alles erdulden wollten, als etwas von ihren heimischen Sitten aufzugeben ... Nichts von unseren Sitten ist

[1] In den folgenden Paragraphen werden dieselben Dinge genannt.

[2] Auch in Sardes wird solch ein Beschluß gefaßt (24).

unmenschlich, alles ist fromm ... Und wir verbergen unsere Vorschriften nicht ... Der siebente Tag jeder Woche ist für die Unterweisung in unseren Sitten und Gesetzen bestimmt; .. gut sind ... in sich selbst die Sitten, altehrwürdig aber für uns ...". Sie bitten, „ferner keine Unbill zu erleiden, nicht verhöhnt zu werden, in der Befolgung unserer Sitten nicht behindert zu werden, unseres Vermögens nicht beraubt zu werden ...". Die Entscheidung des Agrippa lautet: „ ... daß sie unbelästigt ihre heimatlichen Sitten beibehalten sollen" [1].

Schließlich sei noch der Beschluß des Claudius erwähnt, denn damit sind wir in der Zeit des Paulus. In seinem berühmten Brief an die Alexandriner schreibt er: ἐῶσιν αὐτοὺς τοῖς ἔθεσιν χρῆσθαι [2].

Josephus fügt noch ein Rundschreiben an alle Völker des Reiches hinzu (ant. 19, 5, 3): „ ... daß die Juden in der ganzen uns untergebenen Welt ihre heimischen Sitten (τὰ πάτρια ἔθη) ungehindert beobachten ... und die Religionen der anderen Völker nicht verachten, sondern ihre eigenen Gesetze beobachten". Diese Entscheidung war rechtskräftig für alle Städte und Kolonien innerhalb und außerhalb Italiens. Aus diesen Texten geht klar hervor, was man unter ἔθη versteht: Unmöglichkeit des Kriegsdienstes, Sabbatfeier, Speisegesetze, Geldsendungen nach Jerusalem, Sondergerichtsbarkeit, also im allgemeinen ein Leben nach dem jüdischen Gesetz, das die Römer den Juden tatsächlich erlaubt haben.

2) In unserem Text steht nicht, daß die Einwohner von Philippi die Juden behelligt haben, sondern daß es den Römern nicht erlaubt sei, solche ἔθη anzunehmen und zu üben. Das hätte für sie Revolution bedeutet. Weshalb nicht?

Man kann darauf hinweisen, daß die Juden durch ihre eigenen Gesetze eine Art von Fremdkörper bildeten und auch als solcher empfunden wurden [3]. Auch bei Josephus, Ant. 16, 2, 4 widerlegt Nicolaus die Verleumdung, daß die jüdischen Sitten „unmenschlich" seien. Dadurch wurde die Gemeinsamkeit des Volkslebens beeinträchtigt. Die Annahme dieser Sitten wurde von den Römern als ἀθεότης empfunden, wie aus dem bekannten Bericht über

---

[1] In Ant. 16, 6 wird eine Anzahl von Dekreten aus der Zeit des Augustus mitgeteilt, die an sich eine Bestätigung des früher Mitgeteilten sind, aber für unseren Zweck keine neuen Gesichtspunkte geben.

[2] H. I. Bell, Jews and Christians in Egypt (London 1924) 25; vgl. Josephus, Ant. 19, 5, 2.

[3] Für die Kritik gegen die Juden, s. Schürer 3, 151 ff.

Domitilla und Clemens bei Cassius Dio, Epit. 67, 14 hervorgeht: ἐπηνέχθη δὲ ἀμφοῖν ἔγκλημα ἀθεότητος, ὑφ' ἧς καὶ ἄλλοι ἐς τὰ τῶν Ἰουδαίων ἔθη ἐξοκέλλοντες πολλοὶ κατεδικάσθησαν [1].

Die Worte von Tacitus, Hist. 5, 4 zeigen, wie schrecklich der Übergang ,,in morem eorum'' ist, und er nennt ,,Iudaeorum mos absurdus sordidusque'' (5, 5). Damit haben wir die lateinische Übersetzung für ἔθη, nämlich ,,mores''. In seiner Dissertation über ,,Mos maiorum'' hat H. Rech die große Bedeutung dieses Begriffs für das römische Leben gezeigt. Nach vielen antiken Autoren sind ,,Hochhaltung des ‚mos maiorum' und Befolgung der ‚exempla maiorum' . . . Gewähr für Roms Aufstieg und Größe'' [2]. Aus den vielen Texten, die hier angeführt werden könnten, greifen wir einige Beispiele heraus, die klarmachen, wie nach römischer Anschauung das Staatswesen und die Größe Roms auf diesen ,,mores'' gegründet war. Diese Meinung hegte nicht nur ein Republikaner wie Cicero; sie wurde auch bewußt durch die augusteische Renaissance gepflegt und propagiert.

Ennius (bei Cicero, De Rep. 5, 1): Moribus antiquis res stat Romana virisque.

Cicero, De Rep. 3, 41: de posteris nostris et de illa immortalitate rei publicae sollicitor, quae potuerat esse perpetua, si patriis viveretur institutis et moribus.

Vergilius, Aen. 1, 263f (in der Voraussage der Gründung Roms durch Aeneas): Bellum ingens geret Italia populosque feroces contundet moresque viris et moenia ponet.

Horatius, Sat. 1, 4, 177 hat von seinem Vater gelernt: traditum ab antiquis morem servari.

Livius, praef. 9: at illa mihi pro se quisque acriter intendat animum, quae vita, qui mores fuerint, per quos viros quibusque artibus domi militaeque et partum et auctum imperium sit; labente deinde paulatim disciplina velut desidentes primo mores sequatur animo, deinde ut magis magisque lapsi sint, tum ire coeperint praecipites donec ad haec tempora, quibus nec vitia nostra nec remedia pati possumus, perventum est.

Cassius Dio, Hist. 50, 25, 3 läßt Augustus zu seinen Soldaten

---

[1] Vgl. W. Nestle, Art. Atheismus: RAC 1,866/70; die Frage, ob es sich hier um Juden oder Christen handelt, kann in unserem Zusammenhang unbesprochen bleiben.

[2] H. Rech, Mos Maiorum, Wesen und Wirkung der Tradition in Rom = Diss. Marburg 1936, 23.

sagen: Wer würde nicht weinen, wenn er sieht und hört, wie Antonius, der die höchsten römischen Ehrungen erlangt hat, νῦν πάντα μὲν τὰ πάτρια τοῦ βίου ἤθη ἐκλελοιπότα, πάντα δὲ τ' ἀλλότρια καὶ βαρβαρικὰ ἐζηλωκότα, καὶ ἡμῶν μὲν ἢ τῶν νόμων ἢ τῶν θεῶν τῶν προγονικῶν μηδὲν προτιμῶντα.

Auf den „mores" war der Staat begründet; wenn an den „mores" gerüttelt wurde, war der Staat in Gefahr. Deshalb ist Änderung von „mores" für einen richtigen Römer Revolution. Das gilt nicht nur für Rom, sondern auch für eine Kolonie wie Philippi, denn nach einem Worte von Gellius (Noct. Att. 16, 13) gilt: „Populi Romani, cuius istae coloniae quasi effigies parva simulacraque esse quaedam videtur". Mit Stolz nennen die Ankläger sich nicht Philipper, sondern Römer.

3) Das Material, das wir bis jetzt besprochen haben, macht es deutlich, daß Änderung der „Sitten" gefährlich ist. Man höre auch Tacitus, Ann. 14, 20: „ceterum abolitos paulatim patrios mores funditus everti per accitam lasciviam, ut quod usquam corrumpi et corrumpere queat, in urbi visatur". Aber trotzdem wurden neue Sitten in Rom eingeführt. Wie oft klagt nicht Tacitus darüber! Weshalb sprechen diese Philipper hier von „unerlaubt"? Eine merkwürdige Geschichte scheint mir in diesem Zusammenhang von besonderer Wichtigkeit.

In einem Exzerpt aus Valerius Maximus, Fact. et dict. mem. 1, 3, 3 wird mitgeteilt, daß der Praetor Peregrinus Cn. Cornelius Hispalus im Jahre 139 v. C. „Iudaeos, qui Sabazi Iovis cultu Romanos inficere mores conati erant, repetere domos suos coegit" [1]. Nach Schürers Meinung hängt dies mit einer jüdischen Gesandtschaft nach Rom zusammen [2]. Merkwürdig dabei ist, daß der jüdische Gottesdienst hier mit dem kleinasiatischen Gott Sabazios verbunden wird. Das steht jedoch nicht vereinzelt da. „Die jüdische Diaspora in Kleinasien verband Jahwe als Gott des Sabbats synkretistisch mit S(abazios)" [3].

Also waren in Rom einmal die Juden, die ihre Sitten einzuführen versuchten, vertrieben worden. Damit war ein Vorbild gegeben. Wenn man bedenkt, wie stark im römischen Recht solche Exempla

[1] Text bei Th. Reinach, Textes d'auteurs grecs et romains rélatifs au Judaïsme (Paris 1895, Nachdruck Hildesheim 1963) 258 f. — Ein anderes Exzerpt gibt folgende Lesung: Iudaeos quoque, qui Romanis tradere sacra sua conati erant, idem Hispalus urbe exterminavit arasque privatas e publicis locis abiecit.

[2] Schürer, 3, 58 f.

[3] G. Lanczkowski, Art. Sabazios: RGG 5^3, 1258.

wirkten, versteht man leicht, daß es nach etwa 200 Jahren noch in Geltung stand. Und was in Rom unerlaubt war, konnte natürlich auch in der „effigies parva Romae" nicht geschehen.

4) Diese interessante Nachricht bei Valerius Maximus ermöglicht m.E. auch die Beantwortung der 4. Frage. Dieser Sabazios wurde in Phrygien auch als Zeus oder Theos Hypsistos verehrt [1]. In Sardika (Sophia) wurde auch eine Weihinschrift eines Sabazios-Thiasos gefunden: θεῷ ἐπηκόῳ ὑψίστῳ [2]. Darin zeigt sich, wie allgemein angenommen wird, jüdischer Einfluß, obwohl es natürlich eben ein Zeichen des Synkretismus ist, daß die Ströme sich nicht reinlich scheiden lassen.

Kehren wir jetzt zu der Geschichte in Philippi zurück, so ergibt sich eine merkwürdige Tatsache. Die wahrsagende Sklavin hat soeben die Apostel, die sich bisher nur in jüdischen Kreisen aufgehalten haben (s. oben S. 378) bekanntgemacht als δοῦλοι τοῦ θεοῦ τοῦ ὑψίστου .... οἵτινες καταγγέλλουσιν ὑμῖν ὁδὸν σωτηρίας (Vs. 17)! Diese Worte waren in der synkretistischen Welt vieldeutig. So konnten — christlich interpretiert — die Apostel wirklich bezeichnet werden. Aber man konnte die Aussage auch synkretistisch verstehen, so daß die Apostel Prediger einer neuen Mysterienreligion sind. Der „Höchste Gott" konnte der Gott des Alten Testaments und Sabazios sein.

Jedenfalls sind die Apostel für die Einwohner Philippis Juden; jetzt werden sie durch die Sklavin entlarvt als „Prediger des Höchsten Gottes". Das sind also Leute, die dasselbe zu tun versuchen, was einmal durch den Praetor Peregrinus Hispalus als Untergrabung der römischen Sitten strengstens verboten und mit Vertreibung aus der Stadt gestraft worden war. Auf diese Weise folgt das eine leicht aus dem anderen. Die Formulierung der Anklage war nach der Anschauung der Besitzer der Sklavin ganz einleuchtend. Jetzt wird auch klar, weshalb diese Anklage auch so vereinzelt in der Apostelgeschichte dasteht (s. oben S. 375): sie paßte nur für die Lage einer Kolonie wie Philippi. Sie war nicht in allen Fällen brauchbar und konnte nur gegen Juden (oder solche, die man für Juden hielt) angewandt werden.

Wenn diese Erklärung richtig ist und dem Wortlaut am besten

---

[1] H. Gressmann, Die orientalischen Religionen im hellenistisch-römischen Zeitalter (1930) 118; vgl. auch M. P. Nillson, Gesch. 2, 632.

[2] Ebd. 636, 3.

gerecht wird, dann muß man hier auch sagen, daß Lukas die Sachlage sehr genau wiedergegeben hat.

Diese Geschichte gehört zu den sogenannten „Wir-Berichten". Die Tatsache haben wir bis jetzt noch nicht erwähnt, um nicht die Exegese in der einen oder anderen Weise zu beeinflussen. Wir möchten jedoch fragen, ob die Genauigkeit der Beschreibung nicht ein Zeichen für einen Augenzeugenbericht ist. Wenn diese Frage bejaht werden muß, liegt hier ein wichtiger Punkt für die Beurteilung der Apostelgeschichte vor. Es soll noch bemerkt werden, daß hier nicht gesagt wird, daß Paulus wirklich die jüdischen Sitten gepredigt oder sich davon losgemacht hat. Das konnten die Herren der Sklavin nicht wissen, und dies ist auch nicht relevant. Lukas gibt deutlich zu erkennen, daß ihre Anklage nur ein Vorwand war.

Schließlich möchten wir noch darauf hinweisen, daß, wie wir gesehen haben, die Sache der ἔθη-„mores" von höchster Wichtigkeit für das Verhältnis zwischen Juden und „Heiden" war. In der späteren christlichen Apologetik spielt sie aber keine Rolle mehr. Das ist. m.E. ein wichtiges Indiz für den Unterschied, der vom Anfang an zwischen Judentum und Christentum bestand, und der auch Bedeutung für die christliche Ethik hat. Aber diese Frage kann nur in einem größeren Zusammenhang erörtert werden.

DER AUSDRUCK 'ΕΩΣ 'ΕΣΧΑΤΟΥ ΤΗΣ ΓΗΣ (APOSTELGESCHICHTE I 8) UND SEIN ALTTESTAMENTLICHER HINTERGRUND*

Der Freund und Kollege, zu dessen Ehren diese Festschrift herausgegeben wird, hat sich als Alttestamentler immer sehr darum bemüht, das Alte Testament in Zusammenhang mit dem Neuen und mit der christlichen Theologie zu sehen unter Wahrung der Eigenart des Alten Testamentes. Deshalb wird es nicht wundernehmen, wenn hier auch ein kleiner Beitrag von neutestamentlicher Seite geboten wird, in der diese Verbindungslinie sichtbar und der weite Ausstrahlungsbereich der prophetischen Botschaft hörbar wird. Daß ich wie ,,Saul unter den Propheten" auftreten darf, verdanke ich der langjährigen und fruchtbaren Freundschaft, die mich mit dem Jubilar verbindet.

I

Die Worte, die Jesus laut Apostelgeschichte i 8 bei seiner Himmelfahrt gesprochen hat: ἔσεσθέ μου μάρτυρες ἔν τε Ἰερουσαλὴμ καὶ ἐν πάσῃ τῇ Ἰουδαίᾳ καὶ Σαμαρείᾳ καὶ ἕως ἐσχάτου τῆς γῆς, gehören zu den wichtigsten des ganzen Buches. Sie haben den Wert einer Schlüsselstellung, denn nach der Meinung vieler Forscher wird hier vom Verfasser, den wir aus Bequemlichkeitsgründen ,,Lukas" nennen, die Zielsetzung und der Plan seines zweiten Buches angegeben.

Die Erwartungen, mit denen man diesen Teil seines Doppelwerkes zu lesen beginnt, werden rasch getäuscht. Den Gepflogenheiten antiker Schriftstellerei entsprechend[1] gibt Lukas in Apg 1 1 f eine kurze Zusammenfassung des ersten Buches; danach erwartet man normalerweise eine Inhaltsangabe des 2. Teiles, zumal auch in Vs. 1 das Wörtchen μέν gebraucht wird. Diese wird jedoch nicht gegeben, das μέν wird nicht von einem δέ aufgenommen, wie es das griechische Sprachempfinden nahelegt. Schon oft ist darauf hin-

---

* Erschienen in *Studia Biblica et Semitica. Theodoro Christiano Vriezen dedicata*, 1966, p. 335-349.

[1] Vgl. W. C. van Unnik, *The 'Book of Acts' the confirmation of the Gospel*, Novum Testamentum IV (1960), p. 30. In this vol. p. 340 ff.

gewiesen worden, daß die Einleitung in Unordnung geraten sein muß. Deshalb hat man weiter gesucht und in den angeführten Worten von Vs. 8 eine Antwort auf die Frage zu finden gemeint, welches Ziel sich Lukas eigentlich gesteck hat, als er die Apostelgeschichte zu schreiben anfing und dem Evangelium anschloß. Es „enthält Programm und Dispositionsschema des Buches", bemerkt Conzelmann [1].

Da in der Apostelgeschichte Jerusalem die erste und Rom die letzte Stadt ist, die erwähnt wird, deutet man diese beiden auch oft als Ausgangs- und Zielpunkt des Buches. Kurz und einfach schreiben Feine-Behm: „Das Buch schildert den Weg des Ev. v. Jerusalem nach Rom" [2] und in der Neufassung dieser Einleitung erklärt Werner Kümmel: „Der Verf. der Apg. hat zur Durchführung seiner Absicht, Gottes Heilshandeln in Christus erst mit der Predigt an die Heiden in Rom als zum Ziele gekommen darzustellen . . ." [3]. Eine große Wolke von Zeugen für diese Auffassung könnte angeführt werden, aber das erübrigt sich wohl, da diese Meinung in der neutestamentlichen Wissenschaft weitverbreitet ist. Das Buch schildert also den Fortschritt des Evangeliums von Jerusalem nach Rom, und wenn in I 8 mit Jerusalem angefangen wird, liegt die Folgerung auf der Hand, daß hier auch das Ende angegeben wird, d.h. daß mit den Worten ἕως ἐσχάτου τῆς γῆς gesagt wird: „bis nach Rom". In einem jüngst erschienenen Buch, einer Berichterstattung über „die redaktionsgeschichtliche Methode", sagt J. Rohde ohne irgendwelche Erläuterung, also als geläufige Meinung: „Beherrscht wird also das Bild der Apostelgeschichte von dem Bild eines siegreichen Fortschritts des Evangeliums, und damit wird das als Inhalt dieses Buches in Apg i 8 bezeichnete Vorhaben durchgeführt, den Weg des Evangeliums von Jerusalem über Judäa und Samarien *bis an die Enden der Erde* zu zeigen, *womit Rom, vielleicht sogar das ganze Gebiet innerhalb des Imperium Romanum* gemeint sein dürfte" [4]; man beachte: erst Rom, dann „vielleicht sogar . . ."

Diese Auffassung, daß hier „Rom" gemeint ist, wird auch in den

---

[1] H. Conzelmann, *Die Apostelgeschichte*, Tübingen 1963, S. 22.

[2] P. Feine - J. Behm, *Einleitung in das Neue Testament*[9], Heidelberg 1950, S. 75.

[3] P. Feine - J. Behm - W. G. Kümmel, *Einleitung in das Neue Testament*[12], Heidelberg 1963, S. 105.

[4] J. Rohde, *Die redaktionsgeschichtliche Methode*, Berlin o.J. (1965), S. 140. [Kursivierung von mir, v.U.]

drei bedeutenden Kommentaren zur Apg., die im letzten Jahrzehnt in Deutschland erschienen sind, vertreten und verteidigt. Und das Gewicht dieser Kommentare und ihrer Verfasser könnte vielleicht diesem Konsensus ein kanonisches Ansehen verschaffen. Zwar spricht Conzelmann seine Meinung nicht mit runden Worten aus, aber aus seinen Andeutungen geht sie doch klar hervor, wenn er zu den fraglichen Worten bemerkt: „xiii 47 (Jes. xlix 6); Ps. Sal. viii 15 (Rom!)".[1] Ernst Haenchen dagegen ist ganz unmißverständlich, wenn er schreibt: „indem es (das Jesuswort i 8, v.U.) den Gang der christlichen Mission von Jerusalem bis zum Ende der Erde angibt, beschreibt es zugleich den Inhalt der Apostelgeschichte: den Lauf des Evangeliums von Jerusalem bis Rom"[2], und zur Erläuterung der letzten Worte des Verses sagt: „Diese Wendung hat Lk aus Jes. xlix 6 entnommen, das Apg. xiii 47 als Auftrag an die christliche Mission ausgelegt wird. Mit diesen meint die LXX einfach ferne Länder; in Ps. Sal. viii 15 geht es auf Rom. Dem entspricht es, daß in der Apg. als fernstes Land Rom sichtbar und von der Mission erreicht wird"[3]. Auch Stählin sieht hier das Programm des Lukas ausgedrückt; seiner Meinung nach ist das Ziel jetzt Rom, denn „das Ende der Erde sind hier nicht etwa die Säulen des Herkules, sondern die Welthauptstadt; wer die Herrschaft in der Hauptstadt des Reiches erlangt, der hat sie grundsätzlich bis an seine äußerste Grenze" [4]; hier wird also jede andere Auffassung als „Rom" abgewiesen.

Es ist mir nicht bekannt, wer zum ersten Male diese Auffassung, daß ἕως ἐσχάτου τῆς γῆς Rom bedeutet, vertreten hat. Jedenfalls kann sie sicher bald ihre Jahrhundertfeier begehen, denn sie findet sich schon bei Franz Overbeck, jedoch ohne Verweis auf die Stelle Ps. Sal viii 15 [5]. H. J. Holtzmann verwies auf 1 Clemens 5:7 ἐπὶ τὸ τέρμα τῆς δύσεως und kommentierte: „die Endstation ... ist Italien" [6]. Auch Baljon setzte sich für Rom ein, und obwohl er sah, daß der Ausdruck merkwürdig ist, gibt er diese Exegese

[1] H. Conzelmann, a.a.O., S. 22.

[2] E. Haenchen, *Die Apostelgeschichte*[14], Göttingen 1965, S. 112-113.

[3] E. Haenchen, a.a.O., S. 112, Anm. 6. Er fügt noch hinzu: „Lk. bezieht ii 32, Jes. xlix 4 auf Jesus. Aus dem in ihm erfüllten Gotteswillen entnimmt Lukas die Weisung Apg. i 8".

[4] G. Stählin, *Die Apostelgeschichte*, Göttingen 1962, S. 18.

[5] F. Overbeck, *Die Apostelgeschichte*, Leipzig 1870, S. 6; „kann der Verf. .... nur Rom im Sinne haben ... enge Beziehung ... zur Anlage der AG". — Overbeck folgt hier de Wette.

[6] H. J. Holtzmann, *Die Apostelgeschichte*[3], Tübingen-Leipzig 1901, S. 25.

ohne irgendwelche Beweisführung [1]. Andere Vertreter dieser Interpretation sind R. J. Knowling (± 1910), R. B. Rackham (1912), A. Loisy (1920), F. J. Foakes-Jackson ([6]1945) und J. Keulers ([2]1952) in ihren Kommentaren zur Stelle [2]. Dabei wird von Foakes-Jackson und Keulers zur Unterstützung auch das Argument gebraucht, daß, wenn man in der Welthauptstadt predigt, die Möglichkeit gegeben ist, es bis zum Ende der Welt zu können [3].

Wie es in der neutestamentlichen Exegese üblich und wohl auch zu erwarten ist, sind nicht alle Ausleger dieser Meinung. Sie wird bestritten in den Kommentaren von H. H. Wendt ([6-7]1888), E. Jacquier ([2]1926), K. Lake- H. J. Cadbury (1933). Sie fassen die Worte als Andeutung von „le monde entier" (Jacquier) oder unter Verweis auf die LXX von „distant lands . . . without any conscious reference to any one place" (Lake-Cadbury) [4]. Auf „Heidenland" geht die Auslegung von O. Bauernfeind (1939) und F. W. Grosheide (1942) [5], während C. S. C. Williams (1957) sie im Literalsinne auffaßt, wobei er auf Römer xv 19 verweist. G. Hoennicke (1913) vergleicht Apg. xiii 47 und 1 Clemens 5:7 und bemerkt: „örtlich bis ans Ende der Welt".

Nicht sehr klar ist die Exegese von E. Preuschen (1912), wenn er sagt, „entspricht der Darstellung der Act.", zum Vergleich 1 Clem 5:7 anführt, aber weiter nichts bemerkt. Soll man hieraus schließen, daß er auch „das Ende der Welt" mit „Rom" gleichsetzt? Still-

---

[1] J. M. S. Baljon, *Handelingen der Apostelen*, Utrecht 1903, S. 5: „Rome bedoeld, al moeten wij toestemmen, dat deze uitdrukking voor Rome minder gepast is". — In seinem *Grieksch-Theologisch Woordenboek op het Nieuwe Testament*[2], Utrecht 1908, S. 377, s.v. gibt er als Übersetzung „het einde der aarde" ohne weitere Diskussion.

[2] Nur mit Verfassernamen sind hier die Kommentare zur Apostelgeschichte angeführt.

[3] Foakes-Jackson, p. 4: „Finally, Paul preached in Rome, the capital of the world; and thus was attained the possibility of spreading the word to the end of the earth". Keulers, S. 35: „Schijnt volgens Lc Rome aan te duiden . . . Men kan inderdaad Rome als het eindpunt van de prediking der apostelen beschouwen, maar de naam van deze stad, die het centrum der toenmalige wereld was, opent een perspectief op het geweldige arbeidsveld, dat hun opvolgers te bewerken zullen hebben". (Frage: wo ist von Nachfolgern die Rede?).

[4] Bei Jacquier und Lake-Cadbury wird auch gesagt, daß in Ps. Sal. viii 15 auf das Kommen vom Pompeius aus Rom oder Italien angespielt wird, aber verneint, daß diese Stelle von irgendeiner Bedeutung für Apg. 1 8 wäre.

[5] Bauernfeind, S. 22: „irgendein Heidenland am Ende der Erde". — Grosheide, S. 20: „het land, waarvan de Jood weet, dat het bestaat, maar dat buiten zijn gezichtskring ligt, het heidenland".

schweigend gehen an der Sache vorüber R. Knopf ([3]1917), Th. Zahn (1920), J. de Zwaan ([2]1931), Th. Steinmann ([4]1934), A. Wikenhauser ([2]1953), G. H. C. Mac Gregor (1954) und J. Dupont-L. Cerfaux (1958). Da diese Exegeten keine Bemerkungen zur Stelle machen, haben sie wahrscheinlich hier kein Problem gefunden; so dürfen wir sie wohl als Vertreter der buchstäblichen Auffassung („das Ende der Welt" = die äußerten Länder der Erde, nach damaliger Kenntnis) betrachten.

Eine schwankende Zwischenstellung wird von H. W. Beyer ([4]1947) und F. F. Bruce eingenommen. Der Erstere schreibt: „Gelegentlich wird Rom so benannt [1]. Es kann aber auch an die damals bekannten Grenzen der Kulturwelt vom Schwarzen Meer bis zum Atlantischen Ozean gedacht sein." Bruce kommentiert 1949 folgendermaßen: „Ps. Sal. viii 16 from Rome; this sense may be in the writer's mind, since the book ends with Paul's arrival in Rome, but the expression in a wider sense is common in LXX", aber 1954 tritt er für den buchstäblichen Sinn ein: „nothing short of that is to be the limit of the apostolic witness", wobei in einer Anmerkung gesagt wird: "it has been suggested ... a direct reference to Rome as in *Psalms of Solomon* viii 16 ... But we need not limit the sense in the present context".

Hiermit dürfen wir die Übersicht über die vorherrschenden Auffassungen beschließen. Von allen Kommentaren wird der Ausdruck ἕως ἐσχάτου τῆς γῆς in einem geographischen Sinne aufgefaßt. Das ist wohl im ganzen Kontext mit der Erwähnung von Jerusalem, Judäa und Samaria das einzig mögliche und richtige[2]. Aber was bedeuten dann die Worte ἕως ἐσχάτου τῆς γῆς: bis ans Ende der Welt — bis ins Heidenland — bis Rom? Das macht einen großen Unterscheid in geographischer Hinsicht und deshalb

[1] Beweisstellen werden für diese Erklärung nicht gegeben, aber ohne Zweifel bezieht sich das auf Ps. Sal. viii 16.

[2] J. H. Crehan, *The purpose of Luke in Acts*, in: F. L. Cross (ed.), *Studia Evangelica*, Berlin 1964, Bd. II, p. 366 möchte ἐσχάτου als Maskulinum auffassen; obwohl das grammatisch möglich ist, scheint es mir ganz sinnwidrig, da andere geographische Namen vorangehen. Er kommt zu dieser sonderbaren Auffassung, weil „it is hard to think that Luke would have regarded Rome as the ends of the earth or even as one end. The words ‚to the end of the earth' are scriptural and repeated by Paul in Acts xiii 47 ... While Rome could hardly fit the description of ‚the last place on earth', it should not cause surprise if Theophilus was spoken of as ‚the last man on earth' and indeed the word ἐσχάτου might be masculine or neuter indifferently". Was in diesem Zitat im Anfang bemerkt wird ist zwar richtig, die Schlußfolgerung aber ganz abwegig.

auch für den Gedanken des Lukas. Was ist hier die richtige Bedeutung, oder sind wir gezwungen, wie so oft in der biblischen Exegese, mit einem resignierten „non liquet" zufrieden zu sein?

In früheren Veröffentlichungen habe ich mich für die buchstäbliche Auffassung ausgesprochen. Die Tatsache, daß in den letzten, maßgebenden deutschen Kommentaren, deren Verfasser bewährte und von mir hochgeschätze Exegeten sind, so ohne Schwanken für Rom plädiert wird, hat mich dazu angeregt, die Frage neu zu überprüfen, um, wenn möglich, eine Entscheidung zu erreichen.

II

Die richtige Antwort kann natürlich nur gefunden werden, wenn wir zuerst festgestellt haben, was die Worte ἕως ἐσχάτου τῆς γῆς für *griechische* Leser bedeuteten, bzw. bedeuten könnten. Was haben sie bei diesem Ausdruck vor Augen gehabt?

Bevor wir diese Frage zu beantworten versuchen, möchte ich zwei Vorbemerkungen machen:

a) An sich ist es natürlich ein wenig sonderbar annehmen zu müssen, daß für Lukas Rom das „Ende der Welt" war. Baljon hat das gefühlt; nichtsdestoweniger dekretiert er „ex cathedra", daß Lukas dieser sonderbaren Ansicht war. Die Argumente von Foakes-Jackson, Keulers und Stählin (oben S. 389) sind auch ein Zeichen der exegetischen Verlegenheit: Rom soll dastehen, aber dann muß das doch in der einen oder anderen Weise mit dem Wortlaut des Textes verbunden werden. Es scheint mir schon im politischen Bereich sehr fragwürdig, ob die Besetzung einer Hauptstadt auch die Oberhoheit über das ganze Reich impliziert; die Profangeschichte zeigt sehr viele Beispiele, daß dies nicht der Fall war. Und gilt es für die Missionsgeschichte? Die Frage sollte bestimmt verneint werden. Zudem kann man nicht sagen, daß Apg. xxviii so etwas wie die Beschreibung einer ‚geistlichen Besetzung" Roms ist, zumal es da schon Christen gab, bevor Paulus dorthin kam (Apg. xxviii 15 und der Römerbrief). Dabei muß man sich noch fragen, ob Lukas so naiv und dumm gewesen sei, daß er Rom für „das Ende der Welt" ansah. Sein ganzes Buch zeigt ihn als einen Mann gewisser Bildung, der z.B. bestimmte literarische Gepflogenheiten kannte. Es ist immer möglich, daß er in der Schule eine ungenügende Note in Geographie bekommen hatte. Aber davon wissen wir nichts, und „in dubiis pro reo".

Aber ist es wahrscheinlich? In Apg. ii 9ff zeigt er Kenntnisse von Ländern auch außerhalb der Grenzen des römischen Reiches und im weiteren Verlauf seiner Darstellung zeigt er sich geographisch gut informiert. Bevor man ihn einer Ungenauigkeit oder Dummheit bezichtigt und die *Möglichkeit* zur *Sicherheit* erhoben wird, soll doch erst der sprachliche Sachverhalt genau geprüft werden.

b) Man soll sich davor hüten, nicht einem Zirkelschluß zum Opfer zu fallen. Man darf nicht folgendermaßen argumentieren: 1) Lukas hat in diesem Vers sein Programm entfaltet; 2) sein Buch endet in Rom; 3) also ist „das Ende der Welt" gleich Rom; *quod erat demonstrandum*! Denn damit hat man schon von vornherein *angenommen*, daß Lukas hier ein Programm für sein Buch gibt, aber das sagt er nicht und es wird auch durch den Kontext nicht direkt nahegelegt. Apg. i 8 enthält zwar ein Programm, aber *von Jesus für die Apostel*. Es ist an sich unbestreitbar, daß die Apostelgeschichte als letzte Stadt Rom erwähnt, aber bedeutet das auch, daß die Welthauptstadt für Lukas „das Ende der Welt" war? Dann soll doch erst auf philologischem Wege gezeigt werden, daß ἔσχατον τῆς γῆς ein polyvalenter Ausdruck war und daß damit nicht an die äußerste Grenze der Welt gedacht werden muß, sondern daß damit auch etwas Vages gemeint sein kann. Man darf nicht präjudizieren und das Ende von Lukas' Buch mit dem Ende des Auftrags Jesu gleichsetzen. Es könnte doch sehr wohl sein, daß in der Wiedergabe der Worte Jesu ein weiteres, allumfassendes Ziel für die Aufgabe der Apostel gesteckt ist. Diese Auffassung wird durch die deutliche Parallele im Evangelium xxiv 47f sehr nahegelegt: καὶ κηρυχθῆναι ἐπὶ τῷ ὀνόματι αὐτοῦ (Christus) μετάνοιαν εἰς ἄφεσιν ἁμαρτιῶν εἰς πάντα τὰ ἔθνη,—ἀρξάμενοι ἀπὸ Ἰερουσαλήμ. ὑμεῖς μάρτυρες τούτων [1].

Von vielen Exegeten wird sehr richtig darauf hingewiesen, daß der Ausdruck sich auch in Apg. xiii 47 findet. Als die Juden im pisidischen Antiochien Paulus' Predigt verworfen hatten, kündigte der Apostel an, daß er sich zu den Heiden wenden werde. Das ist wirklich ein bedeutender Wendepunkt, speziell nach den Ausführungen des Apostels in diesem Kapitel (xiii 16 ff). Es wird stark unterstrichen durch das Einführungswort ἰδού, das immer auf etwas besonderes hinweist [2]: ἰδοὺ στρεφόμεθα εἰς τὰ ἔθνη (Vs. 46).

---

[1] Vgl. auch Marc. xiii 10, Matth. xxiv 14 (keine Parallele dort in Lukas).

[2] W. Bauer, *Griechisch-deutsches Wörterbuch zu den Schriften des Neuen Testaments und der übrigen urchristlichen Literatur*⁵, Berlin 1958, Sp. 733.

Dabei soll man jedoch bedenken, daß dieser Wendepunkt hier nicht absolut ist, denn im weiteren Verlauf der Apostelgeschichte fängt Paulus immer wieder, wenn möglich, seine Mission bei den Juden an, wobei sich, fast thematisch, auch immer wieder dieselbe Scheidung von den Juden und dieselbe Hinwendung zu den Heiden wie in Antiochien vollzieht. Deshalb hat die Szene hier paradigmatische Bedeutung. Dabei handelt Paulus nicht aus eigener Initiative, sondern im Auftrag des Herrn: οὕτως γὰρ ἐντέταλται ἡμῖν ὁ κύριος· τέθεικά σε εἰς φῶς ἐθνῶν τοῦ εἶναί σε εἰς σωτηρίαν ἕως ἐσχάτου τῆς γῆς. (Zitat aus Jes. xlix 6). Bemerkenswert bei dieser Anführung sind zwei Punkte: erstens, daß sie nicht wie in den Testimonien bei Barnabas 14:8 und Justinus Martyr, *Dial. c. Tryphone* 121:4 auf Christus bezogen wird (vgl. auch Lk ii 32), sondern auf den Apostel; zweitens, daß in diesem Zusammenhang und für die Argumentation in diesem Passus die erste Vershälfte εἰς φῶς ἐθνῶν genügt hätte und der zweite Teil eigentlich überflüssig ist; die Übernahme des *ganzen* Verses hat also hier eine besondere Bedeutung. Hier werden jetzt wieder dieselben Worte laut als Auftrag des Herrn, die man auch in i 8 findet. Jetzt sind sie auch auf Paulus bezogen, der natürlich bei dem Auftrag im 1. Kapitel nicht anwesend war. Also gilt für ihn derselbe Befehl „bis zum Ende der Welt" wie für die anderen Apostel.

Obwohl diese Stelle für die ganze Anschauung des Lukas von großer Wichtigkeit ist, ist sie für unsere Speziellfrage nicht entscheidend, weil nicht angegeben wird, was unter dem ἔσχατον τῆς γῆς verstanden wurde. Man kann nur sagen, daß hier kein *Parallelismus membrorum* vorliegt und die syntaktische Struktur nicht einfach auf Identität von „Heiden" und „das Ende der Erde" weist, sondern daß die zweite Satzhälfte weiterführend besagen will, daß dieses Heil die ganze Welt umfassen wird.

Hier taucht also unsere Frage wieder auf: ist dies ein Hinweis auf Rom. (Apg. xxviii) oder aber hat Lukas hiermit angedeutet, daß er von einer Reise des Paulus nach Spanien wußte, in derselben Weise etwa, wie er in Apg. xx 25 auf des Apostels Tod anspielt? Wir brauchen hier die Diskussion über die Spanienreise, die sich meistens um die exakte Interpretation von 1 Clemens 5:7 ἐπὶ τὸ τέρμα τῆς δύσεως dreht, nicht wieder aufzunehmen. Denn selbst wenn die (bis heute noch immer hypothetische) Spanienreise des Paulus sich einwandfrei beweisen ließe, dann besagt das noch nichts über den Sprachgebrauch des Lukas, und zweitens soll bedacht werden, daß es sich um einen Marschbefehl für Paulus handelt, wobei nicht — auch nicht *implicite* — gesagt wird, daß er ihn bis zum letzten Ende ausgeführt hat.

Das einzige, was sich dieser Stelle Apg. xiii 47 für unsere Frage entnehmen läßt, ist die Gewißheit, daß der Ausdruck dem Lukas aus dem A.T. bekannt war.

Da erhebt sich die Frage, weshalb die neueren Ausgaben des N.T. diesem Faktum keine Rechnung tragen. Bei Nestle-Aland z.B. sind die Worte ἕως ἐσχάτου τῆς γῆς (i 8) weder durch Fettdruck als Zitat gekennzeichnet, wie das in anderen Fällen so oft geschieht, noch sind sie durch einen Verweis am Rande auf Jes xlix 6 oder Apg. xiii 47 besonders hervorgehoben.

III

Was hat ein *griechischer* Leser sich bei dem ἔσχατον τῆς γῆς vorgestellt?

Für einen (jüngeren) christlichen Zeitgenosse des Lukas können wir das genau feststellen. Im 28. Kapitel des 1. Klemensbriefes, wo der Verfasser ausführt, daß niemand Gott entgehen kann (28:4 ποῖ οὖν τις ἀπέλθῃ ἢ ποῦ ἀποδράσῃ ἀπὸ τοῦ τὰ πάντα ἐμπεριέχοντος), wird in Vs. 3 Ps cxxxviii (cxxxix) 7 ff. zitiert in einer Fassung, die von der der LXX abweicht:

ποῦ ἀφήξω καὶ ποῦ κρυβήσομαι ἀπὸ τοῦ προσώπου σου;
ἐὰν ἀναβῶ εἰς τὸν οὐρανόν, σὺ ἐκεῖ εἶ·
ἐὰν ἀπέλθω εἰς τὰ ἔσχατα τῆς γῆς, ἐκεῖ ἡ δεξιά σου·
ἐὰν καταστρώσω εἰς τὰς ἀβύσσους, ἐκεῖ τὸ πνεῦμά σου.

Hier ist deutlich eine in der ganzen alten Welt bekannte Dreiteilung des Universums gezeichnet, die im Original in dieser Form nicht vorkommt, denn da werden in Vs. 8 Himmel und Unterwelt, in Vs. 9 Ost und West mit folgenden Worten einander gegenübergestellt:

ἐὰν ἀναλάβοιμι τὰς πτέρυγάς μου κατ' ὄρθρον·
καὶ κατασκηνώσω εἰς τὰ ἔσχατα τῆς θαλάσσης.

Dabei ist das Meer wie so oft im Alten Testament das Mittelmeer, der Westen [1], und ἔσχατα τῆς θαλάσσας ist eine Umschreibung für den äußersten Westen. Im 1. Klemensbrief ist das geändert—durch

[1] L. Köhler, *Lexicon in Veteris Testamenti Libros*, Leiden 1953, S. 383.

wen, brauchen wir nicht zu erörtern —, aber es ist in dem Zusammenhang deutlich, daß hier mit τὰ ἔσχατα τῆς γῆς die ganze Erde ohne einzige Ausnahme (sonst wäre die Aussage ja sinnlos) gemeint ist. Es bedeutet hier die äußerste Grenze der Erde, nicht eine unbestimmte weite Ferne oder so etwas wie das Heidenland im allgemeinen.

Das versteht sich, weil im Griechischen ἔσχατος immer das „letzte", das „äußerste" in verschiedener Hinsicht bedeutet, auch geographisch [1]. Die bei 1. Klemens vorliegende Auffassung stimmt mit der in der griechischen Literatur geläufigen überein: die ἔσχατα τῆς γῆς sind die am Rande der (als flache Scheibe gedachten) Welt liegenden Teile. Wenn z.B. Herodot die an der Grenze der damals bekannten Welt wohnenden Völker aufzählt, spricht er immer von ἔσχατος: III, 106 τοῦτο μὲν γὰρ πρὸς τὴν ἠῶ ἐσχάτη τῶν οἰκεομένων ἡ ʼΙνδική ἐστι; III, 107 πρὸς δʼ αὖ μεσαμβρίης ἐσχάτη ʼΑραβίη τῶν οἰκεομένων χωρέων ἐστι; III, 114 ἀποκλινομένης δὲ μεσαμβρίης παρήκει πρὸς δύνοντα ἥλιον ἡ Αἰθιοπίη χώρη ἐσχάτη τῶν οἰκεομένων und III, 115 αὗται μὲν νῦν ἔν τε τῇ ʼΑσίῃ ἐσχατιαί εἰσι καὶ ἐν τῇ Λιβύῃ. περὶ δὲ τῶν ἐν τῇ Εὐρώπῃ τῶν πρὸς ἑσπέρην ἐσχατιέων ἔχω μὲν οὐκ ἀτρεκέως λέγειν. Und als er in III, 25 erzählt, wie Kambyses eine Expedition gegen die Äthiopier falsch vorgeplant hatte, sagt er, daß Kambyses nicht damit rechnete, ὅτι ἐς τὰ ἔσχατα γῆς ἔμελλε στρατεύεσθαι[2]. Walter Bauer[3] verweist auf einige Stellen in der griechischen Literatur, die ganz eindeutig und klar sind, wie Demosthenes, *Epist.* 4:7 καὶ ἐῶ Καππαδόκας καὶ Σύρους καὶ τοὺς τὴν ʼΙνδικὴν χώραν κατοικοῦντας ἀνθρώπους ἐπʼ ἔσχατα γῆς, Crates, *Epist.* 31 ζήτει δὲ ἄνδρας σοφούς κἂν δέῃ ἐπʼ ἔσχατα γῆς ἀρικυεῖσθαι und Apollonius Rhodius, *Argonautica* II, 418 (von Colchis) Πόντου καὶ γαίης ἐπικέκλιται ἐσχατιῇσιν usw.[4]

Von spezieller Bedeutung ist natürlich die LXX (s. oben S. 393). Die Wortverbindung findet sich an den folgenden Stellen, die wir

---

[1] W. Bauer, *Wörterbuch*, Sp. 620 f; G. Kittel, ἔσχατος in: G. Kittel, *Theologisches Wörterbuch zum Neuen Testament*, Stuttgart 1935, Bd. II, S. 694 f.

[2] Diese Stelle, Herodotus III 25, wurde schon von J. J. Wettstein, *Novum Testamentum*, Amstelaedami 1751, vol. II, p. 457 angegeben neben Zitaten aus dem A.T. und aus der lateinischen Literatur.

[3] W. Bauer, *Wörterbuch*, Sp. 620.

[4] G. W. Mooney, *Apollonius Rhodius Argonautica*, Dublin 1912 (Nachdruck, Amsterdam 1964), p. 178 kommentiert: „Colchis was regarded as the eastern boundary of the earth".

für diese Übersicht vollständig mit Beifügung des hebräischen Grundwortes zitieren:

1) Dt xxviii

49 ἐπάξει κύριος ἐπὶ σὲ ἔθνος μακρόθεν
ἀπ᾽ ἐσχάτου τῆς γῆς

(קצה = Ende, Rand, Äußerstes, vgl. Köhler, *Lexicon*, S. 846): zwar nicht deutlich bestimmt, aber als Übersetzung des Mas. Textes klar und für einen Griechen auch nicht anders verstehbar als „Ende der Welt".

2) Ps cxxxiv (cxxxv)

6 Alles, was er will, vollbringt der Herr
im Himmel und auf Erden,
im Meer und in allen Tiefen
7 ἀνάγων νεφέλας ἐξ ἐσχάτου τῆς γῆς (קצה)
ὁ ἐξάγων ἀνέμους ἐκ θησαυρῶν αὐτοῦ.

beschreibt die die ganze Welt umfassende Macht Gottes; hier: Äußerster Rand der Erde, vgl. unten N. 9 und 12.

3) Jes viii

9 γνῶτε ἔθνη καὶ ἡττᾶσθε
ἐπακούσατε ἕως ἐσχάτου τῆς γῆς

(מרחק = Ferne, Weite, vgl. Köhler, *Lexicon*, S. 566). Vgl. dabei die Exegese von Eusebius, *Dem. Ev.* VII, I, 130 πάντες ὁμοῦ οἱ μέχρι τῶν ἐσχάτων κατοικοῦντες τῆς γῆς.

4) Jes xlv

21 Es ist keiner sonst, kein Gott außer mir,
ein wahrhaftiger, rettender Gott ist nicht neben mir
22 ἐπιστράφητε πρός με καὶ σωθήσεσθε,
οἱ ἀπ᾽ ἐσχάτου τῆς γῆς

(אפס = Ende, vgl. Köhler, *Lexicon*, S. 78); in Vs. 23: Mir wird beugen jeder Knie, mir Treue schwören jede Zunge, also: die ganze Welt umfassend.

5) Jes xlviii

20 ἀπαγγείλατε ἕως ἐσχάτου τῆς γῆς (קצה):
Losgekauft hat der Herr seinen Knecht Jakob.

6) Jes xlix

6 ἰδοὺ τέθεικά σε εἰς διαθήκην γένους
εἰς φῶς ἐθνῶν τοῦ εἶναι σε εἰς σωτηρίαν
ἕως ἐσχάτου τῆς γῆς (קצה).

Gesprochen zu dem Knecht Jahwes (s. oben S. 393 für die Auffassung des Lukas; bei Barnabas 14:8, Justinus Martyr, *Dial. c. Tryphone* 121:4 eine Prophetie für die Universalität des Heils).

7) Jes lxii 11

ἰδοὺ γὰρ κύριος ἐποίησεν ἀκουστὸν
ἕως ἐσχάτου τῆς γῆς

(קצה) (in Verbindung mit Jes xlii 6 f. bei Justinus Martyr, *Dial.* 26:3 ein Testimonium für das Heil der Heiden).

8) Jer vi 22

ἰδοὺ λαὸς ἔρχεται ἀπὸ βορρᾶ
καὶ ἔθνη ἐξεγερθήσεται ἀπ' ἐσχάτου τῆς γῆς

(ירכה = Rückseite, entlegenster Teil, vgl. Köhler, *Lexicon,* S. 405).

9) Jer x 12

Der Herr ist 's, der die Erde durch seine Kraft erschaffen,
der durch seine Weisheit den Erdkreis (οἰκουμένη) gegründet
und den Himmel ausgespannt hat durch seine Einsicht . . .
13 καὶ ἀνήγαγεν νεφέλας ἐξ ἐσχάτου τῆς γῆς (קצה).

Vgl. N. 2 und 12.

10) Jer xvi 19

O Herr, du meine Stärke, mein Hort, meine Zuflucht am Tage der Not: πρὸς σὲ ἔθνη ἥξουσιν
ἀπ' ἐσχάτου τῆς γῆς (אפס).

11) Jer xxvii (l) 41

ἰδοὺ λαὸς ἔρχεται ἀπὸ βορρᾶ
καὶ ἔθνος μέγα καὶ βασιλεῖς πολλοὶ ἐξεγερθήσονται
ἀπ' ἐσχάτου τῆς γῆς (ירכה; vgl. N. 8).

12) Jer xxviii (li) 16

καὶ ἀνήγαγεν νεφέλας ἀπ' ἐσχάτου τῆς γῆς

(Vgl. N. 2 und 9).

13) Jer xxxviii (xxxi) 8
ἰδοὺ ἐγὼ ἄγω αὐτοὺς ἀπὸ βορρᾶ
καὶ συνάξω αὐτοὺς ἀπ' ἐσχάτου τῆς γης (ירכה).

Aus diesen Texten geht klar hervor, daß immer ein geographischer Terminus vorliegt und immer auch das Äußerste der Welt damit gemeint ist. Daß an verschiedenen alttestamentlichen Stellen die Vorstellung etwas vage und unpräzise ist, versteht sich von selbst bei den damaligen mangelhaften geographischen Kenntnissen. Diese darf man natürlich nicht auch bei Lukas voraussetzen, da seit dem Hellenismus diese Kenntnisse stark gewachsen und weit präziser geworden waren.

Noch drei Stellen kommen in Betracht. Erstens 1 Macc. iii 9, wo in einem Lobgesang auf Judas gesagt wird: καὶ ὠνομάσθη ἕως ἐσχάτου γῆς. Das kann nur heißen, daß er in der ganzen Welt berühmt war. Es ist gewissermaßen die geographische Parallele zu der chronologisch gefaßten Aussage in Vs. 7 καὶ ἕως τοῦ αἰῶνος τὸ μνημόσυνον αὐτοῦ εἰς εὐλογίαν. Zweitens zwei Texte aus den Psalmen Salomos, deren einer von besonderer Wichtigkeit ist, weil er immer, wie wir sahen (oben S. 388 f), im Zusammenhang mit der Deutung von Apg. i 8 auf Rom als Kronzeuge genannt wird:

a) Ps. Sal. i 4 ὁ πλοῦτος αὐτῶν διεδόθη εἰς πᾶσαν τὴν γῆν
καὶ ἡ δόξα αὐτῶν ἕως ἐσχάτου τῆς γῆς.

Es ist klar, daß hier der Ausdruck in geographischem Sinn gebraucht wird. Der *parallelismus membrorum* macht deutlich, daß die ganze Erde ins Auge gefaßt wird, so daß man übersetzen soll: bis zum äußersten Ende der Erde, ganz präzis und allumfassend.

b) Ps. Sal. viii 16 (andere Zählung Vs. 15) sagt von Gott ἤγαγεν τὸν ἀπ' ἐσχάτου τῆς γῆς τὸν παίοντα κραταιῶς, womit nach allgemeiner Anschauung Pompeius gemeint ist [1]. Was besagt hier ἔσχατον τῆς γῆς? Wenn dieser Vers für die Exegese zum Beleg für Apg. i 8 „Ende der Erde" = Rom benutzt wird, folgert man offensichtlich aus der Tatsache, daß Pompeius ein römischer Befehlshaber war, daß der Ausdruck ἀπ' ἔσχατου τῆς γῆς die Bedeutung „von Rom" hat. Das ist anscheinend so evident, daß soweit ich weiß, bis heute niemals gefragt worden ist, ob es stimmt. Ryle und James

---

[1] R. Kittel, in: E. Kautzsch (Ed.), *Die Apokryphen und Pseudepigraphen des Alten Testaments*, Tübingen 1900, Bd. II S. 138 f; J. Viteau, *Les Psaumes de Salomon*, Paris 1911, p. 296.

bemerken z.St., daß "the phrase is used not so much with the purpose of conveying the idea of the remoteness of Italy from Palestine as of reproducing the language of the prophets" (mit Verweis auf Jer. vi 23) [1]. Das mag sein, aber damit ist die geographische Bedeutung nicht ausgeschlossen. Es hat mich immer gewundert, daß man hier offenbar immer so rasch „jumps to the conclusion", daß Rom angedeutet ist. Durch den eindeutigen Gebrauch im Griechischen wird das nicht nahegelegt; im Gegenteil. Man muß also annehmen, daß der Verfasser der Ps. Sal. geographisch nicht Bescheid wußte. Über Pompeius war er aber ziemlich genau unterrichtet [2]. Zur Erklärung unserer Stelle nun sei bedacht, daß Pompeius, bevor er 66 v. Chr. nach dem Osten kam und 63 v. Chr. Jerusalem eroberte, viele Jahre (von 77-72 v. Chr.) mit großem Erfolg in *Spanien* gegen Sertorius gekämpft hatte [3]. Wenn also in Ps. Sal. viii 16 gesagt wird, daß er „vom äußersten Ende der Erde" kam, war das ganz zutreffend, denn Spanien war ja bekanntlich im Altertum am Rande der Welt. Man vergleiche damit Sallustius, *Catal.* I 16, 5: Cn. Pompeius *in extremis terris bellum gerebat.* Es gibt in diesem Text keine Andeutung, daß die Erklärung von der in der griechischen Literatur geläufigen Bedeutung abzuweichen hat; im Gegenteil, der Ausdruck paßt ausgezeichnet. Deshalb kann Ps. Sal. viii 16 unmöglich die Exegese: „Äusserste der Erde" = Rom oder Italien, stützen oder sogar beweisen.

IV

In der LXX finden sich noch als Parallele Ausdrücke ἄκρα τῆς γῆς und πέρατα τῆς γῆς [4], die auch wie im Griechischen das „Äußerste", das „Ende" angeben. In Zusammenhang mit unserer speziellen Fragestellung ist es überflüssig, diese eingehend zu besprechen,

---

[1] H. E. Ryle - M. R. James, *Psalms of the Pharisees, commonly called the Psalms of Solomon,* Cambridge 1891, p. 80. Man kann auch an Deut. xxviii 49 denken.

[2] Vgl. J. Viteau, l.c., p. 14ss; G. B. Gray, in: R. H. Charles (ed.), *The Apocrypha and Pseudepigrapha of the Old Testament,* Oxford 1913, vol. II, p. 629.

[3] F. Miltner, *Cn. Pompeius Magnus,* in: Pauly-Wissowa, *Realencyclopädie der classischen Altertumswissenschaft,* Stuttgart-Waldsee 1952, 42. Halbband, Sp. 2078 ff.

[4] Vgl. E. Hatch - H. A. Redpath, *A Concordance to the Septuagint,* Oxford 1897, vol. I, p. 51 and vol. II, p. 1120 s.v.v.

denn für das Verständnis von ἔσχατον τῆς γῆς genügt das beigebrachte Material.

Es ergibt sich daraus, daß der befragte Ausdruck immer eine geographische Bedeutung hatte und dabei nicht unbestimmt eine weite Ferne andeutete, sondern sehr bestimmt auf das Ende, die äußerste Grenze der Welt hinwies. In den jüdischen Schriften ist er nicht eine Umschreibung für das Heidenland oder etwas ähnliches, sondern eine deutliche Angabe vom *Ende der Welt*. Für den antiken Menschen lagen diese Grenzen beim Atlantik, bei den Germanen, Skythen, Indiern und Äthiopiern.

Läßt diese Interpretation der an sich klaren und eindeutigen Formel sich auch auf Apg. i 8 anwenden? Dem steht nichts entgegen. Im Kontext gibt es keinen Hinweis darauf, daß Lukas die Formel anders verstanden hat. Der Auftrag des Auferstandenen besagt, daß die Apostel seine Zeugen sein sollen in der ganzen Welt bis zum äußersten Ende der Welt. Dies ist in Übereinstimmung mit der parallelen Aussage in Lukas xxiv 47 f „unter allen Völkern" (vgl. oben S. 392) und mit der Aufgabe der Mission in der jungen Kirche, wie sie aus Texten wie Markus xiii 10 „Unter allen Völkern muß zuvor das Evangelium gepredigt werden"; xiv 9 „Wo immer in der ganzen Welt das Evangelium gepredigt wird" und Mattheus xxiv 14 „Dieses Evangelium vom Reiche wird auf dem ganzen Erdkreis gepredigt werden"; xxvi 13 (= Mk xiv 9) und xxviii 19 „Machet alle Völker zu Jüngern", hervorgeht. Von dieser großen Aufgabe hat die Apostelgeschichte einen Teil beschrieben.

Nach dem sprachlichen Befund ist eine Deutung auf Rom in Apg. i 8 ausgeschlossen. Eine Paraphrase wie die von Rohde (oben S. 387) wirkt mit seinem „vielleicht sogar" fast komisch. Will man die Exegese nicht der Willkür oder den persönlichen Einfällen preisgeben, dann soll man sich an die saubere Philologie halten!

Auf eine Besonderheit sei noch hingewiesen. Lukas hat in Apg. i 8 den Singular ἐσχάτον τῆς γῆς gebraucht, wo man eigentlich den Plural erwarten würde wie in den Beispielen aus Herodot, Demosthenes, Crates und i Clemens (oben S. 394 f.). Den ganzen Ausdruck (in Verbindung mit ἕως) habe ich bis heute nur in den 4 Jesajastellen, bei i Macc. iii 9 und Ps. Sal. i 4 (oben S. 396 ff) angetroffen; Beispiele aus der profan-griechischen Literatur sind mir bis heute nicht bekannt geworden. Dieses Faktum scheint mir auch ein Indiz dafür, daß Lukas die Wortgruppe aus der LXX entlehnt hat (oben S. 393 f).

Merkwürdig ist es auch, daß der Horizont der Aussage in Apg. i 8 so „palästinisch" ist und einen fast altertümlichen Eindruck macht: der da redet, hätte die ganze Welt ins Auge gefaßt, aber außerhalb der Grenzen Palästinas nicht genau Bescheid gewußt. Besser ist es wohl zu sagen, daß hier ein prophetisches Wort aufgegriffen worden ist. Jetzt da die letzten Zeiten gekommen sind (Apg. i 8*a* und ii 17) soll auch in Erfüllung gehen, was Jesaja vorhergesagt hatte: „es schauen alle Enden der Erde das Heil unseres Gottes" (Jes. lii 10); es soll verkündigt werden „bis ans Ende der Erde" (Jes. xlviii 20, xlix 6, lxii 11). Der Auferstandene sendet jetzt seine Jünger (und auch Paulus, Apg. xiii 47) aus, damit sie von Ihm zeugen und die ganze Welt ausnahmslos die Frohbotschaft höre. Das im Alten Bunde Vorhergesagte wird im Neuen Realität.

DIE APOSTELGESCHICHTE UND DIE HÄRESIEN *

Mit der Frage der Häresien im Urchistentum hat sich die neutestamentliche Forschung der letzten Dezennien, vor allem hier in Deutschland, eingehend beschäftigt. Theologische Besonderheiten in den paulinischen bzw. deuteropaulinischen Briefen und in den johanneischen Schriften zogen die Aufmerksamkeit an sich und werden oft als ein Sprachgebrauch, der stark von theologischen Gegnern beeinflußt und geprägt war, erklärt. In seinem Artikel „Häretiker im Urchristentum" in RGG³ hat Helmut Köster von diesem Sachverhalt eine gute Zusammenfassung gegeben, die zugleich, wenn man sie mit der Beschreibung unter dem gleichen Stichwort in der 2. Auflage vergleicht, die große Verschiebung, die sich in etwa 30 Jahren vollzogen hat, zeigt[1]. Für den Augenblick muß die terminologische Frage, ob sich die Begriffe „Häretiker" und „Häresie" für die neutestamentliche Zeit schon zu Recht verwenden lassen, ob sie eigentlich nicht zu viel eine schon bestehende festgeschlossene Lehre voraussetzen bzw. suggerieren, unerörtert bleiben. Wie dem auch sei, es ist nicht zu leugnen, daß in vielen Schriften des NT gegen andersartige Auffassungen, auch bei Leuten, die irgendwie mit der christlichen Kirche in Verbindung stehen, reagiert wird. Die Fragen, welche Leute das waren, durch welche Theologumena sie bestimmt wurden, wo die Grenzen lagen, sind noch vielfach offen und die Debatten müssen weitergeführt werden. Aus diesem ganzen Komplex möchte ich für diesen Kurzvortrag eine Frage herausgreifen, nämlich die nach dem Verhältnis der Apostelgeschichte zu diesen Häresien und Schismen.

Es ist eine merkwürdige Tatsache, daß Köster in seiner Über-

* Vortrag bei der Fachtagung „Häresien und Schismen — Oppositionelle Strömungen im antiken Christentum" im Institut für Griechisch-Römische Altertumskunde der Deutschen Akademie der Wissenschaften, Berlin, am 14. November 1966. Erschienen in *Zeitschrift für die Neutestamentliche Wissenschaft* LVIII, 1967, S. 240-246.

[1] H. Köster, Häretiker im Urchristentum, in: RGG³ Bd. III, Tübingen 1959, Sp. 17-21; in der 2. Aufl. bearbeitet von E. Hennecke, Bd. II, 1928, Sp. 1567-1571, s. u. Häretiker des Urchristentums. Man vgl. auch H. Köster, „Häretiker im Urchristentum als theologisches Problem", in: *Zeit und Geschichte, Dankesgabe an Rudolf Bultmann zum* 80. *Geburtstag*, herausgegeben von Erich Dinkler, Tübingen 1961, S. 61-76, dort auch weitere Literatur.

sicht die Apostelgeschichte nicht nennt. Das ist kein Versehen, denn wenn man die Register in den Kommentaren von Ernst Haenchen und Gustav Stählin aufschlägt, sucht man auch vergebens unter „Häresie" oder „Irrlehre"; nur unter dem Wort „Gnosis" finden sich einige spärliche Verweise. Es scheint also, daß Lukas diesem Phänomen keine Aufmerksamkeit geschenkt hat. Diese Tatsache ist deshalb so bemerkenswert, weil man doch hätte erwarten können, daß er in irgendwelcher Weise etwas davon erwähnen würde. Auch wenn man einem altchristlichen Autor eine große Freiheit in der Stoffwahl zugesteht — die ihm, es sei beiläufig bemerkt, nicht immer von seinen Kritikern gewährt wird —, dann darf man doch berechtigterweise hoffen, hier etwas Diesbezügliches zu finden. Denn es ist doch auffallend, daß er als Berichterstatter der apostolischen Zeit, wie er zu sein vorgibt, nicht von „Häresien" spricht, während z. B. Paulus so vieles darüber zu sagen" hat [1]. Und dies bleibt ebenso merkwürdig, denn auch wenn er selbst, wie heute von vielen Gelehrten angenommen wird, sehr schlecht über die von ihm beschriebene Zeit unterrichtet war, so schrieb er doch für die Gemeinde am Ende des 1. Jahrhunderts. Diese aber war nach der Ansicht vieler von Irrlehrern durchsetzt, und die Gefahr des Gnostizismus war nicht verringert. Also: so oder so hätte man Reaktionen auf Häresien erwarten können, aber das ist eigentlich nicht der Fall. Es findet sich hier „keine innerchristliche Apologetik" [2].

C. K. Barrett ist der Meinung, daß in der Zeit, als Lukas schrieb, der Gnostizismus neben der Frage der Eschatologie das brennende Problem der Christenheit war. Johannes hätte das dadurch gelöst, daß er die gnostische Sprache in seinen Dienst nahm, Lukas hingegen dadurch, daß er sie ignorierte [3]. — Aber an zwei Stellen

---

[1] Das griechische Wort αἵρεσις wird in der Apostelgeschichte für Gruppen unter den Juden gebraucht; und als eine solche wird auch das Christentum betrachtet, s. v 17; xv 5; xxiv 5, 14; xxviii 22 und H. Schlier, s.v. in: G. Kittel, *ThWb z. NT*, Stuttgart 1933, Bd. I, S. 180 ff. Aber das besagt nur, daß es noch kein terminus technicus war.

[2] P. Feine - J. Behm - W. G. Kümmel, *Einleitung in das Neue Testament*, 12. Aufl., Heidelberg 1963, S. 104.

[3] C. K. Barrett, *Luke the Historian in recent study*, London 1961, S. 62 f. Er sagt: „Luke studiously avoids gnostic thought and language" (63). - Da Ernst Haenchen, *Die Apostelgeschichte*, 14. Aufl., Göttingen 1965, S. 675ff., sehr ausführlich G. Kleins Auffassung in seinem Buch, *Die zwölf Apostel, Ursprung und Gehalt einer Idee*, Göttingen 1961, über Paulus, den Helden der Gnostiker, den Lukas ihnen zu entreißen sucht, besprochen und m. E. widerlegt hat, glaube ich diese nicht weiter behandeln zu sollen.

scheint Lukas doch die Gnostiker zu bekämpfen, nämlich in der Figur des Simon Magus (Act viii 9 ff.) und in einer Warnung an die Leiter der Gemeinde in Ephesus (xx 29 f.). Das ist nicht viel und nicht sehr kräftig, wenn es sich um eine brennende Zeitfrage handelt! Und immer wieder — auch hier — muß gesagt werden, daß ein argumentum e silentio meistens sehr schwach ist.

Aber wie steht es eigentlich mit diesen Texten? Zur Simon Magus-Geschichte läßt sich folgendes sagen: Natürlich hat man hierbei immer darauf verwiesen, daß dieser Samaritaner bei den Kirchenvätern seit Irenäus als der Erzketzer und -gnostiker betrachtet wird, und dann hat man oft, wie Barrett es auch tat, die Geschichte als ein Exemplum für die Bestrafung der Gnostiker angesehen. Wir können hier nicht die schwierige Quellenfrage der simonianischen Lehre diskutieren; es genügt jedoch zu bemerken, daß Simon bei Justinus Martyr nicht als Gnostiker, sondern als Zauberer, der als Gott verehrt wurde, beschrieben wird[1] und daß auch Lukas ihn als ἡ δύναμις τοῦ θεοῦ ἡ καλουμένη μεγάλη bezeichnet und der Zauberei bezichtigt (v. 10). Das kann mit Gnostizismus verbunden sein, braucht es aber nicht. Wesentliche gnostische Lehren werden hier nicht erwähnt. Das Wichtigste aber ist dies: der Streit zwischen Petrus und Simon dreht sich nicht um eine Lehrentscheidung, sondern um Erwerb der Gottesgabe, des Heiligen Geistes, den Simon kaufen will. Die Pointe dieser Geschichte richtet sich gegen eine Auffassung, die mit dem christlichen Heil als Kaufware hantieren will; und das war in den ersten christlichen Jahrhunderten für die Missionskirche eine brennende Frage [2]. Polemik gegen Gnostiker sieht ganz anders aus.

Der zweite Text steht in der großen Abschiedsrede des Paulus an die Ältesten von Ephesus, wo er sagt: „Ich weiß, daß nach meinem Weggang reißende Wölfe (λύκοι βαρεῖς) zu euch kommen werden, die die Herde nicht schonen; und aus eurer eigenen Mitte werden Männer aufstehen, die verkehrte Dinge reden (λαλοῦντες διεστραμμένα), um die Jünger in ihre Gefolgschaft zu ziehen (ἀποσπᾶν τοὺς μαθητὰς ὀπίσω ἑαυτῶν)" (xx 29-30). Hier wird also gesagt, daß von zwei Seiten die Gemeinde nach der Abreise des Apostels angegriffen werden wird, von außen und innen. Bei den „Wölfen"

---

[1] Justinus Martyr, *Apologia* 26, 2. 4; 56, 1. 2; *Dial. c. Tryph.* 120, 6.

[2] S. meine Abhandlung *Evangelium gratis dandum*, die s.Z. in den: *Mededelingen van de Koninklijke Nederlandse Akademie van Wetenschappen*, zu Amsterdam erscheinen wird.

hat man an Irrlehrer[1] oder an Verfolger[2] gedacht. Für die erste Auffassung kann man nicht auf Mt vii 15 verweisen, wo die Pseudopropheten in der Gemeinde leben und sich äußerlich als Lämmer benehmen, obwohl sie innerlich „Wölfe" sind. Ihr Auftreten wird ganz anders beschrieben als die Wirksamkeit der zweiten Gruppe, nämlich als μὴ φειδόμενοι τοῦ ποιμνίου; dabei denkt man im Bilde doch mehr an „zerreißen" als an „in die Irre führen", und deshalb scheint es mir besser, hier Verfolgungen ins Auge zu fassen. Aber in v. 30 ist bestimmt von Irrlehren die Rede; ὀπίσω als Präposition wird im NT oft in Zusammenhang mit einem Schülerverhältnis gebraucht; der Schüler folgt dem Lehrer nach[3], vgl. die Warnung in der Synoptischen Apokalypse bei Lc xxi 8 μὴ πορευθῆτε ὀπίσω αὐτῶν (= falsche Messiasse) und Act v 37, wo es von Judas, dem Galiläer, heißt: ἀπέστησεν λαὸν ὀπίσω αὐτοῦ. Sie reden διεστραμμένα; dieses Wort ist abgeleitet von einem Verbum, das in der LXX oft gebraucht wird für das „Verdrehte", Anti-Göttliche [4], hier sei auch verwiesen auf Act. xiii 10, wo vom Teufelskind Elymas διαστρέφων τὰς ὁδοὺς τοῦ κυρίου τὰς εὐθείας die Rede ist. Nichts weist in diesem Vers auf typisch gnostische Lehren. Es sind Irrlehren im allgemeinen gemeint, die in der Gemeinde entstehen; es können falsche Propheten, Messiasse, Magier sein. Solche Leute wurden auch unter den Gnostikern gefunden, aber sie sind nicht ohne weiteres damit identisch. Dieses Wort konnte auf Gnostiker angewandt werden, aber es ist eine petitio principii, es nur auf sie gemünzt zu sehen. Der lukanische Paulus sagt, daß dies geschehen wird nach seiner Abreise; das kann in diesem Zusammenhang in der Abschiedsrede doch nur bedeuten „seine Fahrt nach Jerusalem usw.". Sie werden ihn nicht wiedersehen, und deshalb empfiehlt er sie dem Herrn und dem Wort der Gnade, τῷ δυναμένῳ οἰκοδομῆσαι. Wir werden darauf noch zurückkommen.

Sind Gnostiker die drohende Gefahr für die Kirche? Hier in Act xx 30 ist Irrlehre im allgemeinen gemeint. Wenn wir das ganze

---

[1] So z. B. G. Bornkamm, in: G. Kittel, *ThWb*, Bd. IV, S. 312.

[2] So J. Munck, *Discours d'adieu dans le NT et dans la littérature biblique in*: *Aux Sources de la Tradition Chrétienne*. Mélanges . . . M. Goguel, Paris (1950) S. 160 f.

[3] Vgl. Stellen in: W. Bauer, Wb[5], Berlin 1958, Sp. 1139 f. — Vielleicht darf man auch bei ἀναστήσονται, denken an Act iii 22, Zitat von Dtn xviii 15, προφήτην ὑμῖν ἀναστήσει κύριος ὁ θεὸς ἐκ τῶν ἀδελφῶν ὑμῶν: diese Propheten wurden nicht von Gott „auferweckt", sondern stehen selbst auf.

[4] G. Bertram, in: G. Kittel - G. Friedrich, *Theol. Wörterbuch*, Bd. VII, S. 717 f.

Buch durchlesen, finden wir keine Reaktion auf typisch gnostische Anschauungen. In den Reden wird nicht der Dualismus in der Lehre vom Gott—Vater bestritten, von dem Jesus, der Gekreuzigte und Auferstandene, predigt. Der ἄγνωστος θεός in Act xvii ist eben der Schöpfer der Welt, den die Heiden schon, ohne ihn zu kennen, verehren. Nicht gegen Doketismus wird polemisiert, sondern zentral steht die Frage, ob der gekreuzigte Jesus der Messias sei. Die Leugnung der Auferstehung ist bekannt, aber sie wird nicht von Leuten, die sich Christen nennen, bestritten, sondern von den Sadduzäern und griechischen Philosophen.

Glossolalie und Prophetie sind keine Gefahren, die womöglich eingedämmt werden müssen, weil sie die Gemeinden durch Enthusiasmus verführen. Im Gegenteil: sie gehören legitim in die Gemeinde und sind konstitutiv für die Kirche (Act ii Pfingstfest; Act x 44 ff. im Haus des Cornelius; Act xiii 1 ff. Act xix 1-6; in Act xi ist es ein durchschlagendes Argument für die Zulassung der Heiden in die Gemeinde). Propheten wie Agabus, Judas, Silas und die Töchter des Philippus treten frei auf. Träume und Ekstasen sind auch für Petrus und Paulus Wegweisungen Gottes. Lukas weiß von Pseudopropheten, aber nicht in der Gemeinde; er benennt so bestimmte Leute im AT (Lc vi 26) oder Elymas (Act xiii 6).

Es ist auch merkwürdig, daß, wenn der Verfasser der Apostelgeschichte das Wort παρρησία gebraucht, wie er das öfter tut [1], er nicht gegen eine Geheimlehre polemisiert, sondern den Freimut in dem Bekenntnis der Messianität Jesu den Juden gegenüber andeutet.

Es ist deutlich, daß nicht die Häresie oder Häresien gnostischer Prägung die Gefahr für die Kirche, wie Lukas sie sieht, ausmachen. War das der Fall, weil er die frühere Lage idealisiert und Schwierigkeiten bewußt nicht erwähnt? Diese Antwort wird heute oft gegeben und dann kann man ihn entweder als einen Fälscher oder als einen großen Theologen für die spätere Kirche am Ende des 1. Jahrhunderts betrachten. Aber es läßt sich doch fragen, ob dies ein gerechtes Urteil ist. Zwei Merkmale seiner Schilderung sind hier m. E. von Bedeutung:

A. Lukas macht herzlich wenig Mitteilungen über die Lage der Gemeinden, die in Palästina und in der hellenistischen Welt ent-

---

[1] Vgl. mein *T. W. Manson Memorial Lecture*. "The Christian's Freedom of Speech in the New Testament", in: *Bulletin of the John Rylands Library* XLIV (1962), p. 461 ff., vor allem p. 477-482.

standen sind. Wie viele Fragen über Glauben, Verfassung, Leben der Christenheit in der ersten Entwicklungsphase läßt er unbeantwortet! Nicht die Zustände in den Gemeinden, sondern das Zeugnis der Apostel: Bekehrung zu dem einzigen Gott und Glauben an Jesus, den Gekreuzigten und Auferstandenen, wird hier beschrieben. Nichtsdestoweniger bekommt man doch etwas zu sehen von den Gemeinden. Und dann zeigt sich, daß sie immer wieder im Glauben befestigt werden müssen. So wird Barnabas nach Antiochia gesandt καὶ παρεκάλει πάντας τῇ προθέσει τῆς καρδίας προσμένειν τῷ κυρίῳ (xi 23, vgl. auch xii 43). Von Paulus und Barnabas wird erzählt, daß sie die einst von ihnen gegründeten Gemeinden wieder besuchen. Ihr Ziel war dabei nicht eine Erneuerung der Freundschaft, Visitation oder Neugierde. Aber wenn es mit der Frage πῶς ἔχουσιν (Act xv 36) umschrieben wird, dann muß dabei veranschlagt werden, daß die apostolische Aktivität „verstärken" (στηρίζειν — ἐπιστηρίζειν) genannt wird (xv 41 xviii 23, vgl. auch xv 32). Am klarsten wird das ausgedrückt in xiv 22 ἐπιστηρίζοντες τὰς ψυχὰς τῶν μαθητῶν, παρακαλοῦντες ἐμμένειν τῇ πίστει καὶ ὅτι διὰ πολλῶν θλίψεων δεῖ ἡμᾶς εἰσελθεῖν εἰς τὴν βασιλείαν τοῦ θεοῦ (der merkwürdige Übergang von der indirekten in die direkte Rede sei beachtet!)[1]. Es scheint mir interessant und bedeutend, daß Lukas als einziger Evangelist berichtet, daß Jesus so die zukünftige Aufgabe des Petrus angibt nach seiner Reue: στήρισον τοὺς ἀδελφούς σου. Dort ist die Rede von Schüttelung durch den Satan, Möglichkeit des Aufhörens des Glaubens, Verleugnung Jesu (s. Lc xxii 31 ff.). In diesem Zusammenhang steht das στηρίζειν. Lukas weiß also, daß die Gemeinden, nachdem die Apostel abgereist sind, allerhand Gefahren ausgesetzt sind: sie können den Glauben verlieren[2]. Es gehört zum Δεῖ Gottes, daß man durch Trübsale ins Reich hineinkommt, aber diese können auch den Glauben ersticken. Hier wird deutlich, daß die Gemeinden bedrückt werden, daß ihr Glauben auf dem Spiel steht und sie deshalb ermahnt und gestärkt werden müssen. Aber — und das ist für unsere Frage von Wichtigkeit — diese Bedrängnisse kommen von außen und es besteht die Möglichkeit, daß die Gemeinde unter der Last zusammenbrechen wird. Lukas

---

[1] Vgl. I Thess. iii 2 ff. und die Bemerkungen dazu in: B. Rigaux, *Saint Paul, Les Épitres aux Thessaloniciens*, Paris 1956, S. 468ff.

[2] In diesen Zusammenhang gehört auch die „Abreise" in Act xx 29; eben weil der Apostel nicht zurückkehren wird, empfiehlt er die Gemeinde desto dringlicher in Gottes Hut.

weiß von der „Schwachheit" der Jünger (Gethsemane-Geschichte!).

B. Nichts weist auf Verführung durch Irrlehrer. In der Apostelgeschichte wird auch beschrieben, in welchem Abwehrkampf die Kirche steht. Am bedeutendsten dabei ist der Gegensatz zum Judentum, das das Zeugnis vom Messias in der Mehrheit nicht annimmt. Durch das ganze Buch bis zum letzten Kapitel findet sich dies Thema. Es mag sein, wie oft angenommen wird, daß Lukas an diesem Punkte stark schematisiert hat, aber es läßt sich doch nicht verkennen, daß für ihn und seine Leser hier die große Entscheidungsfrage lag. Offensichtlich war der Kampf noch nicht ausgetragen. Zweitens: auch in der Heidenwelt stößt die Predigt auf Widerstand (Act xiv Lystra, Act xvi Philippi, Act xvii Athen, Act xix Ephesus; und neben Zeugnissen der Freundlichkeit römischer Behörden steht das Wort des Festus: „Paulus, du bist von Sinnen" xxvi 24). Drittens: die in der alten Welt so weitverbreitete Magie war ein großer Gegenspieler; das ist klar, weil auch immer wieder von den Wundern der Apostel berichtet wird. Die Magie tritt auf in der Person des Simon Magus (Act viii) innerhalb der Gemeinde; als Konkurrenz bei Elymas, dem jüdischen Magier, auf Kypros (Act xiii) und auch in den Söhnen des jüdischen Hohenpriesters Skeuas in Ephesus, die den Namen Jesu anwenden [1]. Christ werden heißt, mit der Magie brechen (xix 19). Viertens: auch in der christlichen Gemeinde gibt es Spannungen, die wohl aufgehört haben, aber doch in der Erzählung nicht verschwiegen werden: zwischen Hebräern und Hellenisten Act vi — Kritik an Petrus Act xi — Schwierigkeiten der Judenchristen in Antiochia Act xv — Beschwerde gegen Paulus xx 20 f. Auch persönliche Differenzen wie die Szene mit Markus und Barnabas bleiben nicht unerwähnt, um ganz zu schweigen von Ananias und Saphira (Act v), dem warnenden Beispiel von Habsucht in der Muttergemeinde. Ein Mann feurig im Geist wie Apollos kann lehren, aber braucht doch genauere Kenntnisse (xviii 24 ff.). Die Einheit und Übereinstimmung zwischen den Aposteln wird betont herausgestellt, denn den Juden und Heiden gegenüber haben sie dasselbe Zeugnis vom Messias. Aber ohne Spannungen geht es nicht. Daß diese in der Apostelgeschichte anders beschrieben werden als bei Paulus, ist sicher; aber Paulus schreibt an christliche Gemeinden, während Lukas vielmehr für die Mission schreibt.

---

[1] Vgl. Mt. vii 22.

Wenn diese verschiedenen Züge zusammengenommen und gegeneinander abgewogen werden, zeigt sich, daß Lukas von vieler Anfeindung und manchen drohenden Gefahren für die Gemeinde Christi weiß. Dabei ist auch die Möglichkeit der Irrlehre im allgemeinen einmal — nur einmal — erwähnt. Wenn man also das Ganze überschaut, kann man m. E. nicht sagen, daß Lukas die Apostelzeit als häresiefrei hat beschreiben wollen [1]. Aber es ist klar, daß andere und seiner Meinung nach größere Probleme den Glauben bedrohten. Sein Anliegen war es nicht, die Ketzerei zu bekämpfen, die Zustände der Gemeinden, die Zeit der Kirche darzustellen, sondern Jesus als den Gekreuzigten und Auferstandenen, als den einzigen Namen, durch den man gerettet wird (iv 12) zu predigen, die Ausstrahlung dieser Botschaft in der Welt zu zeigen, wie sie sich durchsetzt gegen die Gegenwirkung von Juden und Heiden, oft auch trotz der Christen, weil sie „aus Gott ist" (v 39).

Die Apostelgeschichte muß entstanden sein in einer Situation, in einer Gemeinde, wo die Auseinandersetzung mit dem Judentum und bestimmte Äußerungen des Heidentums das alles beherrschende Problem war. Für die Geschichte des Christentums am Ende des 1. Jahrhunderts scheint mir dies ein wichtiges Ergebnis: daß wir nicht überall — „à tort et à travers" — Häretiker, vor allem Gnostiker, suchen müssen; daß es neben dem Kampf gegen Irrlehrer noch etwas anderes, vielleicht auch Wichtigeres gegeben hat, nämlich den einen Namen zu verkündigen; daß die Entwicklung der ältesten Kirchengeschichte nicht in Gang gebracht ist durch fast unüberbrückbare Gegensätze unter den Christen, sondern durch die positive Aufgabe, „Zeuge Jesu Christi" zu sein in einer Welt, deren Herausforderung immer zum Antworten aufruft.

---

[1] So Haenchen, a. a. O., S. 529.